中国翻译家译丛

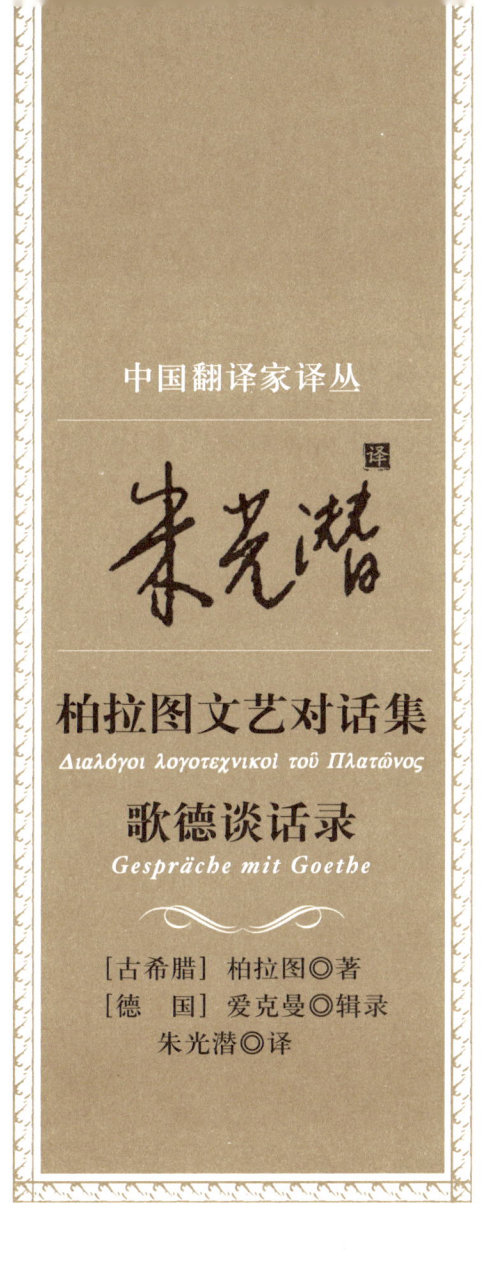

朱光潜 译

柏拉图文艺对话集
Διαλόγοι λογοτεχνικοί τοῦ Πλατῶνος

歌德谈话录
Gespräche mit Goethe

［古希腊］柏拉图◎著
［德　国］爱克曼◎辑录
朱光潜◎译

人民文学出版社

Πλάτων
ΔΙΑΛΟΓΟΙ ΛΟΓΟΤΕΧΝΙΚΟΙ
ΤΟΥ ΠΛΑΤΩΝΟΣ

Johann Peter Eckermann
GESPRÄCHE MIT GOETHE

据 Dr. Hans T. Kroeber 编，Gustav Kiepenhauer Verlag, Weimar, 1918 年版两卷本；参照 Franz Deibel 编，Insel Verlag, Leipzig, 1921 年版一卷本译出。

### 图书在版编目(CIP)数据

朱光潜译柏拉图文艺对话集·歌德谈话录/(古希腊)柏拉图,(德)爱克曼辑录；朱光潜译. —北京：人民文学出版社,2013(2020.11 重印)
(中国翻译家译丛)
ISBN 978-7-02-009903-0

Ⅰ.①朱… Ⅱ.①柏…②歌…③朱… Ⅲ.①柏拉图(前427~前347)—文艺学—哲学思想②爱克曼辑录—语录 Ⅳ.①B502.232 ②I516.64

中国版本图书馆 CIP 数据核字(2013)第 110544 号

| 选题策划 | 欧阳韬 |
| --- | --- |
| 责任编辑 | 张欣宜 |
| 责任校对 | 王玉川 |
| 责任印制 | 任 祎 |

| 出版发行 | 人民文学出版社 |
| --- | --- |
| 社　　址 | 北京市朝内大街 166 号 |
| 邮政编码 | 100705 |
| 网　　址 | http://www.rw-cn.com |
| 印　　刷 | 北京盛通印刷股份有限公司 |
| 经　　销 | 全国新华书店等 |
| 字　　数 | 460 千字 |
| 开　　本 | 710 毫米×1000 毫米　1/16 |
| 印　　张 | 28.75　插页 3 |
| 印　　数 | 9501—11000 |
| 版　　次 | 2015 年 4 月北京第 1 版 |
| 印　　次 | 2020 年 11 月第 3 次印刷 |
| 书　　号 | 978-7-02-009903-0 |
| 定　　价 | 49.00 元 |

如有印装质量问题，请与本社图书销售中心调换。电话：010-65233595

# 出版说明

　　人民文学出版社自一九五一年建社以来，出版了很多著名翻译家的优秀译作。这些翻译家学贯中西，才气纵横。他们苦心孤诣，以不倦的译笔为几代读者提供了丰厚的精神食粮，堪当后学楷模。然时下，译界译者、译作之多虽前所未有，却难觅精品、大家。为缅怀名家们对中华文化所做出的巨大贡献，展示他们的严谨学风和卓越成就，更为激浊扬清，在文学翻译领域树一面正色之旗，人民文学出版社决定携手中国翻译协会出版"中国翻译家译丛"，精选杰出文学翻译家的代表译作，每人一种，分辑出版。

人民文学出版社编辑部
二〇一四年十月

# "中国翻译家译丛"顾问委员会

## 主　任

李肇星

## 顾　问

（按姓氏笔画排序）

于友先　卢永福　孙绳武　任吉生　刘习良
李肇星　陈众议　肖丽媛　桂晓风　黄友义

# 目　录

柏拉图文艺对话集 ………………………………… *1*

歌德谈话录 ………………………………… *235*

# 柏拉图文艺对话集

〔古希腊〕柏拉图 著

# 目 录[①]

伊安篇
　——论诗的灵感 ……………………………… 5
理想国(卷二至卷三)
　——统治者的文学音乐教育 …………………… 18
理想国(卷十)
　——诗人的罪状 ………………………………… 48
斐德若篇
　——论修辞术 …………………………………… 63
大希庇阿斯篇
　——论美 ………………………………………… 116
会饮篇
　——论爱美与哲学修养 ………………………… 137
斐利布斯篇
　——论美感 ……………………………………… 186
法律篇
　——论文艺教育 ………………………………… 191

题解 …………………………………………………… 200
译后记
　——柏拉图的美学思想 ………………………… 214

---

[①] 各篇次第略依性质,不依写作年代;副标题是译者所加,每篇的题解也是译者撰写的。

# 伊 安 篇
——论诗的灵感

对话人：苏格拉底
　　　　伊　安

苏　伊安，欢迎你。你从哪里来？从你的家乡以弗所①吗？
伊　不是，苏格拉底。我从厄庇道洛斯②来。那里举行埃斯库勒普神的祭典，我参加了。
苏　厄庇道洛斯人在祭典中举行了诵诗竞赛来纪念医神吗？
伊　是，不只诵诗，还有各种文艺竞赛哩。
苏　你参加了竞赛吗？结果怎样？
伊　哈，我全得了头奖，苏格拉底。
苏　好极了！我希望你参加我们的雅典娜神的祭典③，也得到同样的成功。
伊　若是老天保佑，我也一定成功。
苏　我时常羡慕你们诵诗人的这一行业，伊安。因为要做你们的这一行业，就得穿漂亮衣服，尽量打扮得漂亮。而且你们不得不时常接触到许多伟大诗人，尤其是荷马。荷马真是一位最伟大，最神圣的诗人，你不但要熟读他的辞句，而且还要彻底了解他的思想，这真值得羡慕！因为诵诗人要把诗人的意思说出来，让听众了解，要让人家了解，自己就得先了解；所以一个人若是不了解诗人的意思，就不能做一个诵诗人。这了解和解说的本

---

① 以弗所是小亚细亚的一个城邦。在柏拉图时代，它还受雅典统治。
② 厄庇道洛斯是希腊南部萨若尼克海湾（今埃吉纳湾）上一个镇市，有医神埃斯库勒普的庙，他的祭典很隆重，在夏天举行，每四年一次。
③ 雅典娜是雅典的护卫神，传说她是宙斯的女儿，智勇兼全。她的祭典是雅典人的大事，每年举行时全国人参加，有戏剧及各种技艺的竞赛。

领都是很值得羡慕的。

伊　你说得对，苏格拉底。就我来说，我在诵诗技艺上就费过很多的心力啦。谈到解说荷马，我敢说谁也赶不上我。兰普萨库人墨特洛德也好，塔索斯人斯忒辛布洛特①也好，格劳孔也好，无论是谁，都比不上我对荷马有那样多的好见解。

苏　我听起很高兴，伊安。我知道你肯把你的那些好见解谈给我听听。

伊　当然，苏格拉底，你也应该听我怎样凭艺术来美化荷马，我敢说，凡是荷马的信徒都得用金冠来酬劳我。

苏　下一回我再找机会听你朗诵荷马，现在且只问你一个问题：你只会朗诵荷马呢，还是对于赫西俄德和阿喀罗库斯②，也同样朗诵得好？

伊　我只会朗诵荷马。我看这就很够啦。

苏　荷马和赫西俄德在某些题材上是否说的相同呢？

伊　是，我看他们说的有许多相同。

苏　在这些相同的题材上，哪一个诗人的话你解说得比较好，荷马的，还是赫西俄德的？

伊　若是他们说的相同，我对他们就能同样解说得好。

苏　在他们说的不相同的那些题材上怎样呢？比如说占卜。荷马说过，赫西俄德也说过，是不是？

伊　是。

苏　假如要你和一位占卜家来解说这两位诗人说到占卜的话，无论他们说的同不同，谁解说得比较好呢？

伊　占卜家会解说得比较好。

苏　若是你就是一个占卜家，无论他们说的同不同，你也会对他们都一样能解说吧？

伊　当然。

苏　你有本领解说荷马，却没有本领解说赫西俄德或其他诗人，这是什么缘

---

① 墨特洛德、斯忒辛布洛特、格劳孔这三人都是当时有名的诵诗人。希腊人称呼人的习惯往往冠上"某某人的儿子"或"某某地方的人"。兰普萨库是小亚细亚的一个重要城市，塔索斯是爱琴海北部的一个岛。

② 希腊最大的诗人当然是荷马，在古代和他齐名的是赫西俄德。他的《工作与日子》写一年四季的各种工作，掺杂一些实际生活的经验教训；《神谱》叙世界创始及诸神起源。阿喀罗库斯是一位抒情诗人和讽刺诗人。

故？荷马所用的题材和一般诗人所用的题材不是一样么？他所叙述的主要的不是战争？他不是在谈人类关系——好人和坏人以及能人和无能人的关系——神与神的关系，神与人的关系，天上和地下有些什么事情发生，以及神和英雄们的由来么？荷马所歌咏的不是这些题材么？

伊　你说得很对，苏格拉底。

苏　其他诗人所歌咏的不也正是这些题材么？

伊　不错，苏格拉底。但是他们的方式和荷马的不同。

苏　你是说，荷马的方式比其他诗人的要好些？

伊　好得多，不可比较。

苏　再请问一句，亲爱的伊安，如果有许多人在讨论算学，其中某一位说的最好，我们能不能判别出来？

伊　能。

苏　能判别谁说的好，也就能判别谁说的不好？

伊　是。

苏　这样人一定是一位算学家吧？

伊　不错。

苏　再说，如果有许多人在讨论食品的营养价值，其中某一位说的最好，一个人既能判别谁说的好，也就能判别谁说的坏，是不是？

伊　是，那是很显然的。

苏　这能一样判别好坏的人是谁呢？

伊　他是医生。

苏　那么，一般说来，无论讨论什么，只要题目相同，说话的人尽管多，一个人能判别谁说的好，也就能判别谁说的坏；不能判别谁说的坏，也就不能判别谁说的好？

伊　当然。

苏　依你说，荷马和其他诗人们——例如赫西俄德和阿喀罗库斯——所用的题材都是一样，不过方式有好坏之别，荷马好些，其他诗人要坏些？

伊　我说过这样的话，我说的话是对的。

苏　如果你能判别谁说的好，你也就能判别谁说的坏？

伊　显然是这样。

苏　那么，亲爱的伊安，我说伊安既会解说荷马，也就会解说其他诗人，而且会解说得一样熟练,难道我说错了吗?因为这位伊安亲自承认了两点:一,只要题材相同,能判别好也就能判别坏;二,凡是诗人所用的题材都是一样的。

伊　但是事实上人们谈到其他诗人时,我都不能专心静听,要打瞌睡,简直没有什么见解,可是一谈到荷马,我就马上醒过来,专心致志地听,意思也源源而来了。这是什么缘故?

苏　朋友,那很容易解释,很显然地,你解说荷马,并非凭技艺①知识。如果你能凭技艺的规矩去解说荷马,你也当然就能凭技艺的规矩去解说其他诗人,因为既然是诗,就有它的共同一致性。

伊　你说得对。

苏　其他技艺也是一样,一个人把一种技艺看成一个有共同一致性的东西,就会对它同样判别好坏。伊安,我这话是否要加解释?

伊　我望你解释,苏格拉底,听你们哲人们谈话对我是一件乐事。

苏　哲人不是我,是你们,伊安,是你们诵诗人,演戏人,和你们所诵所演的作家们;我只是一个平常人,只会说老实话。你看我刚才说的话是多么平凡,谁也会懂,我说的是:如果一个人把一种技艺当作全体来看,判别好和判别坏就是一回事。你看这话多平凡!举例来说,图画是不是一种有共同一致性的技艺?

伊　它是的。

苏　画家也有好坏之别吧?

伊　也有。

苏　你遇见过这样一个人没有?他只长于判别阿格劳芬的儿子波吕格诺特②的好坏,不会判别其他画家的好坏;让他看其他画家的作品,他就要打瞌睡,茫然无见解,可是要他批判波吕格诺特(或是任意举一个画家的名字),他就醒过来,专心致志,意思源源而来。

伊　我倒没有遇见过这样一个人。

---

① Tekhne 一字通常译为"艺术",指文学音乐图画之类,它的原义却较广,凡是"人为"的不是"自然"或"天生"的都是 Tekhne。医药,耕种,骑射,木作,畜牧之类凡是可凭专门知识来学会的工作都叫做 Tekhne。在柏拉图的著作里,就其为 Tekhne 来说,做诗与做桌子做鞋是同属一类的。所以这字译为"技艺"较合当时的用法。近代把"艺术"和"技艺"分开,强分尊卑,是一个不很健康的看法。
② 波吕格诺特是公元前五世纪希腊大画家。

苏　再说雕刻,你遇见过这样一个人没有?他只长于鉴定墨提安的儿子代达罗斯,潘诺普斯的儿子厄庇俄斯,萨摩人忒俄多洛斯①之类雕刻家的优点;可是拿其他雕刻家的作品给他看,他就要打瞌睡,茫然无话可说。

伊　我从来也没有见过这样人。

苏　我想在笛师,琴师,竖琴歌人和诵诗人之中,你也没有遇见过一个人,只会批评奥林普斯,塔密里斯,俄耳甫斯或伊塔刻的诵诗人斐缪斯,②可是谈到以弗所的诵诗人伊安先生,他就简直不能判别好坏。

伊　我不能否认,苏格拉底。可是我自觉解说荷马比谁都强,可说的意思也比谁都要多,舆论也是这样看。对于其他诗人,我就不能解说得那样好。请问这是什么缘故?

苏　这缘故我懂得,伊安,让我来告诉你。你这副长于解说荷马的本领并不是一种技艺,而是一种灵感,像我已经说过的。有一种神力在驱遣你,像欧里庇得斯所说的磁石,就是一般人所谓"赫剌克勒斯石"③。磁石不仅能吸引铁环本身,而且把吸引力传给那些铁环,使它们也像磁石一样,能吸引其他铁环。有时你看到许多个铁环互相吸引着,挂成一条长锁链,这些全从一块磁石得到悬在一起的力量。诗神就像这块磁石,她首先给人灵感,得到这灵感的人们又把它递传给旁人,让旁人接上他们,悬成一条锁链。凡是高明的诗人,无论在史诗或抒情诗方面,都不是凭技艺来做成他们的优美的诗歌,而是因为他们得到灵感,有神力凭附着。科里班特巫师们④在舞蹈时,心理都受一种迷狂支配;抒情诗人们在做诗时也是如此。他们一旦受到音乐和韵节力量的支配,就感到酒神的狂欢,由于这种灵感的影响,他们正如酒神的女信徒们受酒神凭附,可以从河水中汲取乳蜜,这是她们在神智清醒时所不能做的事。抒情诗人的心灵也正像这样,他们自己也说他们像酿蜜,飞到诗神的园里,从流蜜的泉源吸取精英,来酿成他们的诗歌。他们这番话是不错的,因为诗人是一种轻飘的长着羽翼的神明的东西,不得到灵感,不失去平常理智而陷入迷狂,就没有能力创造,就不能做诗或代神

---

① 代达罗斯在希腊原文中本义为"精巧的艺人",他是传说中的雕刻家的祖师。以下两人都是雕刻家。
② 这几个人都是希腊的音乐家或诗人,都是传说中的。
③ 欧里庇得斯是希腊的第三个大悲剧家。"赫剌克勒斯石"就是吸铁石。参看第123页注③。
④ 科里班特巫师们掌酒神祭,祭时击鼓狂舞。

说话。诗人们对于他们所写的那些题材,说出那样多的优美辞句,像你自己解说荷马那样,并非凭技艺的规矩,而是依诗神的驱遣。因为诗人制作都是凭神力而不是凭技艺,他们各随所长,专做某一类诗,例如激昂的酒神歌,颂神诗,合唱歌,史诗,或短长格诗①,长于某一种体裁的不一定长于他种体裁。假如诗人可以凭技艺的规矩去制作,这种情形就不会有,他就会遇到任何题目都一样能做。神对于诗人们像对于占卜家和预言家一样,夺去他们的平常理智,用他们作代言人,正因为要使听众知道,诗人并非借自己的力量在无知无觉中说出那些珍贵的辞句,而是由神凭附着来向人说话。卡尔喀斯人廷尼科斯②是一个著例,可以证明我的话。他平生只写了一首著名的《谢神歌》,那是人人歌唱的,此外就不曾写过什么值得记忆的作品。这首《谢神歌》倒真是一首最美的抒情诗,不愧为"诗神的作品",像他自己称呼它的。神好像用这个实例来告诉我们,让我们不用怀疑,这类优美的诗歌本质上不是人的而是神的,不是人的制作而是神的诏语;诗人只是神的代言人,由神凭附着。最平庸的诗人也有时唱出最美妙的诗歌,神不是有意借此教训这个道理吗?伊安,我的话对不对?

伊　对,苏格拉底,我觉得你对。你的话说服了我,我现在好像明白了大诗人们都是受到灵感的神的代言人。

苏　而你们诵诗人又是诗人的代言人?

伊　这也不错。

苏　那么,你们是代言人的代言人?

伊　的确。

苏　请你坦白答复一个问题:每逢你朗诵一些有名的段落——例如俄底修斯闯进他的宫廷,他的妻子的求婚者们认识了他,他把箭放下脚旁③;或是阿喀琉斯猛追赫克托④;或是安德洛马刻,赫卡柏,普里阿摩斯诸人的悲痛⑤之

---

① 这些都是希腊诗的各种体裁,短长格以先短后长成音步,常用于诗剧。
② 廷尼科斯不可考。
③ 故事见荷马史诗《奥德赛》卷二十二。俄底修斯参加了希腊军征特洛亚;二十年后回国时,许多人正坐在他家里向他妻子求婚,他突然乔装归家,用箭把他们射死。
④ 故事见荷马史诗《伊利亚特》卷二十二。特洛亚战争中,阿喀琉斯和赫克托是希腊和特洛亚两方面最勇猛的英雄。阿喀琉斯因争女俘事生气,拒绝参战。直到他的爱友帕特洛克罗斯被赫克托杀死,才肯出来为友报仇,打退了特洛亚军,在特洛亚城下穷追赫克托绕城三匝,终于把他杀死。
⑤ 安德洛马刻是赫克托的妻子,赫卡柏是他的母亲,普里阿摩斯是他的父亲。赫克托死后,安德洛马刻、赫卡柏、普里阿摩斯悲恸欲绝。《伊利亚特》记此事,甚沉痛。

类——当你朗诵那些段落而大受喝彩的时候,你是否神智清醒呢?你是否失去自主,陷入迷狂,好像身临诗所说的境界,伊塔刻,特洛亚①,或是旁的地方?

伊　你说得顶对,苏格拉底,我在朗诵哀怜事迹时,就满眼是泪;在朗诵恐怖事迹时,就毛骨悚然,心也跳动。

苏　请问你,伊安,一个人身临祭典或欢宴场所,穿着美服,戴着金冠,并没有人要掠夺他的这些好东西,或是要伤害他,而他对着两万多待他友好的听众哭泣,或是浑身都表现恐惧,他的神智是否清醒呢?

伊　我该说他的神智不清醒,苏格拉底。

苏　你对多数听众也产生这样效果,你明白么?

伊　我明白,因为我从台上望他们,望见在我朗诵时,他们的面孔上都表现哀怜,惊奇,严厉种种不同的神情。我不能不注意他们,因为在受报酬的时候,我如果不曾惹他们哭,自己就不能笑;如果惹了他们笑,自己就只得哭。

苏　听众是最后的一环,像我刚才所说的,这些环都从一块原始磁石得到力量;你们诵诗人和演戏人是些中间环,而诗人是最初的一环,你知道不?通过这些环,神驱遣人心朝神意要他们走的那个方向走,使人们一个接着一个悬在一起。此外还有一长串舞蹈者,和大小乐师们斜悬在由诗神吸引的那些环上。每个诗人都各依他的特性,悬在他所特属的诗神身上,由那诗神凭附着——凭附和悬挂原来是一件事的两种说法。诗人是最初环,旁人都悬在这上面,有人从俄耳甫斯或缪赛俄斯②得到灵感,但是多数人是由荷马凭附着,感发着,伊安,你就是其中之一。听人说到其他诗人的作品,你就打瞌睡,没有话可说;但是听人说到荷马的作品,你马上就醒过来,意思源源而来,有许多话可说。这就是因为你解说荷马,不是凭技艺知识,而是凭灵感或神灵凭附;正如巫师们听到凭附自己的那种神所特别享用的乐调,就觉得很亲切,歌和舞也就自然随之而来了;遇见其他乐调,却好像听而不闻。你也是如此,伊安,一听到荷马,话就多得很;听

---

① 伊塔刻是希腊的一小国,归俄底修斯统治,就是俄底修斯射杀求婚者们的地方。特洛亚国在小亚细亚,荷马所歌咏的特洛亚战争的场所。

② 俄耳甫斯是传说中荷马以前的希腊最大诗人。参看第9页注②。缪赛俄斯是传说中的古希腊诗人,据说是俄耳甫斯的学生。

到其他诗人，就无话可说。原因在你宣扬荷马，不是凭技艺而是凭神的灵感。这就是我对你的问题的答复。

伊　答复得很好，苏格拉底。可是我还很怀疑你是否能说服我，使我相信我在解说荷马时，神智不清醒，由神凭附着。若是你亲自听到我朗诵，你就不会这样想。

苏　我很愿意听，现在先请答复一个问题：你朗诵荷马，对哪些部分题材最拿手呢？当然不是全部吧？

伊　没有哪一部分题材不拿手，我敢说。

苏　荷马说的东西若是你不知道的，你也能朗诵得好吗？

伊　荷马说过什么东西我不知道？

苏　荷马不是常谈到各种技艺吗？例如驾御的技艺，可惜我记不得那段诗，否则我就背诵给你听。

伊　我记得，让我来背诵。

苏　请你背诵涅斯托①告诉他的儿子安提罗科斯，在纪念帕特洛克罗斯的赛车礼中，怎样当心转折那一段话。

伊　（背诵）在那华美的马车里，轻轻地转向马左边靠着车，用刺棒敲右边马，呼喊一声，就放松缰子。到了目标的时候，让左边马靠近标石，让轮轴紧挨着路标驶过，接近得似乎就要碰上那作为拐弯标志的石头②。

苏　够了，伊安，请问你，要评判这段诗是否妥帖，谁会做得比较好，一个御车人还是一个医生呢？

伊　当然是御车人。

苏　是不是因为御车是他的专行技艺？还是因为旁的理由？

伊　由于他的专行技艺，没有旁的。

苏　每种技艺都必有它的特殊知识，我们能不能凭医生的技艺，去知道只有驾御的技艺所能使我们知道的？

伊　当然不能。

苏　我们也不能凭木匠的技艺，来知道医生的技艺吧？

伊　当然也不能。

---

① 涅斯托是荷马的《伊利亚特》中希腊方面的老谋臣。
② 见《伊利亚特》卷二十三。帕特洛克罗斯死后，阿喀琉斯替他举行大祭，其中有跑马竞赛。

苏 凡是技艺都如此。我们不能凭某一技艺来知道某另一技艺。再请问你：你是否承认各种技艺彼此不同？

伊 我承认它们不同。

苏 你的看法和我的一致：知识题材不同，技艺也就不同。

伊 不错。

苏 对的，如果各种技艺都用同样知识题材，就不能说它们彼此不同。比如这是五个手指，我知道你也知道。你我知道这个事实不是都凭算学的知识吗？

伊 是的。

苏 那么，请回答刚才那个问题：同样技艺必凭同样知识，另样技艺必凭另样知识，这是不是一条普遍的真理？

伊 我也以为它是普遍的真理，苏格拉底。

苏 那么，若是一个人对于某一种技艺没有知识，他对于那种技艺的语言和作为，就不能作正确的判断了。

伊 当然不能。

苏 关于你刚才背诵的那段荷马诗，要你和一个御车人来评判，谁会评判得比较正确呢？

伊 御车人。

苏 对呀，因为你是一个诵诗人而不是一个御车人，而诵诗的技艺和御车的技艺本来不同，是不是？

伊 是。

苏 如果这两种技艺不同，它们的知识题材也就不同。

伊 不错。

苏 你记得荷马描写涅斯托的妾，赫卡墨得，拿酒乳给受伤的马卡翁那段诗么？他说：

> 用普拉诺酒做的；她用亮晃晃的刀把羊酪切成细片，还放了一个葱头在他身边，供他下酒。①

要评判这段诗，最好是凭诵诗人的技艺，还是凭医生的技艺呢？

---

① 见《伊利亚特》卷十一。

13

伊　凭医生的技艺比较好。

苏　再如荷马的这段话：

> 她像牛角装了铅，没入海底，给贪食的鱼们送死。①

要评判它，最好是凭渔人的技艺，还是凭诵诗人的技艺呢？

伊　显然要凭渔人的技艺。

苏　假如你问我：苏格拉底，你既然能把荷马的各段诗，都配上与它们相关的技艺，你能否指出哪些段诗须请预言家凭预言的技艺来评判它们呢？我就马上可以回答你：这样的诗很多，尤其是在《奥德赛》里，例如墨兰普斯的预言家忒俄克吕墨诺斯向求婚者们说的那一段话：

> 你们这班可怜虫！你们在遭遇什么？你们的头脸手脚全让黑夜像寿衣似地裹着；突然一阵号哭声，你们满脸是泪，走廊里全是鬼魂，院子里也全是鬼魂，都走到阴间去；太阳在天上消失了，灾雾布满了世界。②

《伊利亚特》里也有许多同样的段落，例如描写城堡附近战事的那一段，荷马说：

> 他们正急于要越过那条壕沟，就来了一个预兆：一只鹰高飞掠过队伍的左边，鹰爪抓住一条血红的大蛇。那条蛇还活着在喘气，还在挣扎，扭转身来向抓住它的那只鸟的颈项咬了一口，那只鸟被咬痛了，把蛇放下，让它落到队伍的中央，于是叫了一声，就乘风飞去了。③

我敢说，像这类题材应该由预言家来评判。

伊　你说得对，苏格拉底。

苏　对，伊安，你也说得对。我已经替你从《伊利亚特》和《奥德赛》两部诗里，选出一些描写预言，打鱼和行医的段落了。你对荷马比我熟得多，现在请你替我选出一些关于诵诗人和诵诗技艺的段落，就是说，诵诗人比任何人较善于评判的段落。

伊　我应该说，全部荷马诗都有关于诵诗人和诵诗的技艺。

苏　当然不能是全部，伊安，你忘记你所说的话吗？一个诵诗人的记性应该比

---

① 见《伊利亚特》卷二十四。
② 见《奥德赛》卷二十。
③ 见《伊利亚特》卷十二。

较好一点。

伊　我忘记了什么话？

苏　你说过诵诗人的技艺和御车人的技艺不同，记得不？

伊　还记得。

苏　你也承认过，它们既然不同，就有不同的知识题材。

伊　对。

苏　那么，根据你自己的话，诵诗人不能对所有的事情都知道，诵诗的技艺也不能包括一切知识。

伊　我敢说，可能有些例外，苏格拉底。

苏　你的意思是说，诵诗人对其他技艺的题材不全知道，既然不全知道，知道的究竟是哪些呢？

伊　他会知道男人和女人，自由人和奴隶，统治者和被统治者，在怎样身份，该说怎样话。

苏　你是否说，一个诵诗人会比一位驾驶人，对于一个船长在海浪颠簸时所应该说的话，知道还更清楚？

伊　不是，驾驶人知道最清楚。

苏　诵诗人是否比医生还更能知道诊病人所应该说的话？

伊　不能。

苏　但是他会知道奴隶所应该说的话？

伊　他会知道。

苏　假如那奴隶是一个牧牛人，在设法驯伏发狂的牛时，他应该说什么话？诵诗人是否比牧牛人知道更清楚呢？

伊　他不能比牧牛人知道更清楚。

苏　他知道一个纺织妇关于纺织羊毛所应该说的话么？

伊　他不知道。

苏　但是他知道一个将官劝导兵士所应该说的话？

伊　是，那类事情是诵诗人知道的。

苏　那么，诵诗人的技艺就是将官的技艺吗？

伊　我知道一个将官该说的话，这一点我却有把握。

苏　是，伊安，也许你知道将官的技艺，也许除掉弹竖琴的技艺之外，你还知道骑马的技艺。若是这样，你就会能判别马骑的好坏。但是请问你，伊安，

15

你能判别马骑的好坏,是凭你的骑马的技艺,还是凭你的弹竖琴的技艺呢?

伊　我该说,凭骑马的技艺。

苏　如果你评判竖琴的弹奏者,你是站在竖琴弹奏者的身份,而不是站在骑马者的身份,来评判他们?

伊　我承认。

苏　在评判将官的技艺时,你是站在将官的身份,还是站在诵诗人的身份,来评判它呢?

伊　在我看,那并没有什么分别。

苏　这话怎样讲?你说诵诗人的技艺和将官的技艺是一样?

伊　对,完全一样。

苏　那么,一个高明的诵诗人同时也就是一个高明的将官?

伊　当然是那样,苏格拉底。

苏　一个高明的将官同时也就是一个高明的诵诗人?

伊　不,我倒没有那样说。

苏　但是你说高明的诵诗人同时就是高明的将官?

伊　不错。

苏　你是希腊的最高明的诵诗人吧?

伊　首屈一指,苏格拉底。

苏　你也是希腊的最高明的将官么?

伊　当然,苏格拉底;荷马就是我的老师。

苏　那么,伊安,你既然不仅是希腊的最好的诵诗人,而且也是希腊的最好的将官,可是你在希腊走来走去,总是诵诗,不当将官,这是什么缘故?你以为希腊只需要戴金冠的诵诗人,而不需要将官吗?

伊　理由很简单,苏格拉底:我们以弗所人是你们雅典人的仆从和兵卒[1],不需要将官,而你们雅典和斯巴达也不会请我去当将官,因为你们自信有足够的将官。

苏　好伊安,你没有听说过奎卒库[2]人亚波罗多柔吗?

---

[1] 参看第5页注①。
[2] 奎卒库是小亚细亚海岛之一,雅典的殖民地。

伊　你说的是谁？

苏　他虽是一个外国人，却屡次被雅典选为将官。此外还有安竺若人法诺特尼斯，克左拉弥尼人赫剌克利第，虽然也都是外国人，因为才能卓著，也都被雅典任命，统领过军队，还任过其他官职。① 如果以弗所人伊安先生有本领，雅典人不也会选他做将官，拿尊贵的职位给他吗？以弗所人本来不就是雅典人，而他们的城邦不也很不平凡吗？你说你宣扬荷马是凭技艺知识，如果这话是真的，你就不免欺哄我了。你在我面前自夸对于荷马知道许多珍贵的东西，而且允许我领教，可是到我再三恳求你的时候，你不但不肯显你的本领，而且不肯说你究竟擅长哪些题材，你这不是欺哄我吗？你真像普洛透斯②，会变许多形状；你左变右变，弯来扭去，变成各色各样的人物，到最后，你装成一个将官！你想溜脱了我的手掌心，不显出你朗诵荷马的本领！像我刚才所说的，若是你对荷马真有技艺的知识，允许我领教，口惠而实不至，你就真是在欺哄我。不过你如果并没有技艺的知识，对荷马能说出那些优美的辞句，是不由意识的，凭荷马灵感的，像我所想的那样，我就不能怪你不诚实了。不诚实呢，受灵感支配呢，你究竟愿居哪一项？

伊　这两项差别倒很大，受灵感支配总比不诚实要好得多。

苏　那么，伊安，我也就朝好的一边想，认为你的宣扬荷马的本领不是凭技艺的知识，而是凭灵感。

根据 Louis Mèridier 参照 Shelley 译

---

① 安竺若是爱琴海中一大岛，克拉左弥尼在小亚细亚。亚波罗多柔，法诺特尼斯，赫剌克利第等三个外国人在雅典当将官的，都无确凿史迹可考。

② 普洛透斯是"海上老人"，善变形，又善预言。

# 理 想 国（卷二至卷三）[①]

——统治者的文学音乐教育

对话人：苏格拉底

阿德曼特

格 罗 康

苏　我们且来放任想象，从从容容地谈一个故事——我们的城邦的保卫者们的教育。

阿　我很赞成。

苏　我们的教育制度应该怎样呢？我们一向对于身体用体育，对于心灵用音乐。现在想改进许多年代传下来的制度，恐怕不是一件易事吧？我们好不好先从音乐开始，然后再谈体育？

阿　很好。

苏　你是否把文学包括在音乐里面？

阿　我看音乐包含文学在内。

苏　文学是不是有两种：写真的和虚构的？

阿　不错。

苏　我们的教育要包括这两种，但是先从虚构的文学开始。

阿　我不懂你的意思。

苏　你不知道我们教儿童，先给他们讲故事吗？这些故事虽也有些真理，在大体上却是虚构的。我们先给儿童讲故事，后来才教他们体育。

阿　对的。

---

[①] 卷二选译376D至383C；卷三选译386A至403C。

苏　我原先说文学应该在体育之前,就是为着这个缘故。

阿　你说的有道理。

苏　一切事都是开头最关重要,尤其是对于年幼的,你明白吧?因为在年幼的时候,性格正在形成,任何印象都留下深刻的影响。

阿　一点也不错。

苏　那么,我们是否应该随便准许我们的儿童去听任何人说的任何故事,把一些观念印在心里,而这些观念大部分和我们以为他们到成人时应该有的观念相反呢?

阿　我们当然不能准许那样。

苏　所以我以为我们首先应该审查做故事的人们,做得好,我们就选择;做得坏,我们就抛弃。我们要劝保姆们和母亲们拿入选的故事给儿童讲。让她们用故事来形成儿童的心灵,比起用手来形成他们的身体,还要费更多的心血。但是她们现在所讲的那些故事大部分都应该抛开。

阿　你指的是哪些故事?

苏　从大故事可以见小故事,因为无论大小,形式相同,效果也相同。你看对不对?

阿　对,但是我不明白你所谓大故事指什么。

苏　我指的是赫西俄德,荷马和其他诗人所做的,他们做了一些虚构的故事,过去讲给人听,现在还讲给人听。

阿　但是你指的究竟是哪些?你看出它们的什么毛病?

苏　应该指责的最严重的毛病是说谎,而且谎还说得不好。

阿　你指的是什么呢?

苏　我指的是把神和英雄的性格描写得不正确,像画家把所想画的东西完全画得不像。

阿　这种情形倒是应该指责的,但是你究竟指哪些故事?

苏　第一个就是赫西俄德所讲的乌剌诺斯所干的事,以及他的儿子克洛诺斯报复他的情形[①],这就是诗人对于一位最高的尊神说了一个最大的谎,而

---

[①] 见赫西俄德的《神谱》154 至 181,以及 459 行等。乌剌诺斯是天神,配了地神,生下十八个孩子,一说生下六男六女,克洛诺斯是其中之一。天神厌恨子女,一生下来就把他们投到地牢里囚禁。为了报复,克洛诺斯把他父亲推翻了,并且割去了他的生殖器,自己做了天神。后来克洛诺斯又被他的儿子宙斯推翻了。

且就谎来说,也说得不好。关于乌剌诺斯的行为以及他从他儿子那方面所得到的祸害,纵然是真的,我以为也不应该拿来讲给理智还没有发达的儿童听。最好是不讲,假如必得要讲,就得在一个严肃的宗教仪式中讲,听众愈少愈好,而且要他们在仪式中献一个牺牲,不是宰一口猪就行,须是极珍贵极难得的东西,像这样,听的人就会很少。

阿　那些故事的确有害处。

苏　这类故事在我们的城邦里就必须禁止。我们绝对不能让年轻人听到说,犯最凶恶的罪也不足为奇,若是父亲做了坏事,儿子就用最残酷的手段来报复,也不过是照最早的而且最高的尊神的榜样去做。

阿　的确,我也以为这类故事不宜于讲。

苏　我们还要严格禁止神和神战争,神和神搏斗,神谋害神之类的故事。它们根本不是真的,而且我们的城邦的保卫者们必须把随便就相争相斗看成最大的耻辱。巨人们的搏斗,以及神和英雄们与他们的亲友争吵之类的故事都不准讲,也不准绘绣。如果我们能找得一些故事使他们相信同在一城邦的人们向来不曾互相仇恨过,这种仇恨是罪过,老年人们就应该拿这类故事给儿童们讲。到他们长大的时候,我们就应该强迫诗人们替他们做这样性质的故事。但是赫拉被儿子捆绑,赫淮斯托斯被父亲从天上抛下来,因为他母亲挨打,他设法护卫她①之类的故事,以及荷马所说的神与神打仗的故事,无论它们是不是寓言的,都一律不准进我们的城邦来。因为儿童没有能力辨别寓言的和不是寓言的,他们在年幼时所听到的东西容易留下永久不灭的印象。因为这些缘故,我们必须尽力使儿童最初所听到的故事要做得顶好,可以培养品德。

阿　你的话是对的,但是如果有人问哪些是这样的故事,请举出例子来,我们怎样回答呢?

苏　阿德曼特,你和我现在都不是诗人,而是一个城邦的建立者。建立城邦的人们应该知道诗人说故事所当遵守而不准破坏的规范;他们自己并不必去做故事。

阿　很对,但是关于神的故事当有什么规范,这正是我想知道的。

---

① 见《伊利亚特》卷一。赫拉是天后,和天神宙斯有时吵嘴,宙斯往往打她或是叫人捆吊她。赫淮斯托斯是火神,常站在母亲方面,宙斯把他从天上抛下,所以他跌跛了腿。

苏　规范是这样:无论写的是史诗,抒情诗,还是悲剧,神本来是什么样,就应该描写成什么样。

阿　这是一定的。

苏　神在本质上不是善的吗? 他是否就应该描写成善的?

阿　那是毫无疑问的。

苏　凡是善的都不是有害的,是不是?

阿　照我看,善的就没有害。

苏　不是有害的东西是否做有害的事呢?

阿　当然不会。

苏　不做害事的东西是否生祸呢?

阿　不。

苏　不生祸的东西会是祸的因么?

阿　那怎么可能呢!

苏　那么,凡是善的都是有益的?

阿　对。

苏　它是福的因?

阿　对。

苏　照这样说,善不是一切事物的因,它只是善的事物的因,而不是恶的事物的因,只是福的因而不是祸的因。

阿　这是不可辩驳的。

苏　神既是善的,他就不能像多数人所说的,为一切事物的因。人所碰到的事情之中只有少数是由神造因,多数都不是的,因为人生中好的事情少而恶的事情多,好的只有归原于神,恶的须另找原因,不能由于神。

阿　我看你说得顶对。

苏　那么,我们就不能听荷马或其他诗人说这样谩神的话:

　　　　宙斯宫门前摆着两个大桶,
　　　　一桶装着福,一桶装着祸;

宙斯把这种命运混在一起分配给人,

　　　　那人有时碰到福,有时碰到祸,

但是有人只从宙斯得到祸。

>饥饿驱逐他在丰足的地面上到处流亡；①

我们也不能相信这样的话：

>宙斯是祸与福的分配者。②

如果有诗人说，希腊人和特洛亚人背弃休战誓约是由于宙斯和雅典娜所怂恿的——这本来是由于潘达洛斯③——或是说，忒弥斯和宙斯酿成神与神的纷争④，我们就不能赞许他。我们也不能准允年轻人听埃斯库罗斯⑤说这样的话：

>神要想把一家人灭绝，
>
>先在那人家种下祸根。

如果一个诗人要用尼俄柏的灾祸——像上面两行诗所自出的那部悲剧——珀罗普斯家族，特洛亚战争之类故事为题材⑥，我们不能准许他说这些灾祸都是神干的事。如果他这样说，他也应该说明一个理由，像我们现在所要找的。他必须说，神所做的只有是好的，公正的，惩罚对于承受的人们是有益的。我们不能准许诗人说，受惩罚的人们是悲苦的，而造成他们的悲苦的是神。他可以说，坏人是悲苦的，因为他们需要惩罚，从神得了惩罚，他们就得到了益处。我们要尽力驳倒神既是善的而又造祸于人那种话；如果我们的城邦想政治修明，任何人就不能说这种话，任何人也就不能听这种话，无论老少，无论说的是诗还是散文。因为说这种话就是大不敬，对人无益，而且也不能自圆其说。

阿　这条法律我看很好，我赞成把它规定下来。

苏　那么，关于神的第一条法律和规范要人或诗人们遵守的就是：神不是一切事物的因，只是好的事物的因。

---

① 以上这几句诗见《伊利亚特》卷二十四。
② 出处不详。
③ 见《伊利亚特》卷四。希腊人和特洛亚人立约休战，宙斯听了赫拉的话，遣雅典娜去特洛亚军营，乔装为凡人，怂恿潘达洛斯放暗箭射伤希腊将领墨涅拉俄斯（海伦的原夫），于是战争又起来了。
④ 见《伊利亚特》卷二十。神分成两派，一派帮助希腊，一派帮助特洛亚，都参加了战争。
⑤ 埃斯库罗斯是希腊三大悲剧家中最早的一位。引的两行诗大约是从《尼俄柏》悲剧中摘来的，这部悲剧已不存在。尼俄柏是忒拜的王后，笃爱子女，很骄傲，自以为比阿波罗的母亲子女更多，遭神谴，子女全被射死，自己化成流泪石。
⑥ 珀罗普斯据说是宙斯的曾孙，他的后裔最著名的是阿伽门农和墨涅拉俄斯，荷马史诗中的重要角色；阿伽门农是埃斯库罗斯的一部悲剧的主角。特洛亚战争是荷马史诗的主题。

阿　那就够了。
苏　第二条法律怎样定呢？在你看，神是不是一个魔术家？他是不是故意要在不同的时候现不同的形状，时而现他的原形，时而抛开原形来变成许多不同的形状，时而用这类变形来欺哄我们，使我们认假成真呢？还是纯然一体，常驻不变呢？
阿　我不能马上回答这个问题。
苏　那么，就请回答这个问题：如果一件事物改变它的原来形状，这改变不是只有两种可能，不是由自变，就是由他变么？
阿　不错。
苏　最完善的东西就最不容易受外来影响的变动。举例来说，身体最强健的人不容易受饮食或劳作的影响，最茁壮的草木也不容易受风日之类影响。你看是不是？
阿　当然。
苏　那么，最勇最智的心灵不是最不容易受外来影响的扰动么？
阿　不错。
苏　这个原则也可以应用到人工制作的东西上，例如器具，房屋，衣服之类。质良工精的就最不容易受时间之类影响的而变动。
阿　的确如此。
苏　那么，一切事物，无论是天生的还是人为的，若是它本身完善，就最不容易受外来影响的改变。
阿　当然。
苏　可是神以及一切有神性的东西都是最完善的？
阿　不错。
苏　所以最不容易受外来影响而改变形状的就是神？
阿　的确。
苏　神是否自动地要改变自己呢？
阿　如果他改变，就只有由自变。
苏　如果他由自变，想变好变美，还是想变坏变丑呢？
阿　如果他要变，一定不免变坏。因为我们决不能说，神在善或美方面还有欠缺。
苏　你说得对极了。既然如此，阿德曼特，你想神或人会故意把自己变得比原来坏吗？

阿　那是不可能的。

苏　那么，神要自动地改变自己，也就不可能；因为他既是尽善尽美的，自然就永远使自己的形状纯一不变。

阿　我看这是必然的。

苏　那么，我的好朋友，就不要让任何诗人告诉我们说：

> 神们乔装异方的游客，
> 取各种形状周游城市。①

也不要让他对普洛透斯和忒提斯②说许多谎，或在悲剧里或别种诗里把赫拉天后写成一个乔装的女道士化缘：

> 为着阿耳戈斯的河——伊那科斯③——的赋予生命的女儿们。

我们不能再有这类的谎话。我们不能让母亲们受诗人的影响，拿些坏故事来吓唬儿童，说有些神乔装许多异方人的形状，在黑夜里到处游荡。讲这样故事，她们就不但渎犯了神，也使儿童们变怯懦了。

阿　那是不能允许的。

苏　神们本来不变，是否要用魔术来欺哄我们，以各种形状出现，要使我们信以为真呢？

阿　也很可能。

苏　那么，你以为神愿意在言语上或行为上撒谎吗？他不用本来面目而要用变形来出现？

阿　我不知道。

苏　你知不知道凡是神和人都厌恶真谎——如果我们可以用这样一个名词？

阿　什么叫做真谎？

苏　真谎就是在自己性格中最高贵的那方面，对于最重大的事情所撒的谎，我以为没有人肯故意撒这种谎。每个人都最怕在这方面撒谎。

阿　我还是不大懂。

苏　那是因为你以为我在说什么神秘的话。我的意思只是说，在他的心灵方

---

① 见《奥德赛》卷十七。
② 普洛透斯见第17页注②；忒提斯是女海神，嫁了凡人，生了阿喀琉斯；她也善变形。
③ 伊那科斯本是河名，希腊有一部讽刺剧以此为主题，作者和书均已失传。

面,对于事物的本质或则说真实体,甘心受迷惑,处在蒙昧无知的情况,人在心灵里对于真理藏着一个谎,那是任何人都最厌恶的事。

阿　你说得顶对。

苏　所以凡是受迷惑的人在心灵里的蒙昧无知,就恰是我所谓真谎。言语上的谎是这种心灵状态的仿本或影像,起来较后,而且不是完全纯粹的谎。你看对不对?

阿　很对。

苏　这种真谎是不是神和人所同厌恶的?

阿　我看是这样。

苏　言语上的谎怎样呢?它是否有时对于某种人颇有用,所以不是可厌恶的?对付敌人它是很有用的,而且就连我们称为朋友的人们,由于疯狂或愚蠢的缘故,或许动念要做一件坏事,说谎话打消他们的念头,还是一种救药的方法。再比如说,我们刚才所提到的那些故事,我们对于这类古代事的真相既然不知道,就尽量把假的说得合于真理,也还是很有用处。你看对不对?

阿　那当然是对的。

苏　你看是为着这些理由中哪一层,谎对于神有用呢?他把谎话粉饰成真话,因为他对古代事不知道吗?

阿　那样说是很可笑的。

苏　那么,神就不能看成一个撒谎的诗人了?

阿　我想不能。

苏　他怕敌人才撒谎吗?

阿　不会有那样事。

苏　由于他的朋友们疯狂或愚蠢吗?

阿　不,没有愚人或疯子是神的朋友。

苏　那么,神就没有什么理由要撒谎了?

阿　没有。

苏　那么,神,以及一切有神性的,完全不可能说谎了?

阿　绝对不可能。

苏　所以神在本性上是纯一的,在言语和行为上是真实的,他并不改变自己;他也不欺哄旁人,无论是用形象,用语言,还是在醒时或梦中用征兆,来欺哄。是不是?

阿　听过你这番话之后,我也是这样想。

苏　那么,你就要赞成规定一切诗文描写到神的第二条法律了,就是神们不是一些魔术家,不变化他们的形状,也不在言语或行动上撒谎来欺哄我们。

阿　我赞成。

苏　那么,我们虽然赞赏荷马的许多东西,却不能赞赏他所讲的宙斯在阿伽门农睡中托梦的故事①,也不能赞赏埃斯库罗斯所写的忒提斯追述阿波罗在她的婚礼中唱歌的那一段诗:

> 预告了她做母亲的幸福,许她生些儿女,都无灾无恙,长命到老;预告了我一生的命运都受着神们的保祐,我听到不禁衷心欢喜。我原来愿望从他神明的口出来的既是预言,就不会有谎语。可是唱这歌的歌者,这位参加过我的婚筵的上宾,就是他杀了我的儿子。②

一个诗人对于神说出这样话,我们就应该激起义愤了,就不能给他一个合唱队来表演他的剧本了③,我们也不能准许教师们用他的诗来教育年轻人,如果我们希望我们的城邦的保卫者能尽人所能为的去敬神,求和于神一样。

阿　我完全赞成这些规范,愿意把它们定成法律。④

苏　关于神学的原则,大致就像上面所说的。我们像已决定了我们的儿童该听哪些故事,不该听哪些故事,用意是要他们长大成人时知道敬神敬父母,并且互相友爱。

阿　我们的决定是合理的。

苏　现在我们要考虑另一个问题,如果我们要他们勇敢,是不是应该让他们听一些故事使他们尽量不怕死呢?你想一想,一个人心里怕死,还会勇敢吗?

阿　当然不会。

苏　一个人若是相信阴间以及阴间可怕的情形,他会不怕死吗?打起仗来,他

---

① 见《伊利亚特》卷二。宙斯要害希腊人,遣梦神告阿伽门农赶快出兵,结果希腊人打了败仗。

② 这个剧本已失传。

③ 希腊戏剧的合唱队和演员团体是分开的,合唱队由城邦当局供给,但也要由诗人导演。

④ 原文卷二在此终结。

会宁愿死不愿败,不愿做奴隶吗?

阿　决不会。

苏　那么,我们就应该监督说这类故事的诗人们,告诉他们讲到阴间时,不要一味咒骂它,像他们所常做的那样,最好是把它写得好看一点;他们原先讲的那些故事既不真实,对于预备做战士的人们也不合宜。

阿　我们应该这样办。

苏　那么,我们应该勾销像以下这几段那一类诗,先从这一段起:

> 我宁愿活在人间做奴隶,
> 或是跟贫苦无地的人当雇工,
> 也不愿丢开生命到阴间,
> 在死人丛中摆皇帝的威风。①

和这一段:

> 阎王望这阴森鬼阒的地方,
> ——连神们也会厌恶它肮脏——
> 可朽者和不朽者都来瞻仰。②

和这一段:

> 哎,我们死后到了阎王的世界,
> 只剩下一片魂影,没有感觉。③

和这一段:

> 只有忒瑞西阿斯还像生前聪明,
> 其余的全是些倏忽去来的阴影。④

和这一段:

> 他的灵魂脱体后就向阴间逃奔,
> 哀叹他的命运,夭折在青春。⑤

---

① 见《奥德赛》卷十一。
② 见《伊利亚特》卷二十。
③ 见《伊利亚特》卷二十三。
④ 见《奥德赛》卷十。忒瑞西阿斯是瞎子预言家,死后还保留感觉力。
⑤ 见《伊利亚特》卷十六。

和这一段：

> 他的灵魂发了一声长叹，
> 就像一阵轻雾落到下界消散。①

和这一段：

> 像幽灵凭依的空崖洞里蝙蝠，
> 中间一个从崖壁上掉下乱扑，
> 一个抓着一个四处唧唧飞奔，
> 这些鬼魂们成群地飞奔哀哭。②

我们要请荷马和其他诗人们不必生气，如果我们勾销去这些以及类似的段落，这倒不是因为它们是坏诗，也不是因为它们不能悦一般人的耳，而是因为它们愈美，就愈不宜于讲给要自由，宁死不做奴隶的青年人和成年人听。

阿　理应如此。

苏　我们也应该取消一些令人毛骨悚然的字样，像"鸣咽河"，"恨河"，③"泉下鬼"，"枯魂"之类，听到这些字样的声音就够叫人打寒颤。它们也许有别的用处，但是对于我们的城邦的保卫者们，我怕它们所引起的寒栗会使他们的勇气消沉。

阿　你这种顾虑是对的。

苏　我们可否把这类字样勾销？

阿　应该。

苏　我们在诗文里是否应该用和这些相反的声调？

阿　当然。

苏　诗人常让伟大人物们痛哭哀号，这些当然也应勾销去了？

阿　它们理应一律勾销。

苏　想一想勾销有没有理由。我们认为一个好人不会以为死对于另一个好人——他的朋友——有什么可怕。

阿　我们是这样看。

---

① 见《伊利亚特》卷二十三。
② 见《奥德赛》卷二十四。
③ "鸣咽河"和"恨河"都是围绕地狱的河。

苏　那么,他就不会因为那个朋友死了就痛哭,好像那个朋友遭了什么可怕的灾祸。

阿　他不会哭。

苏　我们还可以说,这样一个人最能够单凭他自己去把生活弄得美满,比起一般人来,他最无须依赖旁人。

阿　的确。

苏　所以丢了一个儿子或弟兄,或是丢了财产之类,对于这样一个人绝对没有什么可怕的。

阿　当然。

苏　他遭遇到这类灾祸,就不像旁人那样哭哭啼啼的,会处之泰然。

阿　这是一定的。

苏　那么,我们就有理由把著名英雄的痛哭勾销,把这种痛哭交给女人们,交给凡庸的女人们和懦夫们,使我们培养起来保卫城邦的人们知道这种弱点是可耻的。

阿　很对。

苏　我们就要再请荷马和其他诗人把阿喀琉斯,一个女神的儿子,不描写成:

　　　　辗转反侧,时而面朝天,时而面朝地;①

时而站起沿空海岸行走,哀恸得像要发狂;时而用双手抓一把黑灰撒在头上;时而痛哭流涕,像荷马多次描写的。② 他们也不能把普里阿摩斯,一位血统和神很近的国王,描写成:

　　　　在灰土里打滚,一个个叫名字,
　　　　哀求他的所有的战士。③

我们要更郑重地请求他们不要在诗里让神们这样痛哭:

　　　　哎呀! 我真不幸,做了一个英雄的母亲。④

如果他们要提到神们,他们不应冒昧把最伟大的神描写得失去本来面目,

---

① 见《伊利亚特》卷二十四。
② 见《伊利亚特》卷十八。
③ 见《伊利亚特》卷二十二。普里阿摩斯是特洛亚的老国王,传说是宙斯的七世孙。
④ 见《伊利亚特》卷十八。阿喀琉斯因爱友战死悲恸,他的母亲忒提斯这样哭他。

29

使他说出这样话：

> 哎呀,我亲眼看见我心爱的英雄,
> 被人驱逐着绕着城墙逃跑,心里真痛。①

以及：

> 哎呀,萨珀冬在人类中是我最钟爱的,
> 老天命定他要死在帕特洛克罗斯的手里。②

亲爱的阿德曼特,如果我们的年轻人认真听这类话,不把这些弱点看成不是神们所能有的而嘲笑它们,我们就很难使他们相信这些弱点是他们自己所不应该有的,因为他们究竟不过是凡人;我们也很难希望他们碰到自己做这种事说这种话时,知道责备自己。他们就会既不知羞耻,又没有勇气,遇到很微细的灾祸也要痛哭流涕了。

阿　你说得一点不错。

苏　这种情形是必须防止的,我们已经说出了我们的理由,除非旁人拿出一个更好的理由来,我们不能放弃它。

阿　是的,那必须防止。

苏　我们的保卫者也不应该动不动就笑,因为暴烈的笑总不免就有同样暴烈的心理反响跟着来。

阿　我也是这样想。

苏　所以我们不准诗人把一个好人写成轻易就发笑,尤其不能把神们写成这样。

阿　当然。

苏　我们就不能准许荷马这样形容神们：

> 神们都哄堂大笑不止,
> 看见火神在宴会厅里跛来跛去。③

依你的理由,这是不能准许的。

---

① 见《伊利亚特》卷二十二。特洛亚大将赫克托被阿喀琉斯战败,绕城逃跑。宙斯望见,发这个叹息。
② 见《伊利亚特》卷十六。萨珀冬是特洛亚的猛将,被帕特洛克罗斯战败身死。宙斯预知他要战死,发这个叹息。
③ 见《伊利亚特》卷一。火神赫淮斯托斯替参加会议的神们斟酒。

阿　如果你说那是我的理由，就让你那么说吧，我承认那是不能准许的。

苏　还有一层，诚实应该特别重视。如果我们刚才所说的那番话不错，神用不着说谎，人也用不着说谎，除非把谎当作一种医疗的方法。很显然地医疗的方法只有医生可以用，普通人不能用它。

阿　那是很显然的。

苏　所以只有城邦的保卫者可以说谎，来欺哄敌人或公民，目的是为着国家的幸福。此外一切人都不能说谎。我们以为普通公民如果向保卫者说谎，比起病人欺哄医生，学生向体育教师隐瞒他的身体状况，或是水手不把船和船员的真相告诉船长，他所犯的罪在原则上虽相同，实际还要严重得多。

阿　一点不错。

苏　所以城邦的保卫者如果发见一个普通公民说谎，

　　　　无论他们是哪一行手艺人
　　　　巫师，医生，或是木匠，①

都要惩罚他，因为他行了一个办法，可以颠覆国家，如同颠覆一只船一样。

阿　当然要惩罚，如果话说到就要做到。

苏　其次，我们的年轻人是否要有节制？

阿　当然。

苏　一般说来，节制的要点是不是一方面服从保卫者的统治，一方面自己能统治饮食色之类感官欲？

阿　对的。

苏　那么，我想我们要赞赏荷马让狄俄墨得斯说的那种话：

　　　　朋友，坐下息怒，来静听我的话，②

和下文两句：

　　　　希腊人鼓着勇气鸦雀无声地前进，③

---

① 见《奥德赛》卷十七。
② 见《伊利亚特》卷四。希腊大将阿伽门农劝将官们拿出勇气打仗，一位将官不服，狄俄墨得斯劝他服从。
③ 见《伊利亚特》卷三。

> 他们的静默显出对他们将领的畏敬。①

以及类似的诗句。

阿　顶好。

苏　你看这句话怎样：

> 你这醉鬼,面恶于狼,胆小于鼠,②

以及下文那些诗句？还有在诗文中有许多普通人咒骂统治者的卤莽话,你看好不好？

阿　都要不得。

苏　当然要不得。我不相信年轻人听了这类话,可以学会有节制。这类话可以使他们得到另一种快感,这倒不足为奇。你以为如何？

阿　我和你一样想。

苏　诗人让一个最聪明的人说世间最美的事是：

> 席上摆满了珍馐食品,
> 酒僮从瓶里倒酒不停,
> 斟到杯里劝客人痛饮,③

你想年轻人听到这种诗能学会自制么？再如：

> 最惨痛的死是死于饥饿,④

以及关于宙斯的故事,说他当神和人们都睡着时,还不去睡,在定他的计划,可是色欲一动,就把什么都忘了,看见赫拉后,不肯等到回到卧房,就要在当时当地和她性交,说他从来没有现在那样热烈的兴致,就连他和她从前瞒着父母第一次偷情时也还比不上⑤；再如战神和阿佛洛狄忒私通被火神捉住绑起的故事⑥；你觉得它们怎样？

阿　我以为这类故事绝对不宜于说给年轻人听。

苏　但是如果有坚忍不屈的事迹,无论是现在英雄们做的,或是在诗歌里传述

---

① 见《伊利亚特》卷四。
② 见《伊利亚特》卷一。阿喀琉斯骂阿伽门农的话。
③ 见《奥德赛》卷九。"最聪明的人"是俄底修斯。
④ 见《奥德赛》卷十二。
⑤ 见《伊利亚特》卷十四。
⑥ 见《奥德赛》卷八。阿佛洛狄忒原是火神的妻。

的,这些才是我们应该见闻的。例如:

　　　　俄底修斯拍着胸膛向自己的心说:
　　　　忍着吧,心,你忍受过更大的痛苦。①

阿　你说得对。
苏　我们也不能让保卫者们爱财或是受贿。
阿　当然不能。
苏　那么,这种诗就不能让他们听:

　　　　礼物能说服神,也能说服可敬的国王,②

　　我们也不能赞美阿喀琉斯的教师福尼克斯,以为他劝阿喀琉斯得了礼物才去援救希腊人,否则不要平息他的忿恨③,是劝得有理;我们也不能相信或承认阿喀琉斯是那样贪婪,肯收阿伽门农的礼物④,或是得了礼物才肯归还赫克托的尸体⑤。
阿　赞美这类事迹当然不妥当。
苏　我虽然钦佩荷马,不敢说出,却又不能不说出,他对于阿喀琉斯说了这些话,或是轻听旁人的报告把这些事信以为真,未免犯了大不敬。我也不相信阿喀琉斯向阿波罗说出这样唐突的话:

　　　　你,神中最恶毒的,横加我这样侮辱,
　　　　若是我有权势,我要狠狠地对你报复;⑥

　　我不信他顽强地反抗河神,胆敢和他交战;⑦或是他既然把自己的头发供奉给另一个河神,斯珀勾斯,还居然向他说:

　　　　我要把这股头发献给帕特洛克罗斯。⑧

---

① 见《奥德赛》卷二十二。俄底修斯打过十年仗,又浮过十年海,初回家时看见成群的人在他家里吃喝,向他妻子求婚。他压下气愤,想方法把他们一齐杀掉。参看第10页注③。
② 这句话本是希腊古谚。
③ 见《伊利亚特》卷九。希腊人战败,阿喀琉斯因为和阿伽门农为争女俘事吵嘴,坐视不救。
④ 见《伊利亚特》卷十九。阿喀琉斯得了礼物,和阿伽门农讲了和,才肯出马打仗。
⑤ 见《伊利亚特》卷二十四。阿喀琉斯把赫克托战败打死了,赫克托的老父普里阿摩斯带礼物去希腊军营,才把他的尸首赎回。
⑥ 见《伊利亚特》卷二十二。阿波罗援助特洛亚人,阿喀琉斯因此咒骂他。
⑦ 见《伊利亚特》卷二十一。
⑧ 见《伊利亚特》卷二十三。帕特洛克罗斯是阿喀琉斯最宠爱的朋友,他战败身死,阿喀琉斯极悲恸,替他举行大追悼会,后来他亲身出战,打死了杀他爱友的赫克托,就把这仇人的尸体拖着绕墓游行。

而且居然照这话做了。我们否认他拖着赫克托的尸体绕着帕特洛克罗斯的墓走,以及把俘虏杀死,抛到火葬的柴堆里去烧之类故事是真的。我们不能让我们的保卫者相信:阿喀琉斯既然有女神做母亲,而且又有源出宙斯的聪明的珀琉斯做父亲,又从哲人刻戎受过教育,心里还那样糊涂,有两种相反的毛病混在一起:一方面卑鄙贪婪;一方面对神和人都很傲慢。①

阿　你说得对。

苏　此外我们也不要相信,而且不能准人说,忒修斯既然是海神波塞冬的儿子,庇里托俄斯既然是宙斯的儿子,曾经犯过可怕的强奸罪,②或是任何神的儿子,任何英雄,敢做出那样可怕的漫神的事,像一些荒唐故事所说的。我们要强迫我们的诗人作一个声明,说英雄们没有做过这类事,否则就说他们并不是神们的子孙。我们不能让诗人使我们的年轻人相信:神可以造祸害,英雄并不比普通人好。我们早就说过,这类故事既大不敬,而且也不真实;我们已经证明过,祸害不能从神那里来。

阿　这是不可辩驳的。

苏　而且这类故事对听众也有害处。听说过英雄们,

> 神们的子孙,宙斯的嫡传,
> 他们在伊达高峰筑了祭坛
> 向宙斯顶礼,而神明的血液
> 还在他们的血脉中循环,③

像这样的英雄们也做过同样的坏事,谁不自宽自解,以为自己的坏事可以原谅呢?所以我们必须禁止这类故事,免得年轻人听到容易做坏事。

阿　当然。

苏　我们讨论过诗的题材哪些是合宜的,哪些是不合宜的,是否还有哪些我们没有提到呢?诗人应该怎样描写神灵,英雄,和阴间,算是已经决定了。

---

① 希腊神话中人神杂糅。许多英雄据说都是神的后裔,阿喀琉斯的母亲是忒提斯(水神的女儿),父亲是珀琉斯,宙斯的后裔。

② 忒修斯是希腊传说中一个大力士,他常在打过胜仗或立过大功之后,抢劫妇女。例如他战败了阿玛宗女兵国,就掳去女兵国王。据另一传说,他劫掠过有名的海伦,这是他和庇里托俄斯合伙干的。这两人又到过阴间,想劫掠阎王的王后珀塞福涅,但是被阎王抓住绑在岩石上。

③ 这段诗来源不明。有一说以为它是从埃斯库罗斯的一部失传的《尼俄柏》悲剧来的。伊达山在克里特岛上,据说宙斯是在那里长大的。

阿　不错。

苏　还剩下关于人的一类故事,是不是?

阿　是,很显然的。

苏　但是我们暂时还不能替这类故事定下规律。

阿　为什么缘故?

苏　因为我这样想,要定规律我们就得说:诗人们和做故事的人们关于人这个题材在最重要的关头都犯了错误,他们说,许多坏人享福,许多好人遭殃;不公正倒很有益,只要不让人看破,公正只对旁人有好处,对自己却是损失。我以为我们应该禁止他们说这类话,命令他们在诗和故事中所说的话要恰恰和这类话相反,是不是?

阿　我们应该这样办。

苏　在这一点上你既然承认我是对的,你就得承认我们许久以来所要证明的那道理①也是对的,是不是?

阿　你的推断是正确的。

苏　我们既然找到了正义的本质,发见正义对有正义的人根本是有益的,不管有没有人知道他有正义。我们既然知道这个道理了,就可以说,关于人的一类故事应该符合这个道理,是不是?

阿　对极了。

苏　关于题材,话已经说够了。现在我想应该研究语文体裁问题,然后我们就算把"说什么"和"怎样说"两个问题都彻底讨论过了。②

阿　我不懂你的意思。

苏　我要设法使你懂。也许这样去看,你就容易懂些,故事作者们和诗人们所说的不都是对于过去,现在,和未来事情的叙述?

阿　当然,没有别的。

苏　他们是用单纯叙述,摹仿叙述,③还是两法兼用呢?

阿　请你把话说明白一点。

苏　我显然是一个很可笑的教师,不能把话说得明白,我且学那不会说话的人

---

① 《理想国》前部分讨论"正义"的本质,有人说正义不一定有好报应,苏格拉底反对这种看法。不过这问题还没有得到最后的结论,所以他这样说。他"所要证明的那道理"就是正义是有益于人的。
② 以上讨论文学的内容,以下讨论文学的形式。
③ 即"间接叙述"和"直接叙述"(戏剧式的叙述)。

们的办法,把原则丢开不管,只拿一个具体的事例来说明我的意思。你记不记得《伊利亚特》史诗的开头?荷马说起克律塞斯向阿伽门农请求赎回他的女儿,阿伽门农很傲慢地拒绝了,于是克律塞斯就向神作祷告,祈求神让希腊人遭殃①。你记得不?

阿　我还记得。

苏　你记得,一直到

> 他向希腊人恳求遍了,
> 尤其是他们的领袖,阿特柔斯的儿子们。②

那两行,诗人都以自己的身份在说话,不叫我们以为说话的是旁人而不是他。但是从这两行以下,他好像就是克律塞斯自己在说话,尽量使我们相信说话的不是荷马而是那老司祭本人。荷马采用了这个方法来叙述大部分在特洛亚和在伊塔刻③两地所发生的事情,整部《奥德赛》也是这样写的。

阿　的确如此。

苏　无论是诗人在说话,还是当事人自己在说话,都要算叙述,是不是?

阿　不错。

苏　诗人站在当事人的地位说话时,是否要尽量使那话的风格口吻恰符合那当事人的身份?

阿　当然。

苏　一个人使自己在声音容貌上像另一个人,他是不是摹仿那个人?

阿　当然。

苏　所以在这些事例中荷马和其他诗人用摹仿来叙述?

阿　不错。

苏　另一方面,如果诗人永远不隐藏自己,不用旁人名义说话,他的诗就是单纯叙述,不是摹仿。免得你再说不懂,我可以说明这是怎样办的。荷马已经说过克律塞斯怎样带了礼物来赎他的女儿,怎样恳求希腊人,尤其是恳

---

① 见《伊利亚特》卷一。阿伽门农掳了特洛亚的一个女人做妾,她的父亲克律塞斯是阿波罗神的司祭,带礼物来赎,阿伽门农不许,他就祈祷阿波罗惩罚希腊人。
② 见《伊利亚特》卷一。阿特柔斯是希腊两个主将阿伽门农和墨涅拉俄斯(海伦的丈夫)的父亲。
③ 伊塔刻是俄底修斯所统治的小国,荷马的两部史诗中《伊利亚特》的主要的背景在特洛亚,《奥德赛》的主要的背景在伊塔刻。

求他们的领袖,如果在这段之后,他不是变成克律塞斯在说话,而还是他荷马本人,那就不是摹仿而是单纯叙述了。用单纯叙述,这段故事就会大约像这样——我不用韵律,因为我并不是一个诗人——"那司祭来了,祷告神们保佑希腊人攻下特洛亚城,平安回国;然后他向希腊人恳求,请他们看在阿波罗神的面子上[①],接受他的礼物,放回他的女儿。他的话说完了,旁的希腊人都尊敬他,表示可以准许他的恳求;只有阿伽门农在发怒,吩咐他走开,并且不准他再来,否则他的神杖和头巾保护不了他那条老命;他的女儿不能赎,须陪他阿伽门农在阿耳戈斯[②]过到老。如果他想活着回去,最好快点滚开,不要惹他生气。那老人听了这番话,心里很害怕,一声不响地走了。但是离开希腊军营之后,他向阿波罗祷告,用神的许多名号呼他,请神记起他过去一切敬神的功德,修盖庙宇和奉献牺牲,现在求他报答,求神的箭射杀希腊人,来赔偿他的眼泪。"朋友,这就是不用摹仿的单纯叙述。

阿　我懂得了。

苏　那么,你也就懂得与此相反的形式,就是把对话中间所插进的诗人的话完全勾销去了,只剩下对话。

阿　我也懂得。悲剧就是这种情形。

苏　你懂的一点不错。我想从前不能使你明白的,现在可以使你明白了,就是凡是诗和故事可以分为三种:头一种是从头到尾都用摹仿,像你所提到的悲剧和喜剧;第二种是只有诗人在说话,最好的例也许是合唱队的颂歌[③];第三种是摹仿和单纯叙述掺杂在一起,史诗和另外几种诗都是如此。你懂得吧?

阿　我现在懂得你的意思了。

苏　你该还记得,我们说过,在诗的题材或内容上我们已经得到一致的意见了,还要讨论的是它的形式。

阿　我还记得。

苏　我原要想说的就是这形式问题。我们应该决定是否准许诗人们用摹仿来

---

[①] 因为克律塞斯是阿波罗神的司祭。
[②] 阿耳戈斯是阿伽门农所统治的小国。
[③] 希腊悲剧到每段情节告一个段落时,都由合唱队唱一段歌,这歌是站在旁边地位,把情节略加复述而加以赞叹。

叙述,如果可以用摹仿,还是通篇用或部分用,在什样情形才应该用那个形式,还是完全禁止用摹仿的形式。

阿　我猜想,你的意思是要决定我们是否准许我们的城邦里有悲剧。

苏　也许,也许还不只此,我现在还不知道。看理路的风向哪里吹,我们就向哪里走。

阿　好的,我们就这样办。

苏　阿德曼特,想一想我们的保卫者是否应该做摹仿者。从我们已经说过的那番话看来,每个人只能做好一件事,不能同时做好许多事,如果他想做许多事,就会哪一件都做不很好。这个看法不就已替这问题找到了答案吗?

阿　当然。

苏　这话可不可以应用到摹仿?同一个人摹仿许多事,不如摹仿一件事做得那样好。

阿　当然不能。

苏　他更不能一方面担任一件重要职务,一方面又做一个摹仿者摹仿许多事;因为同一个人从事于很相近的两种摹仿形式,也不能成功,比如说悲剧和喜剧。你刚才不是把悲剧和喜剧看作摹仿吗?

阿　我是把它们看作摹仿,你说得有理,同一个作家不能在悲剧和喜剧两方面都成功。

苏　一个人同时做诵诗人和演戏人,也不能成功。

阿　真的。

苏　我们甚至于发现同一个演员不能演悲剧又演喜剧。可是这些都不过是摹仿,是不是?

阿　一点不错。

苏　阿德曼特,我看人的本性好像划分成许多小部分,所以一个人不能把许多事摹仿得好,也不能把摹仿的蓝本那许多事本身做得好。

阿　的确如此。

苏　那么,如果我们坚持原来的意思,以为保卫者们必须卸去一切其他事务,专心致志地保卫国家的自由,凡是对这件要务无补的他们都不该去做;那么,除了这件要务以外,他就不应该做旁的事,也不应该摹仿旁的事了。如果他们要摹仿,也只能从小就摹仿适合保卫者事业的一些性格,摹仿勇敢,有节制,虔敬,宽宏之类品德;可是卑鄙丑恶的事就不能做,也不能摹仿，恐怕摹仿惯了，就弄假成真。你注意到没有，摹仿这玩艺如果从小就开始，一直继续下去，就会变成习惯，成为第二天性，影响到身体，声音，和心理方面？

阿　我注意到，的确如此。

苏　那么，我们就不能让我们所要关心的人们，男子们，而且长大要成为好人的男子们，去摹仿一个女人，不管是老是少，和丈夫吵嘴，咒天骂神，快活得发狂，或是遭点灾祸便伤心流泪；我们尤其不能让他们摹仿女人生病，恋爱，或是临产。

阿　的确不能让他们摹仿这些。

苏　他们也不能摹仿奴隶，不管是男是女，在做奴隶的事。

阿　不能。

苏　也不能摹仿坏人，懦夫，或是行为与我们所规定的相反的那些人们，互相讥嘲谩骂，不管在清醒还是在醉酒的时候，或是做坏事，说坏话，像这类人做人处世所常表现的。此外，我想他们也不应该在言行上摹仿疯人。他们应该认识疯人，坏男人和坏女人，但是不应该做这类人所做的事，也不能摹仿它们。

阿　你的话对极了。

苏　他们可不可以摹仿铁匠和其他手艺人，船夫，船长，或是这一类人呢？

阿　他们既然不准操这类人的行业，怎么可以摹仿他们呢？

苏　他们可不可以摹仿马叫牛叫，摹仿河流声和海啸声，摹仿打雷声以及如此等类的事情呢？

阿　不能，因为他们不准发疯或是摹仿疯人。

苏　如果我没有误解你的意思，你是说叙述的语文体裁有两种，一种是真正好人有话要说时所用的；另一种是性格和教养都和好人相反的那种人所惯有的。

阿　哪两种呢？

苏　一个好人若是要叙述到一个好人的言行，我想他愿意站在那好人本人的地位来说话，不以这种摹仿为耻。他对于那好人的坚定聪慧的言行，会特别摹仿得认真；若是那好人遭遇到疾病，恋爱，鸩醉或是其他不幸的事，他就摹仿得少些。但是他若是要叙述一个不值得他瞧得起的人，他就不会肯认真去摹仿那个比他低劣的性格，除非偶然他碰到那人做了一点好事，才摹仿他一点。此外,他会以摹仿这种人为可耻,因为他对于摹仿这种性格素无训练,而且也不愿降低身份来取他所鄙视的人物做模范来摹仿,除非是偶然开玩笑。

阿　理应如此。

苏　所以他会用我们在前面谈荷马诗时所说过的那种叙述形式,一部分用单纯叙述,一部分用摹仿叙述,但是摹仿叙述只占一小部分。你是不是这样看?

阿　不错,叙述者的模范应该如此。

苏　至于性格与此相反的人,性格愈卑劣,他也就愈能无所不摹仿,看不到什么可以降低他的身份的事情,所以他会在大庭广众之中,故作正经地摹仿我们在前面所说的一切,打雷吹风下冰雹的声音,轮盘滑车的声音,号角箫笛以及各种乐器的声音,乃至于鸡鸣狗吠羊叫的声音。所以他的叙述几乎全是声音姿势的摹仿,很少用单纯叙述。

阿　那是一定的。

苏　语文体裁就是这两种,是不是?

阿　就是这两种。

苏　头一种不带激烈的转变,如果谱出乐调,找一个节奏,来配合它的词句,我们几乎可以从头到尾都用同一个调子,只用很轻微的变化,就可以表现得很正确,节奏也大致是均匀一致的。你看是不是这样?

阿　你说得很对。

苏　另外那种语文体裁怎样?是否恰恰相反?要妥当地表现它,是否必须杂用各种乐调和各种节奏,因为它有各种转变?

阿　的确如此。

苏　凡是诗人以及一般作家是不是要在这两种语文体裁中选用一种,或是两种掺杂着用?

阿　当然不可能有其他办法。

苏　我们是否应该准许在我们的城邦里采用这三种体裁呢?还是只准用单纯叙述或摹仿,还是也准用混合体呢?

阿　如果依我的意见,我们只准用摹仿好人的单纯叙述。

苏　但是,亲爱的阿德曼特,混合体也确有它的引人入胜处。至于与你所选的那种正相反的体裁——摹仿——却最受儿童们,保姆们,尤其是一般群众们欢迎。

阿　我承认，它确实受欢迎。

苏　不过你也许可以说，它对我们的城邦却不适宜，因为我们中间没有"一个人骑两头马"，每个人只做他本分里的一件事。

阿　它实在不适宜。

苏　是不是因为这个缘故：我们得是惟一的城邦，里面鞋匠就真正是鞋匠，而不是鞋匠兼船长；农人就真正是农人，而不是农人兼法官；兵士就真正是兵士，而不是兵士兼商人，其余依此类推？

阿　不错。

苏　那么，如果有一位聪明人有本领摹仿任何事物，乔扮任何形状，如果他来到我们的城邦，提议向我们展览他的身子和他的诗，我们要把他当作一位神奇而愉快的人物看待，向他鞠躬敬礼；但是我们也要告诉他：我们的城邦里没有像他这样的一个人，法律也不准许有像他这样的一个人，然后把他涂上香水，戴上毛冠，请他到旁的城邦去。至于我们的城邦嘛，我们只要一种诗人和故事作者：没有他那副悦人的本领而态度却比他严肃；他们的作品须对于我们有益；须只摹仿好人的言语，并且遵守我们原来替保卫者们设计教育时所定的那些规范。

阿　如果权在我们的手里，我们一定要这样办。

苏　朋友，关于文学和故事这一部门音乐，我们算是讨论完毕了，我们讨论过题材内容，又讨论过形式。

阿　我也是这样看。

苏　音乐还剩下另一个部门，歌词和乐调。

阿　那是很明显的。

苏　每个人都会看得出我们对于歌词和乐调应该做怎样规定，只要我们符合前面那番话的意思就行了。

格　（笑）我却不是你所说的"每个人"，我现在还不敢说应该做怎样规定，虽然我心里也有些打算。

苏　至少你可以很确定地说，歌有三个要素：歌词，乐调和节奏。①

格　那倒可以确定地说。

---

① 歌词和乐调是两回事，这是容易了解的。至于节奏在歌词里有，在乐调里也有。这里所指的只是诗的音节长短或韵律。拿乐调和节奏对举时，节奏侧重长短起伏，乐调侧重高低起伏。

苏 关于歌词,合乐的词和不合乐的词并没有什么分别,只要符合我们刚才对于题材内容和形式所规定的那些规律就行了,是不是?

格 对,那就行了。

苏 至于乐调和节奏,它们都要恰能配合歌词。

格 当然。

苏 我们讨论诗的题材时,说不准有哭泣哀叹。

格 不错。

苏 哪些乐调是表现悲哀的呢?你懂音乐,请告诉我。

格 表现悲哀的是吕底亚式和混合的吕底亚式①之类。

苏 我们是否把这类悲哀的乐调抛开,因为拿它们来培养品格好的女人尚且不合式,何况培养男子汉?

格 它们当然要抛开。

苏 其次,醉酒,文弱,懒怠对于保卫者们不是毫不相宜么?

格 当然。

苏 哪样乐调是文弱的,用于饮宴的呢?

格 伊俄尼亚式和吕底亚式,它们叫做"柔缓式"。

苏 这类乐调对于保卫者们是否有用呢?

格 绝对不适用。剩下的就只有多里斯式和佛律癸亚式了。

苏 我对于这些乐调是外行,但是我们准许保留的乐调要是这样:它能很妥帖地摹仿一个勇敢人的声调,这人在战场和在一切危难境遇都英勇坚定,假如他失败了,碰见身边有死伤的人,或是遭遇到其他灾祸,都抱定百折不挠的精神继续奋斗下去。此外我们还要保留另一种乐调,它须能摹仿一个人处在和平时期,做和平时期的自由事业,或是祷告神祇,或是教导旁人,或是接受旁人的央求和教导,在这一切情境中,都谨慎从事,成功不矜,失败也还是处之泰然。这两种乐调,一种是勇猛的,一种是温和的;一种是逆境的声音,一种是顺境的声音;一种表现勇敢,一种表现聪慧。我

---

① 希腊音乐往往以流行地区得名,类似中国古代的"郑声""秦声""楚声"之类。每一地区的音乐往往有它的特殊风格和特殊的伦理性质。希腊音乐约分四种:一、吕底亚式:吕底亚在小亚细亚,这地方音乐柔缓哀婉;二、伊俄尼亚式:伊俄尼亚在小亚细亚西海岸,这地方音乐柔缓缠绵;三、多里斯式:多里斯在希腊北部,这地方音乐简单,严肃,激昂;四、佛律癸亚式:佛律癸亚也在小亚细亚,音乐发达最早,对希腊音乐的影响也最大,它的特点是战斗的意味很强。下文所说的笛就是由佛律癸亚传到希腊的。

们都要保留下来。

格　你所要保留的正是我刚才所说的多里斯式和佛律癸亚式。

苏　我们的歌和乐调也不需要弦子太多而音阶很复杂的乐器,是不是?

格　的确不需要。

苏　那么,我们就不必供养工匠来制造铜弦琴,三角琴以及一切多弦多音阶的乐器了。

格　大可不必了。

苏　我们的城邦要不要制笛者和吹笛者进来呢?笛不是声音最多的乐器么?多音阶的乐器其实不都是仿笛子造成的么?

格　显然如此。

苏　所以剩下来的只有两角竖琴和台琴供城市用。在田野里牧人们可以用一种排箫。

格　这是当然的结论。

苏　我们也并非翻新花样,只是取阿波罗和阿波罗的乐器而不取马西亚斯和马西亚斯的乐器①。

格　算不得翻新花样。

苏　哈,狗呀②,我们从前说我们的城邦太文弱了,我们这阵子不知不觉地在清洗它了。

格　我们清洗得好。

苏　那么,我们就来完成我们清洗的工作。乐调之后就是节奏。节奏也应该服从同样的规律,不应该求繁复,不应该有许多种音节。我们须找出哪些节奏可以表现勇敢和聪慧的生活。找到之后,我们就使音节和乐调配合歌词,来表现这种生活,但是不能使歌词迁就音节和乐调。哪些才是这样节奏,只好请你告诉我们,如同你刚才告诉我们乐调一样。

格　可是我没有这个能力。我只知道节奏共分三种,各种音节都是由这三种

---

① 阿波罗是文艺神,所以是音乐的创造者。据说他发明了竖琴和笛。马西亚斯是佛律癸亚的一个林神,善吹笛,要和阿波罗竞赛音乐,相约谁败了就听胜者任意处罚。马西亚斯吹笛,阿波罗弹琴,诗神们做评判,评定阿波罗胜,马西亚斯就被绑在树上活剥皮。这里阿波罗的乐器指琴,马西亚斯的乐器指笛。

② 希腊人发誓,为避免用宙斯大神的名字,用寻常动物来代替。

43

组成的,正如音有四种,各种乐调都由这四种音组成的一样①。至于哪一种节奏摹仿哪一种生活,我却不知道。

苏　那么,我们就要请教达蒙②,问他哪种音节宜于表现卑鄙,傲慢,疯狂以及其他毛病,哪种音节宜于表现相反的品质。我仿佛听见他谈到节奏时,用些"战争气的","复合的","长短短格"或"英雄格"之类字样。他用一种我不懂得的方法来安排这些音节,使节奏的起伏随着音节的长短;我好像记得他把一种音节叫做"短长格",另一种叫做"长短格",拿音的长短来定节奏。有时他批评好坏,顾到每一音节的快慢,也顾到全章的节奏,也许是根据这两种效果的混合。我懂得不很清楚。不过我已经说过,这类问题要请教达蒙,要解决它们很要费些讨论,是不是?

格　是的。

苏　有一点你总可以决定,美与不美要看节奏的好坏。

格　当然。

苏　节奏的好坏要看语文风格的好坏,正如音乐的好坏要看歌词的好坏一样,我们已经说过,应该使节奏和乐调符合歌词,不应该使歌词迁就节奏和乐调。

格　我们是这样说过。

苏　语文风格本身怎样呢?它是否要看心灵的性格?

格　当然。

苏　其余一切都要看语文风格?

格　是。

苏　所以语文的美,乐调的美,以及节奏的美,都表现好性情。所谓"好性情"并不是我们通常拿来恭维愚笨人的那个意思,而是心灵真正尽善尽美。

格　你说得顶对。

苏　如果我们要年轻人能尽他们的责任,不应该让他们追求这些好品质么?

格　那是一定的。

---

① 希腊诗如英文诗,分行计算,每行依字音数目分若干音步,每音步以长短相间见节奏,与英文诗以轻重相间见节奏有别。每音步通常有两个或三个字音,最普通的有三种排列:"短长格"先短后长,"长短格"先长后短,"长短短格"一个长音之后有两个短音。因这种有规律的排列见节奏叫做"音节"。"音有四种"或指基本的音阶,惟音乐史家对于希腊音乐技巧分析尚无定论,这里也不敢臆断。

② 达蒙是公元前五世纪著名的音乐家,他论诗的音律的著作,现已失传。

苏　图画和一切类似艺术都表现这些好品质,纺织,刺绣,建筑以及一切器具的制作,乃至于动植物的形体也都是如此。这一切都各有美与不美的分别。不美,节奏坏,不和谐,都由于语文坏和性情坏;美,节奏好,和谐,都由于心灵的聪慧和善良。

格　这是千真万确的。

苏　我们是否只监督诗人们,强迫他们在诗里只描写善的东西和美的东西的影像,否则就不准他们在我们的城邦里做诗呢?还是同时也要监督其他艺术家们,不准他们在生物图画,建筑物以及任何制作品之中,摹仿罪恶,放荡,卑鄙,和淫秽,如果犯禁,也就不准他们在我们的城邦里行业呢?我们不是要防止我们的保卫者们在丑恶事物的影像中培养起来,犹如牛羊在芜秽的草原中培养起来一样,天天在那里咀嚼毒草,以致日久就不知不觉地把四围许多坏影响都铭刻到心灵的深处吗?我们不是应该寻找一些有本领的艺术家,把自然的优美方面描绘出来,使我们的青年们像住在风和日暖的地带一样,四围一切都对健康有益,天天耳濡目染于优美的作品,像从一种清幽境界呼吸一阵清风,来呼吸它们的好影响,使他们不知不觉地从小就培养起对于美的爱好,并且培养起融美于心灵的习惯吗?

格　是的,没有哪种教育方式能比你所说的更好。

苏　格罗康,音乐教育比起其他教育都重要得多,是不是为这些理由?头一层,节奏与乐调有最强烈的力量浸入心灵的最深处,如果教育的方式适合,它们就会拿美来浸润心灵,使它也就因而美化;如果没有这种适合的教育,心灵也就因而丑化。其次,受过这种良好的音乐教育的人可以很敏捷地看出一切艺术作品和自然界事物的丑陋,很正确地加以厌恶;但是一看到美的东西,他就会赞赏它们,很快乐地把它们吸收到心灵里,作为滋养,因此自己性格也变成高尚优美。他从理智还没有发达的幼年时期,对于美丑就有这样正确的好恶,到了理智发达之后,他就亲密地接近理智,把她当作一个老朋友看待,因为他的过去音乐教育已经让他和她很熟悉了。

格　音乐教育确实有这些功用。

苏　正如学习阅读语文,认识了数目很少的字母,看它们散在不同的字句里都能辨别出来,不管字体大小,都不忽视它们,而要到处都很热心地把它们认识得清清楚楚,心里明白没有做到这步功夫,就不能算是识字;到了这步功夫,我们在阅读方面就算学得很好了。

格　的确。

苏　我们先要学会认识那些字母本身,然后才能认识它们投在水里或镜子里的影像,因为所需要的能力和训练是一样的。

格　当然。

苏　老天爷,音乐教育不是一样道理么?我们自己和我们所要教育的保卫者们都不能算懂音乐,除非我们认识了节制,勇敢,宽宏,高远之类品质的形象以及和它们相反的品质的形象,无论它们散在什么地方,无论是它们本体或是它们的影像,一眼看到,就能辨别出来;无论它们表现在大处或是表现在小处,都不忽视它们,心里明白辨别本体和影像所需要的能力和训练是一样的。

格　的确。

苏　对于有眼睛能看的人来说,最美的境界是不是心灵的优美与身体的优美谐和一致,融成一个整体?

格　那当然是最美的。

苏　最美的是否也就是最可爱的?

格　当然。

苏　那么,真正懂音乐的人就会热烈地钟爱这样心身谐和的人们,不爱没有这种谐和的人们。

格　不错,爱人至少要在心灵方面没有欠缺,如果只是身体的欠缺,那还不失其为可爱。

苏　我明白你说这话的意思,因为你现在或过去有这样一个爱人,我也不怪你。但是请问你一句,过度快感和节制是否相容?

格　那怎么能相容!过度快感可以扰乱心智,正如过度痛感一样。

苏　过度快感和其他品德能否相容呢?

格　当然不能。

苏　和骄纵淫荡也许相容吧?

格　它们倒是相容。

苏　有没有一种快感比性欲快感更过度,更强烈呢?

格　没有,也没有比它更疯狂的。

苏　但是真正的爱只是用有节制的音乐的精神去爱凡是美的和有秩序的,是不是？

格　是。

苏　那么，真正的爱就要把疯狂的或是近于淫荡的东西赶得远远的，是不是？

格　当然。

苏　那么，我们刚才所说的那种快感不能走近情人和爱人的身边；如果他们真正相爱，就不能享受那种快感。

格　当然不能。

苏　所以我想在我们要建立的城邦里应该定一条法律，情人对于爱人所表示的亲爱，如接吻拥抱之类，只能像父亲对于儿子所表示的那样，而且先要说服对方，目的要是高尚纯洁的；他们的关系不能超过这个程度，否则他们就要受人指责为粗鄙①。

格　应该这样规定。

苏　你承认不承认我们关于音乐的讨论已告结束呢？这结束也恰好在理应结束的地方，因为音乐应该归宿到对于美的爱②。

格　我承认。

根据 Lindsay 参照 Jowett 和 Emile Chambry 译

---

① 这里所指的爱是男子的同性爱。详见《斐德若篇》和题解。
② 美与爱情在柏拉图的著作中常连在一起来讲，因为美引起爱，爱又产生美。参看《会饮篇》和《斐德若篇》。

# 理 想 国（卷十）①

## ——诗人的罪状

对话人：苏格拉底

格 罗 康

苏 我有许多理由相信，我们所建立的城邦是最理想的，尤其是从关于诗的规定来看②，我敢说。

格 你指的是哪一项规定呢？

苏 我指的是禁止一切摹仿性的诗进来。我们既然分清心灵的各种因素③了，更足见诗的禁令必须严格执行。

格 这话怎样说？

苏 说句知心话，你可千万不要告诉悲剧诗人和其他摹仿者们，在我看，凡是这类诗对于听众的心灵是一种毒素，除非他们有消毒剂，这就是说，除非他们知道这类诗的本质真相。

格 你为什么这样说？

苏 我的话不能不说，虽然我从小就对于荷马养成了一种敬爱，说出来倒有些于心不安。荷马的确是悲剧诗人的领袖。不过尊重人不应该胜于尊重真理，我要说的话还是不能不说。

格 当然。

苏 那么，就请听我说，或是说得更恰当一点，请听我发问。

格 你问吧。

---

① 选译595A至608B。
② 指卷三禁诗的决定。
③ 卷二至卷九常讨论到人性，主要的因素是理智、意志和情欲。

苏　请问你,摹仿的一般性质怎样?我自己实在不知道它的目标是什么。

格　你都不知道,难道我还能知道吗?

苏　那并不足为奇,眼睛迟钝的人有时反比眼睛尖锐的人见事快。

格　这话倒不错。不过当你的面前,我不敢冒昧说我的意见,尽管它像是很明显的;还是请你说吧。

苏　我们好不好按照我们经常用的方法,来研究这个问题呢?我们经常用一个理式①来统摄杂多的同名的个别事物,每一类杂多的个别事物各有一个理式。你明白吧?

格　我明白。

苏　我们可以任意举那一类杂多事物为例来说,床也好,桌子也好,都各有许多个例,是不是?

格　不错。

苏　这许多个别家具都由两个理式统摄,一个是床的理式,一个是桌的理式,是不是?

格　不错。

苏　我们不也常说,工匠制造每一件用具,床,桌,或是其他东西,都各按照那件用具的理式来制造么?至于那理式本身,它并不由工匠制造吧?

格　当然不能。

苏　制造理式的那种工匠应该怎样称呼呢?

格　你指的是谁?

苏　我指的是各行工匠所制造出的一切东西,其实都是由他一个人制造出来的那种工匠。

格　他倒是一个绝顶聪明人!

苏　等一会儿,你会更有理由这样赞扬他。因为这位工匠不仅有本领造出一切器具,而且造出一切从大地生长出来的,造出一切有生命的,连他自己在内;他还不以此为满足,还造出地和天,各种神,以及天上和地下阴间所存在的一切。②

格　真是一位了不起的艺术家咧!

---

①　理式是柏拉图哲学中基本观念,即概念或普遍的道理。详见题解。
②　柏拉图的创世主并不同耶稣教的上帝,它是宇宙中普遍永恒的原理大法,即最高的理式,以下译"神"以示别。

苏 你不相信吗？你是否以为绝对没有这样一个工匠呢？你是否承认一个人在某个意义上能制造一切事物，在另一意义上却不能呢？在某个意义上你自己也就可以制造这一切事物，你不觉得么？

格 用什么方法呢？

苏 那并不是难事，而是一种常用的而且容易办到的制造方法。你马上就可以试一试，拿一面镜子四方八面地旋转，你就会马上造出太阳，星辰，大地，你自己，其他动物，器具，草木，以及我们刚才所提到的一切东西。

格 不错，在外形上可以制造它们，但不是实体。

苏 你说得顶好，恰合我们讨论的思路，我想画家也是这样一个制造外形者，是不是？

格 当然是。

苏 但是我想你会这样说，一个画家在一种意义上虽然也是在制造床，却不是真正在制造床的实体，是不是？

格 是，像旋转镜子的人一样，他也只是在外形上制造床。

苏 木匠怎样？你不是说过他只制造个别的床，不能制造"床之所以为床"那个理式吗？

格 不错，我说过这样话。

苏 他既然不能制造理式，他所制造的就不是真实体，只是近似真实体的东西。如果有人说木匠或其他工匠的作品完全是真实的，他的话就不是真理了。

格 至少是研究这类问题的哲学家们不承认他说的是真理。

苏 那么，如果这样制造的器具比真实体要模糊些，那就不足为奇了。

格 当然。

苏 我们好不好就根据这些实例，来研究摹仿的本质？

格 随便你。

苏 那么，床不是有三种吗？第一种是在自然中本有的，我想无妨说是神制造的，因为没有旁人能制造它；第二种是木匠制造的；第三种是画家制造的。

格 的确。

苏 因此，神，木匠，画家是这三种床的制造者。

格 不错，制造者也分这三种。

苏 就神那方面说，或是由于他自己的意志，或是由于某种必需，他只制造出一个本然的床,就是"床之所以为床"那个理式,也就是床的真实体。他只造了这一个床,没有造过,而且永远也不会造出,两个或两个以上这样的床。

格　什么缘故呢？

苏　因为他若是造出两个,这两个后面就会有一个公共的理式,这才是床的真实体,而原来那两个就不是了。

格　你说得对。

苏　我想神明白这个道理,他不愿造某某个别的床,而要造一切床的理式,所以他只造了这样一个床,这床在本质上就只能是一个。

格　理应如此。

苏　我们好不好把他叫做床的"自然创造者"①,或是用其他类似的称呼？

格　这称呼很恰当,因为他在制造这床和一切其他事物时,就是自然在制造它们。

苏　怎样称呼木匠呢？他是不是床的制造者？

格　他是床的制造者。

苏　画家呢？他可否叫做床的制造者或创造者？

格　当然不能。

苏　那么,画家是床的什么呢？

格　我想最好叫他做摹仿者,摹仿神和木匠所制造的。

苏　那么,摹仿者的产品不是和自然隔着三层吗②？

格　不错。

苏　悲剧家既然也是一个摹仿者,他是不是在本质上和国王③和真理也隔着三层吗？并且一切摹仿者不都是和他一样吗？

格　照理说,应该是一样。

苏　我们对于摹仿者算是得到一致的意见了。现在再来说画家,他所要摹仿的是自然中的真实体呢？还是工匠的作品呢？

---

① 艺术是"人为",与"自然"相对立,"自然创造者"像是一个自相矛盾的名词,其实只是说"自然非由人为者"。

② 这里所谓"自然",即"真实体",亦即"真理"。木匠制床,摹仿床的理式,和真理隔着一层；画家和诗人摹仿个别的床,和真理便隔两层。原文说"隔三层"是把理式起点算作一层,余类推。

③ 所谓"国王"即哲学家,"真理"的代表。

格　他只摹仿工匠的作品。

苏　他摹仿工匠作品的本质,还是摹仿它们的外形呢?这是应该分清的。

格　我不明白你的意思。

苏　我的意思是这样:比如说床,可以直看,可以横看,可以从许多观点看。观点不同,它所现的外形也就不同,你以为这种不同是在床的本质,还在床的外形呢?现形不同的床是否真正与床本身不同呢?其他一切事物也可由此类推。

格　外形虽不同,本质还是一样。

苏　想一想图画所要摹仿的是实质呢,还是外形呢?

格　图画只是外形的摹仿。

苏　所以摹仿和真实体隔得很远,它在表面上像能制造一切事物,是因为它只取每件事物的一小部分,而那一小部分还只是一种影像。比如说画家,他能画出鞋匠木匠之类工匠,尽管他对于这些手艺毫无知识。可是他如果有本领,他就可以画出一个木匠的像,把它放在某种距离以外去看,可以欺哄小孩子和愚笨人们,以为它真正是一个木匠。

格　确实如此。

苏　那么,好朋友,依我想,关于画家的这番话可以应用到一切与他类似的人们。如果有人告诉我们,说他遇见过一个人,精通一切手艺,而且对于一切事物精通的程度还要超过当行的人,我们就应该向他说,他是一个傻瓜,显然受了一个魔术家或摹仿者的欺哄,他以为那人有全知全能,是因为他分不清有知,无知,和摹仿三件事。

格　的确。

苏　现在我们就要检讨悲剧和悲剧大师荷马了。因为许多人都说悲剧家无所不通,无论什么技艺,无论什么善恶的人事,乃至于神们的事,他都样样通晓。他们说,一个有本领的诗人如果要取某项事物为题材来做一首好诗,他必须先对那项事物有知识,否则就不会成功。我们对于这些人们必须检查一下,看他们是否也碰到了摹仿者们,受了欺哄,看不出他们的产品和真实体隔着三层,对真实体不用有知识就可轻易地做成呢?还是他们说的果然不错,有本领的诗人们对于他们因描绘而博得赞赏的那些事物真正有知识呢?

格　是的,这倒是必须检查的。

苏 你想一想,如果一个人既能摹仿一件事物,同时又能制造那件事物,他会不会专在摹仿上下功夫,而且把摹仿的本领看作他平生最宝贵的东西呢?

格 我想他不致如此。

苏 在我看,他如果对于所摹仿的事物有真知识,他就不愿摹仿它们,宁愿制造它们,留下许多丰功伟绩,供后世人纪念。他会宁愿做诗人所歌颂的英雄,不愿做歌颂英雄的诗人。

格 我也是这样看,那样做,他可以得到更大的荣誉,产生更大的效益。

苏 关于许多问题,我们倒不必追问荷马或其他诗人,不必问他们对医学有没有知识,是否只在摹仿医学的话语;不必追问他们古今有没有过一个诗人,像埃斯库勒普医神一样,医好过一些病人,留传下一派医学。此外还有许多其他技艺,我们也不必去追问诗人们。但是荷马还要谈些最伟大最高尚的事业,如战争,将略,政治,教育之类,我们就理应这样质问他:"亲爱的荷马,如果像你所说的,谈到品德,你并不是和真理隔着三层,不仅是影像制造者,不仅是我们所谓摹仿者,如果你和真理只隔着两层,知道人在公私两方面用什么方法可以变好或变坏,我们就要请问你,你曾经替哪一国建立过一个较好的政府,像莱科勾对于斯巴达,许多其他政治家对于许多大小国家那样呢?世间有哪一国称呼你是它的立法者和恩人,像意大利和西西里称呼卡雍达斯,我们雅典人称呼梭伦那样呢?① 谁这样称呼你呢?"格罗康,你想荷马能举出这样一个国名来么?

格 我想他不能,就连崇拜荷马的人们也不这样说。

苏 有没有人提起当时有哪一次战争打得好,是由荷马指挥或参谋呢?

格 没有。

苏 有没有人提起他对各种技艺或事业有很多发明和贡献,像密勒图人泰利斯,或是西徐亚人阿那卡什斯那样呢?②

格 也没有。

苏 荷马对于国家既然没有建立功劳,我们是否听说过他生平做过哪些私人

---

① 莱科勾是传说中的斯巴达的立法者;卡雍达斯是公元前五世纪的法学家,替意大利和其他国家立过法;梭伦是公元前七世纪雅典的立法者。
② 密勒图在小亚细亚海岸上,泰利斯是公元前七世纪的哲学家和科学家;西徐亚民族是古代欧亚交界的一个游牧民族,无固定的国界,阿那卡什斯是公元前六世纪的哲学家,游寓雅典,据说他是墨水和陶器盘轮的发明者。

的导师，这些人因为得到他的教益而爱戴他，把他的生活方式留传到后世，像毕达哥拉斯那样呢①？据说毕达哥拉斯由于这个缘故很受人爱戴，一直到现在，他的门徒还在奉行他的生活方式，显得与众不同。荷马是否也能这样呢？

格　更没有这样事。如果传说可靠，他的门徒克瑞俄斐罗在教育上比在名字上显得更滑稽②。传说荷马在世时就没有得到很好的照顾，身后的事更不用说了。

苏　不错，他们是那么说。格罗康，你想一想，如果荷马真正能给人教育，使人得益，如果他对于这类事情有真知识，而不是只在摹仿，他不会有许多敬爱他的门徒追随他的左右吗？阿布德拉人普罗塔哥拉以及克奥斯人普若第库斯③之流，都能在私人谈论中使当时人相信，不从他们受教，就不能处理家务和国政；他们的智慧大受爱戴，所以门徒们几乎要把他高举到头上游行。如果荷马也能增长人的品德，当时人会让他和赫西俄德到处奔走行吟吗？人们不会把他们当宝贝看待，抓住他们不放，强迫他留在家乡吗？若是留不住，人们不会跟他们到处走，等到教育受够了，才肯放手吗？

格　在我看，你的话一点也不错，苏格拉底。

苏　所以我们可以说，从荷马起，一切诗人都只是摹仿者，无论是摹仿德行，或是摹仿他们所写的一切题材，都只得到影像，并不曾抓住真理。像我们刚才所说的，画家尽管不懂鞋匠的手艺，还是可以画鞋匠，观众也不懂这种手艺，只凭画的颜色和形状来判断，就信以为真。

格　完全是这样。

苏　我想我们也可以说，诗人也只知道摹仿，借文字的帮助，绘出各种技艺的颜色；而他的听众也只凭文字来判断，无论诗人所描绘的是鞋匠的手艺，将略，还是其他题材，因为文字有了韵律，有了节奏和乐调，听众也就信以为真。诗中这些成分本来有很大的迷惑力。假如从诗人作品中把音乐所生的颜色一齐洗刷去，只剩下它们原来的简单躯壳，看起来会像什样，我

---

① 毕达哥拉斯是公元前六世纪的哲学家和数学家，一个有名的几何定律的发明者，曾组织门徒三百人为一秘密结社，遵守他所定的生活规律。

② 克瑞俄斐罗据说是荷马的女婿，待荷马不好，荷马死后，他盗取一些荷马诗，用自己的名字发表了。他的名字在希腊文中原义是"肉食者"，所以说滑稽。

③ 阿布德拉在希腊北部；普罗塔哥拉，是公元前五世纪的诡辩家，授徒致富；克奥斯是爱琴海中一个岛；普若第库斯也是一个诡辩家；柏拉图推许他们，带有讽刺意味。

敢说你注意过的。

格　我确是注意过。

苏　它们像不像一个面孔,还有点新鲜气色,却说不上美,因为像花一样,青春的芳艳已经枯萎了?

格　这比喻很恰当。

苏　再想一想,影像的制造者,就是我们所说的摹仿者,只知道外形,并不知道实体,是不是?

格　对。

苏　可是我们对于这问题不应半途而废,应该研究到彻底。

格　请你说下去。

苏　画家能不能画缰辔?

格　能。

苏　但是制造缰辔的却是鞍匠和铁匠?

格　当然。

苏　缰辔应该像什样,画家知道不?还是连制造它们的鞍匠和铁匠也不能知道,只有用它们的马夫才知道呢?

格　只有马夫才知道。

苏　我们可否由此例推一切,得到一个结论呢?

格　什么结论?

苏　我说关于每件东西都有三种技艺:应用,制造,摹仿。

格　对的。

苏　那么,我们怎样判定一个器具,动物,或行为是否妥当,美,完善呢?是否要看自然或技艺所指定它应有的用途?

格　这是要看它的用途来判定。

苏　那么,每件东西的应用者对于那件东西的知识就必然比旁人的可靠,也就必然能告诉制造者说他自己应用这件东西时,哪样才好,哪样才坏。比如说,吹笛者才能告诉制笛者,笛子要像啥样,吹起来才顶好,应该怎样做才好,而制笛者就要照他的话去做。

格　当然。

苏　所以吹笛者才知道笛的好坏,把他的知识告诉制笛者,制笛者就照他的话去做。

55

格　不错。

苏　所以每件器具的制造者之所以对于它的好坏有正确见解,是由于他请教于有知识者①,不得不听那位有知识者的话,而那位有知识者正是那件器具的应用者。

格　当然。

苏　现在谈到摹仿者,他对于他所描写的题材是否美好的问题,是从应用方面得到知识呢?还是由于不得不请教于有知识者,听他说过应该怎样描写才好,而后得到正确见解呢?

格　都不是。

苏　那么,摹仿者对于摹仿题材的美丑,不是既没有知识,又没有正确见解吗?

格　显然如此。

苏　摹仿者对于他所摹仿的东西,就理解来说,可就很了不起啦!

格　不见得是了不起。

苏　话虽如此说,尽管他对于每件东西的美丑没有知识,他还是摹仿;很显然地,他只能根据普通无知群众所认为美的来摹仿。

格　当然。

苏　那么,我们现在显然可以得到这两个结论:头一层,摹仿者对于摹仿题材没有什么有价值的知识;摹仿只是一种玩艺,并不是什么正经事;其次,从事于悲剧的诗人们,无论是用短长格还是用英雄格②,都不过是高度的摹仿者。

格　的确如此。

苏　老天爷! 摹仿的对象不是和真理隔着三层吗?

格　是的。

苏　再说摹仿的效果,它可以影响哪一种心理作用呢?

格　我不懂你的意思。

苏　这话可以这样解释:同一量积,近看和远看是不是像不同?

格　是不同。

苏　同一件东西插在水里看起来是弯的,从水里抽出来看起来是直的;凸的有

---

① 柏拉图把"见解"或"信仰"看作和"知识"或"科学"相对立。前者是对于现象世界的认识,即"感性的认识";后者是对于真理或本体的认识,即"理性的认识"。

② 短长格用于戏剧对话;英雄格用于史诗。

时看成凹的,由于颜色对于视官所生的错觉。很显然地,这种错觉在我们的心里常造成很大的混乱。使用远近光影的图画就利用人心的这个弱点,来产生它的魔力,幻术之类玩艺也是如此。

格　的确。

苏　要防止这种错觉,最好的方法是使用度量衡。人心只能就形似上揣测大小多寡轻重,使用计算,测量,或衡度,才可以准确。

格　当然。

苏　这种计算衡量的工作是否要靠心的理智部分?

格　当然要靠理智。

苏　经过衡量之后,理智判定两件东西哪个大,哪个小,或是相等①,我们对于同一事物不就有两种相反的判断么?

格　是那样。

苏　我们从前不是说过:同一心理作用对于同一事物不可能同时得到两个相反的结论吗?

格　我们说过这样话,而且说得不错。

苏　那么,信赖衡量的那种心理作用,和不信赖衡量的那种心理作用就不相同了?

格　当然不同。

苏　信赖衡量的那种心理作用是不是人心中最好的部分?

格　那是无可辩驳的。

苏　和它相反的那种心理作用就是人心中低劣的部分了。

格　那是毫无疑问的。

苏　原先我说图画和一切摹仿的产品都和真理相隔甚远,和它们打交道的那种心理作用也和理智相隔甚远,而它们的目的也不是健康的或真实的,我的意思就是要你得到这样一个结论。

格　你说得对。

苏　那么,摹仿不是低劣者和低劣者配合,生出的儿女也就只能是低劣者吗?②

---

① 意即:和单凭感觉估计的结果不同。
② 摹仿所据的心理作用不是理智,摹仿的对象不是真理。

格　显然是那样。

苏　这番话是否只能应用到视觉方面的摹仿,还是也可以应用到我们所称为诗的声音摹仿呢?

格　诗自然也是一样。

苏　我们不能单凭诗画类比的一些貌似的地方,还要研究诗的摹仿所关涉到的那种心理作用,看它是好还是坏。

格　我们的确应该这样办。

苏　我们姑且这样来看它。诗的摹仿对象是在行动中的人,这行动或是由于强迫,或是由于自愿,人看到这些行动的结果是好还是坏,因而感到欢喜或悲哀。此外还有什么呢?

格　诗的摹仿尽于此了。

苏　在这整个过程之中,一个人是否始终和他自己一致呢?是否像在视觉中一样,自相冲突,对于同一事物同时有相反的见解,而在行为上也自相冲突,自己和自己斗争呢?我想我们用不着对这问题再找答案,因为你应该记得,我们从前讨论这类问题时,已经得到一个一致的意见了,就是人心同时充满着这类的冲突。①

格　我们所得到的意见是对的。

苏　当然是对的,不过我以为还应该讨论我们从前所忽略掉的。

格　忽略掉什么?

苏　我们从前说过,一个有理性的人若是遭到灾祸,比如死了儿子,或是丧失了他所看重的东西,他忍受这种灾祸,要比旁人镇静些,你还记得么?

格　记得。

苏　想一想,他还是简直不觉哀恸呢?还是哀恸既不可免,他就使它有节制呢?

格　他会使哀恸有节制。

苏　请再想一想,他要控制哀恸,在什样场合比较容易,在许多人看着他的时候?还是在他单独一个人的时候呢?

格　在许多人看着他的时候,他比较容易控制哀恸。

苏　若是单独一个人,他会发出本来怕人听见的呼号,做出许多本来怕人看见

---

① 理智与情欲的冲突是柏拉图常谈的问题。参看《理想国》卷四及卷九和《斐德若篇》。

的事情。

格　的确如此。

苏　鼓励他抵抗哀恸的不是理性和道理吗？反之，怂恿他尽量哀恸的不是那哀恸的情感本身吗？

格　是的。

苏　一个人对于同一事物，同时被拖着向两个相反的方向走，又要趋就，又要避免，这不就足以证明人心中本来就有两种相反的动机么？

格　的确。

苏　其中一个动机常愿服从道理，一切听它指导。

格　这话怎样说？

苏　依理说，遇到灾祸，最好尽量镇静，不用伤心，因为这类事变是祸是福还不可知，悲哀并无补于事，尘世的人事也值不得看得太严重，而且悲哀对于当前情境迫切需要做的事是有妨碍的。

格　迫切需要做的事是什么？

苏　要考虑事件发生的原委，随机应变，凭理性的指导去作安排。我们不能像小孩们，跌了一个跤，就用手扪着创伤哭哭啼啼的；我们应该赶快地考虑怎样去医疗，使损失弥补起来，让医药把啼哭赶走。

格　这倒是处逆境的最好的方法。

苏　人性中最好的部分让我们服从这种理性的指导。

格　显然如此。

苏　然则人性中另外那一部分，使我们回想灾祸，哀不自禁的那个部分，不就是无理性，无用而且怯懦吗？

格　不错。

苏　最便于各种各样摹仿的就是这个无理性的部分，而达观镇静的性格常和它自己调协一致，却不易摹仿，纵然摹仿出来，也不易欣赏，尤其是对于挤在戏院里那些嘈杂的听众，因为所摹仿的性情对他们是陌生的。

格　的确。

苏　总之，摹仿诗人既然要讨好群众，显然就不会费心思来摹仿人性中理性的部分，他的艺术也就不求满足这个理性的部分了；他会看重容易激动情感的和容易变动的性格，因为它最便于摹仿。

格　显然如此。

59

苏　那么，我们现在理应抓住诗人，把他和画家摆在一个队伍里，因为他有两点类似画家，头一点是他的作品对于真理没有多大价值；其次，他逢迎人性中低劣的部分。这就是第一个理由，我们要拒绝他进到一个政治修明的国家里来，因为他培养发育人性中低劣的部分，摧残理性的部分。一个国家的权柄落到一批坏人手里，好人就被残害。摹仿诗人对于人心也是如此，他种下恶因，逢迎人心的无理性的部分（这是不能判别大小，以为同一事物时而大，时而小的那一部分），并且制造出一些和真理相隔甚远的影像。

格　的确。

苏　我们还没有数出摹仿的最大的罪状咧。连好人们，除掉少数例外，也受它的坏影响，这不是最严重的吗？

格　的确，如果摹仿真有那种坏影响，如你所说的。

苏　想一想这个事实：听到荷马或其他悲剧诗人摹仿一个英雄遇到灾祸，说出一大段伤心话，捶着胸膛痛哭，我们中间最好的人也会感到快感，忘其所以地表同情，并且赞赏诗人有本领，能这样感动我们。

格　我懂得，我们确实有这样感觉。

苏　但是临到悲伤的实境，我们却以能忍耐能镇静自豪，以为这才是男子气概，而我们听诗时所赞赏的那种痛哭倒是女子气，你注意到没有？

格　我注意到，你说得一点不错。

苏　看见旁人在做我们自己所引为耻辱而不肯做的事，不但不讨厌，反而感到快活，大加赞赏，这是正当的么？

格　这自然不很合理。

苏　不错，尤其是你从另一个观点来看。

格　从哪个观点看？

苏　你可以这样来看：我们亲临灾祸时，心中有一种自然倾向，要尽量哭一场，哀诉一番，可是理智把这种自然倾向镇压下去了。诗人要想餍足的正是这种自然倾向，这种感伤癖。同时，我们人性中最好的部分，由于没有让理智或习惯培养好，对于这感伤癖就放松了防闲，我们于是就拿旁人的痛苦来让自己取乐。我们心里这样想：看到的悲伤既不是自己的，那人本自命为好人，既这样过分悲伤，我们赞赏他，和他表同情，也不算是什么可耻的事，而且这实在还有一点益处，它可以引起快感，我们又何必把那篇诗一笔抹煞,因而失去这种快感呢?很少有人能想到,旁人的悲伤可以酿成自己的悲伤。因为我们如果拿旁人的灾祸来滋养自己的哀怜癖,等到亲临灾祸时,这种哀怜癖就不易控制了。

格　你说得很对。

苏　这番话是否也可以应用到诙谐?你看喜剧表演或是听朋友们说笑话,可以感到很大的快感。你平时所引为羞耻而不肯说的话,不肯做的事,在这时候你就不嫌它粗鄙,反而感到愉快,这情形不是恰和你看悲剧表演一样吗?你平时也是让理性压制住你本性中诙谐的欲念,因为怕人说你是小丑;现在逢场作戏,你却尽量让这种欲念得到满足,结果就不免于无意中染到小丑的习气。你看是不是这样?

格　是这样。

苏　再如性欲,忿恨,以及跟我们行动走的一切欲念,快感的或痛感的,你可以看出诗的摹仿对它们也发生同样的影响。它们都理应枯萎,而诗却灌溉它们,滋养它们。如果我们不想做坏人,过苦痛生活,而想做好人,过快乐生活,这些欲念都应受我们支配,诗却让它们支配着我们了。

格　我不能不赞成你的话。

苏　那么,你如果遇到崇拜荷马的人们说,荷马教育了希腊人,一个人应该研读荷马,去找做人处世的道理,终身都要按照他的教训去做,你对说这种话的人们最好是恭而且敬的——他们在他们的见识范围以内本来都是些好人——你最好赞同他们,说荷马是首屈一指的悲剧诗人;可是千万记着,你心里要有把握,除掉颂神的和赞美好人的诗歌以外,不准一切诗歌闯入国境。如果你让步,准许甘言蜜语的抒情诗或史诗进来,你的国家的皇帝就是快感和痛感;而不是法律和古今公认的最好的道理了。

格　你的话对极了。

苏　我们既然又回到诗的问题①,我们就可以辩护我们为什么要把诗驱逐出理想国了;因为诗的本质既如我们所说的,理性使我们不得不驱逐她。如果诗要怪我们粗暴无礼,我们也可以告诉她说,哲学和诗的官司已打得很久了。像"恶犬吠主","蠢人队伍里昂首称霸","一批把自己抬得比宙斯还高的圣贤","思想刁巧的人们毕竟是些穷乞丐",以及许多类似的谩骂

---

① 卷二至卷三已讨论过诗的问题。

都可以证明这场老官司的存在①，话虽如此说，我们还可以告诉逢迎快感的摹仿为业的诗，如果她能找到理由，证明她在一个政治修明的国家里有合法的地位，我们还是很乐意欢迎她回来，因为我们也很感觉到她的魔力。但是违背真理是在所不许的。格罗康，你是否也感觉到诗的魔力，尤其是她出于荷马的时候？

格　她的魔力对我可不小！

苏　那么，我们无妨定一个准她回来的条件，就是先让她自己做一篇辩护诗，用抒情的或其他的韵律都可以。

格　这是应该的。

苏　我们也可以准许她的卫护者，就是自己不做诗而爱好诗的人们，用散文替她作一篇辩护，证明她不仅能引起快感，而且对于国家和人生都有效用。我们很愿意听一听。因为如果证明了诗不但是愉快的而且是有用的，我们也就可以得到益处了。

格　那对我们确是有益。

苏　但是如果证明不出她有用，好朋友，我们就该像情人发见爱人无益有害一样，就要忍痛和她脱离关系了。我们受了良好政府的教育影响，自幼就和诗发生了爱情，当然希望她显出很好，很爱真理。可是在她还不能替自己作辩护以前，我们就不能随便听她，就要把我们的论证当作避邪的符咒来反复唪诵，免得童年的爱情又被她的魔力煽动起来，像许多人被她煽动那样。我们应该像唪诵符咒一样来唪诵这几句话：这种诗用不着认真理睬，本来她和真理隔开；听她的人须警惕提防，怕他心灵中的城邦被她毁坏；我们要定下法律，不轻易放她进来。

格　我完全赞成你的话。

苏　一个人变好还是变坏，这关系是非常重大的，比一般人所想象的还更重大，所以一个人不应该受名誉，金钱和地位的诱惑，乃至于受诗的诱惑，去忽视正义和其他德行。

格　我和你同意，把这作为我们讨论的总结，我想一切人都会和我一样同意。

根据 Lindsay 参照 Jowett 和 Emile Chambry 译

---

① 这些都是希腊当时诗人骂哲学家的话。来源不明。

# 斐 德 若 篇

## ——论修辞术

对话人：苏格拉底

斐 德 若

苏　亲爱的斐德若,你从哪里来？向哪里去？

斐　我从克法罗的儿子莱什阿斯那里来,到城墙外去散步。因为从天亮起,我就坐在他那里,一直坐了很久。我们的公共的朋友阿库门①也在场,他劝我沿这条大路走；他说这比在院子里走要爽快些。

苏　他说得不错,朋友。看来莱什阿斯是在城里？

斐　是,他跟厄庇克拉特住在一起,就住在靠近奥林普斯天帝庙的莫里俅的那座房子里。②

苏　你们在那里拿什么消遣？莱什阿斯拿他的文章③来款待你们,那是一定的啰？

斐　我可以说给你听,如果你不忙,可以陪我走远一点。

苏　忙！哪里话！你想不到我会像品达④的诗所说的,把听一听你和莱什阿斯的谈话,看作"比一切忙事都较重要"？

斐　那么,跟我一道走吧。

苏　你就开始谈谈吧。

---

① 当时雅典的名医。
② 厄庇克拉特也是当时演说家；奥林普斯是希腊一座高山,传说是诸神的居所,天帝是诸神的首长,叫做宙斯；莫里俅是当时雅典的富豪。
③ 原文 Logos,原义包含谈话,演说和写的文章三件事,这里用"文章"二字来译,取中文古义,也包含说的和写的。
④ 希腊大诗人。

斐　好,我们所谈的倒是你的老题目,我们也是在谈爱情问题。莱什阿斯写了一篇文章,谈一个美少年受人引诱,而引诱的人却不是一个有爱情的人。妙处就在这里,他很巧妙地证明应该接受的倒是没有爱情的人,而不是有爱情的人。

苏　真是一个妙人!我倒愿他说应该接受的不是富人而是穷人,不是少年而是老翁。总之,让我自己和多数人所有的缺点都得到优先权。若是他那样说,他的话就会真正有趣,而且有益于公众福利。我很想听听他的话,纵然你要我陪到墨伽拉①,像赫洛狄库②所开的方单,步行到那里城墙边,又步行回来,我都心甘意愿。

斐　你说的什么话,我的好朋友!莱什阿斯是当今最高明的一位作家,就连他写这篇文章,也要费很久的时间,卖很大的气力;像我这样一个门外汉,你以为我能把他的文章背诵出来,不糟蹋他吗?我没有这样本领,若是有这样本领,我宁可不要发一批大财。

苏　啊,斐德若,若是我不懂得你,我就不懂得我自己。可是我懂得我自己,也就懂得你。我知道很清楚,你听过莱什阿斯读他的文章,觉得听一遍还不够,要求他读而又读,而且他也很乐意接受你的要求。后来读得不能再读了,你还是不满足,把那篇文章从他的手里要过来,好把你心爱的那些段落看而又看;这样就费了你一上午的工夫,坐久了,疲倦了,你才出来散散步。可是那篇文章从头到尾你都记得烂熟了,若是它不太长的话。你现在是要到城墙外找一个地方,一个人把它再细加研究。在半路上你遇见我这样一个人,也有爱听人读文章的毛病,你就很高兴,以为找到了一个人,可以一同咀嚼这篇文章的滋味,大大快乐一场。所以你就邀我陪你一阵往前走。可是到了这位爱听文章的要你开始念,你却扭扭捏捏的,好像不大愿意。其实你心里正想有人听你,纵然找不到人愿意听,你也要强迫他听。得了吧,斐德若,迟早你是要说的,就快点说吧!

斐　我看我的最好的办法是尽我的能力把这篇文章复述一遍,反正我若是不复述一遍,你决不肯放我过去。

苏　我的意思你看得很准。

---

① 墨伽拉是雅典西南的一个城邦,苏格拉底和斐德若正在出雅典西南城,到伊立苏河边去散步。
② 当时的医生和体育家。

斐　好吧,我尽我的能力来试试。我实在没有把原文个个字记熟,我可以告诉你,苏格拉底。关于莱什阿斯所说的有爱情的人和没有爱情的人的分别,我可以逐条依次说一个大概,我就来从头说起。

苏　好,亲爱的朋友,但是我先要看看你左手拿着藏在衣襟下的是什么,我敢打赌那就是那篇文章。如果是的,我就要请你了解,尽管我爱你,却毫没有意思要听你练习背诵,既然莱什阿斯的文章在这里。拿出来看看吧!

斐　好吧,苏格拉底,我只得招认了。我本来希望利用你来练习我的记忆,你这一下就把这希望打破了。你愿坐在哪里来读它呢?

苏　我们且撇开这条路,转弯沿着伊立苏河走,碰到一个清静地方,我们就坐下休息。

斐　我今天出来没有穿鞋,真凑巧,苏格拉底。你咧,你从来就不穿鞋。我们最好赤着脚打水里走,沿着河流,在这个时节,尤其在这个时辰,走水不会不舒适。

苏　就这样办,我们且走且留心找一个坐的地方。

斐　你望见那棵高梧桐树吗?

苏　我望见。怎样?

斐　那里荫凉,有草地可坐,如果我们高兴,还可躺下。

苏　我们就朝那里走。

斐　请问你,苏格拉底,传说玻瑞阿斯抢掠俄瑞堤亚①,可不是就在伊立苏河的这一带?

苏　依传说是如此。

斐　可不是就在这个地点?这条河在这里多美多明亮!我想女郎们爱在这样河岸上游玩。

苏　倒不在这地点,还要下去小半里路,在我们过渡到猎神②庙的地点,那里还有一座玻瑞阿斯的祭坛。

斐　我从来没有注意到它。老实告诉我,苏格拉底,你相信这个神话吗?

苏　如果我不相信它,倒不算什么荒唐,学者们都不相信这一套话;我可以用学者们口吻对它加以理性的解释,说她和法马西亚③游玩时,让一阵北风

---

① 玻瑞阿斯是掌北风的神。据传说,他抢掠了希腊一个公主俄瑞堤亚,和她结了婚,生了儿女。
② 猎神指女神阿耳忒弥斯。
③ 俄瑞堤亚的女伴,河神之一。

65

吹过附近的山崖,跌死之后,传说就把她当作被风神玻瑞阿斯抢掠去了,或是从此地抢掠去,或是像另一个传说所说的,从战神山。但是这是学者们的态度。我哩,虽然承认这种解释倒很有趣,可是并不把作这种解释的人看作可以羡慕,要花很多的精神去穿凿附会。要解释的神话多着哩,一开了头,就没有罢休,这个解释完了,那个又跟着来,马身人面兽要解释,喷火兽也要解释,我们就围困在一大群蛇发女,飞马以及其他奇形怪状的东西中间①。如果你全不相信,要把它们逐一检验,看它们是否近情近理,这种庸俗的机警就不知道要断送多少时间和精力。我却没有工夫做这种研究;我的理由也可以告诉你,亲爱的朋友。我到现在还不能做到得尔福神谕②所指示的,知道我自己;一个人还不能知道他自己,就忙着去研究一些和他不相干的东西,这在我看是很可笑的。所以我把神话这类问题搁在旁边,一般人怎样看它们,我也就怎样看它们;我所专心致志的不是研究神话,而是研究我自己,像我刚才所说的;我要看一看我自己是否真是比泰风③还要更复杂更凶猛的一个怪物,还是一种较单纯较和善的神明之胄,呃,朋友,这不就是你要带我到的那棵梧桐树么?

斐　就是它。

苏　哈,我的天后娘娘,这真是休息的好地方!这棵榆树真高大,还有一棵贞椒,枝叶葱葱,下面真荫凉,而且花开得正盛,香得很。榆树下这条泉水也难得,它多清凉,脚踩下去就知道。从这些神像神龛看来,这一定是什么仙女河神的圣地哟!再看,这里的空气也新鲜无比,真可爱。夏天的清脆的声音,应和着蝉的交响。但是最妙的还是这块青草地,它形成一个平平的斜坡,天造地设地让头舒舒服服地枕在上面。斐德若,你真是一个顶好的向导。

斐　苏格拉底,你这人真奇怪。你真像你自己所说的,不像一个本地人,倒像一个外方人跟着一个向导。原因是你一向就不出城去到国境以外走一走,甚至连在城墙外散散步也不曾过,我相信。

---

① 希腊神话中这类人兽杂糅的怪物甚多。当时诡辩家们有一种风气,对神话加以理性的解释,不免穿凿附会。苏格拉底在这里讥笑他们浪费精力。

② 得尔福是阿波罗神庙所在,庙内有一地洞发出硫磺气,女巫坐在洞口让气熏醉,发出预言,是希腊人最相信的。到庙里求预言的人甚多。苏格拉底自己说也曾去求过,预言说他是"希腊人中最有智慧的"。

③ 烈风神。一说是喷火巨人。形状甚恶,有一百个头,眼睛和声音都顶可怕。

苏　是的,你得宽容我一点,斐德若。你知道,我是一个好学的人。田园草木不能让我学得什么,能让我学得一些东西的是城市里的人民。可是你好像发现了什么一种魔力,能把我从城里引到乡间来。一个牧羊人拿点谷草在羊子面前摇摆,那些饥饿的羊子就跟着他走,你也就这样引我跟你走,不仅走遍雅典,而且你爱引到哪里,我就会跟到哪里,单凭你拿的那篇文章做引媒就行了。现在我们既然到达这地点了,我最好躺下来听你,你自己选一块草地,开始把那篇文章读给我听吧。①

斐　好,请静听:

　　"你已经知道我的情形怎样了,也知道我期望这件事②的实现对你我双方都有利益了。现在我就要希望我的请求不至于因为我不是一个对你有爱情的人,而遭你的拒绝。因为有爱情的人们一到他们的欲望满足了,对于所施与的恩惠就觉得追悔;至于我们没有爱情的人们却不然,我们不会有追悔的时候,因为我们施与恩惠,不是受情欲的驱遣,而是自由自愿的,顾到自己的地位能力,也顾到自己的利益。其次,有爱情的人们要计算为了爱情在自己事业上所受的损失,要计算对爱人所施与的恩惠,又要计算他所费的心力,就满以为他们对爱人久已酬劳过分了。我们没有爱情的人们却不然,我们不能冒充为了爱情而忽略了自己的事业,不能计算过去所费的心力,也不能埋怨为了爱情而引起家庭的纠纷。我们既然没有这些不方便处,所以我们就可以自由自在地做讨好对方的事。再其次,假如你说,有爱情的人比较值得看重些,因为他声明他爱他的爱人超过爱一切人,只要能讨得爱人的欢心,说的话和做的事都不怕得罪全世界人。如果这话是真的,这也只能证明他有着未来的爱人而抛弃现在的爱人,如果那未来的爱人要他那样做,他会毫不犹豫地伤害现在的爱人。在这样非常重大的事情上,一个人如果稍有理性,怎样能把自己交付给一个患恶病的人?这病连懂得病理的人都不敢诊治,因为病人自己就承认他的神智不清醒,就承认自己疯狂,自己不能控制自己。这样人到了神智复原时,回想他在疯狂中所要做的事,会以为那是好事吗?再其次,没有爱情的人要比有爱情的人多得多,如果你要在有爱情的人们中选择最好的,你

---

① 以上叙苏格拉底遇见斐德若,相约出城,由斐德若读莱什阿斯论爱情的文章。苏格拉底说明他的研究兴趣在"自知"和"知人"。
② 男子同性爱是希腊社会的一个很普遍的现象。这里所谓"这件事"指此,含有淫猥的意味。

就只能在一个很小的数目中选择;如果在有爱情的人们以外,你在世界选择一个最便利于你自己的,你就可以在一个很大的数目中选择,你就更有希望在这大数目中可以找到一个人,值得做你的朋友。

"还有一层,如果你怕舆论,怕事情泄露后受人指责,那么,有爱情的人们自然高兴要夸耀他们的胜利,因为旁人以为他们值得羡慕,他们自己也以为自己值得羡慕,他们会大吹大擂地向一切人夸耀他们的心力不曾白费。至于我们没有爱情的人们却不然,我们能控制自己,只讲实惠而不讲虚名。其次,有爱情的人们明目张胆地追求他们的爱人,掩不住人家的耳目,只要他们碰在一起,人们就疑心他们在谈私心话;可是你若是和我们没有爱情的人们在一块交谈,人们看见了,决不会疑心,他们知道和一个人交谈是常有的事,或是由于交谊,或是为着旁的乐趣。再其次,你忧虑到交情难得长久吧?你心里想到在通常的情形中,交情破裂了,双方同样觉得不幸,可是在爱情中,你把你看得最珍贵的东西交付给对方了,若是破裂,受更大痛苦的就是你吧?那么,我就要提醒你,最可怕的是有爱情的人们,因为有许多事可以使他们生气,无论你做什么,他们都以为你故意要和他为难。也正是因为这个缘故,他们想尽方法阻止你和旁人来往,生怕有钱财的人会用钱财赢过他们,有学问的人会用学问打败他们;无论一个人有什么优点,他们都会猜疑那优点对他们有不利。他们劝你脱离了社会,结果使你在世上没有一个朋友;若不然,你想到你自己的利益,不听他的话,还是和旁人来往吧,他们就会寻你争吵,交情就要破裂。至于我们没有爱情的人们却不然,满足了欲望,就算达到了目的,对那些和你来往的人们决不妒忌,并且对不和你来往的人们还要厌恨,因为我们想,瞧得起你就是瞧得起我们,瞧不起你也就瞧不起我们。我们的看法既然如此,你就一定可以想到:我们的交往只会有恩,不会有怨了。

"还有一层,有爱情的人们大半只爱容貌,对于爱人的性格和身世毫不明白,因此,到了欲望已满足的时候,交情就保持不住。至于没有爱情的人们在达到目的之前,先有友谊,目的达到了,友谊也不会冷淡起来,而且往事的追忆会保证来日的交欢。其次,你和我来往,比和有爱情的人们来往,益处要大得多。那批人对爱人的言行一味赞扬,尽管赞扬得不得体,一半因为他们怕得罪爱人,一半因为他们的情欲把他们的判断力弄昏迷了;爱情的圈套就是这样,一件事碰得不巧,在旁人看来本值不得烦恼,有爱情的人们就会烦恼;一件事碰得巧,在旁人看来本值不得高兴,有爱情的人们就会大加赞赏。所以被他们爱的人们实在是可怜,并没有什么可以羡慕的。但是你如果听我的话,头一层,我在和你交往中,决不只顾目前的欢乐,还要顾到你的未来的利益;我会自作主宰,不让爱情控制住我;也不会为一点小过错就对你大生气,若是大过错,也不过是慢慢地有一点小不快。至于无心之失,我就会宽容;存心犯的过失,我也会设法事先防止。这些地方不是都可以见出我们的友谊可以维持久远吗?如果你以为没有爱情就不能有很深的友谊,你就得想一想,若是那样,儿女父母对于我们就值不得什么,我们也不能有忠心的朋友,因为我们同这些人的团结并不以我们所谈的这种爱情为基础,而是依靠别种关系。

"再说恩宠若是应该给追求最迫切的人们,应该受照顾的就不是最好的人而是最穷困的人,因为最穷困的人得到恩宠就偿了最大的心愿,因而也就会怀着最深的感激。正像设酒席待客,应该被邀的倒不是朋友们,而是乞丐们和饿饭的人们,他们会爱戴你,随从你,依傍你的门户,心里最高兴,对你最感激不尽,为你祝福。说到究竟,你应该给恩宠的不是最会讨好的,而是最能感恩图报的;不是只知讲爱的,而是值得爱的;不是只爱你年轻貌美的,而是到老可以和你共安乐的;不是达到目的就向人夸耀的,而是顾全体面,守口如瓶的;不是苟图一时欢乐的,而是'白头偕老',始终不渝的;不是恩尽怨来,吹毛求疵的,而是你虽年老色衰,他还忠心耿耿的。记住我的话,还想想这一点:有爱情的人们不免受亲朋指责,说这种交往不体面,没有爱情的人们却从来听不见亲朋们说一句坏话,说他们不顾自己的利益。

"你也许要问:我是否在劝你对所有的没有爱情的人们都一律给恩宠呢?我可以这样回答:有爱情的人也不会劝你对所有的有爱情的人们都一律给恩宠;因为就受恩宠者说,漫无选择的恩宠引不起很大的感激;就你说,你怕人知道了要说闲话,人多就不免嘴杂。我们这种交往应该对双方有利,不应该对某一方有害。我想我的话已经说够了。如果你以为还有什么应该说而没有说,也不妨提出来问我。"[①]你看,苏格拉底,这篇

---

[①] 以上是莱什阿斯的文章,他以诡辩家信口雌黄,颠倒是非的方式说明对于一个爱人,没有爱情的追求者比有爱情的追求者还较好。他纯从个人利害观点出发,把爱情的目的看作满足感官欲

文章如何？从各方面看，尤其是从辞藻方面看，真是一篇妙文，是不是？

苏　妙得很，我听得神魂颠倒了！这却要归功于你。斐德若，因为我看你读它读得神飞色舞，心想对于这种事情你比我要内行，我就跟着你的榜样，也欢喜得发狂了！

斐　真的？你在开玩笑吧？

苏　你以为我不认真吗？

斐　别再那样说，苏格拉底。真话是真话，凭着友谊之神宙斯，请你告诉我，你想希腊还有第二个人对这个题目可以做出一篇更高妙更富丽的文章吗？

苏　呢，我们在这篇文章里应该赞赏的是作者所说的那些内容呢？还只是他的语言简洁精妙呢？如果该赞赏内容，我不敢赞一词，你怎么说就怎么好，我只注意到辞藻方面，对内容不配表示什么意见。至于语言方面，我想连莱什阿斯自己也不会满意。在我想——我说得不对，你可以纠正——他一句话重复了两三遍，若不是辞不达意，就是他对这种题目根本就没有什么兴趣。他给我的印象是一个年轻小伙子想显才能，一个意思可以用两三种方式来说，都是一样好。

斐　你所说的全是废话，苏格拉底！你所谓重复正是这篇文章的顶大的优点；这题目中凡是值得说的他没有遗漏一点。所以我说在语言方面，没有人能做得比他更好。

苏　这却是我不能和你同意的。古代有许多哲人，男的和女的，对这类事情说过话或写过文章，如果我因为爱你而随声附和你，他们都会起来指责我。

斐　这些人是谁？你在哪里听到过比这更好的语言？

苏　我确实听到过，不过我目前说不出是从谁听到过，美人萨福呢？哲人阿那克瑞翁呢？[①] 还是一位散文家呢？我说不出。可是我为什么说听到过呢？因为我觉得一种神思焕发，如果有必要，我也能做出一篇文章，和莱什阿斯的那篇不同调，可是并不比它差。这些思致无论如何决不能由我自己的头脑里涌出来，因为我很明白，我是蒙昧无知的。所以我只能推想：这是从外面的来源灌到我耳里去，就像水灌到瓶里去一样。可是由于脑筋的迟钝，我竟记不起在哪里听到的，或是从谁听到的。

斐　呵呵！居然有这样事！且不管你在哪里听到的，或是从谁听到的，纵然我

---

[①] 萨福是公元前七世纪希腊女诗人；阿那克瑞翁是公元前六世纪希腊抒情诗人，都以爱情诗著名。

很想知道,你也暂不用说,只要你做到你刚才所说的,做一篇文章,用同一题目,同样篇幅,做得不同,可是做得更好。我可以向你打赌,像九"阿康"①一样,在得尔福铸一个和身材一般大的金像,不但替我自己铸,也替你铸一个。

苏　你倒顶慷慨的,斐德若!不过如果你猜想我认为莱什阿斯所说的全不对,我可以另做一篇,和他所说的全不相同,那么,你就未免真是金子铸的了②!最平庸的作家也不至于句句都不对。就拿我们谈的这个题目来说吧,若是不赞扬没有爱情的人们谨慎,指责有爱情的人们不谨慎,谁能做得出文章呢?这些都是题中应有之义,丢掉它们就无话可说。所以我以为对于作者,不用在这方面苛求;对于这一类题目的文章,不必较量里面的意思,只消看这些意思怎样安排。只有对于原无题中应有之义的那类题目的文章,意思才是难能可贵的,在安排之外,我们还须看意思本身。

斐　我承认你说的有理,我就给这个题目让你作出发点,就是说,有爱情的人在神智上不如没有爱情的人清醒。如果你做出一篇文章比莱什阿斯的那篇更富丽,更有价值,而且用不同的说法,我再说一遍,我就用纯金来铸你的像,摆在奥林庇亚和库塞勒斯③的儿子所立的巨像并列。

苏　我和你要好,和你开玩笑,你就认真起来吗?你真以为我要做一篇,来和莱什阿斯这样大才子争胜负吗?

斐　得了吧,苏格拉底!你原来怎样对付我,我现在就要那样对付你,你只有尽力去做你的文章。别让我们要像丑角用同样的话反唇相讥,别让我拿你向我说的话来向你说:"啊,苏格拉底,若是我不懂得你,我就不懂得我自己,你本来想说,却又扭扭捏捏的不肯说。"告诉你吧,你若是不把心里所想的文章说出来,我们就待在这里不能走。这里只有你和我,我比你年轻也比你强壮,想想吧,别逼得我动武!

苏　但是,我的好人,以我这样一个外行,要临时口占一篇文章,来和莱什阿斯那样大作家争胜负,那多么可笑!

斐　别再和我啰嗦了,放明白一点。不然,我有我的办法,让你非说不可。

---

① 雅典废除僭主专政后,设九个"阿康"(意即执政官)主持国政,他们曾在得尔福立金像,作为献给阿波罗的纪念品。
② "金子铸的"就是"愚蠢"的意思。
③ 库塞勒斯是科林斯僭主,他的儿子珀里安德是希腊"七哲人"之一。

苏　千万别使用那个办法。

斐　不用！哼，马上就用！我的办法就是发一个誓："我凭你发誓，"凭谁？凭哪一位尊神？对了，凭这棵梧桐树，"我凭这棵梧桐树发誓，如果你不肯说出你的文章，你就永远不会从我口里听到任何作者的文章，永远不会听到我背诵或是提起！"

苏　坏家伙，你就知道我的心病，酷爱文章如我者就只有向你屈服了。

斐　还有什么旁的花样呢？

苏　没有。你既然发了誓，我怎能抛开这样一件乐事呢？

斐　那么，就请说下去吧。

苏　你知道我预备怎样说？

斐　怎样？

苏　我要蒙起脸，好快快地把我的文章说完，若是我看到你，就会害羞起来，说不下去了。

斐　只要你说，一切都随你的便。①

苏　求你们降临啊，声音清妙的诗神们！你们有这样称呼，也许是由于你们的歌声的特质，也许是由于你们来自利勾那个长于音乐的民族②，求你们保佑我把这位朋友逼我说的故事说出来，使他所忠心崇敬的那位作家显得更可崇敬！

　　从前有一个漂亮孩子，或者毋宁说，一个美少年，他有很多的爱人，其中有一个特别狡猾，虽然和旁人一样爱这个少年，却故意要使这个少年相信他并不爱他。有一天他向这个少年献殷勤，用这样话来说服他，说一个没有爱情的人应该比一个有爱情的人更有理由得到恩宠。下面就是他说的话：

　　无论讨论什么问题，都要有一个出发点，这就是必须知道所讨论的对象究竟是什么，否则得不到什么结果。许多人对于事物本质，都强不知以为知；既自以为知，他们就不肯在讨论的出发点上先求得到一个一致的看法，于是愈讨论下去，就愈见分歧，结果他们既互相矛盾，又自相矛盾。现

---

① 以上苏格拉底对莱什阿斯的文章作初步的批评，说丢开内容思想暂且不说，它的布局太乱。斐德若不服，挑苏格拉底用同样题目作一篇较好的文章。

② 诗神叫做缪斯，共九姊妹，分管各种艺术。在希腊她们有 Ligaean 的徽号，这字有"清亮"的意思，同时它与 Ligures 形声相近，这是一个好音乐的民族。

在你和我不要再犯我们指责旁人的那种错误。我们的问题是:应该得恩宠的是有爱情的人,还是没有爱情的人?我们就应该对于爱情的本质和效能先找到一个你我公认的定义,以后我们讨论爱情的好处和坏处,就时时刻刻把眼光注在这个定义上。

人人都知道,爱情是一种欲念;人人也都知道,连没有爱情的人们对于美的和好的东西也有欲念。那么,没有爱情的人和有爱情的人应该怎样区别呢?我们须想到我们每个人都有两种指导的原则或行为的动机,我们随时都受它们控制,一个是天生的求快感的欲念,另一个是习得的求至善的希冀。这两种倾向有时互相调和,有时互相冲突,有时甲占优势,有时乙占优势。若是求至善的希冀借理性的援助,引导我们趋向至善,那就叫做"节制";若是求快感的欲念违背理性,引导我们贪求快感,那就叫做"纵欲"。纵欲有多种名称,因为它有多种形式。某一种形式显得特别刺目时,犯那毛病的人就因而得到一个不很光荣的称号。例如食欲若是压倒了理性和其他欲念,就叫做"饕餮",犯这毛病的人就叫做"饕餮汉"。若是饮欲挟暴烈的威力使一个人贪酒,那也有一个称号,用不着说。其他可以由此例推,有一种癖嗜,就有一种名称。我这番话的意旨你大概已经明白了,它是很明显的。不过默契不如言喻,我还是明说为是。有一种欲念,失掉了理性,压倒了求至善的希冀,浸淫于美所生的快感,尤其是受到同类欲念的火上加油,浸淫于肉体美所生的快感,那就叫做"爱情"。

亲爱的斐德若,我且暂停一霎来问你一句话,我觉得有神灵凭附着我,你听我诵读时是否也有这样感觉?

斐 真的,苏格拉底,你的话源源而来,滔滔不绝,倒是不常见的。

苏 别做声,听我说!这地方像是神圣的境界!所以在我诵读之中,若是我有时像有神灵凭附着,就别惊怪。我现在所诵的字句就激昂得差不多像酒神歌了。

斐 真的是那样。

苏 这都是你的过错!且静听下文。也许我感觉要来凭附的那阵迷狂可以过去,不过一切都由神灵决定。我且回到向那位少年谈的话:

好,亲爱的朋友,要讨论的对象究竟是什么,已经说过了,下过定义了,把眼光注在这定义上,让我们来研究研究,有爱情的人和没有爱情的人,对于接受他们的殷勤的人,究竟有哪些好处或坏处。一个人让欲念控制住了,变成快感的奴隶了,就自然想设法从他的爱人方面取得最大限度的快感。他于是就有一种心病,喜欢一切不和他的欲念为敌的,厌恶一切比他优越或和他平等的。因此,他的爱人若是有比他优越或和他平等的地方,他也会不乐意,一定常想设法降低爱人,使他显得比较低劣。愚昧不如聪慧,怯懦不如勇敢,木讷不如雄辩,迟钝不如敏捷。若是爱人有这些缺点以及其他缺点,无论是天生的或是习成的,都是他的情人①所喜欢的,他使本有的缺点变本加厉,未有的缺点逐渐形成,否则他就享受不到那飘忽的快感。因此可想而知,他是很妒忌的,设法不让爱人接近亲友,尤其不让他接近能帮助他形成高尚人格的人们。这样他就使爱人遭到大损害,而最大的损害是不让他接近可以使他在思想上升到最高境界的那些影响。这正是神圣的哲学,情人一定不让爱人接近哲学,生怕自己因此遭到鄙弃。他要用尽方法使爱人完全愚昧,无论什么事情都要靠他。这样,爱人就使情人开心而自己倒霉。总之,说到理智,说到教导合作,从有爱情的人那方面绝对得不到什么好处。

　　说到身体方面,一个不顾善恶只顾快感的情人希望他的爱人有什样身体,什样颜色,作什样打扮呢?他不是宁可选娇柔脆弱的,不肯要强壮魁梧的吗?他所要的爱人不是在太阳光里而是在暗室里长大的;向来不知道出力发汗是什么一回事,吃的全是山珍海鲜;没有天然的健康颜色,全靠涂脂敷粉。这种生活人人都可以想象到的,不用我多说了,我只须总结一句,然后再说别的。这样一种人若是遇到战争,或是遇到任何紧急关头,倒可以提高敌人的勇气,叫亲友们和情人自己吓得发抖!

　　其次,我们来看看在身家财产方面,有爱情的人交接和管教,对爱人会有什么好处或坏处。人人都知道很清楚,一个情人对于他的爱人所认为最亲爱的,最体己的,最神圣的,父母也好,亲友也好,都一律希望他们灭绝。他心里想,这批人都是些障碍,都是些对他和爱人的欢聚说短评长的家伙!还不仅此,他还想到一个爱人若是有财产,无论是金钱或是货物,就不容易得到手,到了手也不容易驾驭。因此,他妒忌爱人有财产,等它损失完了,他才高兴。此外,他还希望爱人长久不结婚,没有儿女,没有

---

① 西文中"钟爱的人"和"被爱的人"有主动和被动之分,各有一字,不能混淆。这里前者译"情人",后者译"爱人"。在一般情形下,情人是男的,爱人是女的;在希腊"男风"盛行的社会中,情人是年龄较长的男子,爱人是少年男子。

家庭,因为他想尽可能地长久霸占着爱人,供他自私的享乐。

　　世间的灾殃确是有许多种类的。它们大半还掺杂一点一时的乐趣。比方说谄媚人,本来是很奸险讨厌的,可是当面奉承你的时候,滋味还是不坏。再比方说娼妓,你可以说这类人和她们所做的勾当都是有害的,可是至少在暂时间还能给你很大的快乐。情人对于爱人却不然,他不仅有害,而且天天在面前啰嗦,叫人生厌。老古话说得好:"幼有幼朋,老有老伴。"年龄相近的人,我猜想,气味也就相投,友谊就从此产生。可是就连这种友谊过久了也还是腻味。勉强敷衍对于双方都是一种沉重的负担。这种情形在情人和爱人的关系上就坏到极点。照例,情人年老而爱人年轻,说不上气味相投。那年老人日日夜夜都不甘寂寞,受着需要和欲念的驱遣,去从色、香、声、味、触各种感觉方面在爱人身上寻求快感,所以他时常守住爱人,拿他来开心。至于那爱人自己,他能得到什么快感或安慰呢?他看到的是一张起皱的苍老面孔和苍老面孔所带来的一切丑形态,提起来都叫人发呕,而他却迫于情势,非天天受他玩弄不可,他能不极端嫌厌吗?还不仅此,他天天在众人面前受到猜疑的监视和侦察,听些不伦不类的过分的夸奖,也听些责骂。这些责骂,在那老家伙清醒的时候,已够难受,在他醉的时候,就不仅难受,而且到处传遍,叫人更糟心。

　　还不仅此,情人在有爱情的时候已经是够麻烦讨厌的,到了爱情消失的时候,他就成为失信背义的仇人了。从前他发过许多誓,说过许多好话,允许过许多好东西,借这些花言巧语勉强达到目的,爱人所以隐忍敷衍,是希望将来能得到他所允许的那些好处。可是到了还债的日子,那老家伙变成另样一个人了,爱情和痴狂都已过去,他现在是一位有理性有节制的人了。爱人还不知道,还向他索取报酬,提醒他过去发的什样誓,说的什样话,满以为他还是和从前一样的人。而他却只有惭愧,既没有勇气说明他已改邪归正,也找不出办法去履行痴狂时代所立的誓约,既然变成有理性有节制了,就不愿故态复萌。他现在只好背弃过去了,非做负心人不可了,蚌壳完全翻一个身了①,从前他追,现在他逃了。至于那爱人咧,迫于需要,还是要央求他,心里常怀怨恨,向老天诉苦。他所以走到这步,

---

① 希腊人有一种游戏,一人先在场中掷一块蚌壳,看它是阴边还是阳边落地(有如小孩戏铜钱),决定两队游戏人哪一队逃,哪一队追。这里"蚌壳翻身"指爱人原是被追求者,现在却变成追求者,情人则恰相反。

是由于在原则上不曾了解他不应接受一个神魂颠倒的有爱情的人,应该接受一个神智清醒的没有爱情的人。若不然,他就不会落到一个没有信义的人手里,那人脾胃又坏,又妒忌,又没趣,损害了他的财产,损害了他的身体健康,尤其是损害了他的心灵的修养——人神所同崇敬的再没有比这种修养更高的。

想一想我这番话,美好的少年。要明白情人的友谊不是从善意来的,他有一种瘾,要拿你来过瘾。情人爱爱人,有如狼爱羊。

话就是这样,斐德若,我早就说过,我是由神灵凭附来说的,现在话完了,你不能从我口里再听到一个字了。

斐　还没有完,我想你才说了一半,还有接受没有爱情的人的好处那一半须拿来对仗起来。你为什么停在半路呢?

苏　你没有看到我的声调已由酒神歌体转到了史诗体吗?这还只是谴责,若是还要赞扬没有爱情的人,我会变成什样呢?你没有觉得我已经由诗神凭附上了吗?这是由于你故意要作弄我。所以我只消补充一句:凡是有爱情的人的坏处,反过来就是没有爱情的人的好处。这就够啦,拖长有什么用处呢?不管我说的这番话会有什样遭遇,那是它的遭遇,我却要过河,打最近的路回家,免得你让我倒更大的霉。①

斐　慢点走,苏格拉底,等着大热气过去再走。你没有注意到现在已快到正午了吗?正午太阳停在天中央,紧晒着咧。我们且留在这里,谈一谈刚才所说的话。等天气凉爽了,我们再回去。

苏　你对文章的爱好真到了极顶啦,斐德若,我只有惊赞。你的时代倒产生了一些文章,但是没有人能赶上你,催生出那么多的文章,或是你自己口诵的,或是你逼旁人做出的。我看只有忒拜人西密阿斯②是例外,旁人都赶不上你。我看你现在又要把我的另一篇文章催生出来。

斐　呵呵,好消息!怎样?这篇是什么?

苏　刚才我正要过河的时候,我又感到那种神旨。这种神旨来临,通常都是禁止我要做的某一桩事。我仿佛听见一种声音在我耳里说,我犯了渎神罪,没有忏悔赎罪,就不能走开。这足见我是一个天眼通,固然不是一个很高

---

① 以上是苏格拉底的第一篇文章。他戏拟诡辩家的口吻说明有爱情的人的短处,这种人贪求快感,一味自私,对于爱人的心,身,财产和社会关系三方面都不利。

② 西密阿斯是一位哲学家,写过二十多种对话,已不存。

明的,也够我自己受用,像一个坏作家看自己的文章对自己是够好的一样。我现在很明显地觉得我犯了罪。谈到通天眼,最会通天眼的倒是人类心灵,斐德若!我刚才口诵我的文章时,心里就感到一种说不出来的惶恐,像伊比库斯①所说的,怕"求荣于人而得罪于神"。现在我明白我的罪过了。

斐　什么罪过?

苏　你逼我口诵的那篇文章真是罪该万死呀,罪该万死呀!

斐　这话怎样说?

苏　一篇废话,而且多少是一篇谩神的文章!还能比这更可怕么?

斐　如果这篇文章真是像你所说的,倒是顶可怕的。

苏　哼!厄洛斯不是阿佛洛狄忒的儿子吗②?他不是一个神吗?

斐　至少照传说他是如此。

苏　但是莱什阿斯的那篇文章,和你作弄我从我口里掏出的那篇文章,都没有顾到他是神呀!如果厄洛斯是神(他本是神),他就不能是坏东西。可是刚才诵读的那两篇文章都把他描写成为一种坏东西,在这一点上它们都犯了谩神罪。还不仅此,两篇虽都是废话,却都顶巧妙;说的都不是正经话,却充得像说出什么道理似的,来欺哄人们,博得声誉。所以我必须设法赎我的罪。在神话方面犯罪的有一个古老的赎罪法,连荷马都不知道,是由斯忒西科③发明的。他由于骂过海伦④,瞎了眼,却是不像荷马那样糊涂⑤;他知事识理,懂得他是为什么瞎了,急忙做了一首诗。诗是这样开头的:

　　这番话全不真实!
　　不,海伦,你根本不曾上船,
　　不,你根本不曾到特洛亚!

他做完了这首"认错诗"(这就是诗题),马上眼睛就不瞎了。我哩,要比

---

① 伊比库斯是公元前六世纪希腊抒情诗人。
② 据神话,爱神叫做厄洛斯(Eros),是女爱神阿佛洛狄忒的儿子,而她又是天帝宙斯的女儿,火神的妻。
③ 斯忒西科是公元前七世纪希腊抒情诗人。
④ 海伦是墨涅拉俄斯的妻,希腊最美的女人,爱上特洛亚王子帕里斯,跟他私奔,希腊人引以为耻,发动了荷马在《伊利亚特》里所歌咏的特洛亚战争。
⑤ 传说荷马是一位瞎眼诗人,这里的意思像说他瞎眼是由于把十年战争归罪于海伦的私奔。

这批人聪明一点,在骂了厄洛斯还没有受他惩罚之前,我就要做我的"认错诗"。可是这回我不像刚才诵那篇文章时含羞蒙面了,却要光着头露出面孔了!

斐　呵,呵,苏格拉底,那样我就再快活不过了!

苏　我的好斐德若,这就足见你见出我的那篇文章和你从你的抄本读出来的那篇文章都太不体面了。假使有一个高尚而和善的人在爱着或曾经爱过一个和他一样高尚而和善的人,假使他听到我们念的文章,听到我们谈的那些情人们对爱人们那样妒忌,那样仇恨,那样横加损害,他会怎样想呢?他不会以为我们的爱情观念是从向来没有见过真正爱情的水手们那里沾染来的吗?他对我们指责厄洛斯的那番话决不会赞同吧?

斐　我的老天,他决不会赞同!

苏　哼,你知道,我没有脸见这样一个人,我怕厄洛斯自己,所以我希望再做一篇文章,让它的清泉来洗净刚才那番话的苦咸味。我也要劝莱什阿斯赶快另写一篇,证明在旁的情形相同时,应该给恩宠的不是没有爱情的人,而是有爱情的人。

斐　你放心,他会写!你对有爱情的人颂扬了之后,我一定逼莱什阿斯也用同样题目另写一篇。

苏　我相信你,只要你还保持你固有的性格①。

斐　尽管放心,请你就开始说吧。②

苏　呀,我刚才向他说话的那位美少年到哪里去了? 他也应该听听这一篇。如果他不听这篇,我怕他会接受一个没有爱情的人。

斐　他就在你身边,随时听你指使。

苏　那么,美好的少年,你要知道,刚才我念的那篇是密里努人,庇托克利斯的儿子斐德若的话,现在我要念的这篇是希麦刺人,攸费穆的儿子斯忒西科③的话。他的话是这样说的:

　　我的话全不真实,说爱人应该接受没有爱情的人,尽管有一个有爱情的人在那里,说这是因为一个是清醒的,一个是迷狂的。如果迷狂绝对是坏的,这话倒还可说;但是也有一种迷狂是神灵的禀赋,人类的许多最重

---

① 斐德若癖好文章,由本篇可见。
② 以上叙苏格拉底翻悔渎慢爱神,要另做一篇翻案文章来赎罪,同时对于前两篇文章又作一番批评。
③ 参看第77页注③。动机在认错赎罪,所以归原于斯忒西科。

要的福利都是从它来的。就拿得尔福的女预言家和多多那的女巫们①来说吧,她们就是在迷狂状态中替希腊造了许多福泽,无论在公的方面或私的方面。若是在她们清醒的时候,她们就没有什么贡献。再比方说西比尔女仙们②以及一般受神灵感召而能预言的人们,对于许多人们都预先指出未来的路径,免得他们走错。像这类事情是人人都知道的,用不着多举了。

有一件事实是值得引证的,就是古代制定名字的人们不把迷狂(mania)看成耻辱,或是可以拿来骂人。若不然,他们就不会拿这名字加到预知未来那个最体面的技术上面,把它叫做"迷狂术"(manike)。他们所以这样定名,是因为把迷狂看成一件美事,是由神灵感召的。后世人没有审美力,加上一个 t,把它变成 mantike("预言术")。这正犹如用鸟和其他征兆来测知未来那个技术,本来是借助于思索,使人"心意"(oiesis)中知道"理"(nous)和"事"(historia),所以古人定名为 oionoistike("占卜术");后世为了要声音好听些,加上一个 o 长音,就把它变成 oiōnistikē("鸟占术")了。③ 正如预言术在完善程度和在身份地位上都高于占卜术,迷狂也远胜于清醒,像古人可以作证的,因为一个由于神力,一个只由于人力。

其次,有些家族常由于先世血债,遭到灾祸疾疫之类天谴,绵延不绝,有一种迷狂可以找到禳除的方法。这种迷狂附到一些命数预定的人们身上,使他们祷告祈神,举行赎罪除灾的仪式,结果那参加仪式的受灾的人也就进到迷狂状态,找到免除灾祸疾疫的秘诀,从此以后他就永脱各种苦孽了④。

此外还有第三种迷狂,是由诗神凭附而来的。它凭附到一个温柔贞洁的心灵,感发它,引它到兴高采烈神飞色舞的境界,流露于各种诗歌,颂赞古代英雄的丰功伟绩,垂为后世的教训。若是没有这种诗神的迷狂,无论谁去敲诗歌的门,他和他的作品都永远站在诗歌的门外,尽管他自己妄

---

① 求阿波罗预言者到得尔福,求宙斯预言者到多多那,两地预言都由女巫掌管。
② 西比尔女仙十人都能预言。
③ 希腊"预言术"与"占卜术"是两件事,前者由神灵凭附来预示将来祸福,后者凭鸟飞星变之类迹象推断祸福;前者要迷狂,后者要清醒。
④ 希腊人迷信罪孽遗传,一人犯了罪,子孙几代都要受惩罚,因此有一种禳灾的宗教仪式。这里说的是第二种迷狂——宗教的迷狂。前面预言的迷狂是第一种。

想单凭诗的艺术就可以成为一个诗人。他的神智清醒的诗遇到迷狂的诗就黯然无光了。①

由神灵凭附而来的迷狂就有这些美满的效果，还有许多其他在这里说不尽的。所以迷狂并不是可怕的，我们也不要让任何话头吓唬倒，来相信一个神智清醒的比一个痴狂的是更好的情人。话本来不能这样说，相信这种话的人要想胜利的话，他就得证明：老天拿爱情给相爱的两个人，对他们彼此毫无一点益处。至于我们哩，所要证明的却正和这话相反：老天要赐人最大的幸福，才赐他这种迷狂。我的证明不一定能说服弄巧好辩的人们，可是在真正的哲人看，却是千真万确的。第一步我要研究灵魂的本质，无论它是人的或是神的。要知道这方面的真理，先要考察灵魂的情况和功能。②

凡是灵魂都是不朽的——因为凡是永远自动的都是不朽的。凡是能动另一物而又为另一物所动的，一旦不动时，就不复生存了。只有自动的，因为永不脱离自身，才永动不止，而对于一切被动的才是动的本源和初始。初始不是创生的，因为凡是创生的都由一个初始创生而来，而初始本身却不由另一物创生而来，否则它就不成其为初始。它既不是创生的，就必然是不可毁灭的；因为若是初始毁灭了，它自身就不能无所自而创生，而它物也就不能由它而创生，如果凡物不能不由初始创生的道理是真确的。从此可知：凡是自动的才是动的初始，就其为初始而言，既不能由它物创生，也不能毁灭，否则全体宇宙和万事万物就同归于尽，永不能再有一物使它们动，使它们又开始生存。自动者的不朽既然证明了，我们就可毫不迟疑地说：这种自动性就是灵魂的本质和定义。凡是由它动的物体可以叫做无灵魂的，凡是由自动的物体可以叫做有灵魂的，因为灵魂的性质原来如此。如果自动者确实就是灵魂，它就必然不是创生的，不可毁灭的了。关于灵魂不朽的话这就够了。

至于灵魂的性质，要详说起来，话就很长，而且要有神人的本领，较简

---

① 这段谈诗的迷狂是有名的一段，诗的迷狂即诗的灵感。参看《伊安篇》。
② 希腊文 Pneuma，拉丁文 Anima，法文 Ame，英文 Soul，一字含义甚广，指"生命"、"生命的主宰"，与身体相对的"心"，"有生命的人或物"。希腊人相信这是可离身体生存而且不朽的，原带有宗教迷信意味，所以译"灵魂"，还它的迷信本色。至于单指"心"时则译"心灵"，因为古代人看"心"都不脱"灵魂"的意思。我们现代人可以把它作"生命"和"心"去了解。古代人对这东西也有一个唯物的看法，就是把它看作生时有，死时去的那个"气"。

易的而且是人力所能做到的是说一说灵魂的形似。我们姑且把灵魂比譬为一种协合的动力,一对飞马和一个御车人。神所使用的马和御车人都本身是好的,而且血统也是好的,此外一切生物所使用的马和御车人却是复杂不纯的。就我们人类来说,御车人要驾驭两匹马,一匹驯良,另一匹顽劣,因此我们的驾驭是一件麻烦的工作。这里我们要问:所谓"可朽"和"不朽"是怎样区别出来的呢?凡是灵魂都控制着无灵魂的,周游诸天,表现为各种不同的形状。如果灵魂是完善的,羽毛丰满的,它就飞行上界,主宰全宇宙。如果它失去了羽翼,它就向下落,一直落到坚硬的东西上面才停,于是它就安居在那里,附上一个尘世的肉体,由于灵魂本有的动力,看去还像能自动,这灵魂和肉体的混合就叫做"动物",再冠上"可朽的"那个形容词。至于"不朽者"之所以叫做"不朽者",却不是人类理智所能窥测,我们既没有见过神,又不能对神有一个圆满的观念,只能假想他是一个不朽的动物,兼具灵魂和肉体,而这两个因素是无始无终地紧密结合在一起的。不过关于这问题,我们究竟怎样说,最好委之于神。我们姑且只问灵魂何以失去它的羽翼。

  羽翼的本性是带着沉重的物体向高飞升,升到神的境界的,所以在身体各部之中,是最近于神灵的。所谓神灵的就是美,智,善以及一切类似的品质。灵魂的羽翼要靠这些品质来培养生展,遇到丑,恶和类似的相反品质,就要遭损毁。诸天的上皇,宙斯,驾驭一辆飞车,领队巡行,主宰着万事万物;随从他的是一群神和仙,排成十一队,因为只有赫斯提亚①留守神宫,其余列位于十二尊神的,各依指定的次序,率领一队。诸天界内,赏心悦目的景物,东西来往的路径,都是说不尽的,这些极乐的神和仙们都在当中徜徉遨游,各尽各的职守,凡是有能力又有愿心的都可以追随他们,因为神仙队中无所谓妒忌。每逢他们设宴寻乐,他们都沿那直陡的路高升一级,一直升到诸天的绝顶。载神的车马是平衡排着的,而且听调度的,所以升起来很容易;但是其他的上升很困难,因为他们的马有顽劣的,若是没有受过御车人的好教练,就会拖他们下降到地上,于是灵魂感到极端痛苦和冲突。至于不朽者们到达绝顶时,还要进到天外,站在天的背

---

① 希腊神话中有十二位大神,都由宙斯领导。赫斯提亚是其中之一,她是家庭神,终身不嫁,象征贞洁。她留守天宫,所以这里只有十一位神领队巡行诸天。

上,随着天运行,观照天外的一切永恒的景象。

天外境界还没有,也永不会有尘世的诗人来好好地歌颂。我现在要把它描绘一下,因为我必须敢照真理说,既然真理是我的题旨。就在这天外境界存在着真实体,它是无色无形,不可捉摸的,只有理智——灵魂的舵手,真知的权衡——才能观照到它。因此,神的心思,由于从理智和真知滋养成的——以及每个能求合宜滋养的那种灵魂的心思,到了能见真实体的火候——见到事物的本体,就怡然自得,而真理的光辉就成为它的营养,使它发扬光大,一直到天的运行满了一周,带它回到原点的时候。在运行的期间,它很明显地,如其本然地,见到正义,美德,和真知,不是像它们在人世所显现的,也不是在杂多形象中所显现的——这些是我们凡人所认为真实的——而是本然自在的绝对正义,绝对美德,和绝对真知。它既然以同样方式见到一切事物的本体而心旷神怡了,它又回到天内,回到它的家。到了家,御车人把马牵到马房,拿仙露神浆来给它们吃。

神的生活如此。至于旁的灵魂咧,凡是能努力追随神而最近于神的,也可以使御车人昂首天外,随着天运行,可是常受马的拖累,难得洞见事物的本体;也有些灵魂时升时降,驾驭不住顽劣的马,就只能窥见事物本体的局部。至于此外一些灵魂对于上界虽有愿心而无真力,可望而不可攀,只困顿于下界扰攘中,彼此争前,时而互相践踏,时而互相碰触,结果闹得纷纷乱闯,汗流浃背,由于御车人鲁莽灭裂,许多灵魂因此受伤,羽翼也损坏了。费尽大力,看不见真理,这批灵魂就引身远退,于是他们的营养就只有妄言妄听的意见①了。为什么灵魂要费那样大力来求见真理大原呢?因为那大原上长着灵魂的最高尚的部分所需要吃的草,以高举灵魂为本性的羽翼也要借这种草来滋养。

现在就要讲阿德拉斯提亚②的诏命了。凡是灵魂紧随着神而见到事物本体的,一直到下一次运行的开始,都可不受伤害;如果它能常保持这状态,它就可永不受伤害;如果它不顺随神,没有见到事物本体,或是由于不幸,受着昏沉和罪恶的拖累,它就沉重起来,终于失去羽翼而沉到地上。于是它就依一种定律,在第一代里不能投生于任何兽类。如果它对于真

---

① 柏拉图所谓"意见"是和"知识"相对的,前者只是对于现象的未经证实的了解,后者才是对真实本体的理性的认识。
② 阿德拉斯提亚是司命运的神。

理见得最多,它就附到一个人的种子,这个人注定成为一个爱智慧者,爱美者,或是诗神和爱神的顶礼者。这是第一流,第二流的种子成为守法的君主,战士或是长于发号施令者。第三流投生为一个政治家,或者至少是一个经济家或财政家。第四流投生为一个爱好体育的或是以治疗身体为业的。第五流投生为一个预言家或是掌宗教典礼的。第六流最适宜于诗人或是其他摹仿的艺术家。第七流为一个工人或农人。第八流为一个诡辩家或煽惑群众者。第九流则为一个僭主。

在这九种不同的情况中,凡是依正义生活的以后可以升到一种较好的情况,不依正义生活的以后就要降一级。因为每个灵魂不过一万年,不能回到他的原来出发点,也就不能恢复他的羽翼,仅有的例外是爱智慧的哲学家,或是以哲学的爱去爱少年人的。他们的灵魂如果连续三次都维持这样生活而不变,到了千年运行一度的第三度,就可以恢复羽翼;到了三千年满了,就可以高飞而去。此外一切灵魂,到第一生终了时都要应传受审,依审判的结果,或是到地下监狱里,为他们的罪过受惩罚,或是飘然升到天上某一境界,过一种足以酬报在世功德的生活。但是到了一千年终了时,这两批灵魂都要回来选择次一生的生活,这选择是全凭自愿的。就是在这种时气,本来是人的灵魂有转到兽类生活的,也有本来是人,由人转到兽,现在又转回到人的。但是向来没有见过真理的灵魂,就决不能投生为人。

这原因在人类理智须按照所谓"理式"①去运用,从杂多的感觉出发,借思维反省,把它们统摄成为整一的道理。这种反省作用是一种回忆,回忆到灵魂随神周游,凭高俯视我们凡人所认为真实存在的东西,举头望见永恒本体境界那时候所见到的一切。现在你可以明白只有哲学家的灵魂可以恢复羽翼,是有道理的,因为哲学家的灵魂常专注在这样光辉景象②的回忆,而这样光辉景象的观照正是使神成其为神的。只有借妥善运用这种回忆,一个人才可以常探讨奥秘来使自己完善,才可以真正改成完

---

① 柏拉图所谓"理式"(eidos,即英文 idea)是真实世界中的根本原则,原有"范形"的意义。如一个"模范"可铸出无数器物。例如"人之所以为人"就是一个"理式",一切个别的人都从这个"范"得他的"形",所以全是这个"理式"的摹本。最高的理式是真,善,美。"理式"近似佛家所谓"共相",似"概念"而非"概念";"概念"是理智分析综合的结果;"理式"则是纯粹的客观的存在。所以相信这种"理式"的哲学,属于客观唯心主义。
② "光辉景象"指灵魂在上界所见到的绝对的真善美。

善。但是这样一个人既漠视凡人所重视的,聚精会神来观照凡是神明的,就不免被众人看成疯狂,他们不知道他其实是由神凭附着的。

　　以上所讲的都是关于第四种迷狂。有这种迷狂的人见到尘世的美,就回忆起上界里真正的美,因而恢复羽翼,而且新生羽翼,急于高飞远举,可是心有余而力不足,像一个鸟儿一样,昂首向高处凝望,把下界一切置之度外,因此被人指为迷狂。现在我们可以得到关于这种迷狂的结论了,就是在各种神灵凭附之中,这是最好的一种,无论就性质还是就根源来说,无论就迷狂者本人还是就他的知交来说;钟爱美少年的人有了这种迷狂,就叫做爱情的迷狂。每个人的灵魂,我前已说过,天然地曾经观照过永恒的真实上界,否则它就不会附到人体上来。但是从尘世事物来引起对于上界事物的回忆,这却不是凡是灵魂都可容易做到的,凡是对于上界事物只暂时约略窥见的那些灵魂不易做到这一点,凡是下地之后不幸习染尘世罪恶而忘掉上界伟大景象的那些灵魂也不易做到这一点。剩下的只有少数人还能保持回忆的本领。这些少数人每逢见到上界事物在下界的摹本①,就惊喜不能自制,他们也不知其所以然,因为没有足够的审辨力。

　　正义,智慧以及灵魂所珍视的一切在它们的尘世仿影中都黯然无光,只有极少数人借昏暗的工具②,费极大的麻烦,才能从仿影中见出原来真相。过去有一个时候,美本身看起来是光辉灿烂的。那时我们跟在宙斯的队伍里,旁人跟在旁神的队伍里,看到了那极乐的景象,参加了那深密教的入教典礼——那深密教在一切深密教中可以说是达到最高神仙福分的;那时我们颂赞那深密教还保持着本来真性的完整,还没有染到后来我们要染到的那些罪恶;那时隆重的入教典礼所揭开给我们看的那些景象全是完整的,单纯的,静穆的,欢喜的,沉浸在最纯洁的光辉之中让我们凝视,而我们自己也是一样纯洁,还没有葬在这个叫做身体的坟墓里,还没有束缚在肉体里,像一个蚌束缚在它的壳里一样。暂且放下回忆不谈吧!因为留恋过去,我的话说得太长了!

　　我回到美。我已经说过,她在诸天境界和她的伴侣们同放着灿烂的

---

① "上界事物"是"理式","下界摹本"是由"理式"来的具体事物。
② "昏暗的工具"指感官,有肉体蒙蔽,所以昏暗。

光芒。自从我们来到人世,我们用最明朗的感官来看她,发见她仍旧比一切更明朗,因为视官在肉体感官之中是最尖锐的;至于理智却见不着她。假如理智对她自己和其他可爱的真实体也一样能产生明朗的如其本然的影像,让眼睛看得见,她就会引起不可思议的爱了。但是并不如此,只有美才赋有一种能力,使她显得最出色而且最可爱。

一个人如果不是新近参加入教典礼,或是受了污染,他就很迟钝,不易从观照人世间叫做美的东西,而高升到上界,到美本身。他也不能抱着敬心朝这方向去望,却把自己抛到淫欲里,像畜生一样纵情任欲,违背天理,既没有忌惮,也不顾羞耻。至于刚参加入教典礼的人却不然,他所常观照的是过去在诸天境界所见到的真实体,如果他见到一个面孔有神明相,或是美本身的一个成功的仿影,他就先打一个寒颤,仿佛从前在上界挣扎时的惶恐再来侵袭他;他凝视这美形,于是心里起一种虔敬,敬它如敬神;如果他不怕人说他迷狂到了极顶,他就会向爱人馨香祷祝,如向神灵一样。当他凝视的时候,寒颤就经过自然的转变,变成一种从未经验过的高热,浑身发汗。因为他从眼睛接受到美的放射体,因它而发热,他的羽翼也因它而受滋润。感到了热力,羽翼在久经闭塞而不能生长之后又苏醒过来了。这种放射体陆续灌注营养品进来,羽管就涨大起来,从根向外生展,布满了灵魂胸脯——在过去,灵魂本是周身长着羽毛的。在这过程中,灵魂遍体沸腾跳动,正如婴儿出齿时牙根感觉又痒又疼,灵魂初生羽翼时,也沸腾发烧,又痒又疼。

每逢他凝视爱人的美,那美就发出一道极微分子的流(因此它叫做"情波")[①],流注到他的灵魂里,于是他得到滋润,得到温暖,苦痛全消,觉得非常欢乐。若是他离开了那爱人,灵魂就失去滋润,他的毛根就干枯,把向外生发的幼毛窒塞住,不让它们生发。这些窒塞住的幼毛和情波融在一起,就像脉搏一样跳动,每一根幼毛都刺戳它的塞口,因此灵魂遍体受刺,疼得要发狂。但是只要那爱人的美一回到记忆里来,他就转痛为喜了。这痛喜两种感觉的混合使灵魂不安于他所处的离奇情况,彷徨不知

---

① 希腊文 himeros 一字由"向前动","极微分子","流"三个意义合成的。柏拉图以为一见钟情时,对方发出一种极微液体流到钟情人的灵魂里。这是爱情的一种唯物的解释。依近代心理学,对方在容貌或其他生理方面有某种特点,刺激了性欲本能,引起爱的情绪。这里依原文字义译"情波",英译本有干脆译为"情绪"或"欲望"的。

所措,又深恨无法解脱,于是他就陷入迷狂状态,夜不能安寝,日不能安坐,只是带着焦急的神情,到处徘徊,希望可以看那具有美的人一眼。若是他果然看到了,从那美吸取情波了,原来那些毛根的塞口就都开起来,他吸了一口气,刺疼已不再来,他又暂时享受到极甘美的乐境。所以他尽可能地不肯离开爱人的身边,不把任何人放在眼里,父母亲友全忘了,财产因疏忽而遭损失,他也满不在意,从前他所引以自豪的那些礼节和规矩,也被他唾弃了。他甘心做奴隶,只要人家允许他,紧靠着他所渴望的人躺着,因为他不仅把他当作具有美的人来崇敬,而且把他看成消灾除病的医生。

我的美好的少年,这番话本是向你说的,这种情感在人间叫做"厄洛斯"①,如果我告诉你们怎样称呼它,少不更事的像你当然不免发笑。有两句歌颂"厄洛斯"的诗——我想是摹仿荷马的诗人们的手笔,其中第二句很不高明,而且音节也简直不调,这两句诗是这样:

凡人叫他做凭翼而飞的厄洛斯;
但神们叫他做羽客,因为他生性能长羽翼。

信不信由你,但是爱的原因和效果却都像这里所说的。

如果钟情人从前在宙斯的队伍里站过班,他对以羽翼得名的那个神所加的负担,就可以比旁人负得重些。如果他追随过战神阿瑞斯巡行诸天,现在钟情了,他就会幻想他的爱人对不起他,动了杀机,不惜让爱人和自己同归于尽。追随其他诸神的人们也可以例推。每个人曾经站在那个神仙队里,就尽力尊敬那个神,摹仿那个神,只要他还没有受污染,他的人间生命还在第一代;他和爱人以及一般人的交往态度也就按照他所追随的神的性格。因此,每个人选择爱的对象,都取气味相投的,那被选择的对象仿佛就是他的神,就像他所雕饰的一尊神像,备他供奉祷祝。比如说,宙斯的随从者就找性格像宙斯的爱人,所以要看他在本性上是不是一个哲人,是否宜于督导。他们若找到了这样对象,就钟情于他,尽力使他真正成为哲人,宜于督导。如果他们从前没有做过这种事,现在就开始学习,请教凡是可以赐教的人,或是自己研讨。他们凭自力循路前进,要发

---

① 厄洛斯(Eros)是希腊文,意思是"爱情",参看第77页注②。

见他所追随的那神的性格,通常是能如愿以偿,因为他们不得不聚精会神地凝视那神。到他们从追忆达到那神,就得到他的感发,从他那里学得他们的性格和习惯,凡是凡人所能分取于神的他们都得到了。于是他们就把所获得的这些果实拿给爱人,爱他比从前更深挚。他们从宙斯那里所吸取的甘泉,像酒神的女信士饮酒一样,他们都拿来灌注到爱人的灵魂里,使他尽量类似他们所追随的神。再比如说天后赫拉的随从者所寻求的少年人是有帝王气象的,到寻求到手了,就恰恰按照天后的性格去对付他。阿波罗以及其他诸神的信徒都可以此例推。他们都跟着自己的神的脚步走,找爱人都要他符合那神的性格。找到了这样对象,他们一方面自己尽力摹仿那神,一方面督导爱人,使他在行为风采上都和那神相似。这要看爱人们各人的能力,至于他们对于爱人却不存妒忌,而要尽一切努力使他类似他们自己,也类似他们所尊敬的神。凡是真正能爱的人们用情都是这样完美,如果他们成就了他们的爱情,他们就算参加了神圣深密教的入教典礼,而爱人也从他们手里得到美满的幸福,只要他让爱征服了。他是怎样让爱征服的?请听下文:

在这故事的开始,我把每个灵魂划分为三部分,两部分像两匹马,第三部分像一个御车人。我们现在姑且还依这种划分。你也许还记得,这两匹马之中一匹驯良,一匹顽劣。究竟它们驯良在哪里,顽劣在哪里,我们还没有说明,现在就要说明了。头一匹马占较尊的位置,样子顶美,身材挺直,颈项高举,鼻子像鹰钩,白毛黑眼。它爱好荣誉,谦逊和节制,因为懂事,要驾驭它并不要鞭策,只消劝导一声就行。至于顽劣的马恰相反,庞大,拳曲而丑陋,颈项短而粗,面庞平板,皮毛黝黑,眼睛灰土色里带血红色,不规矩而又骄横,耳朵长满了乱毛,又聋,鞭打脚踢都难得使它听调度。所以每逢御车人看到引起爱情的对象,整个灵魂让感觉惹得发烧,情欲刺戳得他又痒又疼的时候,那匹驯良的马知羞识耻,不肯向那爱人贸然跳去;而那匹顽劣的马却不顾主人的鞭策或刺棍,就乱蹦乱跳,给它的主人和马伴惹出说不尽的麻烦,逼主人向那爱人跑,去追求爱情的欢乐。它的主人和马伴起初对它所怂恿的那种违法失礼的罪行都愤然抗拒,可是后来被它闹得不休,也就顺从了它,让它带着走,做它所怂恿的事了。

因此,他们来到那美少年面前,看见他满面红光。那御车人因而回想起美的本体,回想起她和节制并肩站在一个神座上。他在这幅景象面前一边惶恐,一边肃然起敬,不觉失足向后倒在地上;这一失足猛地把缰子往后一拉,拉得两匹马都屁股坐地,一匹很驯服地不动,另一匹却挣扎个不休。人马倒退了几步之后,那匹驯良的马又羞又惧,浑身汗湿;而那匹顽劣的马在跌倒和被口铁碰击之后刚止了疼,刚喘了一口气,就破口痛骂,骂它的主人和马伴,骂他们懦弱,退了队伍,不守约。它又催他们向前冲,尽管他们不肯,它还是催,他们央求下次再说,它才勉强应允。约定的时候到了,他们装作忘记了这回事,它提醒他们,蹦着叫着拖着要走,逼他们再度到那爱人面前去作同前次一样的提议。后来他们人马快要走到了,它向前低下头,咬紧口铁,死劲向前拖。但是御车人又感到前次的那种情绪,而且更强烈,像赛跑人跑到终点的栅栏一样,向后一倒退,缰子比前次拉得更猛,把那匹顽马的口铁往后猛扯,扯得它口破血流,屁股和腿子都栽在地上栽破了,惹得它只好挨痛。这经验重复了许多次,那匹坏马终于学乖了,丢掉它的野性了,低头帖耳地听御车人的调度,一看到那美的对象就吓得浑身发抖。到了这个时候,情人的灵魂才带着肃敬和畏惧去追随爱人。

　　因此那爱人受到无限的崇拜,就像是一个神,而那情人并非开玩笑,而是出自真心真意。在爱人方面,他对这个忠仆也自然有一种友谊。虽然在从前他的学友或旁人也许警告过他,说接近情人是不体面的事,因而使他要拒绝情人,可是时过境迁,到了适当的年龄,他就改变态度,准许情人和他来往了。因为坏人和坏人天生注定的不能做朋友,好人也天生注定的只和好人做朋友。他既然接受了情人,听过他的言论,亲近过他的风采,双方的情感就日渐亲昵,他就不免为情人的恩爱所感动,觉得凡是他的亲亲友友对他的友谊加在一起,也万万比不上这位神灵凭附的朋友所给他的恩情。他以后继续亲近那情人,在健身场或其他会场上和他拥抱,于是就有我已说过的那种泉流——宙斯钟情于伽尼弥德[①]的时候把它叫做"情波"——大量地向情人流注。它一部分注进他身体里面,一部分在他装满之后又流出来了。像一阵风或是一个声音碰到平滑而坚硬的东西就往回窜,窜回原出发点一样,那从美出发的情波也窜回到那美少年,由天然的渠道——他的眼睛——流到他的灵魂。到了灵魂,把它注满了,它的羽翼就得滋润,开始发出新毛羽,这样一来,爱人的灵魂也和情人一样装满爱情了。

---

[①] 伽尼弥德是希腊神话中最美的少年,替宙斯斟酒。

这样地他在爱了。爱什么呢？他说不出，也说不出他尝的什样滋味，为了什么理由。他就像一个人看了别人的沙眼，自己也得了沙眼。他的情人像一面镜子，在这里面他看见了自己的形象，何以如此，他却莫名其妙。情人在面前，像情人自己所曾经验的一样，苦恼就一去无踪影了；情人不在面前，也像情人自己所经验的一样，就渴望能再见。他可以说有了回爱，或是爱情的返照。他不把这个叫做"爱情"，只肯把它叫做"友谊"，可是他情人所想望的他也想望，只是比较淡薄一点，他也想望见面，接触，接吻，拥抱。以后的情形就可想而知了。他们俩在同床时，那情人的不受约束的马就有好多话向主人说，劝他要在一点快活事里得到许多心血的报酬；爱人的劣马虽不做声，可是热得发烧，莫名其妙地神魂不宁伸出膀子去抱那情人，吻他，心里想，这也不过像吻一个密友一样。他们既然拥抱在一起了，情人若是要求什么，爱人也就不至于拒绝了。但是那另一匹马，那匹驯良的马，却和主人站在一起，受了贞洁和理性的感召，向那匹劣马进行挣扎抵抗。

姑且假定他们的本性中高尚的成分占了优胜，因而让他们过着有纪律而且有哲学意味的生活，那么，他们在世的时候就会终身谐和快乐了，因为他们能作自己的主宰，循规蹈矩，降伏了恶根，开放了善源。到了他们去世的时候，他们就身轻如燕，举翼升天，在三次奥林庇亚竞赛中，他们得过第一次胜利了①。这是最大的福分，凡人所能凭人类智慧或神灵迷狂而得到的福分都莫过于此了。姑且假定和这相反的情形，假定他们过着一种较粗鄙的生活，不爱智慧而只爱荣誉，那匹劣马就很可能在沉醉或放肆的时候，趁灵魂不戒备，把他们带到一个地方，选择凡人以为快乐的事来做。既然做了一回，他们以后就陆续地做，可是还不敢做得太多，因为他们所做的并不是他们全心全意所抉择的。他们俩也相亲相爱，可是不如上面所说的那两位深挚；他们相依相靠，无论是在爱情旺盛还是在爱情衰竭的时候，因为他们深信彼此已交换过最神圣的信誓，若是有一天因为反目而背弃了那信誓，就不免冒犯神明。到临终的时候，他们固然没有羽翼，可是也并非没有在长羽翼上努过力，他们的灵魂也离开了肉体。这对于他们的爱情的迷狂不算是一个小报酬，因为按照规律，凡是提过脚预

---

① 依希腊惯例，在奥林庇亚竞赛中，摔跤连胜三次才算胜利。

备走登天大路的人们,就不至于要走阴间黑路;他们就要手牵着手一阵前行,过着光明而愉快的生活,到了应长羽翼的时候,他们还是长羽翼,为了他们的爱情的缘故。

我的美好的少年,有爱情的人的友谊就能给你这样伟大的神仙福分!但是如果和没有爱情的人来往,双方的关系就混杂着尘世的小心谨慎和尘世的寒酸打算,结果就不免在爱人的灵魂里养成俗人认作品德的庸陋,注定要在地面和地下滚来滚去,滚过九千年,而且常在愚昧状态里滚。

亲爱的爱神啊!这是我尽我的能力所能做到的一篇最好的认错诗,我拿它来作为献礼也作为洗罪书。"从各方面看,尤其从辞藻方面看",都是用诗的声调,斐德若使我不得不如此。求你对前一篇文章宽宥,对这篇文章奖掖,求你保佑我,不要生气把你已经给我的那套爱情学问收回,也不要让它有毛病;求你保佑我在美少年们面前比从前更能博得信任。若是在前一篇文章里,斐德若和我说了什么话得罪了你,请你把它记在莱什阿斯的账上,没有他就不会有那篇文章,请你医好他的毛病,不再做这类文章,让他像他的哥哥波勒马库斯①一样,转到哲学方面去。那么,现在也在你面前的他的这位情人就不会像今天这样在两种意见中徘徊,举棋不定,就会全心全意地把生命贡献给爱情和哲学言论。②

---

① 波勒马库斯可能是苏格拉底的弟子,《理想国》对话第一部分就是在他家里举行的。
② 以上是苏格拉底的第二篇文章,目的在推翻前两篇文章的论点,说明爱情的神圣,以及爱情与灵魂的关系。这里包含柏拉图哲学的精华,和《会饮篇》的第俄提玛的启示一段有同等的重要。文长意多,又掺杂神话,骤读不易了解,现在把它的脉络理清,以便初学。全文分三大段,每段又常分数节。(一)迷狂的神圣性:前两文诋毁爱情,都以为爱情是一种疯狂状态,所以这里颂扬爱情先从颂扬迷狂出发;(二)灵魂的本质和演变:要明白迷狂的神圣性,我们须进一步了解灵魂:(A)灵魂在本质上是不朽的(意即"神圣的"),用自动的道理证明;(B)灵魂的活动如一人御两飞马(象征理智驾驭意志和欲念)游行,游行顺畅与否,看两马是否驯良,御者是否驾驭有方,神与凡人由此分别;(C)灵魂的巡游(象征生命的经历,学问道德的修养):诸神分队巡行诸天,凡人的灵魂随行;御良马驯者高飞天外,窥见真实本体(真善美诸理式),御与良马较差者各随能力所至,愈飞低所见愈浅;御劣马顽者断羽堕地,与肉体结合,成为各种高低不同的人物;(D)灵魂的轮回:与肉体结合的灵魂视其修行努力的程度,和羽翼的长短强弱,依一定时限轮回,上升诸天或下堕畜界;(E)灵魂的记忆:人在世间的感官经验可以唤起投生前巡行诸天时所见真实本体或理式的记忆,因为这些感官经验本是理式的摹本;这种记忆使灵魂复生羽翼,准备再度高飞。(三)爱情的本质与表现:(A)爱情就是因美的感官印象而回忆美的理式时的心理紧张焕发状态,一般人以为它是迷狂,其实是受神灵凭附;在爱情中灵魂吸取营养,滋长羽翼;爱情是对于美的本体的眷恋,所以它就是哲学;(B)爱情的种类随游行诸天时所见深浅而不同,未见理式者美的感官印象只能引起兽欲,曾见理式者美的感官印象引起对于美的崇拜,而且要对所崇拜的对象起教育作用,使他更加完美,逼近神明;(C)修行浅薄者的爱情往往是意志(驯马)与欲望(劣马)的冲突,御者(理智)须能逐渐约束劣马,使它就范,才能克服冲突,达到胜利。从此可知和真正有爱情的人来往是一种很大的福分。

斐 我参加你的祷祝,如果这样对我们比较好,我就祷祝我们能像这样。至于你这篇文章,我老早就钦佩不置了,比前一篇做的真要美得多啦!我恐怕莱什阿斯要显得是小巫见大巫了——若是他肯另写一篇和你的比赛。我倒不相信他肯。因为就在不久以前,有一位政客攻击他,就抓着他的这个短处,口口声声说他是一个"文章作家",为顾全他的名誉,他也许不再干这勾当了。

苏 你倒想得怪,我的小伙子!如果你以为你那位朋友那样容易吓唬倒,你就错认了人!同时,你一定相信攻击他的那人说的是真心话?

斐 显然像是真心话。你自己也知道,国内最有名有势的人物都觉得写文章,留下著作给后世人,是很可耻的事,生怕后世人叫他们做"诡辩家"①。

苏 你没有看见,斐德若,那是"甜蜜的转弯抹角"②。你也没有看见,凡是自视甚高的政客们都很欢喜写文章,而且渴望留下著作传到后世。每逢他们写了文章,对赞助那文章的人们特别感激,所以在文章开头就特别加一句声明,说在哪些场合得到了哪些人的赞助。

斐 你的话是什么意思,我不懂。

苏 你不懂?他们在文章开头就把赞助人的姓名写下。

斐 怎样写?

苏 他们这样写:"承元老院,承人民,或元老和人民,赞助,由于某某人的建议"。建议人就是作者自己,他这样庄重其词地替自己吹嘘一番,然后向那些赞助人显自己的聪明,就写将下去,往往写得很冗长。你看这种作品不就是写的文章吗?

斐 可不就是写的文章!至少在我看是如此。

苏 如果那篇文章受到喝彩,作者就高高兴兴地离开剧场;如果没有人理睬,他写文章的权利和当写作家的尊严都被剥夺了,他自己和他的同党人就只好哭丧了。

斐 他们确是如此。

苏 很显然的,他们对写文章,不但不鄙视,而且羡慕。

---

① 诡辩家是当时以贩卖知识,教人辩论演说为职业的学者们,他们站在新兴的民主运动方面,所以苏格拉底对他们深恶痛绝。本篇所讥嘲的莱什阿斯就是诡辩家的代表。

② 这句各英译本所据原文有问题,现依罗本的校正文。引语来源不明,意思是说"绕弯子说话,不可靠"。

斐　一点也不错!

苏　再说,若是一个演说家或是一个国王既有权势,又有才能,比得上莱科勾,梭伦,或是达柔斯,①能在一国成为不朽的文章作家,他不会当在世时就把自己比一个神吗?而且后世人看一看他的作品,不也是这样看待他吗?

斐　确实如此。

苏　既然如此,你想象这样一个人,尽管他多么讨厌莱什阿斯,他会拿写作家当作丑事来骂他吗?

斐　他当然不会,至少是根据你的话来说,若是他骂莱什阿斯,那就等于骂他自己的癖好。

苏　因此,写文章本身并没有什么可丑,这是很显然了。

斐　那有什么可丑呢?

苏　我想写文章可丑,是在写得坏的时候。

斐　显然是如此。

苏　写作的好坏究竟怎样来确定呢?要研究这个问题,斐德若,我们是否需要根据莱什阿斯,根据凡是写作过的或是有意于写作的人们,无论所写作的是关于国家大事或是个人私事,无论所写作的形式是像诗有韵律或是像散文没有韵律呢?

斐　你问我们是否需要?研究文章是乐事,人活着干吗,若是不为着这样乐事?难道还是为着那些体肤的快乐?这些体肤的快乐都先经过苦痛而后才可以享受,所以说它们是"奴役性的"快乐是很正当的。

苏　无论如何,我们好像还有时间。并且我还有一个想头,那些蝉正在我们头上歌唱,它们的习惯向来就是这样,到正午大热时就唱,我想它们的眼睛在朝你和我看着,若是它们看见我们俩像普通人一样,在正午时就丢下话不谈,只管睡觉,垂下头懒洋洋地让它们的音乐催眠,它们会有理由瞧不起我们,以为不知哪里来了这两个奴隶,找到这泉水旁边来睡午觉,像羊子一样!但是如果它们看见我们谈话,我们的船走过它们像走过莎林仙女们一样,不受它们的清歌诱惑,②它们也许要佩服我们,因而就把神们赐给它们的那套迷人的法宝传给我们咧。

---

① 三人是斯巴达,雅典,波斯三国的立法者。法律也是一种文章。
② 见《奥德赛》卷十二。莎林仙女们住在一个海岛上,以歌舞诱过客登陆,把他们饿死。俄底修斯乘船过岛时用蜡封住水手的耳,把自己绑在桅杆上,所以免于诱惑。

斐　什么法宝？我好像没有听见过。

苏　那倒怪，一个诗神的信徒连这样事都没有听见过！故事是这样：从前蝉都是人，诗神降生以前的一种人。后来诗神降生了，歌唱新出现了，这种人就有些欢喜得要发狂，只管唱歌，忘记了饮食，一直到死为止。就是这批人变了蝉。它们从诗神那里得到一个法宝，一生下地就不须有营养，干着喉嗓空着肚皮马上就歌唱，一直到死为止。死后它们就去见诗神们，报告世间哪些人崇拜她们，哪些人崇拜她们中间哪一个。它们向托普西科神报告在合唱队舞蹈中崇拜她的人们，使他们更得她宠爱；向爱剌托神报告爱人们；其余依次类推，向每一个诗神报告她所掌的那一行中崇拜她的情形。向九诗神中年代最长的卡利俄珀以及年纪较次的乌剌尼，她们报告终身从事哲学而且就拿哲学这种音乐来崇拜她们的人们，因为这两位诗神所掌管的是天以及神和人的各种问题，所以发出的声调是最和美的。①斐德若，你看，我们有许多理由不睡午觉，应该谈下去。

斐　好，我们就谈吧。②

苏　我们就谈我们刚才提出要讨论的问题，文章的好坏究竟在哪里，无论它是口说的或是笔写的。

斐　顶好，就谈这个。

苏　文章要做得好，主要的条件是作者对于所谈问题的真理要知道清楚。你是否这样看？

斐　可是关于这个问题，我听到人说的是这样：预备要做辞章家的人丝毫不需要知道真正的正义，只要知道裁判的群众大概认为是正义的；他也不需要知道真正的善和美，只要知道群众所认为善和美的。他们说，说服的效果是从群众意见而不是从真理得来的。

苏　我们不能随便就把一句话抛开，斐德若。它既然是有学问的人们所说的，我们就得研究它是否有点道理。所以你刚才所说的那种话不能置之不理。

---

① 九诗神各有所掌，托普西科掌舞蹈和歌唱，爱剌托掌情诗和摹仿舞，卡利俄珀掌史诗，乌剌尼掌天文学。
② 以上是苏格拉底说完第二篇文章后的一段插曲。斐德若以为莱什阿斯不敢另作一篇来比赛，因为他怕人说他是"诡辩家"或"文章写作家"；苏格拉底说明写文章并不是丑事，写得坏才可耻。于是讨论转到文章好坏的问题。

斐　当然。

苏　我们且这样来看,假如我要说服你去买一匹马去打仗,可是我们俩都不知道马是什么,只是我知道这一点,就是你斐德若相信马是一种耳朵最长的家畜。

斐　那就荒谬可笑了,苏格拉底!

苏　还不仅此,假如我要好好地说服你,就写一篇文章,写一篇颂驴文,里面就把驴当作马,说它有多么大的价值,无论放在家里使用或是骑着打仗,不但可以骑着打仗,还可以载行李,还可以有许多其他用途。

斐　那就更荒谬可笑了。

苏　一个朋友的荒谬可笑比起一个敌人的凶猛可怕,还要较胜一筹吧?

斐　那是无疑问的。

苏　那么,若是一个辞章家不知道分别好坏,要和一国办交涉,那国人也不知道分别好坏,他要说服他们,做一篇颂文,不是拿驴当马来颂,而是拿坏当好来颂;若是他把群众意见研究透彻之后,居然说服了他们,使他们做坏事不做好事,你想这种修辞术所种的因会收什样果呢?

斐　当然不会好。

苏　不过我们这样攻击修辞术,是否太粗鲁呢?修辞术会回答我们说:"你这批聪明老爷们,这番废话有什么用处呢?我并没有强迫过哪一个人不知真理就去学说话;相反地,我劝告过人,如果我的劝告值得听,要先学得真理然后才来向我请教。有一句话我却敢大胆地说:一个人尽管知道了真理,若是没有我修辞术,还是不能按照艺术去说服。"

斐　你看她的申辩有没有道理?

苏　我承认它有道理,不过先要假定有论证可以出庭证明她确是一种艺术。因为我好像听到一些反面论证的声音,在责备她是一个骗子,说她并不是一种艺术,只是一种毫不艺术的蹈袭陈规的玩意儿。斯巴达人说得好:"在言辞方面,脱离了真理,就没有,而且也永不能有真正的艺术。"

斐　你所说的论证是哪些?请它们出庭作证,我们可以审讯它们,看它们说些什么,怎么说。

苏　请出来,美好的论证们,看这位斐德若,他养过和你们一般美好的儿女,请你们说服他:若是他不会哲学,他也就决不会对任何问题能做出好文章。

现在就请斐德若和你们对质。

斐　请审问吧。

苏　一般说来,修辞术是用文辞来影响人心的,不仅是在法庭和其他公共集会场所,而且在私人会谈里也是如此,讨论的问题或大或小,都是一样;无论题材重要不重要,修辞术只要运用得正确,都是一样可尊敬的。你看这个看法对不对？你所听说的是不是这样？

斐　不,我所听说的并不是那样！修辞术主要的是用在法庭,在议会里也用得着它。我就没有听说过它还可以用在别处。

苏　那倒怪,你没有听过涅斯托和尤利西斯的修辞术吗？那是他们在特洛亚城下做来消磨时光的。还有帕拉墨得斯的你也没有听过吗？①

斐　没有,连涅斯托的也没有听过！除非你说的是涅斯托,指的是高吉阿斯；说的是尤利西斯,指的是特剌什马克,或是忒俄多洛斯。②

苏　也许是如此。我们姑且不管这些人吧。我再问你,在法庭里原告和被告两方干什么呢？是不是互相争辩？

斐　一点也不错。

苏　争辩的是是非问题吧？

斐　是的。

苏　若是一个人按照修辞术来争辩是非,他可以把同一件事对同一批人时而说得像是,时而说得像非,他爱怎样说就怎样说。是不是？

斐　可不是那样！

苏　若是政治演说,他会把同一个措施时而说得像很好,时而说得像很坏吧？

斐　不错。

苏　我们也听说过埃利亚人帕拉墨得斯,他运用修辞术使他的听众觉得同一事物像同又像异,像一又像多,像动又像静。③

斐　我确是听说过。

---

① 涅斯托和尤利西斯(即俄底修斯)是荷马史诗中两个多计谋善辞令的人物。帕拉墨得斯也见于荷马史诗,与尤利西斯有仇。有一说,他是度量衡的发明人,有几个希腊字母是他造的。他长于修辞术,却无可考。看下文可知苏格拉底以这些古人的名字影射当时人。

② 高吉阿斯是当时一位诡辩家和修辞家,柏拉图有一篇对话以他为名。特剌什马克是同时人,也是诡辩家和修辞家。忒俄多洛斯是东方拜占廷的修辞家。

③ 这是当时埃利亚(Elea)的诡辩派哲学家芝诺(Zeno)的学说,可见帕拉墨得斯的名字就是影射芝诺。实际上这里的引语见出一种朴素的辩证观点。

95

苏　那么，辩论就不仅限于法庭和政治演说了，各种各样言语都用得着这修辞的艺术了，——如果真有这种艺术——用她我们就可以使一切可以显得像类似的事物显得类似，并且旁人若是这样做，尽管掩盖得很巧，我们也可以把它明明白白地指出了。

斐　我不大明白你的意思。

苏　我们且这样看，你就会明白了：若是要欺骗人或迷惑人的话，要事物的差异小，还是要它们的差异大呢？

斐　差异小容易迷惑。

苏　对了！若是你慢慢地一步接着一步地从正面走到反面，每一步和前一步差异小，旁人就看不出破绽；若是你一步就转到反面，旁人一眼就看出了。

斐　当然。

苏　因此一个人若想迷惑旁人而自己不迷惑，他就要能精确地辨别事物的同异。

斐　定要那样才行。

苏　如果他不知道一件事物的真正性质，他能否看出这事物和其他事物的差异是大还是小呢？

斐　那不可能。

苏　那么，人们受了欺骗，所见的和真理相差甚远的时候，都是由于从那真理的小类似逐渐走到它的大不类似，这样就不知不觉地陷到错误里去了。

斐　事情确实如此。

苏　一个人若是有颠倒是非的艺术，用一连串的类似点逐步引旁人入迷途，使他终于把是的看成非的，而他自己却明白哪是是的哪是非的，如果他自己不先就知道每件事物的真正性质，他能否办到这层呢？

斐　不能。

苏　那么，若是一个人不知真理，只在人们的意见上捕风捉影，他所做出来的文章就显得可笑，而且不成艺术了。

斐　那是可想而知的。

苏　我们就来谈谈在你手里的莱什阿斯的那篇文章，和我刚才念的那两篇，看看里面有没有我们所认为合艺术和不合艺术的例证，你看好不好？

斐　那就再好不过了。我们现在实在是悬空来谈，因为没有恰当的例证。

苏　你说得对，并且事情像是很凑巧，那两篇文章都可以做例证，说明一个人尽管知道真理,还可以拿文字作游戏,使听众看不见真理。我的那篇应该归功于这地方的神灵;不然就是诗神们的代言者,在我们头上的那些歌蝉,给了我的灵感。因为我知道自己,至少我是不懂修辞术的。

斐　就依你那么说吧,只要你证明你所说的,讲下去。

苏　好,请把莱什阿斯的文章开头一段念出来。

斐　"你已经知道我的情形怎样了,也知道我期望这件事的实现对你我双方都有利益了。现在我就要希望我的请求不至于因为我不是一个对你有爱情的人,而遭你的拒绝。因为有爱情的人们一到他们的欲望满足了,对于所施与的恩惠就觉得追悔……"

苏　停住！我们要指出作者所犯的艺术上的毛病,是不是？

斐　是的。

苏　人人都看得清楚的一点就是:在这类问题上面,有些点是我们都同意的,也有些点是我们不同意的。

斐　我相信我懂得你的意思,但是你还是把话说明白一点才好。

苏　我们说到"铁"或"银",我们是否都想到同一件东西呢？

斐　当然。

苏　如果说到正义和善,情形怎样？是不是各人有各人的看法？是不是互相冲突甚至自相冲突？

斐　一点也不错。

苏　那么,对于某些事物我们能同意,对于另一些事物我们不能同意。

斐　确实如此。

苏　在这两类事物之中哪一类容易使人迷惑或受欺骗呢？对于哪一类事物修辞术有更大的效能呢？

斐　显然是我们没有把握的那类事物。

苏　如果是这样,一个人若是要研究修辞术,他就必须先把这两类事物区别得有条有理,知道每类事物的特性,知道对于哪一类事物群众的思想是很不确定的,对于哪一类是确定的。

斐　很好的分别,抓住这个分别的人倒是有了把握。

苏　其次,我想遇到每一个事例,他都不能出岔子,必须很锐敏地看出他所谈的那种题材属于哪一类。

斐　很对。

苏　那么,你看爱情应该属于哪一类呢?我们该把它放在确定的那一类,还是不确定的或是可争辩的那一类呢?

斐　爱情显然属于不确定的可争辩的一类,若不然,你想还可能让你说出刚才那番话,一会儿把爱情说成情人和爱人双方的灾祸,一会儿又把它说成他们的大幸福吗?

苏　说得好!不过还要请你告诉我——你知道,我当时在神灵凭附的状态,现在不大记得了——我在文章开头里替爱情下过定义没有?

斐　你下过定义,而且下得非常之周密。

苏　那么,莱什阿斯可是很不幸了!阿刻罗俄斯的女儿们以及赫耳墨斯的儿子潘①的修辞术比起莱什阿斯的就要高明多啦!要不然,就是我说的全错了,莱什阿斯在他的文章开头里也就应该让我们对于爱情得到一个明确的概念——他自己所提出的那个概念——然后根据这个概念去安排全文的意思,一直达到一个合式的结论,他是否是这样做过呢?请你把他的文章开头一段再念一遍如何?

斐　随你的意,可是你所找的东西却不在那里。

苏　念着看,看他到底是怎样说的。

斐　"你已经知道我的情形怎样了,也知道我期望这件事的实现对你我双方都有利益了。现在我就要希望我的请求不至于因为我不是一个对你有爱情的人,而遭你的拒绝。因为有爱情的人们一到他们的欲望满足了,对于所施与的恩惠就觉得追悔……"

苏　毫无疑问,我们所要找的在这里找不到,这位先生并且不在开头的地方开头,而在收尾的地方开头,好像泅水的人仰着浮,向头的方向倒退!你看,他开头所说的那番话是情人要在收场时向爱人说的话!亲爱的裴德若,我说的对不对?

斐　倒是真的,苏格拉底,他开头所说的话应该在收尾。

苏　你看其他部分怎样?各部分是不是像随便拼凑在一起?你看有没有一个明显的原则,使下一句就确须摆在下一句的地位,不能拿别的话摆在那里?我是不懂得什么的,在我看来,他像是不管三七二十一,想到什么就

---

① 阿刻罗俄斯是河神,他的女儿们是女河神;潘是牧神和乡村神。他们的修辞术实在就是苏格拉底的修辞术,因为他屡次说他受当地神灵的凭附,才能做出他那两篇文章,所谓当地神灵就是这些河神和牧神。

写下什么。也许你可以看出一种修辞的道理,使他的字句段落排成那样的次序?

斐　你若是以为我有那样批判的能力,能看出他的用意,那你就错认了人啦!

苏　但是你至少要承认:每篇文章的结构应该像一个有生命的东西,有它所特有的那种身体,有头尾,有中段,有四肢,部分和部分,部分和全体,都要各得其所,完全调和。

斐　那是无可否认的。

苏　那么,看看你的朋友的那篇文章是否按照这个原则做出来的,你会看出它和佛律癸亚人密达斯①的墓铭没有多大分别。

斐　那墓铭有什么可注意的地方?

苏　它是这样写的:

> 我是青铜雕的女郎,守在密达斯的墓旁,
> 只要河水在流,大树在长枝桠,
> 我要守着这墓,长年地眼泪汪汪,
> 告诉一切过路人,密达斯躺在这一方。

这墓铭的每一行摆在开头或是收尾,都可以随便,我想你已经看出来了。

斐　你在和我们所谈的那篇文章开玩笑!

苏　免得你不高兴,姑且放下那篇文章不谈吧。可是我还相信它里面有许多例子,研究起来很有益处,只是不要摹仿它。现在我们且来谈谈另外那两篇,在我看,它们里面有许多东西,是值得留心修辞术的人们研究的。

斐　你所说的是指什么?

苏　如果我记得不差,那两篇是相反的,一篇说应该接受有爱情的人,一篇说应该接受没有爱情的人。

斐　它们都做得顶有精神!

苏　你应该说"顶迷狂"。我原来想做到的实在就是迷狂。我们说过,爱情就是迷狂。是不是?

斐　是。

苏　但是迷狂有两种:一种是由于人的疾病,一种是由于神灵的凭附,因而使

---

① 密达斯是传说中的大富翁,祈神得点金术,点食物也成金,因而饿死。

我们越出常轨。

斐　一点不错。

苏　神灵凭附的迷狂我们分成四种：预言的，教仪的，诗歌的，爱情的，每种都由天神主宰，预言由阿波罗，教仪由狄俄尼索斯，诗歌由缪斯姊妹们，爱情由阿佛洛狄忒和厄洛斯。① 我们说过，在这四种迷狂之中，爱情要算首屈一指。我们形容爱情的时候，用了一种比喻，其中我们当然也看到了一些真理，但是恐怕也走了一些错路。我们做了一篇颇娓娓动听的文章之后，还用了激昂虔敬的心情歌颂过厄洛斯，你的护神也是我的护神，一切美少年都在他的庇荫之下。

斐　我听到那歌颂心里颇愉快。

苏　我们现在要研究这文章本身，看看它何以能从贬责转到赞扬。

斐　你的意思怎样？

苏　我认为这篇文章在大体上只在开玩笑，不过在信手拈来之中倒有两个明显的法则，各有它的功能，颇值得我们求得一个系统的了解，假如我们能的话。

斐　什么法则呢？

苏　头一个法则是统观全体，把和题目有关的纷纭散乱的事项统摄在一个普遍概念下面，得到一个精确的定义，使我们所要讨论的东西可以一目了然。我们刚才讨论爱情时就应用了这个法则，我们把爱情的本性下了定义，无论做得好坏，这篇文章的明晰和始终一致却要归功于这个定义。

斐　另一个法则是什么呢？

苏　第二个法则是顺自然的关节，把全体剖析成各个部分，却不要像笨拙的宰割夫一样，把任何部分弄破。我们刚才那两篇文章就应用了这个法则，先把心理迷狂看作一个全体，犹如全体有左右四肢，我们也就把心理迷狂分成左右两部分，再就左边部分细加分析，一直到不能再分析为止，发见其中有一种左爱情，我们对它加了应得之罪；然后在第二篇文章里照样分析右边的迷狂，结果发见一种也和左爱情一样叫做"爱情"的元素，可是实在是相反的，是一种神圣的爱情，我们把它放在眼前凝视，把它赞扬为人类最大福分的根源。

---

① 阿波罗是预言神，掌文艺和预言；狄俄尼索斯是酒神，希腊宗教起于酒神崇拜。

斐　真的是那样。

苏　就我这方面来说,我所笃爱的就是这两种法则,这种分析和综合,为的是会说话和会思想。不仅如此,若是我遇见一个人,他能如其本然地看出一和多①,我就要追随他,"追随他的后尘像追随一个神"。凡是有这种本领的人们,我都一直把他们叫做"辩证术家"②;叫得对不对,只有天知道。请你告诉我,你和莱什阿斯这一派门徒该叫做什么呢?你们所用的是不是特刺什马克那班人所用的修辞术呢?那班人用这种修辞术,不但自己会说话,还教会他们的学生们都会说话,只要这些学生们肯送他们的礼物,把他们奉承得像皇帝一样。

斐　他们倒真是一批皇帝气派的人物,不过他们确实不懂得你现在所讨论的方法。你把这种方法叫做"辩证术",在我看,似乎是对的;不过修辞术是什么,我们似乎还没有抓住。③

苏　你指的是什么?此外还有一种不通辩证术而可学得的好学问吗?若是有,你我当然不能轻视它,我们且来看看此外剩下给修辞术的究竟还有些什么?

斐　多得很,苏格拉底,只要你翻一翻关于修辞术所写的书籍!

苏　真的,谢谢你提醒我!如果我记得不错,第一个就是"序论",一篇文章开头就应该有它。这就是你所谓"艺术的点缀"吧?

斐　是的。

苏　其次就是"陈述",跟着又是相关的"证据",第三是"证明",第四是"近理"④;此外如果我记得不错,还有"引证"和"佐证",根据那位咬文嚼字的拜占廷人所说的。

---

① 这里"一"是综合得来的概念或原理,"多"是分析得来的要素或个别具体事例。"如其本然地看出一和多"就是哲学的任务。

② 苏格拉底或柏拉图的"辩证术"在本文有了明确的定义,它用综合和分析,研究现象与规律,感觉与概念的关系,目的在求牢不可破的真理。

③ 以上是论修辞术三大段中的第一大段。在这段里苏格拉底攻破当时诡辩派所用的修辞术,建立他自己的修辞术。诡辩派修辞术的目的在利用听众的弱点,投合捕风捉影的意见,用似是而非的论调强词夺理,姑且博得听众的赞许;苏格拉底的修辞术却要寻求事物的本质真理,用综合分析的方法,见出现象与规律,感觉与概念的关系,所以先要对所讨论事物下定义,然后加以分析,将所含道理作妥善的安排。这其实就是"辩证术"或哲学。他用前面三篇论爱情的文章为例来说明这个分别。依他看,辩证术以外就无所谓修辞术。斐德若没有明白这道理,所以还在问修辞术是什么。

④ "近理"并非"真理",是指某种情况下,某件事可能发生与否,说它发生,是否能自圆其说。

斐　你是不是指赫赫大名的忒俄多洛斯呢①？

苏　不错。他还告诉我们怎样在"正驳"之后用"附驳"，无论是控诉还是辩护。此外还有一位了不起的帕若斯人厄文努斯首先发明"暗讽"和"侧褒"。还有人说，他把"侧贬"做成韵文，使人容易记忆。真是聪明人！我们也不要忘记提西阿斯和高吉阿斯，他们看出"近理"比"真理"还更要看重，他们借文字的力量，把小显得很大，把大显得很小，把新说得像旧，把旧说得像新；他们并且替每种题材都发明一个缩得很短和拖得极长的办法。可是有一次我和普若第库斯谈起这个办法，他付之一笑，据他说，只有他才发见了文章的秘诀：合于艺术的文章既不能太长，也不能太短，要长短适中。

斐　普若第库斯真是绝顶聪明！

苏　还有希庇阿斯，我们能丢开他不谈吗？我相信普若第库斯和他是站在一起的。

斐　不错。

苏　还有泡路斯，他有一大堆法宝，谐声体啰，格言体啰，绘像体啰，还有他的老师利昆纽斯所赠送给他的《词汇学》，备他写《文字之美》时参考。

斐　苏格拉底，普罗塔哥拉不也做过这种研究么？

苏　对的，年轻人，他做过一部《文字之精确》，还有许多其他好东西。说句老实话，若是谈到"穷""老"之类问题可以引人落泪的话，我看本领最大的莫过于那位考尔塞顿的大人物了②。他也很会激起群众的情绪，激动起来之后，他还有方法使它平静下去，借他的迷人的声调，据他自己说。对于毁谤和破毁谤，他也很在行，用不着什么根据。不过丢开这些来谈文章收尾吧，一般人都承认在收尾时应该有一段"复述"，不过名称有时不同。

斐　你说的是"总结"，在文章收尾时把全文所说到的提要再说一次来提醒听众？

苏　正是。关于修辞术，你还有什么别的可说呢？

斐　此外还有一些琐碎的玩意儿，值不得说了。

苏　既然是琐碎的玩意儿，就丢开不谈吧。我们且把已经提到的那些，看看它

---

① 忒俄多洛斯见本书第95页注②。以下所提到的诸人都是当时的诡辩家或修辞术课本的作者，原书多已失传。

② 即特剌什马克。

们在艺术上有什么性格和功用。

斐　它们的功用倒是很不小,苏格拉底,至少是用在公众会议的时候。

苏　小是不小,但是我的好朋友,我看它们有许多破绽,请你也仔细看看它们是否如此。

斐　你指给我看吧。

苏　好,请问你,"假如一个人拜访你的朋友厄里什马克或是他的父亲阿库门,向他们说:我知道一些处理身体的方法,要它发热它就发热,要它发冷它就发冷;我要人吐就吐,要人泻就泻,这类方法我知道的还很多。既然有这些知识,我敢说我能行医,并且能教旁人行医,只要我肯把这些知识传给他们。"你想他们听到这番话之后,会怎样回答他呢?

斐　他们当然要问他除此以外,是否还知道那样病人在哪些病况之下该受哪样处理,并且用多少分量。

苏　假如他回答说:"这些我全不知道,可是我指望我的学生跟我学得我所说的那些方法之后,自己会临机应变",他们会怎样说?

斐　他们一定说:这个人是疯子,他读过一点医书或是碰见一些诊方,就自以为是个好医生,其实对于医道全是外行。

苏　再假如有一个人去看索福克勒斯和欧里庇得斯①,向他们说:"我能随意就小事情做很长的演辞,就大事情做很短的演辞;我并且能随意写出悲惨的或恐怖的语调;此外我还会许多同样的玩意儿。我若是拿这些东西教人,就可以使人有做悲剧的能力了。"

斐　他们也会笑他,我想,苏格拉底,笑他不知道悲剧要把这些要素安排成一个整体,使其中部分与部分以及部分与全体都和谐一致。

苏　不错,不过他们也不会很粗暴地骂他,他们会像一个音乐家碰见一个人自以为会调音协律,因为他碰巧会在一根弦子上弹出最高的音和最低的音。那音乐家不会很粗野地向这个人说:"你这倒霉蛋,你疯了!"他会用音乐家的风度向他说:"我的好朋友,一个人若是想会调音协律,固然要知道这些,但是一个人知道了你所知道的这些,还是可以对调音协律完全外行,因为你所知道的这些是调音协律的初步,而不是调音协律本身。"

斐　这样回答确是很得体。

---

① 希腊的第二个和第三个大悲剧家。

苏　索福克勒斯也会这样回答那位卖弄悲剧的人,说他所知道的是悲剧的初步,而不是悲剧的本身;阿库门也会这样回答那位卖弄医道的人,说他所知道的是医道的初步,而不是医道本身。

斐　一点也不错。

苏　假使言甘如蜜的阿德刺斯托斯,或是伯里克理斯①,听到我们刚才所列举的那些修辞的奇方妙诀,什么格言体,绘像体以及我们认为应该研究明白的那种种体,他们会怎样说呢?他们对于以为这些伎俩就是修辞术,拿它们来写作或教授门徒的人们,会像你和我一样粗野,动火开骂么?不,他们比我们聪明,会用手拍拍我们说:"斐德若,苏格拉底,有些人不通辩证术,因而无法下修辞术的定义,碰巧知道一些修辞术的初步,便自以为是修辞术的发明人;他们并且拿这些初步教人,以为教了这些,就算教了修辞术的精微奥妙,至于怎样运用每个方法来把话说得娓娓动听,怎样把它们安排成一个整体,他们却以为无关宏旨,一字不提,让门徒们自己要写文章的时候自己去设法;若是遇到这种人,你们不该动火开骂,应该宽容一点。"你看他们是否会这样说?

斐　的确,苏格拉底,那批人在写作和传授中所谈的修辞术确是如此,我想你所说的都是对的。但是真正能动听的修辞术从哪里可以学得,如何可以学得呢?

苏　在修辞方面若想能做到完美,也就像在其他方面要做到完美一样,或许——毋宁说,必然——要有三个条件:第一是天生来就有语文的天才;其次是知识;第三是练习,你才可以成为出色的修辞家。这三个条件如果缺一个,你就不能做到完美。就修辞术是一个艺术来说,我想在莱什阿斯和特剌什马克所走的路上却找不到真正的方法。

斐　在哪条路径上可以找到呢?

苏　在我看,在修辞术方面成就最高的要算伯里克理斯。

斐　请说明这个道理。

苏　凡是高一等的艺术,除掉本行所必有的训练以外,还需要对于自然科学能讨论,能思辨;我想凡是思想既高超而表现又能完美的人们都像是从自然

---

① 阿德刺斯托斯是埃斯库罗斯的悲剧《七英雄攻忒拜》中的一个人物,以辞令著名;伯里克理斯是公元前五世纪雅典文化极盛时代的大政治家和大演说家。

科学学得门径。伯里克理斯的长处就在此,除掉他的天才以外,他还有自然科学的训练。因为他从阿那克萨哥拉①受过教,这位就是一位自然科学家,传授给伯里克理斯一些玄奥的思想,引他穷究心物的本质。因此,伯里克理斯能够把这方面的训练应用到修辞术方面去。

斐　请再说明白一点。

苏　修辞术和医学恰是一样。

斐　这话怎样说?

苏　它们都要穷究自然。医学所穷究的是肉体,修辞术所穷究的是心灵,如果你不甘拘守经验陈规而要根据科学,在医学方面处方下药,来使肉体康强,在修辞术方面命意遣辞,来使心灵得到所希冀的信念和美德。

斐　道理倒像是这样,苏格拉底。

苏　不知道全体宇宙的本质而想知道心灵的本质,你想这可能不可能?

斐　如果我们相信希波克剌特——他是从埃斯库勒普②传下来的——不穷究全体宇宙的本质,就连肉体的本质也无从知道。

苏　他说得好,斐德若,可是我们不能引他的话作证就算了事,还要追问理由,看他的话是否能自圆其说。

斐　不错。

苏　那么,看看关于自然,希波克剌特怎样说,真理又怎样说。无论什么事物,你若想穷究它的本质,是否要用这样方法?头一层,对于我们自己想精通又要教旁人精通的事物,先要研究它是纯一的还是杂多的;其次,如果这事物是纯一的,就要研究它的自然本质,它和其他事物发生什样主动和被动的关系,向哪些事物发出什样影响,从哪些事物受到什样影响;如果这事物是杂多的,就要把杂多的分析成为若干纯一的,再看每一个纯一的元素有什样自然本质,向哪些事物发生什样影响,从哪些事物受到什样影响,如上文关于纯一事物所说的一样办。

斐　这方法可能是对的。

苏　有一点至少是确实的,不用这些研究的方法就不免像瞎子走路。至于对任何事物作科学研究的人却不能拿盲聋来作比。但显然地,修辞术的传

---

① 阿那克萨哥拉是当时的哲学家,除伯里克理斯以外,悲剧家欧里庇得斯从他受过教。
② 希波克剌特是当时名医。埃斯库勒普参看第5页注②。

授，若是按照科学方法，必须对于门徒要向它说话的那对象的本质给一个精确的说明，而这对象无疑地就是心灵。

斐　那是无可辩驳的。

苏　所以他的全副精力就要向着这个对象；他所要说服的实在就是它，是不是？

斐　是。

苏　所以对于特刺什马克和其他把传授修辞术认真去做的人们来说，首先要做的事显然是心灵的精确描绘，看看它在本质上是纯一的，还是像肉体一样，是杂多的。我们说过，只有这样办，才能见出一件事物的本质。

斐　的确。

苏　第二点，他们须说明心灵在哪方面是主动的，发生影响的，对哪种事物发生什样影响；在哪方面是被动的，承受影响的，从哪种事物承受什样影响。

斐　不错。

苏　第三点，他们须把文章的类别和心灵的类别以及它们的个别的情况都条分缕析出来，然后列举它们之中的因果关系，定出某类与某类相应，因此显出某类文章适宜于某类心灵，某种原因会使某种文章对于某种心灵必能说服，对于另一种心灵必引起疑心。

斐　无论如何，他若是能做到这样，显然是再妙不过了。

苏　除此以外，就决没有其他说或写的方法，示范的文章也好，寻常的文章也好，这个题目也好，那个题目也好，方法就只有一个。但是你所听说过的那班近代"修辞术"的著作者都是狡猾的骗子，尽管他们对于心灵懂得很清楚，却把它隐藏起来。除非他们按照我们所说的这个方法来说话写文章，别让我们相信他们有什么修辞术！

斐　你所谓"这个方法"是什么？

苏　仔细说倒不容易，但是一个人若想尽量按照艺术来写作，他应该走的大路我倒可以谈一谈。

斐　就请你谈下去。

苏　文章的功能既然在感动心灵，想做修辞家的人就必须知道心灵有哪些种类。这些种类的数目既不同，每种类的性质就不一致，因此，人的性格也就随人而异。这些区别既然厘定明白了，就要厘定文章的种类数目，每种也有每种的确定的性质。某种性格的人，受到某种性质的文章的影响，由于某种原因，必然引生某种信念。至于另样性格的人就不易被说服，虽然其他情况相同。在这些类别性质上费过足够的思索了，以后就要研究它们在实际运用上的情况，还要有锐敏的感觉力，知道随风转舵，临机应变，否则他对于此道所懂得的还不过是像从前在学校所听的功课一样。等到他不但能够辨明某种人会受某种文章说服了，而且碰到一个人，一眼就能看出他的性格了，他就会这样向自己说："我从前在老师的课本里所遇见那种人，那种性格，就是他！他在实际中出现在我的眼前了！现在我要用这种辞令，采这种方法，引他起这种信念！"到了这步功夫，我说，到了他掌握住这些知识，再加上能辨别哪时应该说话，哪时应该缄默，哪时应该用简要格，悲剧格，愤怒格，以及原先学过的一切风格，哪时不应该用，只有到了这步功夫，他的艺术才算达到完美，否则就不能算。如果这些条件之中缺了任何一个，无论是写作，是教学或是演讲，尽管他自以为是按照艺术去做，听众不相信他，他就算是失败了。不过我们的"修辞术"的著作者也许这样质问我们："但是斐德若和苏格拉底，这就是你们的惟一的修辞术吗？是不是还可以承认修辞术有另一个看法呢？"

斐　不可能有另一个看法，苏格拉底。不过你所说的这种修辞术倒不是一件轻易事。

苏　你说得对，斐德若，正是因为这个理由，我们需要从各方面看看所有的修辞理论，看其中有没有修辞术的较容易较短捷的路径，免得我们去走一条漫长而艰难的路，徒劳而无功，而实际上却有一条容易而短捷的路可走。你也许从莱什阿斯或旁人那里听到过一些话，对我们可以有用处，请你设法回想一下。

斐　如果有法可设，我当然要设法。不过现在我回想不起什么。

苏　那么，我把我从谈修辞术的先生们所听到的话重述一下，好不好？

斐　好。

苏　至少我记得一句格言：豺狼也应该陈述它的理由①。

斐　不错，它有什么理由，你替它说一说看。

苏　那班谈修辞术的先生们说，在这类事情上用不着那样郑重其事，也用不着兜大圈子找出源源本本。人们若想成为高明的修辞术家，丝毫用不着管

---

① 意谓坏人的话也应该让它说出来。

什么真理,正义,或善行,也用不着管什么正义或善行是由于人的天性还是由于他的教育(这套话我们在开始时就已经提到)。他们说,在法庭里人们对于这类问题的真相是毫不关心的,人们所关心的只是怎样把话说得动听。动听要靠逼真或自圆其说,要照艺术说话,就要把全副精力摆在这上面。事实有时看来不逼真,你就不必照它实际发生的情形来说,只要设法把它说得逼真,无论是辩护或是控诉,都应该这样做。总之,无论你说什么,你首先应注意的是逼真,是自圆其说,什么真理全不用你去管。全文遵守这个原则,便是修辞术的全体大要了。①

斐　真的,以修辞术专家自命的人们所说的那一套话,你说得一字不差,苏格拉底。我记得我们在这次讨论的开始,就已约略提及这种原则了。从事于修辞术的人们都把它当作法宝。

苏　不过还有提西阿斯,是你反复研究过的,他所说的逼真除掉符合群众意见以外,还有没有其他意义呢?

斐　真的,还有什么其他意义呢?

苏　我想他所发明的修辞术秘诀是这样:假想一个孱弱而勇猛的人打倒了一个强壮而怯懦的人,剥去他的衣服或是抢去其他东西,后来提到法庭受审,提西阿斯以为这两人都不该说真话。那懦夫须先说明那勇汉打他的时候还有旁人帮凶,而那勇汉却须先说明当时没有旁人在场,然后运用那"逼真"秘诀,申辩说:"像我这样一个孱弱的人怎样能打他那样强壮的人呢?"至于那原告咧,当然不能说他自己怯懦,须另扯一个谎,而这个谎又恰好供给对方以反驳的论证。案情尽管不一样,按照修辞术来申辩,程序总是一律如此。是不是这样,斐德若?

斐　确实是那样。

苏　哼,这种法术真是深奥万分,而它的发明人也真是绝顶聪明,不管他是提西阿斯或是另一个人,也不管他给这种法术什样名称。不过我们有没有话可以应付这种人呢,斐德若?

斐　什样话?

苏　我们可以向他这样说:提西阿斯,在你还没有参加进来老早以前,我们就

---

① 这里所谓"逼真"就是上文所谓"近理",与真理不同,只是看来像是真理。这套话是诡辩家的法宝。

已说过,你所夸口的"逼真"在群众心中发生影响,是由于它类似真理;而我们后来也证明过,惟有明白真理的人才最会看出真理的类似。因此,如果你对于修辞术还有旁的话可说,我们倒愿领教;如果没有,我们就可维持我们刚才所已说明的那番道理,这就是说,除非把听众的不同的性格区别清楚,除非把事物按照性质分成种类,然后把个别事例归纳成为一个普遍原则,除非能这样做,我们说,一个人对修辞术就不能尽人力所能做到的去登峰造极。但是要想能这样做,就不能不吃辛苦,这种辛苦是哲人在所不辞的,为的倒不是想在言行上见好于世俗,而是想一言一行,都无愧于神明。提西阿斯,比你我较聪慧的人们都说,凡是有理性的人所要尽力讨好的不是奴隶同辈(除非是偶然破格),而是本身和祖先都善良的主人们。所以我们的路径纵然是漫长的,你也不必惊奇,因为我们的目标是伟大的境界,不是你所想的那种。不过就连你的那种目标要想达到,也还是以采取我们的办法为最妥善,像我们所已经证明的。

斐　你所说的那种境界倒是顶美,只要人可以达到的话。

苏　如果我们所追求的境界美,尽管遭遇到困难,这追求本身也还是美的?

斐　确是如此。

苏　关于修辞的艺术和不艺术,我们的话已说得很够了。

斐　够了。①

苏　还有一个问题,就是写作的适当与不适当,在哪种情形下才该写,哪种情形下不该写。

斐　是的。

苏　关于辞章,你知道在哪种情形下,一个人才可以取悦于神明呢?

斐　我全不知道,你知道么?

苏　至少我可以报告一个古代的传说。它真不真,只有古人知道;不过我们自

---

① 以上是论修辞术三大段中的第二大段。在这段里苏格拉底讨论修辞术究竟是不是一种艺术,以及它如何学习的问题。依希腊人的看法,每种"艺术"(我们宁可说"技艺")有一套专门技巧知识,学会了它就学会了那种艺术。诡辩家在他们的修辞学课本里也给了一些规矩。但是学会了这些规矩,不一定就能说话写文章,就如拾得几个医方不能当医生。可见诡辩家所传授的那一套并不能算修辞的艺术。要学修辞,不能走他们的那种捷径。首先须有适当的资禀,然后加以学问和练习。在学问方面,苏格拉底特别着重两种,一是科学,用科学方法去求事物的本质;一是心理学,看听众在心理上属于某种类型,就用与那心理类型相应的某种文章或辞令去说服他们,感动他们。这些学问都需要长时期的辛苦的努力。

己如果能发见真相,我们还要问人们从来怎样想吗?

斐　那就不必要了,不过请你把所听到的传说讲一讲。

苏　好。我听说在埃及的瑙克刺提斯附近,住着埃及的一个古神,他的徽帜鸟叫做白鹭①,他自己的名字是图提。他首先发明了数目,算术,几何和天文;棋骰也是他首创的,尤其重要的是他发明了文字。当时全埃及都受塔穆斯统治,他住在上埃及一个大城市,希腊人把它叫做埃及的忒拜。这城市的神叫做阿蒙。图提晋见了塔穆斯,把他的各种发明献给他看,向他建议要把它们推广到全埃及。那国王便问他每一种发明的用处,听到他的说明,觉得是好的就加以褒扬,觉得是坏的就加以贬斥。据说关于每一种发明,塔穆斯都向图提说了许多或褒或贬的话,细说是说不完的。不过轮到文字,图提说:"大王,这件发明可以使埃及人受更多的教育,有更好的记忆力,它是医治教育和记忆力的良药!"国王回答说:"多才多艺的图提,能发明一种技术是一个人,能权衡应用那种技术利弊的是另一个人。现在你是文字的父亲,由于笃爱儿子的缘故,把文字的功用恰恰说反了!你这个发明结果会使学会文字的人们善忘,因为他们就不再努力记忆了。他们就信任书文,只凭外在的符号再认,并非凭内在的脑力回忆。所以你所发明的这剂药,只能医再认,不能医记忆。至于教育,你所拿给你的学生们的东西只是真实界的形似,而不是真实界的本身。因为借文字的帮助,他们可无须教练就可以吞下许多知识,好像无所不知,而实际上却一无所知。还不仅此,他们会讨人厌,因为自以为聪明而实在是不聪明。"

斐　苏格拉底,你真会编故事,说它是埃及的也好,说它是另一个奇怪的国家的也好,你都脱口而出!

苏　我的好朋友,多多那地方宙斯神庙里有一个传说,说最初的预言是从一棵橡树发出来的。这足见当时人没有你们近代年轻人聪明,在他们的天真之中,安心听一棵橡树或是一块石头,只要它的话是真理。但是你却不然,对于你最关重要的是说话人是谁,他是从哪国来的。至于他的话是否符合事实,还在其次。

斐　我承认你指责得对。关于文字问题,我相信那位忒拜人②说得对。

---

① 白鹭(Ibis)是古埃及的圣鸟。
② 忒拜人指埃及国王塔穆斯。

苏　所以自以为留下文字就留下专门知识的人，以及接受了这文字便以为它是确凿可靠的人，都太傻了，他们实在没有懂得阿蒙①的预测，以为文字还不只是一种工具，使人再认他所已经知道的。

斐　你说得顶对。

苏　文字写作有一个坏处在这里，斐德若，在这一点上它很像图画。图画所描写的人物站在你面前，好像是活的，但是等到人们向他们提出问题，他们却板着尊严的面孔，一言不发。写的文章也是如此。你可以相信文字好像有知觉在说话，但是等你想向它们请教，请它们把某句所说的话解释明白一点，它们却只能复述原来的那同一套话。还有一层，一篇文章写出来之后，就一手传一手，传到能懂的人们，也传到不能懂的人们，它自己不知道它的话应该向谁说，和不应该向谁说。如果它遭到误解或虐待，总得要它的作者来援助；它自己一个人却无力辩护自己，也无力保卫自己。

斐　这话也顶对。

苏　此外是否还有另一种文章，和上述那种文章是弟兄而却是嫡出的呢？我们来看看它是怎样生出来的，以及它在本质和效力两方面比上述那种要强多少。

斐　你说的是哪种文章？依你看，它是怎样生出来的？

苏　我说的是写在学习者心灵中的那种有理解的文章，它是有力保卫自己的，而且知道哪时宜于说话，哪时宜于缄默。

斐　你说的是哲人的文章，既有生命，又有灵魂。而文字不过是它的影像，是不是？

苏　对极了，我说的就是那种。现在我请问你：如果一位聪明的农人有了种子，是他所珍视的而且希望它们结实的，他是否趁大热天把它们种在阿多尼斯的小花园②里，看它们到了第八天就长得顶茂盛呢？若是他这样做，是不是只因为逢到祭典，当作一种娱乐来玩呢？若是他认真耕种，他是否要应用园艺的知识，把它们种在合宜的土壤里，安心等到第八月才看它们成熟呢？

---

① 作预测的本是塔穆斯，阿蒙是埃及的神，这句话是说塔穆斯预测文字流弊时，凭阿蒙的灵感。
② 阿多尼斯是一位美少年，女爱神阿佛洛狄忒爱他。打猎时他被野兽撞死，女爱神甚哀恸，下界神们怜悯她，让阿多尼斯每年复活六个月。他象征植物的生死循环，古代农业社会所以特别看重他的祭典。在这祭典中，农人用人工在盆里培养一些花木，几天之内就茂盛起来，但死得也很快。

111

斐　当然,苏格拉底,我相信他会像你所说的那样办,一种是认真耕种,一种只是消遣。

苏　若是一个人有了关于真,善,美的知识,我们能说他对于他的那种子的处理,反而不如农人聪明吗?

斐　当然不会。

苏　所以你得知道,他不会把那些知识写在水上,用笔墨做播种的工具,借助于一种文字,既不能以语言替自己辩护,又不能很正确地教人知道真理。

斐　他当然不会那样做。

苏　当然不会。这种小花园里的文章,如果他写的话,也只是为着消遣;可是当他真正写作的时候到了,他就把所写的看作一种备忘宝库,既防自己到了老年善忘,也备后来同路人的借鉴。他会怡然自得地看着自己所耕种的草木抽芽发条。当旁人在旁的消遣中找乐趣的时候——例如饮食征逐之类——他却宁愿守着我刚才所说的那种消遣,他的毕生的消遣。

斐　你所说的这种消遣比起另外那种消遣就高尚多啦!一个人能拿做文章来消遣,讨论正义和德行之类题目来度日,那是多么高尚的消遣!

苏　它是高尚的,亲爱的斐德若。但是我想还有一种消遣比这更高尚,就是找到一个相契合的心灵,运用辩证术来在那心灵中种下文章的种子,这种文章后面有真知识,既可以辩护自己,也可以辩护种植人,不是华而不实的,而是可以结果传种,在旁的心灵中生出许多文章,生生不息,使原来那种子永垂不朽,也使种子的主人享受到凡人所能享受的最高幸福。

斐　你所说的这种确是更高尚。

苏　斐德若,这一点既然确定了,我们可以解决从前所提的那些问题了。

斐　哪些问题呢?

苏　我们想把那些问题弄明白,才有这番讨论,才达到现在这一点,你忘记了吗?第一个是研究对于莱什阿斯写文章的指责对不对;其次是关于文章本身,怎样才算写得合艺术,怎样才不合艺术。关于合不合艺术的分别,我想我们已经弄得很明白了。

斐　我们原来已弄明白,不过请你再提醒我一下。

苏　作者对于所写所说的每个题目须先认明它的真正的本质,能把它下一个定义,再把它分析为种类,分到不可分为止;然后用同样方法去研究心灵的性格,找出某种文章宜于某种心灵;然后就依这种分类来草创润色所要做的文章,对象是简单的心灵,文章也就简单,对象是复杂的心灵,文章也就复杂;在他还没有做到这步功夫以前,他就不能尽量地按照艺术去处理文章,无论他的目的是在教学还是在说服。这就是前面辩论所得的结论。

斐　不错,我们所得的结论大致如此。

苏　其次,在哪些情形下写文章和口说文章是好事或是坏事,在哪些情形下写文章和口说文章才理应受指责,我们在上文所讨论的对这问题已弄明白了没有?

斐　弄明白了什么?

苏　就是说,莱什阿斯或是另一个人写过文章或是预备写文章,无论他站在私人的地位著作,或是站在国家官吏的地位制定法律,自以为所写作的都千真万确,在这种情形下他就理应受指责,无论人们确实指责过没有。因为一个人若是完全不能分别是非好坏,尽管他博得世俗的一致赞许,仍然不能逃去他所应得的指责。

斐　当然。

苏　还有另外一种人,他以为一篇写的文章,无论题目是什么,必然含有许多不严肃的东西;无论是诗是散文都值不得写,也值不得朗诵——像诵诗人朗诵他们的作品那样——如果它既不先经研讨,又非存心给人教益,而只是把说服作为惟一的目标;他以为这类文章最好的也不过是一种备忘录,让人回思他所已知道的东西;至于另外一类文章却是可以给人教益的,而且以给人教益为目标的,其实就是把真善美的东西写到读者心灵里去,只有这类文章才可以达到清晰完美,也才值得写,值得读;他以为这类文章才应该叫做他的儿女,他的嫡子,第一是因为是他创造的就是由他的心灵生育的;其次是因为他的种子在旁的心灵中所滋生的文章也还是他的嫡传;他只顾这类文章,此外他一律谢绝。像这样一个人,斐德若,就是你和我所要追攀的了。

斐　你所说的就是我的心事,我愿馨香祷祝我能成为这样一个人!

苏　修辞的问题给我们的消遣已足够了,斐德若,请你去告诉莱什阿斯,说我们俩走到了女神的河,一直走到她们的祭坛,女神们吩咐我们把所听到的话传给莱什阿斯以及凡是写文章的人们,传给荷马和凡是作诗的人们,无论他们的诗伴乐不伴乐,传给梭伦和凡是发表政论制定法律的人们,告诉他们说:"如果你们的著作是根据真理的知识写成的,到了需要审讯的时

113

候,有能力替它们辩护,而且从你们所说的语言可以看出你们所写的著作比起它们来是渺乎其小的,你们就不应该用世人惯常称呼你们的那些名号,就应该用更高贵的名号,才符合你们的高贵的事业。"

斐　你给他们什样名号呢?

苏　称呼他们为"智慧者"我想未免过分一点,这名称只有神才当得起;可是称呼他们为"爱智者"或"哲人"①或类似的名目,倒和他们很相称,而且也比较好听些。

斐　倒很恰当。

苏　但是在另一方面,若是一个人所能摆出来的不过是他天天绞脑汁改而又改,补而又补的那些著作,你就只能称呼他们为诗人,文章作者,或是法规作者。

斐　当然。②

苏　那么,你去把这话告诉你的朋友。

斐　你呢? 你怎么办? 我们也不应该忘记你的那位朋友。

苏　你指的是谁?

斐　漂亮的伊索克剌特③呀! 你有什么话带给他呢? 你想他是哪一类人?

苏　伊索克剌特还很年轻,斐德若,可是我对于他的未来有一个预测,倒不妨告诉你。

斐　预测他什样?

苏　我看论天资的话,他比莱什阿斯要高出不知多少倍,而且在性格上也比较高尚,所以等到他年纪渐长大了,他对于现在他已着手练习的那种文章,若是叫前此一切作家都像小孩一样落在后面,望尘莫及,那就毫不足为奇;并且他如果还不以这样成就为满足,还要受一种更神明的感发,引到

---

① 现在所谓"哲学"在希腊文是 philosophia,由 philos(爱好)和 sophia(智慧)两字合成,所以"哲学家"的原义是"爱智者"。依希腊文原义,"哲学"不只是一种"学问",也是一种"修行"。

② 以上是论修辞术三大段中的最后一段。在这段里苏格拉底讨论写的文章(书籍)的限制和流弊。书籍使人不肯自己思索,强不知以为知,而且可以滋生误解。所以大思想家不把自己的思想写在纸上,而把它写在心灵里,自己的心灵里和弟子们的心灵里。所以依苏格拉底的看法,文章实在有三种,头一种是在心灵中孕育的思想,这是一个作家的最伟大的一部分;其次是说出来的文章,还不失为活思想的活影像;最后是写出来的文章,只是活思想的死影像。文字意本在传达,凭笔传不如凭口传和人格感化。至于诡辩家的修辞伎俩是渺小不足道的。

③ 在结局里苏格拉底对伊索克剌特大加赞赏。这人是一个新兴的修辞家和诡辩家,和莱什阿斯还是一样人物,所以这段赞赏颇引起怀疑。泰勒(A. E. Taylor)以为它是诚恳的,罗本(Léon Robin)却以为它全是讽刺。

更高尚更神明的境界,那也毫不足为奇;因为自然在这人心灵中已种下了哲学或爱智的种子。这就是我要从此地神灵带给我的爱人伊索克刺特的消息,你就把我刚才说的那个消息带给你的爱人莱什阿斯吧。

斐　就那么办吧。我们就此分手吧,大热已退了。

苏　在我们未走以前,要不要向本地神灵做一个祷告?

斐　当然。

苏　"啊,敬爱的牧神,以及本地一切神灵,请保佑我具有内在美,使我所有的身外物都能和内在物和谐。让我也相信智慧人的富足,让我的财产恰好够一个恬淡人所能携带的数量!"斐德若,我们还有旁的祈求么?就我来说,我们祈祷的已经足够了。

斐　请替我也祈求同样的东西,朋友之中一切都应该是共同的。

苏　我们走吧。

根据 Léon Robin 参照 J. Wright 和 Jowett 译

# 大希庇阿斯篇

## ——论 美

对话人：苏格拉底

　　　　希庇阿斯

苏　只要老天允许，你朗诵大作时，我一定来听。不过谈到文章问题，你提醒了我须先要向你请教的一点。近来在一个讨论会里，我指责某些东西丑，赞扬某些东西美，被和我对话的人问得无辞以对。他带一点讥讽的口吻问我："苏格拉底，你怎样才知道什么是美，什么是丑，你能替美下一个定义？"我由于愚笨，不能给他一个圆满的答复。会谈之后，我自怨自责，决定了以后如果碰见你们中间一个有才能的人，必得请教他，把这问题彻底弄清楚，然后再去找我的论敌，再和他作一番论战。今天你来得正好，就请你把什么是美给我解释明白，希望你回答我的问题时要尽量精确，免得我再输一次，让我丢脸。你对于这个问题一定知道非常透彻，它在你所精通的学问中不过是一个小枝节。

希　苏格拉底，这问题小得很，小得不足道，我敢说。

苏　愈小我就愈易学习，以后对付一个论敌，也就愈有把握了。

希　对付一切的论敌都行，苏格拉底，否则我的学问就很平庸浅薄了。

苏　你的话真叫我开心，希庇阿斯，好像我的论敌没有打就输了。我想设身处在我的论敌的地位，你回答，我站在他的地位反驳，这样我可以学你应战，你看这个办法没有什么不方便吧？我有一个老习惯，爱提出反驳。如果你不觉得有什么不方便，我想自己来和你对辩，这样办，可以对问题了解更清楚些。

希　你就来对辩吧。那都是一样，我再告诉你，这问题简单得很；比这难得多的问题，我都可以教你怎样应战，教你可以把一切反驳者都不放在眼里。

苏　哈，老天，你的话真开心！你既然答应了，我就尽我的能力扮演我的论敌，向你提问题。你如果向这位论敌朗诵你刚才告诉我的那篇讨论优美的事业的文章，他听你诵完之后，一定要依他的习惯，先盘问你美本身究竟是什么，他会这样说："厄利斯的客人，有正义的人之所以是有正义的，是不是由于正义？"[①]希庇阿斯，现在就请你回答吧，假想盘问你的是那位论敌。

希　我回答，那是由于正义。

苏　那么，正义是一个真实的东西？

希　当然。

苏　有学问的人之所以有学问，是由于学问；一切善的东西之所以善，是由于善？

希　那是很明显的。

苏　学问和善这些东西都是真实的，否则它们就不能发生效果，是不是？

希　它们都是真实的，毫无疑问。

苏　美的东西之所以美，是否也由于美？

希　是的，由于美。

苏　美也是一个真实的东西？

希　很真实，这有什么难题？

苏　我们的论敌现在就要问了："客人，请告诉我什么是美？"

希　我想他问的意思是：什么东西是美的？

苏　我想不是这个意思，希庇阿斯，他要问美是什么。

希　这两个问题有什么分别呢？

苏　你看不出吗？

希　我看不出一点分别。

苏　我想你对这分别知道很多，只是你不肯说。不管怎样，他问的不是：什么东西是美的？而是：什么是美？请你想一想。

希　我懂了，我来告诉他什么是美，叫他无法反驳。什么是美，你记清楚，苏格

---

[①] 有了"正义"这么一个品质，个别的人得到这个品质，才成其为有"正义"的。正义是共相，个别的人有正义是殊相。

117

拉底,美就是一位漂亮小姐。

苏　狗呀①,回答得美妙! 如果我对我的论敌这样回答,要针对他所提的问题作正确的回答,不怕遭到反驳吗?

希　你怎么会遭到反驳,如果你的意见就是一般人的意见,你的听众都认为你说得有理?

苏　姑且承认听众这样说。但是请准许我,希庇阿斯,把你刚才说的那句话作为我说的,我的论敌要这样问我:"苏格拉底,请答复这个问题:如果你说凡是美的那些东西真正是美,是否有一个美本身存在,才叫那些东西美呢?"我就要回答他说,一个漂亮的年轻小姐的美,就是使一切东西成其为美的。你以为何如?

希　你以为他敢否认你所说的那年轻小姐美吗? 如果他敢否认,他不成为笑柄吗?

苏　他当然敢,我的学问渊博的朋友,我对这一点很有把握。至于说他会成为笑柄,那要看讨论的结果如何。他会怎样说,我倒不妨告诉你。

希　说吧。

苏　他会这样向我说:"你真妙,苏格拉底,但是一匹漂亮的母马不也可以是美的,既然神在一个预言里都称赞过它?"你看怎样回答,希庇阿斯? 一匹母马是美的时候,能不承认它有美吗? 怎样能说美的东西没有美呢?

希　你说得对,苏格拉底,神说母马很美,是很有道理的。我们的厄利斯就有很多的漂亮的母马②。

苏　好,他会说,"一个美的竖琴有没有美?"你看我们该不该承认,希庇阿斯?

希　该承认。

苏　他还会一直问下去,我知道他的脾气,所以敢这样肯定。他要问:"亲爱的朋友,一个美的汤罐怎样? 它不是一个美的东西吗?"

希　这太不像话了,苏格拉底,这位论敌是什样一个人,敢在正经的谈话里提起这些不三不四的东西? 他一定是一个粗俗汉!

苏　他就是这样的人,希庇阿斯;没有受过好教育,粗鄙得很,除掉真理,什么也不关心。可是还得回答他的问题。我的临时的愚见是这样,假定是一

---

①　参看第43页注②。
②　希庇阿斯是厄利斯人,厄利斯是希腊南部一个城邦,以产马著名。

118

　　　　个好陶工制造的汤罐，打磨得很光，做得很圆，烧得很透，像有两个耳柄的装二十公升的那种①，它们确是很美的；我回答他说，假如他所指的是这种汤罐，那就要承认它是美的。怎样能不承认美的东西有美呢？

希　不可能否认，苏格拉底。

苏　他会说："那么，依你看，一个美的汤罐也有美了？"

希　我的看法是这样：像这种东西若是做得好，当然也有它的美，不过这种美总不能比一匹母马，一位年轻小姐或是其他真正美的东西的美。

苏　就让你这么说吧，希庇阿斯，如果我懂得不错，我该这样回答他："朋友，赫剌克立特②说过，最美的猴子比起人来还是丑，你没有明白这句话的真理，而且你也忘记，依学问渊博的希庇阿斯的看法，最美的汤罐比起年轻小姐来还是丑。"你看是不是应该这样回答？

希　一点不错，苏格拉底，答得顶好。

苏　他一定这样反驳："苏格拉底，请问你，年轻小姐比起神仙，不也像汤罐比起年轻小姐吗？比起神，最美的年轻小姐不也就显得丑吗？你提起赫剌克立特，他不也说过，在学问方面，在美方面，在一切方面，人类中学问最渊博的比起神来，不过是一个猴子吗？"我们该不该承认，最美的年轻小姐比起女神也还是丑呢？

希　这是无可反驳的。

苏　如果我们承认这一点，他就会笑我们，又这样问我："苏格拉底，你还记得我的问题么？"我回答说："你问我美本身是什么。"他又会问："对这个问题，你指出一种美来回答，而这种美，依你自己说，却又美又丑，好像美也可以，丑也可以，是不是？"那样我就非承认不可了。好朋友，你教我怎样回答他？

希　就用我们刚才所说过的话，人比起神就不美，承认他说的对。

苏　他就要再向我说："苏格拉底，如果我原先提的问题是：什么东西可美可丑？你的回答就很正确。但是我问的是美本身，这美本身把它的特质传给一件东西，才使那件东西成其为美，你总以为这美本身就是一个年轻小姐，一匹母马，或一个竖琴吗？"

---

① 原文是"六康稽"。康稽是希腊的量名，每康稽约合三个半公升。
② 赫剌克立特是公元前五世纪初希腊大哲学家，主张火为万物之源，世界常在流动的。

希　对了，苏格拉底，如果他所问的是那个，回答就再容易不过了。他想知道凡是东西加上了它，得它点缀，就显得美的那种美是什么。他一定是个傻瓜，对美完全是门外汉。告诉他，他所问的那种美不是别的，就是黄金，他就会无话可说，不再反驳你了。因为谁也知道，一件东西纵然本来是丑的，只要镶上黄金，就得到一种点缀，使它显得美了。

苏　你不知道我的那位论敌，希庇阿斯，他爱吹毛求疵，最不容易应付。

希　管他的脾气怎样！面对着真理，他不能不接受，否则就成为笑柄了。

苏　他不但不接受我的答复，还会和我开玩笑，这样问我："你瞎了眼睛吗？把菲狄阿斯①当作一个凡庸的雕刻家？"我想应该回答他说，没有这回事。

希　你是对的，苏格拉底。

苏　当然。但是我既承认了菲狄阿斯是一个大艺术家，他就要问下去："你以为菲狄阿斯不知道你所说的那种美吗？"我问他："你为什么这样说？"他会回答："他雕刻雅典娜的像，没有用金做她的眼或面孔，也没有用金做她的手足，虽然依你的看法，要使她显得更美些，就非用金不可。他用的却是象牙，显然他犯了错误，是由于不知道金子镶上任何东西就可以使它美了。"希庇阿斯，怎样回答他？

希　很容易回答，我们可以说，菲狄阿斯并没有错，因为我认为象牙也是美的。

苏　他就会说："他雕两个眼珠子却不用象牙，用的是云石，使云石和象牙配合得很恰当。美的石头是否也就是美呢？"我们该不该承认，希庇阿斯？

希　如果使用得恰当，石头当然也美。

苏　用得不恰当，它就会丑？我们是否也要承认这一点？

希　应该承认，不恰当就丑。

苏　他会问我："学问渊博的苏格拉底，那么，象牙和黄金也是一样，用得恰当，就使东西美，用得不恰当，就使它丑，是不是？"我们是否要反驳，还是承认他对呢？

希　承认他对，我们可以说，使每件东西美的就是恰当。

苏　他会问我："要煮好蔬菜，哪个最恰当，美人呢，还是我们刚才所说的汤罐呢？一个金汤匙和一个木汤匙，又是哪个最恰当呢？"

希　苏格拉底，这是什样一个人！你肯把他的名字告诉我么？

---

① 菲狄阿斯是希腊的最大的雕刻家，公元前五世纪人，雅典娜女神像是他的杰作之一。

苏　就是告诉你,你还是不知道他。

希　至少我知道他是简直没有受过教育的。

苏　他简直讨人嫌,希庇阿斯!不管怎样,我们怎么回答他呢?对于蔬菜和汤罐,哪一种汤匙最恰当呢?木制的不是比较恰当么?它可以叫汤有香味,不致打破罐子,泼掉汤,把火弄灭,叫客人有一样美味而吃不上口;若是用金汤匙,就难免有这些危险。所以依我看,木汤匙比较恰当,你是否反对这个看法?

希　它当然比较恰当。不过我不高兴和提出这样问题的人讨论。

苏　你很对,朋友。这种粗话实在不配让像你这样一个人听,你穿得这样好,全希腊都钦佩你的学问。至于我咧,我倒不介意和这种人接触。所以我求你为着我的益处,预先教我怎样回辩。他会问我:"木汤匙既然比金汤匙恰当,而你自己既然又承认,恰当的要比不恰当的较美,那么,木汤匙就必然比金汤匙较美了,是不是?"希庇阿斯,你看有什么办法可以否认木汤匙比金汤匙较美呢?

希　你要我说出你该给美下什样定义,免得你再听他胡说八道吗?

苏　对的,不过先请你告诉我怎样回答他的问题:木汤匙和金汤匙哪种最恰当,最美?

希　如果你高兴,回答他说木汤匙最恰当,最美。

苏　现在要请你把你的话说明白一点。如果我回答他说过美就是黄金,现在又承认木汤匙比金汤匙美,我们好像看不出金在哪方面比木美了。不过就现在说,你看什么才是美呢?

希　我就要告诉你。如果我懂的不错,你所要知道的是一种美,从来对任何人不会以任何方式显得是丑?

苏　一点也不错,这回你很正确地抓住我的意思了。

希　听我来说,如果他再反驳,那就算我糊涂了。

苏　老天呀,请你快点说出来。

希　我说,对于一切人,无论古今,一个凡人所能有的最高的美就是家里钱多,身体好,全希腊人都尊敬,长命到老,自己替父母举行过隆重的丧礼,死后又由子女替自己举行隆重的丧礼。

苏　呵,呵!希庇阿斯,这番话真高妙,非你说不出来!凭着赫拉天后,我钦佩你,这样好心好意地尽你的力量来替我解围。但是我们的论敌却毫不动心,他要嘲笑我们,大大地嘲笑我们,我敢说。

希　那是无理的嘲笑,苏格拉底。如果他没有话反驳而只嘲笑,那是他自己丢人,听众们会嘲笑他。

苏　你也许说得对,可是我怕你的回答还不仅引起他的嘲笑。

希　还会引起什么?

苏　他身边也许碰巧带了一个棍子,如果我跑得不够快,他一定要打我。

希　什么?这家伙是你的主人吗?他能打你不要上法庭判罪吗?雅典就没有王法了吗?公民们就可以互相殴打,不管王法吗?

苏　怕的倒不是这些。

希　那么,他打你打得不对,就该受惩罚。

苏　不是那样,希庇阿斯,并非打得不对;如果我拿你的话来回答他,我相信他就很有理由可以打我。

希　苏格拉底,听你说出这样话,我倒也很相信他很有理由可以打你!

苏　我可不可以告诉你,我为什么认为刚才那番回答该挨棍子?你也要不分皂白就打我吗?你肯不肯听我来说?

希　若是我不准你说话,我就罪该万死了。你有什么说的?

苏　让我来说明,还是用刚才那个办法,就是站在我的论敌的地位来说话,免得使他一定要向我说的那些冒昧唐突的话看来像是我向你说的。他会问我:"苏格拉底,你唱了这一大串赞歌①,所答非所问,若是打你一顿,算不算冤枉?"我回答说:"这话从何说来?"他会说:"你问我从何说来?你忘记了我的问题吗?我问的是美本身,这美本身,加到任何一件事物上面,就使那件事物成其为美,不管它是一块石头,一块木头,一个人,一个神,一个动作,还是一门学问。我提到美本身,是一个个字说得很清楚响亮的,我并没有想到听我说话的人是一块顽石,既没有耳朵,又没有脑筋!"你别生气,希庇阿斯,如果这时候我被他吓唬倒了,向他说:"可是给我替美下这样定义的是希庇阿斯呀!我向他提的问题正和你所提的一模一样,问的正是不拘那一种时境的美。"你怎么说?你愿不愿我这样回答他?

希　像我所给它的定义,美是而且将来也还是对于一切人都是美的,这是无可

---

① 赞歌指上文希庇阿斯所说的"钱多身体好受尊敬"那段话。

辩驳的。

苏　我的论敌会问:"美是否永远美呢?"美应该是永远美吧?

希　当然。

苏　现在是美的在过去也常是美的?

希　是的。

苏　他会问我:"依厄利斯的客人看,对于阿喀琉斯来说,美是否就是随着他的祖先葬下地呢?对于他的祖先埃阿科斯①,对于一切其他神明之胄的英雄们,对于神们自己,美是否也是如此呢?"

希　你说的是什么怪话?真该死!你那位论敌所提的问题太无礼了②!

苏　你要他怎样呢?对这问题回答"是",是否就比较有礼呢?

希　也许。

苏　他会说:"也许,你说在任何时对于任何人,美就是自己葬父母,子孙葬自己,你这番话也许就也是无礼,"要不然,就要把赫刺克勒斯③以及我们刚才所提名的那些人作为例外,是不是?

希　我向来没有指神们呀!

苏　看来像也没有指英雄们?

希　没有指英雄们,他们是神们的子孙。

苏　此外一切人都包括在你的定义里?

希　一点不错。

苏　那么,依你的看法,对于像坦塔罗斯,达达诺斯,仄托斯那样的人是有罪的,不敬的,可耻的事,对于像珀罗普斯以及和他出身相似的那样人却是美的④?

希　我的看法是这样。

苏　他就会说:"从此所得出的结论就和你的原来意见相反了,自己葬了祖先,以后又让子孙葬自己,这一件事有时候对于某些人是不光荣的;因此,把这件事看成在一切时境都是美的,比起我们从前所举的年轻小姐和汤

---

① 阿喀琉斯在特洛亚战争中战死,所以葬在异国。他的祖先埃阿科斯据说是天神宙斯的儿子,死后做了阴间三判官之一。

② "太无礼"原文有"大不敬""渎神"的意思。因为苏格拉底提到神和英雄。

③ 赫刺克勒斯是希腊神话中最大的力士,也是宙斯的儿子。

④ 据希腊神话,坦塔罗斯,达达诺斯,仄托斯都是宙斯的儿子,珀罗普斯是坦塔罗斯的儿子,宙斯的孙子。这句话的意思是说:自己葬父母,子孙葬自己,这件事对于神和英雄有时光荣,有时不光荣。

罐的例,同样犯着时而美时而丑的毛病,而且更滑稽可笑。苏格拉底,你显然对我老是不能答得恰如所问,我的问题是:美是什么?"亲爱的朋友,如果我依你的话去回答他,他要向我说的讨嫌的话就大致如此,并不见得无理。他向我说话,通常是用这样的口吻;有时他好像怜惜我笨拙无知,对他所提的问题自己提出一个答案,向我提出一个美的定义,或是我们所讨论的其他事物的定义。

希　他怎样说,说给我听听,苏格拉底。

苏　他向我说:"苏格拉底,你真是一个奇怪的思辨者,别再给这种回答吧,它太简单,太容易反驳了。再回头把先前你所提的而我们批判过的那些美的定义,挑一个出来看看。我们说过:黄金在用得恰当时就美,用得不恰当时就丑,其他事物也是如此。现在就来看看这'恰当'观念,看看什么才是恰当,恰当是否就是美的本质。"每次他向我这样谈论,我都无辞反驳。只好承认他对。希庇阿斯,你看美是否就是恰当的?

希　这和我的看法完全一样,苏格拉底。

苏　还得把它研究一番,免得又弄错了。

希　我们来研究吧。

苏　姑且这样来看:什么才是恰当?它加在一个事物上面,还是使它真正美呢?还是只使它在外表上显得美呢?还是这两种都不是呢?

希　我以为所谓恰当,是使一个事物在外表上显得美的。举例来说,相貌不扬的人穿起合式的衣服,外表就好看起来了。

苏　如果恰当只使一个事物在外表上显得比它实际美,它就会只是一种错觉的美,因此,它不能是我们所要寻求的那种美,希庇阿斯;因为我们所要寻求的美是有了它,美的事物才成其为美,犹如大的事物之所以成其为大,是由于它们比起其他事物有一种质量方面的优越,有了这种优越,不管它们在外表上什样,它们就必然是大的。美也是如此,它应该是一切美的事物有了它就成其为美的那个品质,不管它们在外表上什样,我们所要寻求的就是这种美。这种美不能是你所说的恰当,因为依你所说的,恰当使事物在外表上显得比它们实际美,所以隐瞒了真正的本质。我们所要下定义的,像我刚才说过的,就是使事物真正成其为美的,不管外表美不美。如果我们要想发见美是什么,我们就要找这个使事物真正成其为美的。

希　但是恰当使一切有了它的事物不但有外表美,而且有实际美,苏格拉底。

苏 那么,实际美的事物在外表上就不能不美,因为它们必然具备使它们在外表上显得美的那种品质,是不是?

希 当然。

苏 那么,希庇阿斯,我们是否承认一切事物,包括制度习俗在内,如果在实际上真正美,就会在任何时代都被舆论一致公认其为美呢?还是恰恰与此相反,无论在人与人,或国与国之中,最不容易得到人们赏识,最容易引起辩论和争执的就是美这问题呢?

希 第二个假定是对的,苏格拉底,美最不容易赏识。

苏 如果实际离不开外表——这是当然的——如果承认恰当就是美本身,而且能使事物在实际上和在外表上都美,美就不应该不易赏识了。因此①,恰当这个品质如果是使事物在实际上成其为美的,它就恰是我们所要寻求的那种美,但是也就不会是使事物在外表上成其为美的。反之,如果它是使事物在外表上成其为美的,它就不会是我们所寻求的那种美。我们所要寻求的美是使事物在实际上成其为美的。一个原因不能同时产生两种结果,如果一件东西使事物同时在实际上和外表上美(或具有其他品质),它就不会是非此不可的惟一原因。所以恰当或是只能产生实际美,或是只能产生外表美,在这两个看法中我们只能选一个。

希 我宁愿采取恰当产生外表美的看法。

苏 哎哟,美又从我们手里溜脱了,希庇阿斯,简直没有机会可以认识它了,因为照刚才所说的,恰当并不就是美。

希 呃,倒是真的,苏格拉底,这却出我意料之外。

苏 无论如何,我们还不能放松它。我看我们还有希望可以抓住美的真正的本质。

希 一定有希望,苏格拉底,而且不难达到。只要让我有一点时间一个人来想一想,我就可以给你一个再精确不过的答案。

苏 请做一点好事,别尽在希望,希庇阿斯。你看这讨厌的问题已经给我们很多的麻烦了;当心提防着不让它发脾气,一霎就溜走不回来。但是这只是我的过虑,对于你,这问题是非常容易解决的,只要你一个人去清清静静地想一想。不过还是请你别走,当着我的面来解决这问题;并且如果你情

---

① 因为美不易赏识,实际美与外表美并不是一事。

愿,和我一道来研究。如果我们找到了答案,大家都好;如果找不到,我就活该认输,你就可以离开我好去破这个谜语。并且在一块儿解决还有这一点便利,就是我不会去麻烦你,追问你一个人找到的答案究竟是什样。我提出一个美的定义,你看它如何,我说——请你专心听着,别让我说废话——我说,在我们看,美就是有用的。我是这样想起来的,我们所认为美的眼睛不是看不见东西的眼睛,而是看得很清楚,可以让我们用它们的。你看对不对?

希　对。

苏　不仅眼睛,整个身体也是如此,如果它适宜于赛跑和角斗,我们就认为它美。在动物中,我们说一匹马,一只公鸡或一只野鸡美,说器皿美,说海陆交通工具,商船和战船美,我们说乐器和其他技艺的器具美,甚至于说制度习俗美,都是根据一个原则:我们研究每一件东西的本质,制造和现状,如果它有用,我们就说它美,说它美只是看它有用,在某些情境可以帮助达到某种目的;如果它毫无用处,我们就说它丑。你是否也这样看,希庇阿斯?

希　我也这样看。

苏　我们可否就肯定凡是有用的就是顶美的呢?

希　我们可以这样肯定,苏格拉底。

苏　一件东西有用,是就它能发生效果来说,不能发生效果就是无用,是不是?

希　一点不错。

苏　效能就是美的,无效能就是丑的,是不是?

希　当然。许多事情可以证明这一点,尤其是政治。在国家里发挥政治的效能就是一件最美的事,无效能就是顶可耻的。

苏　你说得顶对。凭老天爷,如果这是对的,知识就是最美的,无知就是最丑的,是不是?

希　你这话是什么意思,苏格拉底?

苏　别忙,好朋友,想起这话的意义,我又有些骇怕了。

希　又有什么可骇怕的,苏格拉底?这回你的思路很正确了。

苏　我倒愿如此。但是请帮我想一想这个问题:一个人对于一件事既没有知识,又没有能力,他能否去做它?

希　没有能力做就是不能做,那是很显然的。

苏　凡是做错了的,凡是在行为或作品中做得不好,尽管他们原来想做好的,也总算是做了,若是他们对于所做的没有能力,他们就不会把它做出来,是不是?

希　当然。

苏　可是人们之所以能做一件事,是因为他们的能力而不是因为他们的无能力。

希　不是因为无能力。

苏　所以要做一件事,就要有能力。

希　不错。

苏　但是所有的人们从幼小时起,所做的就是坏事多于好事,想做好而做不到。

希　真是这样。

苏　那么,这种做坏事的能力,这种虽是有用而用于坏目的的事情,我们叫它们美还是叫它们丑呢?

希　当然是丑的,苏格拉底。

苏　因此,有能力的和有用的就不能是美本身了?

希　能力应该用于做好事,有用应该是对好事有用。

苏　那么,有能力的和有用的就是美的那个看法就留不住了。我们心里原来所要说的其实是:有能力的和有用的,就它们实现某一个好目的来说,就是美的。

希　我是这样想。

苏　这就等于说,有益的就是美的,是不是?

希　当然。

苏　所以美的身体,美的制度,知识以及我们刚才所提到的许多其他东西,之所以成其为美,是因为它们都是有益的?

希　显然如此。

苏　因此,我们认为美和益是一回事。

希　毫无疑问。

苏　所谓有益的就是产生好结果的?

希　是。

苏　产生结果的叫做原因,是不是?

127

希　当然。

苏　那么,美是好(善)的原因?

希　是。

苏　但是原因和结果不能是一回事,希庇阿斯,因为原因不能是原因的原因。想一想,我们不是已经承认原因是产生结果的吗?

希　是。

苏　结果是一种产品,不是一个生产者?

希　的确。

苏　产品和生产者不同?

希　不同。

苏　所以原因不能产生原因,原因只产生由它而来的结果。

希　很对。

苏　所以如果美是好(善)的原因,好(善)就是美所产生的。我们追求智慧以及其他美的东西,好像就是为着这个缘故。因为它们所产生的结果就是善,而善是值得追求的。因此,我们的结论应该是:美是善的父亲。

希　好得很,你说得真好,苏格拉底。

苏　还有同样好的话咧:父亲不是儿子,儿子不是父亲。

希　一点不错。

苏　原因不是结果,结果也不是原因。

希　那是无可辩驳的。

苏　那么,亲爱的朋友,美不就是善,善也不就是美。我们的推理是否必然要生出这样一个结论呢?

希　凭宙斯,我看不出有旁的结论。

苏　我们是否甘心承认美不善而善不美呢?

希　凭宙斯,我却不甘心承认这样话。

苏　好得很,希庇阿斯!就我来说,在我们所提议的答案之中,这是最不圆满的一个。

希　我也是这样想。

苏　那么,我恐怕我们的美就是有用的,有益的,有能力产生善的那一套理论实在都是很错误的,而且比起我们原来的美就是漂亮的年轻小姐或其他所提到的东西那些理论,还更荒谬可笑。

希 真是这样。

苏 就我来说,我真不知道怎样办才好,我头脑弄昏了。希庇阿斯,你可想出了什么意思?

希 暂时却没有想出什么。但是我已经说过了,让我想一想,我一定可以想得出来。

苏 但是我急于要知道,不能等你去想。对了,我觉得我找到了一点线索。请注意一下,假如我们说,凡是产生快感的——不是任何一种快感,而是从眼见耳闻来的快感——就是美的,你看有没有反对的理由?希庇阿斯,凡是美的人,颜色,图画和雕刻都经过视觉产生快感,而美的声音,各种音乐,诗文和故事也产生类似的快感,这是无可辩驳的。如果我们回答那位固执的论敌说,"美就是由视觉和听觉产生的快感",他就不能再固执了。你看对不对?

希 在我看,苏格拉底,这是一个很好的美的定义。

苏 可是还得想一想,如果我们认为美的是习俗制度,我们能否说它们的美是由视听所生的快感来的呢?这里不是有点差别吗?

希 苏格拉底,我们的论敌也许见不出这个差别。

苏 狗呀,至少我自己的那位论敌会见出,希庇阿斯,在他面前比在任何人面前,想错了或说错了,都使我更觉得羞耻。

希 这是什么人?

苏 这就是苏弗若尼斯的儿子苏格拉底,就是他不容许我随便作一句未经证实的肯定,或是强不知以为知。

希 说句老实话,既然你把你的看法说出了,我也可以说,我也认为制度是有点差别,不是由视觉听觉产生的快感。

苏 别忙,希庇阿斯,正在相信逃脱困难了,我恐怕我们又像刚才一样,又遇到同样的困难。

希 这话怎样说,苏格拉底?

苏 我且来说明我的意思,不管它有没有价值。关于习俗制度的印象也许还是从听觉和视觉来的。姑且把这一层放下不管,把美看作起于这种感觉的那个理论还另有困难。我的论敌或旁人也许要追问我们:"为什么把美限于你们所说的那种快感?为什么否认其他感觉——例如饮食色欲之类快感——之中有美?这些感觉不也是很愉快吗?你们以为视觉和听觉

129

以外就不能有快感吗?"希庇阿斯,你看怎样回答?

希　我们毫不迟疑地回答,这一切感觉都可以有很大的快感。

苏　他就会问:"这些感觉既然和其他感觉一样产生快感,为什么否认它们美?为什么不让它们有这一个品质呢?"我们回答:"因为我们如果说味和香不仅愉快,而且美,人人都会拿我们做笑柄。至于色欲,人人虽然承认它发生很大的快感,但是都以为它是丑的,所以满足它的人们都瞒着人去做,不肯公开。"对这番话我们的论敌会回答说:"我看你们不敢说这些感觉是美的,只是怕大众反对。但是我所要问你的并不是大众看美是什样,而是美究竟是什样。"我们就只有拿刚才那番话来回答说:"美只起于听觉和视觉所生的那种快感。"希庇阿斯,你是维持这个说法,还是改正我们的答案呢?

希　应该维持我们的说法,苏格拉底,不能更改。

苏　他会说:"好,美既然是从听觉和视觉来的快感,凡是不属于这类快感的显然就不能算美了?"我们是否同意呢?

希　同意。

苏　他会说:"听觉的快感是否同时由视觉和听觉产生,视觉的快感是否也是如此?"我们说,不然,这两种原因之一所产生的快感不能同时由这两种原因在一起来产生。我想你的意思也是如此,我们所肯定的是这两种快感每种是美,所以两种都是美。是不是应该这样回答他?

希　当然。

苏　他就会说:"那么,一种快感和另一种快感的差别是否在它们的愉快性上面?问题并不在这一种快感比另一种快感大或小,强或弱,而在它们的差别是否在一种是快感而另一种不是快感。"我们不以为差别在此,是不是?

希　是的。

苏　他会说:"那么,你们在各种快感中单选出视听这两种来,就不能因为它们是快感。是不是因为你们在这两种快感中看出一种特质是其他快感所没有的,你们才说它们美呢?视觉的快感显然不能只因为是由视觉产生的就成其为美,如果是这样,听觉的快感就没有成其为美的理由,因为不是由视觉产生的。"我们对这话是否同意?

希　同意。

苏 "同理,听觉的快感也不能只为是由听觉来的就成其为美,如果是这样,视觉的快感也就没有成其为美的理由,因为不是由听觉产生的。"希庇阿斯,我们是否承认这人说的对呢?

希 很对。

苏 他就会说:"可是你们说,视觉和听觉的快感就是美。"我们要承认说过这样话。

希 不错。

苏 "那么,视觉和听觉的快感应该有一个共同性质,由于有这个共同性质,单是视觉的快感或听觉的快感因而美,两种快感合在一起来说,也因而美。若是没有这个共同性质,它们或分或合,都不能成其为美了。"请你把我当作那人,来回答这问题。

希 我回答说,我看他的话是对的。

苏 一种性质是这两种快感所共同的,而就每种快感单独来说,却没有这种性质,这种性质能否是原因,使它们成其为美呢?

希 你这话怎样说,苏格拉底?两种东西分开来各所没有的性质,合起来如何就能公有那个性质呢?

苏 你以为这是不可能的吗?

希 我不能思议这样的东西的性质。

苏 说得很好,希庇阿斯。就我来说,我觉得我窥见一种东西,像你所认为不可能的。不过我看得不清楚。

希 不能有这样的东西,苏格拉底,你一定看错了。

苏 可是我确实望见一些影像。但是我不敢自信,因为这些影像既然不能让你看见;你是什样人,我是什样人,你凭你的学问赚的钱比当代任何人都多,而我却从来没有赚过一文钱。不过我颇怀疑你是否在认真说话,是否在欺哄我来开玩笑,因为这些影像在我面前显得既活跃而又众多。

希 苏格拉底,你有一个方法来测验我是否在开玩笑,那就是,对我说明你以为你看见的究竟是什样,你就会发现你所说的话荒诞无稽了。你永远不可能发现一个性质不是你或我单独所没有的,却是你和我所共同有的。

苏 你这话是什么意思,希庇阿斯?你也许是对的,可是我不懂得。无论如何,我姑且说明我的想法。在我看,我从来没有而现在也没有的一种性质,就你说,也是你从来没有而现在也没有的,却可以由你和我两人共有。

反过来说,我们两人所共有的,可以是我或你单独所没有的。

希　你像一个占卜家在说话,比刚才更玄。想一想,如果我们俩都公正,不是你公正我也公正?同理,如果我们俩都不公正,或是身体都好,不是你如此我也如此?反过来说,如果你是病了,受了伤,挨了打,或是遭遇另一件事,而我也正是如此,不是我们俩都是如此么?再举例子来说,假如我们俩都是金、银,或象牙,或者说,都是高贵的,有学问的,受人尊敬的,老的或少的,或是具有人性的任何其他属性,那么,你和我分开来说,不是各具有这些属性吗?

苏　当然。

希　苏格拉底,你和你的对话人们,你们这批人看事物,向来不能统观全局。你们把美或真实界其他部分分析开,让它孤立起来,于是把它敲敲,看它的声音是真是假。就是因为这个缘故,你们捉摸不住各种本质融贯周流的那个伟大真实界。在目前,你就犯了这个严重的错误,以至于想入非非,以为一种性质可以属于二而不属于二中之各一,反之,属于二中之各一的可以不属于二。你们老是这样,没有逻辑,没有方法,没有常识,没有理解!

苏　我们确实如此,希庇阿斯,像谚语所说的,一个人能什样就是什样,不是愿什样就是什样。幸好你的警告不断地使我们明白。我现在可不可以在等待你的忠告的时候,就我们这批人的荒谬再给你一个例证呢?我可不可以把我们对这问题的意见说给你听听呢?

希　你不用说,我就知道你要说什么,苏格拉底,因为我对于凡是说话的人们每一个都看得清清楚楚。不过你还是可以说下去,只要你高兴。

苏　我倒是高兴要说。在向你领教以前,亲爱的朋友,我们这批人荒谬得很,相信在你和我两人之中,每个人是一个,因此就不是我们俩在一起时那样的,因为在一起我们是两个,不是一个。我们的荒谬看法就是如此。现在,我们从你所听到的是这样:如果在一起我们是两个,我们俩中间每一个人就绝对必然也是两个;如果分开来每一个人是一个,两人在一起也就是一个。依希庇阿斯先生所说的十全十美的本质论,结论就不能不如此,全体什样,部分也就什样;部分什样,全体也就什样。希庇阿斯,你算是把我说服了,我再也无话可说了。不过我还想请教一句,好提醒我的记忆:你和我两人是不是一个,我们每一个人是不是两个?

希　你这是什么话,苏格拉底?

苏　我这话就是我这话。请告诉我:我们俩之中每一个人是不是一个?"是一个"这个属性是不是每一个人的特征?

希　毫无疑问地,是。

苏　如果每一个人是一个,他就不成双,你当然明白单位不成双吧?

希　当然。

苏　我们俩,由两个单位组成的,就不成双吗?

希　没有这个道理,苏格拉底。

苏　因此,我们俩是双数,对不对?

希　很对。

苏　从我们俩是双数,可否得到我们每一个人是双数的结论?

希　当然不能。

苏　那么,一双不必定有一个的性质,一个不必定有一双的性质,这不是正和你原来所说的相反吗?

希　在这一个事例中倒是不必定,但是在我原来所说的那些事例中却都是必定的。

苏　那就够了,希庇阿斯,我们姑且说,这一个事例是像我们所说的,其他事例却不然。如果你还记得我们讨论的出发点,你该记得我原来说的是:在视觉和听觉所产生的快感中,美并不由于这两种快感中某一种所特有,而两种合在一起所没有的那种性质;它也不由于这两种快感合在一起所公有,而其中任何一种快感所没有的那种性质;所需要的那种性质必须同时属于全体,又属于部分,因为你承认过,这两种快感分开来是美,合在一起也是美,就是说,美在部分,也在全体。从此我推到一个结论:如果这两种快感都美,那美是由于这种有,另一种也有的那种性质,不是由于只有这种有,而另一种却没有的那种性质。现在我还是这样看。再请问你一次:如果视觉和听觉的两种快感都美,就合在一起来说可以,就分开来说也可以——那么,使它们成其为美的那种性质是否同时在全体(两种合在一起),也在部分(两种分开)?

希　当然。

苏　使它们成其为美的是否就是它们每一种是快感,两种合在一起也还是快感那个事实?快感既是美的原因,它能使视听两种快感美,为什么就不能

133

使其他各种快感也同样美,既然它们同样是快感?

希 我还记得这番话。

苏 但是我们宣布过,这两种快感之所以成其为美,是由于它们由视觉和听觉产生的。

希 我们是这样说的。

苏 请看我的推理是否正确。如果我记得不错,我们说过美就是快感,不是一切快感,而是由视听来的快感。

希 不错。

苏 但是"由视听来的"这个性质只属于两种合在一起,不属于单独的某一种,因为像我们刚才所见到的,单独一个不是由双组成的,而双却是由单独的部分组成的。是不是?

希 一点也不错。

苏 使每一个成其为美的就不能是不属于每一个的:"成双"这个性质却不属于每一个。所以在我们的设论中,双就其为双来说,可以称为美,而单独的每一个却可以不美。这个推理线索不是很谨严么?

希 看来它是很谨严的。

苏 那么,我们可不可以就说:美的是双,每部分却不然?

希 你看有没有可以反驳这个结论的?

苏 我看到的反驳在此:在你所列举的那些事例中,某些事物有某些性质,而这些性质,我们常见到,属于全体的也就属于部分,属于部分的也就属于全体。是不是?

希 是。

苏 在我所举的事例中却不然,其中之一就是一双和一个的例。对不对?

希 很对。

苏 那么,希庇阿斯,在这两类事例中,美属于哪一类?属于你所说的那一类吧?你说过,如果我强壮你也强壮,我们俩就都强壮;如果你公正我也公正,我们俩就都公正;如果我们俩都公正,就是你公正我也公正;同理,如果你美我也美,我们俩就都美;如果我们俩都美,就是你美我也美。但是此外还另有一个可能,美可能像数目,我们说过,全体是双,部分可成双可不成双;反之,部分是分数,全体可以是分数可以是整数,由此类推,我想到许多其他事例。在这两类事例中我们把美放在哪一类呢?我不知道你

134

是否和我一样想,依我想,如果说我们俩都美而两人之中却有一个不美,或是说你美我也美,而我们俩却不美,这一类的话未免太荒谬了。你的看法如何?

希　我的看法就是你的看法,苏格拉底。

苏　那就更好了,因为我们用不着再讨论下去了。美既然属于我们所说的那一类,视觉和听觉的快感就不是美本身了。因为如果这快感以美赋予视觉和听觉的印象,它所赋予美的就只能是视听两种感觉合在一起,而不能单是视觉或单是听觉。可是你已经和我承认过,这个结论是不能成立的。

希　我们确是这样承认过。

苏　这个结论既然不能成立,美就不能是视觉和听觉所生的快感了。

希　这是不错的。

苏　我们的论敌会说:"你的路既然走错了,再从头走起吧。你把这两种快感看作美,把其他快感都不看作美,使它们成其为美的究竟是什么呢?"希庇阿斯,我想我们只能这样回答:这两种快感,无论合在一起说,或是分开来说,都是最纯洁无疵的,最好的快感。你还知道有什么其他性质,使它们显得与众不同么?

希　不知其他,它们真是最好的快感。

苏　他就会说:"那么,依你们看,美就是有益的快感了?"我要回答是,你怎样想?

希　我和你同意。

苏　他还要说:"所谓有益的就是产生善的。可是我们刚才已经看到,原因和结果是两回事,你现在的看法不是又回到原路吗? 美与善既然不同,善不能就是美,美也不能就是善。"希庇阿斯,如果我们聪明,最好就完全承认他这话,因为真理所在,不承认是在所不许的。

希　但是说句真话,苏格拉底,你看这一番讨论怎样? 我还要维持我原来所说的,这种讨论只是支离破碎的咬文嚼字。美没有什么别的,只要能在法院,议事会,或是要办交涉的大官员之前,发出一篇美妙的能说服人的议论,到了退席时赚了一笔大钱,既可以自己享受,又可以周济亲友,那就是美。这才是值得我们下工夫的事业,不是你们的那种琐屑的强词夺理的勾当。你应该丢开这种勾当,不要老是胡说八道,让人家把你看作傻瓜。

苏　我的亲爱的希庇阿斯,你是一位幸福的人,你知道一个人所宜做的事业,而且把那事业做得顶好,据你自己说。我哩,好像不知道遭了什么天谴,永远在迟疑不定中东西乱窜。我把我的疑惑摆出来让你们学问渊博的先生们看时,我的话还没有说完,就被你们臭骂一顿。你们说,像你自己刚才所说的,我所关心的问题都是些荒谬的,琐屑的,没有意思的。受了你们的教训的启发之后,我也跟你们一样说,一个人最好是有本领在法院或旁的集会上,发出一篇好议论,产生一种有利的结果,我这样说时又遭我的周围一些人们痛骂,尤其是老和我讨论,老要反驳我的那位论敌。这人其实不是别人,是我的一个至亲骨肉,和我住在一座房子里。我一回到家里,他一听到我说起刚才那番话,他就问我知道不知道羞耻,去讲各种生活方式的美,连这美的本质是什么都还茫然无知。这人向我说:"你既然不知道什么才是美,你怎么能判断一篇文章或其他作品是好是坏?在这样蒙昧无知的状态中,你以为生胜于死么?"你看我两面受敌,又受你们的骂,又受这人的骂。但是忍受这些责骂也许对于我是必要的;它们对于我当然有益。至少是从我和你们俩的讨论中,希庇阿斯,我得到了一个益处,那就是更清楚地了解一句谚语:"美是难的。"

根据 A. Croiset 译,未见完全的英译本,只有 Carritt 在《美的哲学》里选译了几段。

# 会　饮　篇①

——论爱美与哲学修养

对话人：亚波罗多洛（这篇对话的转述者，他本人不在场，关于会饮的经过，是从亚理斯脱顿听来的。他已经向格罗康转述过一次，现在又向一位朋友转述）；亚理斯脱顿（原始的转述者，他向斐尼克斯谈过，又向亚波罗多洛谈过）；苏格拉底，阿伽通，斐德若，泡赛尼阿斯，厄里什马克，阿里斯托芬，第俄提玛（苏格拉底向她请教的，不在场），亚尔西巴德。

亚波罗多洛：对于你想知道的那回事，我倒很有准备。前天我从法勒雍②我的家里进城，路上碰到一位朋友在后面望见我，他就用滑稽口吻远远地喊我："喂！你这法勒雍住户名叫亚波罗多洛的，为什么不等我呀！"我就停下等他，他向我说："亚波罗多洛，我正在找你，想向你打听打听，苏格拉底和亚尔西巴德几个人在阿伽通家里会饮时讨论爱情，经过究竟怎样。有一个人从斐利普的儿子斐尼克斯那里听过这回故事，向我约略谈过，并且说你也知道。他说得不大清楚，所以我要找你给我谈一谈。苏格拉底是你的朋友，转述他的话，没有人比你更合适了。先请你告诉我，你亲自参加了那次聚会没有？"我回答说："向你转述的那位显然谈得不很清楚，若不然，你就不会以为那次聚会的时期很近，连我也可以参加了。"他说："对的，我原来是这样想。"我说："这怎么可能呢，格罗康？阿伽通离开雅

---

① 会饮是希腊的一种礼节，大半含有庆祝的意味，有一定的酬神的仪式。仪式举行之后，座客开始饮酒，通常有乐伎助兴。这次会饮以讨论哲学问题代替寻常娱乐节目。
② 法勒雍在雅典西南，离城约三公里。

137

典已多年了，而我向苏格拉底请教，天天默记他的言行，还不到三年的光景。三年之前，我东西流浪，对生活很自满，其实是一个最不幸的人，正如你现在一样，以为无论干什么也比研究哲学强！"他说："别再讥嘲了，且告诉我那次聚会是在什么时候举行的。"我回答说："当时我们都还是小孩子唎，阿伽通的第一部悲剧得了奖，为了庆祝胜利，第二天他和他的歌队举行酬神的典礼。"他说："那像是很早的事了。谁向你谈过这回事，是不是苏格拉底本人？"我回答说："凭宙斯①，不是他！是一位亚理斯脱顿，奎达特楞区的人，一个矮小汉，时常赤着脚，向斐尼克斯谈的也就是他。他亲自参加了那次聚会，如果我没有看错，当时他是苏格拉底的一个最热烈的崇拜者。后来我问过苏格拉底本人，他证实了亚理斯脱顿的话。"格罗康于是说："就请你把这故事给我讲一遍，进城的这条路上正好谈话。"

于是我们一边走，一边谈那次会饮的故事。所以我说过，我对这个题目很有准备，你既然想知道，我可以给你再谈一遍。谈哲学和听人谈哲学，对于我向来是一件极快乐的事，受益还不用说。此外的谈话，尤其是你们这班有钱人和生意人的谈话对于我却是索然无味的。你们既是我的同侪，我不能不怜惜你们，自以为做的是天大事业，其实毫无价值！也许你们也在怜惜我的不幸，不过你们只自信是对的，而我对于你们的可怜情形，不只是相信，而是真正知道！那位朋友说："亚波罗多洛，你还是那个老脾气，总是爱咒骂自己，又咒骂旁人！我看你以为一切人都是不幸的，只除掉苏格拉底。所以你的绰号是'疯子'，倒很名副其实。你说话确实像一个疯子，老是怨恨自己，怨恨旁人，只除掉苏格拉底！"我说："对，亲爱的朋友，我是一个疯子，一个精神错乱的人，因为我对自己和对你们有刚才所说的那个看法，是不是？"那位朋友说："亚波罗多洛，现在大可不必为着这个问题来吵嘴，且请你答应我原来的请求，把那次聚会中的言论给我复述一遍。"我说：

好吧，当时谈话的经过约略是这样……不过我最好从头就按照亚理斯脱顿的话给你复述。据他说，故事是这样②：

---

① 宙斯是最高天神，希腊人常凭他发誓，表示说的话是真的。
② 以上可以看作一篇小序，说明这篇对话是怎样传下来的，颇像佛经的"如是我闻"。这篇对话经过两次转述，由在场的亚理斯脱顿谈给亚波罗多洛，现在再由亚波罗多洛谈给一位生意人。以下才是对话本身。

典已多年了,而我向苏格拉底请教,天天默记他的言行,还不到三年的光景。三年之前,我东西流浪,对生活很自满,其实是一个最不幸的人,正如你现在一样,以为无论干什么也比研究哲学强!"他说:"别再讥嘲了,且告诉我那次聚会是在什么时候举行的。"我回答说:"当时我们都还是小孩子咧,阿伽通的第一部悲剧得了奖,为了庆祝胜利,第二天他和他的歌队举行酬神的典礼。"他说:"那像是很早的事了。谁向你谈过这回事,是不是苏格拉底本人?"我回答说:"凭宙斯①,不是他!是一位亚理斯脱顿,奎达特楞区的人,一个矮小汉,时常赤着脚,向斐尼克斯谈的也就是他。他亲自参加了那次聚会,如果我没有看错,当时他是苏格拉底的一个最热烈的崇拜者。后来我问过苏格拉底本人,他证实了亚理斯脱顿的话。"格罗康于是说:"就请你把这故事给我讲一遍,进城的这条路上正好谈话。"

于是我们一边走,一边谈那次会饮的故事。所以我说过,我对这个题目很有准备,你既然想知道,我可以给你再谈一遍。谈哲学和听人谈哲学,对于我向来是一件极快乐的事,受益还不用说。此外的谈话,尤其是你们这班有钱人和生意人的谈话对于我却是索然无味的。你们既是我的同侪,我不能不怜惜你们,自以为做的是天大事业,其实毫无价值!也许你们也在怜惜我的不幸,不过你们只自信是对的,而我对于你们的可怜情形,不只是相信,而是真正知道!那位朋友说:"亚波罗多洛,你还是那个老脾气,总是爱咒骂自己,又咒骂旁人!我看你以为一切人都是不幸的,只除掉苏格拉底。所以你的绰号是'疯子',倒很名副其实。你说话确实像一个疯子,老是怨恨自己,怨恨旁人,只除掉苏格拉底!"我说:"对,亲爱的朋友,我是一个疯子,一个精神错乱的人,因为我对自己和对你们有刚才所说的那个看法,是不是?"那位朋友说:"亚波罗多洛,现在大可不必为着这个问题来吵嘴,且请你答应我原来的请求,把那次聚会中的言论给我复述一遍。"我说:

好吧,当时谈话的经过约略是这样……不过我最好从头就按照亚理斯脱顿的话给你复述。据他说,故事是这样②:

---

① 宙斯是最高天神,希腊人常凭他发誓,表示说的话是真的。
② 以上可以看作一篇小序,说明这篇对话是怎样传下来的,颇像佛经的"如是我闻"。这篇对话经过两次转述,由在场的亚理斯脱顿谈给亚波罗多洛,现在再由亚波罗多洛谈给一位生意人。以下才是对话本身。

亚理斯脱顿说:"我在路上碰见苏格拉底,那天他洗过澡,脚上还穿了鞋,这些在他都是不常有的事。我问他到哪里去,打扮得那样漂亮。他回答说:'到阿伽通家里去吃晚饭。昨天他庆祝胜利,请我我没有去,怕的是人太多,但是答应了他今天去。我打扮得漂亮,就是因为这个缘故。因为阿伽通是一个漂亮少年,去他那里就得漂亮一点。喂,你和我一道去,做一个不速之客,好不好?'我说:'遵命。'他说:'好极了,跟我一道走。这样一来我们就可以翻转一句谚语了,你记得吧,"逢到阿伽通的宴会"不,"逢到好人①的宴会,好人不请自来"。其实诗人荷马早已就把这句谚语翻转过,而且把它糟蹋过。他把阿伽门农描写成一个最英勇的战士,把墨涅拉俄斯却描写成"一个胆小如鼠的操戈者",可是阿伽门农有一次设筵庆祝,墨涅拉俄斯没有被邀请,也自动地赴宴了。照这样看,荷马不是让一个不大好的人赴好人的宴会么②?'"亚理斯脱顿告诉我,他听到这番话就说:"苏格拉底,以我这样一个不值什么的人,不请自赴一个聪明人的宴会,恐怕我倒不像你所说的,而是像荷马所说的。你既然带我去,就得找一个借口,我决不肯承认我是不请自来的客人,我只说我是应你的邀请。"苏格拉底说:"'两人同伴走'③,总有一人先想出拿什样话来说,且往前走吧。"

"在这番谈话之后,"亚理斯脱顿说,"我们就动身往前走。可是在路上苏格拉底想到一个问题,一个人落在后面凝神默想。我等他,他叫我先走。我走到阿伽通的家,看见门户大开,就碰见一件趣事。我一到达,就有一个仆人从里面出来接我,把我引到客厅里,那里客人都已入座,正准备吃晚饭。阿伽通一望见我,就喊:'哈,亚理斯脱顿,你来得正好,欢迎参加我们的晚餐。如果你为旁的事来,请把它放在以后再说。昨天我到处找你,想请你今天来,可是找不到你……苏格拉底呢?你没有带他来?'我回头一看,看不见苏格拉底的影子!我就说:'他和我确实是一道来的呀,而且我来还是他邀请的。'阿伽通说:'你来得好,但是苏格拉底

---

① 阿伽通的名字在希腊文中原有"好人"的意思。
② 见荷马史诗《伊利亚特》卷二和卷十七。阿伽门农和墨涅拉俄斯本来是弟兄,墨涅拉俄斯的妻子海伦和特洛亚国王子私奔,酿成有名的特洛亚战争。这两弟兄都是希腊远征军的将领。
③ 见《伊利亚特》卷十,原文说:"两人同伴走,一人先想出有用的办法。"原文几成谚语,人人熟习,所以不全引。

到哪里去了呢？'我回答说：'他刚才还跟在我后面走，他怎么没有来，我也觉得奇怪。'听到这话，阿伽通就吩咐一个仆人：'马上去找苏格拉底，把他引到这里来。亚理斯脱顿，请你坐在厄里什马克旁边。'"

一个仆人正替亚理斯脱顿洗脚，好让他躺下，另外一个仆人进来说，"要找的那位苏格拉底已退隐到邻家的门楼下，在那里挺直地站着，请他进来他不肯。"阿伽通说："真奇怪！再去请他进来，不要放他。"亚理斯脱顿于是说："不必找，让他去。他有一个习惯，时常一个人走开，在路上挺直地站着。我想他过一会儿就会来。且不必去打搅他。"阿伽通说："好吧，就依你的话吧。"他就喊仆人们来，吩咐他们说："给我们开饭吧。没有人监督你们，你们爱摆出什么就摆出什么——我向来不用这个办法——今天你们该设想我和这些客人都是你们邀请来的；所以要好好地侍候，争取我们的夸奖。"

"于是我们就开始吃饭，"亚理斯脱顿往下说，"但是苏格拉底还没有来。阿伽通三番四次地要派人去找，都让我拦阻住了。后来他终于到了，比起他的平时习惯，还不算太迟，客人们才把饭吃掉一半。阿伽通坐在最末的榻上，没有旁人同坐，就喊：'这里，苏格拉底，请坐在我旁边，好让我挨到你，就可以沾到你在隔壁门楼下所发见的智慧。你显然发见到你所找的道理，把它抓住了，若不然，你还不会来。'这时苏格拉底坐下来就说：'如果智慧能像一满杯水，通过一根羊毛，就引到一个空杯里去，如果两个人只要挨着坐，智慧就从盈满的人流到空虚的人，那是多么好的事，阿伽通！如果智慧是如此，我就该把坐在你旁边这件事看得非常宝贵，因为你的许多智慧就会流注到我身上来。我的智慧是很浅薄的，像梦一样，真伪尚待商讨；而你的智慧却是光辉灿烂的，有无穷发展的，自从幼年起，它就蓬勃焕发，就是在前天，三万希腊人已经替你的智慧的表现作了见证①。'阿伽通接着说：'苏格拉底，你在嘲笑人。关于我们的智慧问题，我们等一会儿请酒神狄俄尼索斯作判官，凭他判断谁优谁劣。现在你最好先吃晚饭。'

"于是苏格拉底入了座，和其他客人们都用过晚饭。他们举杯敬了神，唱了敬神的歌，举行了其他例有的仪式，于是就开始饮酒。泡赛尼阿斯首

---

① 希腊在公元前四五世纪戏剧极盛，每年祭神大典中必举行戏剧竞赛。戏院是露天的，看戏是公民的义务，所以阿伽通的第一部悲剧演出，听众就有三万人。

先开口说:'在座诸位,今天饮酒,哪一种方式对我们才合适呢? 就我个人来说,我不妨告诉诸位,我觉得昨天的酒还没有醒过来,需要呼吸呼吸。我想诸位的情形也差不多,因为昨天都参加了。所以请你们想出一个最妥当的方式。'阿里斯托芬就接着说:'泡赛尼阿斯,你的提议很好,今天饮酒总得要和缓一点,我自己昨天也是烂醉如泥。'厄里什马克,阿库门的儿子,听到这句话,就插嘴说:'你们的话很对。不过我还得征求另外一个人的意见,阿伽通,你的情形怎样? 还能痛饮吗?'阿伽通回答:'不能,我也没有力量了。'厄里什马克就接着说:'这样看来,我,亚理斯脱顿,斐德若这批人今天运气倒好,你们几位酒量大的人都已经宣告退却了。我们这批人当然是没有酒量的。我没有算苏格拉底,因为他能饮,也能不饮,摆在哪一方面都行。现在在座的人既然都不很想痛饮,我就不妨谈一谈醉酒是怎么一回事,我的话就不会很刺耳了。我有一种信念——这也许是从我的医学经验得来的——醉酒对人实在有害。我自己既不肯饮到过量,也不肯劝旁人过量,尤其是前一天饮过,头还很沉重的时候。'于是密锐努人斐德若就插嘴说:'我向来相信你的话,尤其在医学方面。旁人今天也该相信你的话,如果他们懂道理。'斐德若的话得到了一致赞同;大家都答应在今天这次会里不闹酒,各人高兴喝多少就喝多少。

"厄里什马克就说:'既然大家都决定随意饮酒,不加勉强了,我就建议把刚才进来的吹笛女打发出去,让她吹给她自己听,或是她乐意的话,吹给闺里妇女们听,我们且用谈论来消遣这次聚会的时光。谈论什么问题呢? 如果你们同意,我倒准备好了一个题目,情愿提出来。'在座的人听到这话,都说他们乐意这样办,请他把题目提出。厄里什马克于是说:'我的开场白要引用欧里庇得斯的《墨兰尼普》①里一句话;我要说的"话并不是我自己的",而是斐德若的。他时常很气忿地向我说:"说起来真奇怪,厄里什马克! 各种神都引起过诗人们作歌作颂,只有爱神是例外,从来诗人中不曾有一个写过诗来颂扬他,尽管他是那样伟大。请想一想那些有本领的诡辩家们,他们写散文来颂扬的是赫剌克勒斯之类②,普若

---

① 《墨兰尼普》这部剧本现在只存下几个片段。
② 参看第123页注③。

141

第库斯就是一个例证①。这还不足为奇,有一天我碰见一部书,作者把盐的效用大加赞扬一番。还有许多其他类似的事物都有人称赞过。这些小题居然有人大做,而至今却没有一个人写过一首诗宣扬爱神的功德,这样大的一个神竟被人忽略到这步田地!"斐德若的这番话我看是很对的。所以我愿意陪着斐德若向爱神致敬,同时建议今天这里与会的人们趁着这个好时机,来礼赞爱神。如果你们赞成,我们就有足够的谈论资料,可以消遣今晚的时光。我建议我们从左到右轮流,每个人都尽他的能力,做一篇最好的颂扬爱神的文章。斐德若应该开头,因为他不仅是坐在第一位,而且也是这次题目的父亲。'

"苏格拉底说:'厄里什马克,没有人会反对你的提议。我自己更不会反对,因为我什么都不知道,就只知道爱情;我想阿伽通和泡赛尼阿斯也不会反对,阿里斯托芬更不会反对,他整个的时光就都消磨在酒神和爱神身上。我看其余在座的人也都不会反对。你的办法对于我们坐在后面的人们却不很公平,不过坐在前面的人如果把可说的话都说尽了,而且说得顶好,我们也就心满意足了。好吧,我们就请斐德若开始,祝他运气好!'"

在座的人一致赞成这番话,都跟着苏格拉底怂恿斐德若先说。这次聚会中每人所说的话,亚理斯脱顿当然不能完全记清楚,我对于他所向我转述的话,当然也不能完全记清楚。我只记得最重要的部分。凡是我认为值得记住的话我现在顺次给你转述。②

据亚理斯脱顿的话,第一个说话的是斐德若,他的话开端约略如下:

"爱神是一个伟大的神,在人与神之中都是最神奇的。这表现在许多方面,尤其在他的出身。他是一位最古老的神,这就是一个光荣。他的古老有一个凭证,就是他没有父母,从来的诗或散文都没有提到爱神的父母。赫西俄德说:首先存在的是浑沌,'然后宽胸的大地,一切事物的永恒的安稳基础,随之而起,随后就是爱神。'③阿库什劳斯④也和赫西俄德

---

① 普若第库斯有一部著作解释信神的起源,以为原始人把凡是有益于人类的自然事物都尊奉为神。参看第 54 页注③。
② 以上一段叙会饮经过和礼赞爱神的建议,以下便是会饮者轮流做的几篇爱神的颂辞。
③ 引语见赫西俄德的《神谱》第 114 至 120 行。
④ 阿库什劳斯是希腊的谱牒学家,据说他把赫西俄德的《神谱》由诗译成散文。

一样,说继着浑沌而生的是大地和爱神。根据帕墨尼得斯,世界主宰'所生的第一个神就是爱神'。① 从此可知许多权威方面都公认爱神在诸神中是最古老的。

"其次,爱神不仅是最古老的,而且是人类最高幸福的来源。就我自己来说,我就看不出一个人从青年时期起,比有一个情人之外,还能有什么更高的幸福,一个情人有一个爱人也是如此②。一个人要想过美满的生活,他的终身奉为规范的原则就只有靠爱情可以建立;家世,地位,财富之类都万万比不上它。这原则是什么呢?就是对于坏事的羞恶之心和对于善事的崇敬之心;假如没有这种羞恶和崇敬,无论是国家还是个人,都做不出伟大优美的事情来。我敢说,如果一个情人在准备做一件丢人的坏事,或是受旁人凌辱,怯懦不敢抵抗,在这时候被人看见了,他就会觉得羞耻,但是被父亲朋友或其他人看见,还远不如被爱人看见那样无地自容。爱人被情人发现在做坏事,情形也是如此。所以如果我们能想出一个方法,叫一个城邦或是一个军队全由情人和爱人组成,它就会有一种不能再好的统治,人人都会互相竞争,避免羞耻,趋求荣誉。这种人们如果并肩作战,只要很小的一个队伍就可以征服全世界了。因为一个情人如果脱离岗位或放下武器,固然怕全军看见,尤其怕他的爱人看见;与其要被爱人看见,他宁愿死百回千回,也没有一个情人怯懦到肯把爱人放在危险境地,不去营救;纵然是最怯懦的人也会受爱神的鼓舞,变成一个英雄,做出最英勇的事情来。荷马说过,神在英雄胸中感发起一股'神勇气',这无疑地就是爱神对于情人的特殊恩赐。

"还有一层,只有相爱的人们才肯为对方牺牲自己生命,不但男人,连女人也是如此。珀利阿斯的女儿,阿尔刻提斯,在全希腊人的面前对我这句话提供了强有力的证据。只有她肯代她的丈夫死,虽然她的丈夫有父有母③。她的爱超过了父母的爱,所以父母显出对于儿子有如路人,只有名字的关系。她成就了她的英勇行为,不但人,连神们也钦佩这行为的

---

① 帕墨尼得斯是当时著名的哲学家。著作只存片段。"世界主宰"的原文是说"统治世界的女神",译者解说不一,有人以为是"正义",有人以为是"生殖的大原则"。
② 关于"情人"和"爱人",参看74页注①。
③ 阿尔刻提斯的丈夫阿德墨托斯病当死,阿波罗神替他求情,准许他的父母或妻之中有一人代他死。他的父母虽然年老,却不肯替死。于是阿尔刻提斯毅然请替死。神们嘉奖她,让她死后复活。欧里庇得斯用这个传说写了一部悲剧,就以"阿尔刻提斯"为名。

143

高尚。人死之后，神们让她的灵魂由阴间回到阳间，这是极稀罕的恩惠，连建立过伟大功勋的英雄们也很少有得到这种恩惠的，而神们却拿这种恩惠给阿尔刻提斯，准她死后还魂，以表示他们的钦佩。从此可知连神们也尊敬爱情所鼓舞起来的热忱和勇气了。俄阿格洛斯的儿子俄耳甫斯所受的待遇就不同。神们遣他离开阴间，没有让他得到他所寻求的，不把他的妻子还他，只让他看了一下她的魂影①；因为神们看他懦弱没有勇气——他本是一个琴师，这是不足为奇的——不肯像阿尔刻提斯为爱情而死，只设法活着走到阴间。神们所以给他应得的惩罚，让他死在女人们手里②。至于忒提斯的儿子阿喀琉斯却得到神们的优遇，死后到了福人岛③。因为他的母亲虽然告诉过他，如果他杀了赫克托，自己一定死；如果他不杀赫克托，他就会平安回家，长命到老；他却勇敢地决定去营救他的情人帕特洛克罗斯，替他报了仇，不仅为他而死，而且紧跟着他死。为了这缘故，神们非常钦佩他，给他特殊的优遇，因为他知道珍重爱情。（埃斯库罗斯把阿喀琉斯写成情人，帕特洛克罗斯写成爱人，是很荒唐无稽的。阿喀琉斯不仅比帕特洛克罗斯美，而且也比所有的其他英雄们都美，还没有留胡须，而且根据荷马，他比帕特洛克罗斯的年纪小得多。）没有什么能比爱情所激发的英勇更受神们尊敬，而且爱人向情人所表现的恩爱比起情人向爱人所表现的恩爱，也更博得神们的赞赏，因为情人是由爱神凭附的，比起爱人要较富于神性。就是因为这个缘故，神们优遇阿喀琉斯，还超过他们优遇阿尔刻提斯，让他住在福人岛上。

"总结来说，我认为爱神在诸神中是最古老，最尊严的，而且对于人类，无论是生前还是死后，他也是最能引起德行和幸福的。"④

---

① 俄耳甫斯是希腊传说中琴师和诗人，他的妻子欧律狄刻死了，他怀念甚切，活着走到阴间，要求冥王准他把她带回人世。他的音乐感动了冥王，冥王准了他的要求，附一个条件：他的妻跟在他后面走，未到阳间之前，不准他回头看她。快到阳间了，俄耳甫斯忍不住，回头看了她一眼，冥王马上就把她夺回到阴间。
② 传说俄耳甫斯被酒神的女信徒们撕死。
③ 据希腊传说，好人死后到西方的一个极乐世界。这一小段穿插好像是文不对题，柏拉图的用意在讥嘲诡辩派作家引经据典，作无聊的考证。
④ 斐德若的颂辞有三个要点：（一）爱神最古，所以最尊；（二）爱神助人就善避恶，有道德的作用；（三）尊敬爱神的人须全心全意，不惜牺牲性命，才达到爱情的最高理想。他的见解很平凡，文章全是摹仿诡辩派作家的风格，一味掉书袋，盲目信任传统，卖弄修辞的小技术。

斐德若的话,据亚理斯脱顿转述的,大致如此。他说完之后,还有些旁人说了话,亚理斯脱顿已经记不清楚了,所以他把那些话丢开,往下就转述泡赛尼阿斯的话如下:

"斐德若,我看我们的题目提得不很妥当。我们只规定颂扬爱神。如果爱神只有一种,这倒还可以说得过去;可是爱神并不只一种,既然不只一种,我们一开始就应该说明哪一种是我们要颂扬的。所以我现在要做的就是纠正这个缺点,先把题目弄确定,指出哪一种应颂扬,然后再用适合这位尊神的语言,来颂扬他。

"大家知道,爱神和阿佛洛狄忒①是分不开的。如果阿佛洛狄忒只有一种,爱神也就只有一种;如果她有两种,爱神也就必然有两种。谁能否认这位女爱神有两个化身呢?一个是最古老的,没有母亲;只有天是她的父亲,所以我们把她叫做'高尚女爱神';另一个比较年轻,是天神宙斯和狄俄涅的女儿,我们把她叫做'凡俗女爱神'。所以两个爱神,作为两个女爱神的合作伴侣来看,也应该一个叫做'高尚爱神',一个叫做'凡俗爱神'。凡是神当然都应受颂扬,不过这两种爱神各有什样功能,我们须弄明白。一切行动,专就它本身来看,并没有美丑的分别。比如我们此刻所做的一些事,饮酒,唱歌,或谈话,这一切本身都不能说是美,也不能说是丑。美和丑是起于这些事或行动怎样做出来的那个方式。做的方式美,所做的行动也就美;做的方式丑,所做的行动也就丑。爱是一种行动,也可以应用这个道理。我们不能对一切爱神都不分皂白地说:'他美,值得颂扬',只有驱遣人以高尚的方式相爱的那种爱神才是美,才值得颂扬。

"凡俗女爱神引起的爱情确实也是人世的,凡俗的,不分皂白地实现它的目的。这种爱情只限于下等人。它的对象可以是年轻人,也可以是女人;它所眷恋的是肉体而不是心灵;最后,它只选择最愚蠢的对象,因为它只贪求达到目的,不管达到目的的方式美丑。因此,有这种爱情的人们苟且撮合,不管好坏。这是当然的,因为这种爱情所自起的

---

① 希腊的阿佛洛狄忒相当于罗马的维纳斯,是女爱神。她的出身在希腊有两个传说。一说最初天神被儿子砍死,把尸首砍碎投到海里,海里起了一片白浪,就变成阿佛洛狄忒(据赫西俄德的《神谱》)。这就是本文所谓"天上女爱神"。另一说是荷马史诗所采取的,以为她是天神宙斯和狄俄涅(本是宙斯的亲生女儿)配合所生的。

那位女爱神是年纪较轻的,而她的出身是由于男也由于女的。至于天上女爱神的出身却与女的无关,她只是由男的生出的,所以她的爱情对象只是少年男子。其次,她的年纪较长,所以不至于荒淫放荡。她只鼓舞人们把爱情专注在男性对象上,因为这种对象生来就比较强壮,比较聪明。就在这专注于少年男子的爱情上,人们也可以看出它真正是由天上女爱神感发起来的:这种少年男子一定到了理智开始发达,这就是腮上开始长胡须的时候,才成为爱的对象。我想情人所以要等爱人达到这种年龄后才钟爱他,是由于他存心要和爱人终身享共同生活,不是要利用他的年幼无知来欺骗他,开他玩笑,碰到另外一个可以宠爱的对象就把他丢掉。宠爱年幼的孩子是法律所应该防禁的,免得人们在动摇不定的对象上浪费许多精力,因为年幼的孩子们无论在心灵或在身体方面都是动摇不定的,终于变好还是变坏,没有人能预先知道。善良的人们却自动地替自己定出这样法律来遵行,至于凡俗的情人们,我们应强迫他们服从这样法律,正如我们尽量强迫他们不能随便爱良家妇女一样①。这种凡俗的情人使人们对爱情起不良的印象。人们往往以为爱人满足情人是一件羞耻事,他们说这话时,心目中所指的正是这种凡俗的情人们,因为他们看到这班人的卑鄙放荡的行为。循规蹈矩的行为就永远不会引起指责。

"我们且来看看各城邦关于爱情的法律。有些城邦的规定是很明确的,不难了解的,而在我们的雅典和斯巴达,这种法律却很复杂。在厄利斯和玻俄提亚②等地,人们不长于辞令,他们干脆定了一条直截了当的法律,把接受情人的恩宠看作美事,无论老少,没有人说它是丑事,在我看,这是由于他们不愿费心力拿辞令来争取少年男子们,他们本来不长于辞令。但是在伊俄尼亚③以及许多其他地方,法律却把接受情人的恩宠定为丑事。这是由于他们受蛮夷的统治,蛮夷的专制政体把钟爱少年男子,爱哲学和爱体育都看成坏事,因为统治者不愿被统治者培养高尚的思想,也不愿他们之中有坚强的友谊和亲密的社交,而这一切却正是爱情所产生的。就在我们的城邦里,僭主们也曾从经验中学得这样教训,由于亚理

---

① "良家妇女"依原文是"自由妇女",就是有自由权的妇女,不是奴隶。
② 厄利斯和玻俄提亚都是希腊南部的城邦,民性较强悍拙直,文化也较雅典落后。
③ 伊俄尼亚是小亚细亚西岸的希腊殖民地,屡受波斯的侵略和统治。

斯脱格通和哈莫第乌斯的坚强的爱情和友谊,这班僭主的政权就被推翻了①。从此可知,凡是一个地方把接受情人的宠爱当作丑事的,那地方人的道德标准一定很低,才定出这样法律,它所表现的是统治者的专横和被统治者的懦弱。反之,凡是一个地方无条件地把爱情当作美事的,那地方的人们一定不愿定出这样法律。

"在我们的雅典,所规定的法律比这些都要好得多,但像我刚才说过的,也比较复杂,不容易了解。我们且想一想一般雅典人的论调,他们说,与其暗爱,不如明爱;爱人应在门第和品德上都很高尚,美还在其次。人们对于情人都加以极大的鼓励,不认为他在做不体面的事;人们把追求爱情的胜利看作光荣,失败看作羞耻。为着争取胜利,他可以做出种种离奇的事,习俗给了他这种自由;而这些离奇的行为如果是为着旁的目的或效果,而不是为着爱情,他就逃不掉哲学的极严厉的谴责。比如说,假想一个人想旁人给他钱,或是求一个官职,或是谋其他势利,就去做情人通常向爱人做的那些事,苦求,哀恳,发誓,睡门坎,做出一些奴隶所不屑做的奴隶行为;那么,无论是他的朋友还是他的仇敌,都会防止他做这类事,仇敌们会骂他谄媚逢迎,朋友们会谴责他,替他害羞。但是这些事如果是情人做的,反而博得赞美,我们的习俗给了他这种自由,毫不加以谴责,以为他所要达到的目的是非常高尚的。最奇怪的事是依一般的舆论,只有情人发了誓而不遵守,才可以得到神们的赦宥,因为牵涉到阿佛洛狄忒的誓约,人们说,根本就不是誓约。从此可知神和人都准许情人有完全的自由,如我们的雅典习俗所表现的。从上面这许多事实看,我们可以推想,在我们的城邦中,做情人和做爱人都是很光荣的事。但是在另一方面,爱人们的父亲们常请教师来看管他们,防止他们和情人们来往;和他们年龄差不多的少年们以及他们的朋友们如果发现他们有和情人们来往的事,也会指责他们,而他们的长辈对这种指责也并不加以非难或禁止。从这些事实看,我们又仿佛可以推想,在我们的城邦中,做情人和做爱人都是很丑的事。

"依我想,道理是这样:这事情不是单纯的,像我开头说的,单就它本

---

① 这是雅典史上一个有名的政变。亚理斯脱格通钟爱少年男子哈莫第乌斯,专制君主希庇阿斯的兄弟希巴库斯想夺宠而不成功,于是凌辱这两位爱友。他们设计暗杀了希巴库斯,两人自己也先后牺牲了性命,被雅典人崇奉为爱国志士。

身来看,它无所谓美,也无所谓丑;做的方式美它也就美,做的方式丑它也就丑。丑的方式是拿卑鄙的方式来对付卑鄙的对象,美的方式是拿高尚的方式来对付高尚的对象。所谓卑鄙的对象就是上文所说的凡俗的情人,爱肉体过于爱心灵的。他所爱的东西不是始终不变的,所以他的爱情也不能始终不变。一旦肉体的颜色衰谢了,他就高飞远走,毁弃从前一切的信誓。但是钟爱于优美心灵的情人却不然,他的爱情是始终不变的,因为他所爱的东西也是始终不变的。我们的雅典规矩要人对于这两种人加以谨严的考验,知道哪种人可以钟爱,哪种人应该避免;它奖励人钟爱所应该钟爱的,避免所应该避免的;根据种种考验,判定情人和爱人在两种爱情之中究竟站在哪一方面。正因为这个缘故,我们的习俗定了两条规矩:头一条规矩是:迅速地接受情人是可耻的,应该经过一段时间,因为时间对于许多事常是一个最好的考验;第二条规矩是:受金钱的利诱或政治的威胁而委身于人是可耻的,无论是对威胁没有胆量抵抗就投降,还是贪求财产或政治地位。因为这些势利名位金钱都不是持久不变的;高尚的友谊当然不能由这些东西产生。

"依我们的雅典规矩,只剩下一条路可以让爱人很光荣地接受情人;如果采取这条路,从情人方面来说,心甘意愿地完全做爱人的奴隶并不算是谄媚,也没有什么可谴责的;从爱人方面来说,他也自愿处于奴隶的地位,这也并非不光荣的。这条路就是进德修业。依我们的雅典规矩,如果一个人肯侍候另一个人,目的是在得到这另一个人帮助他在学问或道德方面进步,这种自愿的卑躬屈节并不卑鄙,也不能指为谄媚。这两个规矩,一个是关于少年男子的爱情,一个是关于学问道德的追求,应该合而为一;如果合而为一,爱人眷恋情人就是一件美事。那么,情人和爱人来往,就各有各的指导原则。情人的原则是爱人对自己既然表现殷勤,自己就应该在一切方面为他效劳;爱人的原则是情人既然使自己在学问道德方面有长进,自己就应该尽量拿恩情来报答。一方面乐于拿学问道德来施教,一方面乐于在这些方面受益,只有在这两个原则合而为一的时候,爱人眷恋情人才是一件美事;若不然,它就不美。照这样原则相爱的人们纵然完全失败了,也不足为耻;在其他一切情形之下,无论失败与否,结果都是耻辱。假想一个少年男子以为他的情人很富,为着贪求财富,就去眷恋他,后来发现自己看错了,他实在很穷,没有利益可图;这还是很可耻的;因为这种行为揭穿了他的性格,证明他这个人为着金钱,可以侍候任何人,做出任何事来,这当然是很不光荣的。再假想一个少年男子以为他的情人很有道德,和他来往可以使自己变好,后来发现自己根本看错了,那人实在很坏,没有品德;在这种情形之下,他虽然看错了,却还是很光荣;因为大家认为他的这种行为也表现了他的性格,他一心一意想好,想在品德上得进步,才去眷恋一个人;比起前一个事例,这却是最光荣的。总之,为着品德而去眷恋一个情人,总是一件很美的事。这种爱情是天上阿佛洛狄忒所感发的,本身也就是属于天上的,对于国家和个人都非常可宝贵,因为它在情人和爱人的心里激起砥砺品德的热情。此外一切爱情都起于人世阿佛洛狄忒,都是凡俗的。

"斐德若,关于爱神,我的没有准备而临时想出的话就止于此。"①

泡赛尼阿斯就这样到了停顿,你看,我从诡辩大师们学得了这种用双声叠韵来说话的诀窍②,说话的次第轮到了阿里斯托芬。不知道是因为吃得太饱了,还是因为旁的缘故,他碰巧正在打嗝,不能说话。他只好向坐在次一位的厄里什马克医生说:"请你帮点忙,大夫,或是设法止我的嗝,或是代我说话,等我复原再说。"厄里什马克回答说:"好,这两件事我都替你办。我代替你的轮次,到了我的轮次,你再说。现在我说话的时候,你且忍一口气不呼吸,打嗝就可以止;若是不止,你就得吞一口水。如果这样办,打嗝还很顽强,你就得拿一件东西戳一戳鼻孔,打一个喷嚏,这样来一两回,无论什样顽强的打嗝都会停止的。"阿里斯托芬催他说,"你快点开始说话吧,我就照你的诊方去做。"厄里什马克的话是这样:

"我看泡赛尼阿斯的话开头很好,收尾却不很相称,所以我必得对他的话作一点补充。他的两种爱情的区别在我看是很妥当的,但是医学告诉我,这种区别并不仅适用于人类心灵,也不仅限于美少年的爱,而且还可以适用于许多其他事物,其他范围,适用于一切动物的身体,一切在大

---

① 泡赛尼阿斯的颂辞有三个要点:(一)爱神不只一种,应颂扬的是"天上爱神"不是"人间爱神",是心灵的爱不是肉体的爱;(二)一切行为自身无所谓美丑,美丑因"做的方式"好坏而定,爱也是如此;(三)依这个标准,雅典的男子同性爱的情形比希腊各城邦的都强,因为"做的方式"比较好,爱情的追求与学问道德的追求合而为一。这番话不是颂扬爱神,是为雅典式"男风"护航。表面摆的是大道理,实际上思想很庸俗而且线索不大连贯。它还是代表诡辩派的思想和文章风格。

② 原文"泡赛尼阿斯停顿了","停顿"和"泡赛尼阿斯"两字都以 Pausa 起头,是诡辩派修辞家所爱玩弄的伎俩。

地上生长的东西,总之,适用于万事万物。这是我从医学观点所得到的结论,爱神的威力对于人和神的一切事情都是伟大而普遍的。

"为着敬重我自己行业,我想就先从医学出发。我们身体的自然机构就寓有这两种爱情的道理。因为在身体方面,健康和疾病是两种不同的状态,这是大家公认的。凡是不同的东西所希求的喜爱的对象也就不同。因此,健康状态的爱情和疾病状态的爱情是两回事。正如泡赛尼阿斯刚才所说的,爱好人是美事,爱坏人是丑事,对付身体也是同样的道理,好的健康的部分须加以爱护培养,我们所谓医学所管的正是这件事,坏的不健康的部分须加以防止,如果你是一个好医生。概括地说,医学可以说是研究爱情的科学,对象是身体方面的各种爱情现象,关于补和散(塞满和排除)两种手续的。医道高明的人就能区别好的爱情和坏的爱情,诊断在某种情形之下某种爱情是好还是坏。若是一个医生能施转变的手术,取这种爱情代替那种爱情,引起身体中本应发达而却还不存在的爱情,消除身体中本不应有而有的爱情,那么,他无疑地就是一个本领很大的医生了。医生还要能使本来在身体中相恶相仇的因素变成相亲相爱。最相恶相仇的因素就是那些相反的品质,例如冷与热,苦与甜,燥与湿之类。我们的医祖埃斯库勒普之所以成为医学创始人,像这里两位诗人①所说的而我自己所相信的,就是因为他能使相反相仇的东西和谐一致。

"不仅医学完全受爱神统治,像我刚才所说的,就是健身术和农业也是如此。至于音乐受爱神的统治更为明显,任何人不用费力思索也可以看出。赫剌克立特说过一句含糊费解的话,也许就是指这个意思。他说:'一与它本身相反,复与它本身相协,正如弓弦和竖琴'②。说和谐就是相反,或是和谐是由还在相反的因素形成的,当然是极端荒谬的。赫剌克立特的意思也许是说,由于本来相反的高音和低音现在调协了,于是音乐的艺术才创造出和谐。如果高音和低音仍然相反,它们就决不能有和谐,因为和谐是声音调协,而调协是一种互相融合,两种因素如果仍然相反,就不可能互相融合;相反的因素在还没有互相融合的时候也就不可能有和

---

① 两位诗人指在座的阿里斯托芬和阿伽通。
② 赫剌克立特这段引语见《零星遗著》第45节。宇宙之团成一体,是由于两种相反的力量互持,正如弓弦和竖琴依靠松紧两种力量的调协。一生多,多复归于一。这意思含有辩证发展的道理。参看第119页注②。

谐。由于同样理由,节奏起于快慢,也是本来相反而后来互相融合。在这一切事例中,造成协调融合的是音乐,它正如上文所说的医学,在相反因素中引生相亲相爱。所以音乐也可以说就是研究和谐与节奏范围之内的爱情现象的科学。在和谐与节奏的组织本身上,我们固然不难看出这些爱情现象,它们还见不出爱情的两重性;可是到了应用和谐与节奏于实际人生的时候,无论是创造乐调(这就是所谓制曲),还是演奏已经制成的曲调(这就靠所谓音乐教育),这就不是易事,就需要高明的音乐技术了。就是在这个时候,我们要应用上文的结论了,就要区别天上爱神与人世爱神了,爱的对象应该是品格端正的人,以及小有缺陷而肯努力上进的人,这才是应该保持的爱情,才是起于天上爱神的那种高尚优美的爱情。至于起于人世爱神的那种杂音的凡俗的爱情却须加以谨慎防闲,免得使他的快感养成了淫荡。这正如我们的医学很重视食欲的正确运用,享受珍肴的滋味而却不致生病。从此可知,在音乐,医学,以及其他一切人和神的事情之中,我们都要尽量细心窥测这种爱神,因为他们是普遍存在的。

"再看一年四季的推移,也充满着这两种爱情。我刚才所说的冷与热,燥与湿那些性质如果有一种有节制的爱情把它们约束在一起,使相反者相成,产生一种恰到适合节度的和谐,于是风调雨顺,人畜草木都健康繁殖,不发生任何灾害。反之,在季节的推移中,如果没有节制的爱情占了优势,就会有各种灾害,牲畜草木就发生瘟疫或其他各种疾病,凡是霜雹霉之类都是由于天文学所研究的爱情范围之中起了反常失调的现象。天文学的对象就是星辰的变动和季节的推移。

"不仅此,占卜术所管的那些祭祀典礼,那些人与神的互相交通,也都只有一个目的,就是爱情的保持和治疗。凡是对神不敬是怎样起来的?它都由于在处理对父母(无论存亡)和对神祇的职责上,所信奉崇敬的不是有节制的爱情而是另一种爱情。占卜术的功用就是督察和治疗这两种爱情,所以占卜术是调节人神友谊的一种艺术,因为它能辨别在人类中哪些爱情倾向才符合敬天畏神的道理。

"从此可知,爱神的威力是多方面的,广大的,普遍的。但只在他以公正和平的精神,在人和神之间成就善事的时候,他才显出他的最大的威力,使我们得到最高的幸福,使我们不但彼此友爱相处,而且与高高在上的神们也维持着敬爱的关系。我的话就到此终结,也许我的这篇颂词也有许多遗漏,可是这并非有意的。阿里斯托芬,如果我有遗漏,就请你填补起来。不过你颂扬爱神,如果另有新的意思,那也就随你的意。你已经不打嗝了。"①

亚里斯脱顿往下说:于是次序轮到阿里斯托芬。阿里斯托芬就说:"不错,我的打嗝固然停止了,可是经过了打喷嚏的手续。我正在觉得奇怪,为什么身体的和谐秩序必得经过打喷嚏的那些声响和痒痛,才能恢复。你看,喷嚏一打,打嗝果然就停止了!"厄里什马克回答说,"我的好人,当心你在干什么!你一说话就开玩笑。你本来可以平平静静地说下去,却这样开玩笑,使我不得不提防着你,看你的话有什么惹人笑的。"他笑着说:"厄里什马克,你说得对,我刚才所说的全不算数。可是千万不要提防我。我所骇怕的倒不是我的话会惹人笑,因为惹人笑是我的诗神的胜利,本来这也就是他的特产,我只骇怕我的话荒谬可笑。"厄里什马克说:"哼,你只管打人,以为自己可以不挨打!小心一点,别说你自己没有理由来辩护的话。可是要依我的话,我宁愿放你过去,不让你说。"

阿里斯托芬接着说:"对,厄里什马克,我打算换一个方式来说,和你与泡赛尼阿斯所说的都另是一样。依我看,一直到现在,人们对于爱神的威力还是完全不了解。若是他们了解,就会替爱神建立最庄严的庙宇,筑起最美丽的祭坛,举行最隆重的祭典。可是一直到现在,爱神还没有得到这样崇敬,尽管他理应得到它。在一切神祇之中,爱神是人类的最好的朋友,他援助人类,他替人类医治一种病,医好了,就可以使人得到最高的幸福。我今天所要做的,就是要使你们明白爱神的威力。你们自己明白了,就可以把我的教义传给全世界。

"你们首先要领教的是人的本性以及他所经过的变迁。从前人和现在人不一样。第一,从前人类本来分成三种,不像现在只有两种。在男人和女人之外,从前还有一种人不男不女,亦男亦女。这第三种人现在已经绝迹了,只有名称还保留着,就是所谓'阴阳人',他们原来自成一类,在形体上和在名称上都兼阴阳两性的。现在'阴阳人'这个名称却成了骂

---

① 厄里什马克的颂辞把爱情看作宇宙间调协两相反势力的力量,他先从他的专业医学,次从音乐,天文,以及当时所盛行的占卜祭祀,举实例证明他的大原则。这篇颂辞颇重要,因为它不仅代表科学,而且是唯物辩证的思想的萌芽。同时,它也寓有控制自然的思想。

人的字眼。其次,从前人的形体是一个圆团,腰和背都是圆的,每人有四只手,四只脚,一个圆颈项上安着一个圆头,头上有两副面孔,朝前后相反的方向,可是形状完全一模一样,耳朵有四个,生殖器有一对,其他器官的数目都依比例加倍。他们走起路来,也像我们一样直着身子,但是可以随意向前向后。可是要跑快的时候,他们就像现在玩杂技人翻筋斗一样,把脚伸直向前翻滚,八只手脚一齐动,所以翻滚得顶快。为什么从前人有三种,身体有这样构造呢?这是因为男人原来是由太阳生出来的,女人原来是由大地生出来的,至于阴阳人则是月亮生出来的,因为月亮自己也同时具备太阳和大地的性格。他们的形体和运动都是圆的,因为都像他们的父母。这种人的体力和精力当然都非常强壮,因此自高自大,乃至于图谋向神们造反。他们的故事正和荷马所说的厄法尔提斯和俄图斯的故事①一样,想飞上天,去和神们打仗。

"于是宙斯和众神会商应付的办法,他们茫然莫知所措。他们不能灭绝人种,像从前他们用雷电灭绝巨人的那种样②,因为灭绝了人类,就灭绝了人类对神的崇拜和牺牲祭祀;可是人类的横蛮无礼也是在所不能容忍的。宙斯用尽了头脑,终于想出一个办法。他说,'我找到了一个办法,一方面让人类还活着,一方面削弱他们的力量,使他们不敢再捣乱。我提议把每个人截成两半,这样他们的力量就削弱了,同时,他们的数目加倍了,这就无异于说,侍奉我们的人和献给我们的礼物也就加倍了。截了之后,他们只能用两只脚走路。如果他们还不肯就范,再要捣乱,我就再把他们每人截成两半,让他们只能用一只脚跳来跳去。'宙斯说到就做到,他把人截成两半,像截青果做果脯和用头发截鸡蛋一样。截过之后,他吩咐阿波罗把人的面孔和半边颈项扭转到截开的那一面,使人常看见截痕,学乖一点;扭转之后,再把伤口医好。阿波罗于是把他们的面孔扭转过来,把截开的皮从两边拉到中间,拉到现在的肚皮地方,好像用绳子封紧袋口一样。他把缝口在肚皮中央系起,造成现在的肚脐。然后他像皮鞋匠把皮放在鞋模上打平一样,把皱纹弄平,使胸部具有现在的样子,只在肚皮和肚脐附近留了几条皱纹,使人永远不忘过去的惩罚。

---

① 厄法尔提斯和俄图斯是兄弟,从小就勇武,想登天造反,把希腊的三座山一座架在另一座顶上作梯子,后来被阿波罗杀了。故事见荷马的《奥德赛》卷十一。
② 宙斯当天帝,巨人们造反,宙斯和他们打了十年,才用雷电把他们灭绝,埋到埃特那火山底下去。

"原来人这样截成两半之后,这一半想念那一半,想再合拢在一起,常互相拥抱不肯放手,饭也不吃,事也不做,直到饿死懒死为止。若是这一半死了,那一半还活着,活着的那一半就到处寻求匹偶,一碰到就跳上前去拥抱,不管那是全女人截开的一半(就是我们现在所谓女人),还是全男人截开的一半。这样,人类就逐渐消灭掉了。宙斯起了慈悲心,就想出一个新办法,把人的生殖器移到前面——从前都是在后面,生殖不是借男女交媾,而是把卵下到土里,像蝉一样——使男女可以借交媾来生殖。由于这种安排,如果抱着相合的是男人和女人,就会传下人种;如果抱着相合的是男人和男人,至少也可以平泄情欲,让心里轻松一下,好去从事人生的日常工作。就是像这样,从很古的时代,人与人彼此相爱的情欲就种植在人心里,它要恢复原始的整一状态,把两个人合成一个,医好从前截开的伤疼。

"所以我们每人只是人的一半,一种合起来才见全体的符①,每一半像一条鱼剖开的半边,两边还留下可以吻合的缝口。每个人都常在希求自己的另一半,那块可以和他吻合的符。凡是由上文所说的阴阳人截开的男人就成为女人的追求者,男情人大半是这样起来的,至于截开的女人也就成为女情人,男人的追求者。凡是由原始女人截开的女人对于男人就没有多大兴趣,只眷恋和自己同性的女人,于是有女子同性爱者。凡是由原始男人截开的男人在少年时代都还是原始男人的一截面,爱和男人做朋友,睡在一起,乃至于互相拥抱。这就是'娈童'和'象姑'们。他们在少年男子中大半是最优秀的,因为具有最强烈的男性。有人骂他们为无耻之徒,其实这是错误的,因为他们的行为并非由于无耻,而是由于强健勇敢,富于男性,急于追求同声同气的人。最好的证明是只有这批少年到了成年之后,才能在政治上显出是男子汉大丈夫。一旦到了壮年,他们所爱的也就是少年男子,对于娶妻生养子女没有自然的愿望,只是随着习俗去做;他们自己倒宁愿不结婚,常和爱人相守。总之,这种人的本性就是只爱同性男子,原因是要'同声相应,同气相求'。

"如果这样一个人,无论他是少年男子的恋爱者还是另一种恋爱者,

---

① 中国古代以符为信,符可以用竹木和金属材料做成,一整体截成两半,两半相合无缝,才可证明符是真的。古代希腊也有类似的器具。

碰巧遇到另一个人恰是他自己的另一半,那就会发生什么样情形呢?他们就会马上互相爱慕,互相亲昵,一刻都不肯分离。他们终生在一起过共同的生活,可是彼此想从对方得到什么好处,却说不出。没有人会相信,只是由于共享爱情的乐趣,就可以使他们这样热烈地相亲相爱,很显然地,两人心中都在愿望着一种隐约感觉到而说不出来的另一种东西。假如正当他们抱着睡在一床的时候,赫淮斯托斯带着他的铁匠工具站到他们的面前①,向他们说:'你们这两个人,彼此想从对方得到的究竟是什么呢?'假如因为看见他们仓皇不知所答,他就再问他们:'你们是否想紧紧地结合在一起,日夜都不分离呢?如果你们的愿望是这样,我可以把你们放在炉里熔成一片,使你们由两个人变成一个人,只要你们在世一天,你们就一天像只是一个人在活着。假如你们死,那也就在一道死,走到阴间的就不是两个人而只是一个人。想一想看,你们是否想这样办?这样是否能使你们心满意足?'听到这番话之后,我敢担保,他们之中没有一个人会答一个'不'字,或是表示愿望其他的东西。他们每个人都会想,这正是他们许久以来所渴望的事,就是和爱人熔成一片,使两个人合成一个人。

"这一切原因就在人类本来的性格是如我向你们所说的,我们本来是完整的,对于那种完整的希冀和追求就是所谓爱情。从前,我已经说过,我们是一体;可是在现在,由于我们的罪过,神把我们分割开来了,如同拉刻代蒙人分割阿卡狄亚人那样②。如果我们对神们不守规矩,恐怕不免要再被神们截开一次,走起路来像墓石上那些侧面浮雕的人物一样,从鼻梁中线剖开,成了些符的碎片。所以我们应奉劝世人在一切事上面都要敬神,免得再度受惩罚,而且在爱神的保佑之下,得到福气。任何人都千万不能在行为上渎犯了爱神,得罪于神们通常都由于这个罪过。如果我们一旦成了爱神的朋友,与他和平相处,我们就会碰见恰好和我们相配合的爱人,在今天能享到这种福气的人们是多么稀罕哟!请厄里什马

---

① 火神赫淮斯托斯是铁匠的祖师。参看第20页注①。
② 这有两说:一说是指公元前三八五年的事。拉刻代蒙人(即斯巴达人)侵略阿卡狄亚(伯罗奔尼撒半岛东北地区),把它的名城曼提尼亚毁坏了,把它的居民迁徙到旁的地方去了。一说是指公元前四一七年的事。斯巴达争霸权,把阿卡狄亚同盟解散了。如从前说,本篇应写在三八五年之后;如从后说,它可能写得较早。

克不用插嘴嘲笑我,以为我的话是暗射着泡赛尼阿斯和阿伽通两人。他们也许的确是属于少数幸运者的行列,而他们也的确都是男人。不过我所指的是全世界的男男女女,我说全体人类都只有一条幸福之路,就是实现爱情,找到恰好和自己配合的爱人,总之,回原到人的本来性格。这种回原既然是最好的事,那么,达到这个目标的最捷的路径当然也就是最好的路径,这就是得到一个恰好符合理想的爱人。爱神是成就这种功德的神,所以他值得我们歌颂。在今生,他保佑我们找到恰好和我们相配合的,在来生,他给我们无穷的希望。如果我们能敬神,爱神将来就会使我们回原到我们原来的完整一体,医好我们,使我们享十全的福气。

"厄里什马克,这是我对爱神的颂辞,和你的不一样,请你不要拿它来开玩笑,我们还要听听其余诸位的话,至少还有阿伽通和苏格拉底两位,没有说话。"①

"好,我听你的话,"厄里什马克说,"我实在很欣赏你的颂辞。若不是我素来知道苏格拉底和阿伽通在爱情这个题目上都很内行的话,我就会担心他们不容易措词,因为许多的话都已说过了。不过对于他们两位,我还是很有信心。"

苏格拉底就接着说:"厄里什马克,你的颂辞倒顶好。可是假如你现在坐在我的位置,尤其是在阿伽通说完话之后,你会觉得诚惶诚恐,像我现在一样。"阿伽通说:"苏格拉底,你是要灌我的迷魂汤,要我想起听众在指望我说出一番漂亮话,心里慌张起来。"苏格拉底说:"阿伽通,我亲眼看见过你领着你的演员们高视阔步地登台,对着广大的听众表演你的作品,丝毫不露慌张的神色,如果现在我相信我们这几个人就可以扰乱你的镇静,那么,我就未免太健忘了。"阿伽通说:"苏格拉底,我希望你不要那样小看我,以为我轻易让剧场听众弄昏了头脑,忘记了在一个明白人来看,少数有理解的人比一大群蠢人要可怕得多。"苏格拉底说:"阿伽通,

---

① 阿里斯托芬的颂辞,像他的喜剧作品一样,在谑浪笑傲的外表之下,隐藏着很严肃的深刻的思想。从表面看,他替人类的起源和演变描绘了一幅极滑稽可笑的图画,替同性爱和异性爱给了一个既荒唐而又像近情理的解释。从骨子里的思想看,他说明爱情是由分求合的企图,人类本是浑然一体,因为犯了罪才被剖分成两片,分是一种惩罚,一种疾病,求合是要回到原始的整一和健康;所以爱情的欢乐不只是感官的或肉体的,而是由于一种普遍的潜在的要求由分而合的欲望得到实现,这番话着重爱情的整一,推翻了泡赛尼阿斯的两种爱神的看法;同时,像厄里什马克的看法一样,也寓有矛盾统一的道理。

若是我以为像你这样一个聪明人还有凡俗的见解,我就真正是错误了。我可是很明白,如果你遇见你觉得是聪明的人们,你会把他们的见解看得比大众的见解更重要。我恐怕这种聪明的人们并不是我们,因为我们那天也在场,是大众的一部分。不过假如你遇见旁人,真正是聪明的,你会觉得在他们面前做丑事是很可耻的,是不是?"阿伽通说:"你说得对。"苏格拉底又问:"在大众面前做了丑事,你就不觉得有什么可耻吗?"听到这话,斐德若就插嘴说:"亲爱的阿伽通,如果你尽在回答苏格拉底的问题,他就会完全不管我们今天所计划做的事有什样结果。只要找到一个对话人,他就会和他辩论到底,尤其是在对话人是一个美少年的时候。我自己倒爱听苏格拉底辩论,不过我今天负责照管爱神的颂辞,在听过你们每人的话之后,还要听他的。请你们先把爱神的这笔债还清了,然后再进行你们的辩论。"阿伽通说:"斐德若,你说得对,没有什么事可以拦阻我说话,至于和苏格拉底辩论,我可以另找机会。"

阿伽通接着说:"我打算先说我该怎样说的计划,然后再说下去。前此说话的诸位都不是颂扬爱神,而是庆贺人类从爱神所得到的幸福,没有一个人谈到这位造福人类者的本质。无论颂扬什么,只有一个正确的办法,就是先说明所颂扬的人物的本质,然后说明他所生的效果。所以颂扬爱神,也要先说他的本质,后说他的恩惠。

"因此,我先作这样一个肯定,爱神在所有的神中是福气最大的——这话并非要引起其他神们的妒忌——因为他在神们之中是最美而且最善的。他是最美的,因为第一层,斐德若,他在神们之中是最年轻的。最好的证明是他自己供给的,他遇到老年就飞快地逃跑,老年本身也就跑得够快了,快得叫我们不大情愿①。在本质上爱神就厌恶老年,不肯接近他,远远地望到他就引身退避。他总是爱和少年混在一起,因为他自己就是一个少年,古话说得好:'物以类聚'。斐德若说的话大部分我都同意,只是他以为爱神比克洛诺斯和伊阿珀托斯还更古老②,我却不敢同意。我的看法正相反,爱神在神们之中不但是最年轻的,而且永远年轻。至于赫

---

① 老年来得太快。
② 依希腊神话,克洛诺斯是天神宙斯的父亲,伊阿珀托斯是肩扛地球的神阿特拉斯的父亲,所以都以古老著名。

西俄德和帕墨尼得斯所传述的关于古代神们的纷争,如果是真的,也应该是由于定命神而不是由于爱神。因为如果当时他们中间已有爱神,就不会有那些互相残杀幽囚以及许多残暴的行为,就只会有和平和友爱,如同从爱神成了神们的统治者以来的情形①。

"所以爱神年轻是千真万确的,惟其年轻,所以很娇嫩。可惜没有像荷马那样的诗人把他的神明的娇嫩描写出来。荷马倒形容过阿特,说她不仅是一位女神,而且娇嫩,她的一双脚至少是娇嫩的,荷马这样说过:

她的脚实在娇嫩,因为她不在地上走,
她的行径是人们的头脑。②

所以在荷马看,娇嫩有一个明显的标志,就是她走软的,不走硬的。我们用同样的标志来看爱神,也可以说,他是娇嫩的,因为他不在地上走,也不在脑壳上走(这也不是什么柔软的东西),而是在世上最柔软的东西上走,也就在那上面住。他所奠居的地方是人和神的心灵。并且不是任何心灵,毫无抉择,而是遇到心硬的就远走,心软的就住下去。爱神既然不但用脚而且用全身盘踞最柔软东西的最柔软部分,他本身也就非常娇嫩,这是必然的道理。

"从此可知,爱神最年轻,也最娇嫩。此外,他的形体也柔韧。如果他坚硬,他就不会随时随地都能曲身迁就,而且在每个心灵中溜进溜出,不叫人发觉。他的柔韧性和随和性还有一个明显的证据,就是他的相貌的秀美,秀美是爱神的特质,这是人所公认的。丑恶和爱神却永远水火不相容。他经常在花丛中过活,所以颜色鲜美。无论是身体,心灵,或是其他,若是没有花,或是花谢了,爱神就不肯栖身;他所栖身的地方一定是花艳香浓。

"关于爱神的美,所说的话已很够,但是可说的话还是很多。我们现在且来说爱神的善。他的最大的光荣在既不施害于人神,也不受人神的害。暴力与他无缘:若是他有所忍受,忍受的也不是暴力,因为暴力把握

---

① 这段的大意是古代神们常斗争残杀,是因为年轻的爱神还未出世。赫西俄德的《神谱》说到克洛诺斯残杀他的父亲乌刺诺斯,幽囚独眼神,以及宙斯讨伐叛神之类故事。关于帕墨尼得斯,参看143页注①。

② 阿特是宙斯的女儿,常在不知不觉之中迷惑人的心神,使人轻举妄动。引语见《伊利亚特》卷十九。

不住爱神;若是他有所发动,发动的也不是暴力,因为爱情都是出于自愿的,双方的情投意合才是'爱乡的金科玉律'。

"爱神不仅有正义,而且有节制。大家都公认节制是快感和情欲的统治力。世间没有一种快感比爱情本身还更强烈。一切快感都比不上爱情,就由于它们都受爱神的统治,而爱神是他们的统治者。爱神既然统治着快感和情欲,他不就是最有节制吗?

"再说勇敢,'连战神也抵挡不住'爱神。我们没听说过,爱神被战神克服,只听说过,战神被爱神克服,被阿佛洛狄忒克服①。克服者总比被克服者强。爱神既然能克服世间最勇敢的,他也就必然是勇敢无比了。

"爱神的正义,节制,和勇敢都已经说过了,剩下要说的是他的聪明才智。在这一点上我必须尽力说得透彻。头一层,像厄里什马克一样,我也得要尊敬我的行业,说爱神是一位卓越的诗人,一切诗人之所以成其为诗人,都由于受到爱神的启发。一个人不管对诗多么外行,只要被爱神掌握住了,他就马上成为诗人。这就很可以证明爱神是一个熟练的诗人,对一般的音乐创作都很拿手,因为一个人如果自己没有一件东西,他就不能拿它给旁人,如果不会一件事,也就不能拿它来教旁人。还不仅此,一切生命形式的创造,一切生物的产生,谁敢说不都是爱神的功绩呢?再说一切技艺,凡是奉爱神为师的艺术家都有光辉的成就,凡是不曾承教于爱神的都黯然无光。阿波罗怎样发明射击、医药和占卜的?还不是由于欲望和爱情的诱导?所以阿波罗其实还是爱神的徒弟。各种诗神在音乐方面,赫淮斯托斯在金工方面,雅典娜在纺织方面,宙斯在人神统治方面,也都要归功于爱神的教益。所以自从爱神一出现,神们的工作就上了轨道,有了秩序,这显然是对于美的爱好,因为丑不能作为爱的基础。像我开头就说过的,在爱神出现之前,定命神用事,神们中间曾发生许多凶恶可怕的事;自从爱神降生了,人们就有了美的爱好,从美的爱好就产生了人神所享受的一切幸福。

"斐德若,我的看法是这样:爱神在本质上原来就具有高尚的美和高尚的善,后来一切人神之间有同样的优美品质,都由爱神种下善因。现在我想到两行诗,正可以表现我的意思:

---

① 阿佛洛狄忒本是火神的妻,却爱上战神,和他私通。参看第32页及该页注⑥。

> 人世间的和平,海洋上的风平浪静,
> 狂风的安息,以及一切苦痛的甜睡,

这都是爱神的成就。他消除了隔阂,产生了友善,像我们今天这样的一切欢聚庆祝,一切宴会,乐舞和祭祀仪式,都是由他发动的,领导的。他迎来和睦,逐去暴戾,好施福惠,怕惹仇恨,既慷慨而又和蔼,所以引起哲人的欣羡,神明的惊赞。没有得到他的保佑的人们想念他,已经得到他的保佑的人们珍视他。他的子女是欢乐,文雅,温柔,优美,希望和热情,只照顾好的,不照顾坏的。在我们的工作中他是我们的领导,在我们的忧患中他是我们的战友和救星,在文酒集会中,他是我们的伴侣。无论是人是神,都要奉他为行为的轨范,每个人都应当跟着这位优美的向导走,歌唱赞美他的诗歌,并且参加他所领导的使人神皆大欢喜的那个乐曲。

"斐德若,这就是我的颂辞。我尽了我的力,使这篇颂辞时而庄重,时而诙谐。我愿意把它作为我对爱神的献礼。"①

阿伽通的话说完了之后,据亚理斯脱顿告诉我,在座的人们全体热烈鼓掌,赞赏这位少年说得那样好,是他自己的光荣,也是爱神的光荣。于是苏格拉底瞟了厄里什马克一眼,向他说:"阿库门的儿子,你看,我原来所怕的果然不足怕吗?我原来就说阿伽通会说得顶好,使我难乎为继,不是有先见之明吗?"厄里什马克回答说:"你确实说过他会说得顶好,在这一点上你倒是有先见之明。可是你说难乎为继,我却不敢承认。"苏格拉底说:"我的好人啊,怎么不是难乎为继?不但是我,就是任何人在听过这样既富丽而又优美的颂辞之后,要再说话,不都会有同样感觉吗?全文各部分都顶精彩,精彩的程度固然不同,但是快到收尾时,辞藻尤其美妙,使听者不能不惊魂荡魄。就我自己来说,我知道很清楚,无论如何,我也说不到那样好,自觉羞愧,想偷着溜出去,可惜找不着机会。阿伽通的颂辞常使我想起高吉阿斯,诚惶诚恐的心情恰如荷马所描写的,我生怕阿伽通在他的收尾的字句中会把那位大雄辩家高吉阿斯的头捧给我看,使我

---

① 阿伽通的颂辞着重爱神的本质和功用。论本质他是尽善尽美;论功用他是一切艺术,一切技艺,乃至于一切事业的感发者。总之,阿伽通把所有的好话都堆在爱神身上,他的结构是很平板的,理由是很牵强附会的,却斤斤计较修辞学上一些小伎俩,仍然不脱诡辩派的习气。

化成顽石,哑口无言①。

"所以我明白了,当初我和你们约定我也来跟着你们颂扬爱神,并且说我自己对爱情很内行,而其实我对于怎样去颂扬一个东西,茫然无知,这真是荒唐可笑。由于我的愚蠢,我原来以为每逢颂扬时,我们对于所颂扬的东西应该说真实话,有了真理做基础,然后选择最美的事实,把它们安排成最美的形式。我原来自视很高,自信一定可以说得顶好,因为我自以为知道作颂辞的真正方法。可是现在看来,一篇好颂辞像并不如此,而是要把一切最优美的品质一齐堆在所颂扬的对象身上去,不管是真是假,纵然假也毫无关系。我们的办法好像每人只要做出颂扬爱神的样子,并不要真正去颂扬他。就是因为这个缘故,在我看来,你们费尽气力把一切优点全归到爱神,说他的本质如何完美,效果如何伟大,使他在无知之徒的眼前——当然不是在有见识人的眼前——现出是最美最善的东西。这种颂扬的方式倒是顶堂皇典丽的,可是当我答应跟着你们颂扬爱神的时候,就不知道是要用这样方式。所以那只是我的口头应允,并非我的衷心应允。请诸位准许我告辞吧,我不能做这样的颂辞,我根本不会。不过你们如果肯让我用我自己的方式专说一些老实话,不是和你们比赛口才,使我成为笑柄,那么,我倒情愿来试一试。斐德若,请你决定一下,你们是否还要一篇老实话来颂扬爱神,不斤斤计较辞藻,让我想到什么就说什么呢?"

斐德若和其他在座的人们都请苏格拉底说下去,用什么方式都随他的便。苏格拉底说:"还有一个请求,斐德若,我想向阿伽通问几个问题,先得到他的一致意见,然后才说我的话。"斐德若说:"我答应你的请求,问他吧。"

据亚理斯脱顿说,此后苏格拉底就这样开始:

苏 亲爱的阿伽通,你的颂辞开端就声明先要说明爱神的本质,然后再陈述他的功劳,这的确很妥当。你的这段开端我十分钦佩。你把爱神的本质说得非常美妙高华,我还想请问你一句:爱是有对象,还是没有对象呢?我

---

① 高吉阿斯是当时有名的诡辩家,阿伽通所敬佩摹仿的。苏格拉底的颂扬全是讽刺。高吉阿斯(Gorgias)与高根(Gorgones)字形相近。高根在希腊神话中是一种女妖怪,头发是蛇,凶恶可怕,见者立即化为顽石。见《奥德赛》卷十一。苏格拉底拿高吉阿斯式的辞藻比高根的头。

的意思并非要问爱情是否就是对父亲或母亲的爱,这样问题当然很荒谬可笑。但是假如关于父亲,我提出这样一个问题:一个父亲还是某某人的父亲,还是不是什么人的父亲呢？这问题倒和我刚才所提出的那个问题相类似。如果你想答得妥当,你当然会说:父亲是儿女的父亲。是不是？

阿　当然。

苏　母亲也是儿女的母亲？

阿　是。

苏　那么,再请回答几个问题,好使你把我的意思懂得更清楚一点。假如我这样问你:一个弟兄,就其为弟兄而言,他是不是某某人的弟兄？比如说,弟或妹的兄？

阿　不错。

苏　现在就请你把这道理应用到爱情上:爱情是某某对象的爱,还是不是什么对象的爱呢？

阿　它当然是某某对象的爱。

苏　请紧记着这一点,爱情的对象是什么。现在暂请问:钟爱者对于所爱的对象有没有欲望呢？(是否想他呢？)

阿　无疑地有欲望。

苏　在爱他想他的时候,钟爱者是否已经得到了(占有了)那个对象？

阿　大概说来,他还没有得到那个对象。

苏　不是什么"大概",要的是确定不移。请想一想,一个人在想一个东西,是否就必然还没有那件东西,有了它是否就必然不再想它？在我看,这是确定不移的。阿伽通,你看如何？

阿　我和你的看法是一致的。

苏　很好。已经大的人就不再想大,已经强的人就不再想强,是不是？

阿　就我们已经承认的话来说,这是不可能的。

苏　我想这是因为他既然有了这类品质,就不再需要它们。

阿　你说得对。

苏　假如强者还想强,捷者还想捷,健康者还想健康……也许有人会说,凡是已经有了某某品质的人还是可以想有那些品质。为了免得受他们的蒙混,阿伽通,我得这样说:请你想一想,这些人既然有了这些品质,这"有"是必然的,无论他们愿不愿有它们,他们都必得有,他们怎样还能想有他

162

们所已有的呢？假如有人向我们说："我本来康健，可是还在想康健；我本来富有，可是还在想富有；我就是想有我所已有的。"我们就该这样回答他："我的好人，你现在想富有，想康健，想强壮，是为了将来而想它们，现在你不管想不想它们，你都已经有它们了。你说：'我想有我所已有的，'请想一想，你这句话是不是说：'现在我所已有的东西，我想将来仍旧有它们？'"阿伽通，他会不会承认这话呢？

阿　他该承认。

苏　爱情不恰恰也是这样？一个人既然爱一件东西，就还没有那件东西；他想它，就是想现在有它，或是将来永久有它。

阿　当然。

苏　所以总结起来，在这个情形和在一般情形之下，所想的对象，对于想的人来说，是他所缺乏的，还没有到手的，总之，还不是他所占有的。就是这种东西才是他的欲望和爱情的对象。

阿　的确如此。

苏　现在我们且回看一下上文所说的话，看我们在哪几点上已经得到一致的意见。头一层，爱情是针对着某某对象的；其次，这种对象是现在还没有得到的。是不是？

阿　是。

苏　既然如此，就请你回想一下在你的颂辞里，你把哪些东西看作爱情的对象。我可以提醒你，你所说的大致是这样：由于对于美的事物的爱，神们才在他们的世界里奠定了秩序，丑的事物不是爱情的对象。你是否是这样说的？

阿　不错，我说的确是这样。

苏　你说得很妥当，朋友。既然如此，爱情的对象就该是美而不是丑了？

阿　对。

苏　我们不是也承认过：一个人所爱的是他所缺乏的，现在还没有的吗？

阿　不错。

苏　那么，美就是爱情所缺乏的，还没有得到的？

阿　这是必然的。

苏　缺乏美的，还没有美的东西你能叫它美吗？

阿　当然不能。

苏　既然如此，你还能说爱神是美的吗？

阿　苏格拉底，恐怕当初我只是信口开河，对于所说的那一套道理根本没有懂得。

苏　你的辞藻却是实在美丽，阿伽通；但是我还要请问一点：你是否以为善的东西同时也是美的？

阿　对，我是这样想。

苏　爱神既然缺乏美的东西，而善的东西既然同时也是美的，他也就该缺乏善的东西了。

阿　我看不出有什么方法可以反驳你，苏格拉底，就承认它是像你所说的吧。

苏　亲爱的阿伽通，你所不能反驳的是真理不是苏格拉底，反驳苏格拉底倒是很容易的事。

　　好，我现在不再麻烦你了，且谈一谈我从前从一位曼提尼亚国的女人，叫做第俄提玛的，所听来的关于爱情的一番话。这位女人对爱情问题，对许多其他问题，都有真知灼见。就是她，从前劝过雅典人祭神禳疫，因此把那次瘟疫延迟了十年；也就是她，传授给我许多关于爱情的道理。我现在就按照刚才阿伽通和我所已达到协议的论点，尽我的能力，把她教给我的话重述一番。阿伽通，就依你的办法，我先说爱神的本质，然后再说他的功劳。我看最好的办法就是按照那位异方女人怎样考问我的次序来谈。当时我向第俄提玛所说的话也正和阿伽通今晚向我所说的一模一样，我说过爱神是一位伟大的神，说他的对象是美。她反驳我的话也正和我反驳阿伽通的一样，说爱神既不美，又不善。往下我就和她作如下的对话：

苏　你这话怎样讲，第俄提玛，爱神是丑的恶的吗？

第　别说谩神的话！你以为凡是不美的就必然丑吗？

苏　当然。

第　凡是没有真知的人就必然无知吗？真知与无知之中有一个中间情况，你没有想到吗？

苏　那是什么？

第　有正确见解而不能说出道理，知其然而不知其所以然，这还不能算是真知，因为未经推理的认识怎么能算是真知呢？但是也不能算是无知，因为碰巧看得很正确，怎么能算是无知呢？所以我以为像正确见解就是介乎真知与无知之中的一种东西。

苏　你说得很对。

第　那么,你就不能硬说凡是不美的就必然是丑的,凡是不善的就必然是恶的。爱神也是如此,你既然承认了他不善不美,别就以为他必恶必丑,他是介乎二者之间的。

苏　可是每个人都承认爱神是一个伟大的神呀!

第　每个人? 每个有知的人,还是每个无知的人?

苏　都在一起,全世界的每个人。

第　(笑)苏格拉底,他们既然不承认他是一个神,怎么能承认他是一个伟大的神呢?

苏　你所说的"他们"是谁?

第　你是其中之一,我也是其中之一。

苏　这话怎样可以证明?

第　容易得很。请问:你不说凡是神都是美的,有福分的? 你敢否认任何一个神的美和福分吗?

苏　凭老天爷,我不敢否认!

第　凡是人只要具有美的事物和善的事物,你就认为他们有福分,是不是?

苏　一点不错。

第　但是你也承认过:爱神因为缺乏善的事物和美的事物,才想有他所没有的那些事物?

苏　我承认过。

第　他既然缺乏美的事物和善的事物,怎么能算是一个神?

苏　看来像是不能。

第　既然如此,你看,你自己就是一个不把爱神看作神的①。

苏　那么,爱神是什么呢? 一种凡人吗?

第　绝对不是。

苏　是什么呢?

第　像我原先所说的,介乎人神之间。

---

① "爱神不是神",好像自相矛盾。这里如把爱神的名字译音为"厄洛斯"(Eros),似较妥。但"厄洛斯"在希腊文的含义仍是"爱神",如果因为第俄提玛的翻案,就把全篇的"爱神"改成"厄洛斯",也还是不妥。所以仍用"爱神",取其较易了解。参看第 77 页注②,第 86 页注①。

165

苏　他究竟是什么,第俄提玛?

第　他是一种大精灵,凡是精灵都介乎人神之间。

苏　精灵有什么功用?

第　他们是人和神之间的传语者和翻译者,把祈祷祭礼由下界传给神,把意旨报应由上界传给人;既然居于神和人的中间,把缺空填起,所以把大乾坤联系成一体。他们感发了一切占卜术和司祭术,一切关于祭礼,祭仪,咒语,预言和巫术的活动。神不和人混杂,但是由于这些精灵做媒介,人和神之中才有来往交际,在醒时或是在梦中。凡是通这些法术的人都是受精灵感通的人,至于通一切其他技艺行业的人只是寻常的工匠。这些精灵有多种多样,爱神就是其中之一。

苏　他的父母是谁呢?

第　说起来话很长,但是我还是不妨替你讲一讲。当初阿佛洛狄忒诞生时,神们设筵庆祝,在场的有丰富神,聪明神的儿子。他们饮宴刚完,贫乏神照例来行乞,在门口徘徊。丰富神多饮了几杯琼浆——当时还没有酒——喝醉了,走到宙斯的花园里,头昏沉沉地就睡下去了,贫乏神所缺乏的就是丰富,心里想和丰富神生一个孩子,就跑去睡在他的旁边,于是就怀了孕,怀的就是爱神。爱神成了阿佛洛狄忒的仆从,就是因为这个缘故,因为他是在阿佛洛狄忒的生日投胎的,因为他生性爱美,而阿佛洛狄忒长得顶美。①

　　因为他是贫乏神和丰富神配合所生的儿子,爱神就处在一种特殊的境遇。头一层,他永远是贫乏的,一般人以为他又文雅又美,其实满不是那么一回事,他实在粗鲁丑陋,赤着脚,无家可归,常是露天睡在地上,路旁,或是人家门楼下,没有床褥。总之,像他的母亲一样,他永远在贫乏中过活。但是他也像他的父亲,常在想法追求凡是美的和善的,因为他勇敢,肯上前冲,而且百折不挠。他是一个本领很大的猎人,常在设诡计,爱追求智慧,门道多,终身在玩哲学,是一位特殊的魔术家,幻术家和诡辩家。在本质上他既不是一个凡人,也不是一个神。在同一天之内,他时而茂盛,时而萎谢,时而重新活过来,由于从父亲性格所得来的力量。可是

---

① 这段神话不见经传,是虚构的。这里所谓"丰富"和"贫乏"都不仅在经济方面,同时也在思想智慧方面。依第俄提玛看,爱是这两种相反者的统一。

丰富的资源不断地来,也不断地流走,所以他永远是既不穷,又不富。

其次,他也介乎有知与无知之间。情形是这样:凡是神都不从事于哲学,也无意于求知,因为他们已经有哲学和知识了,凡是已经知道的人也都不再去探求。但是无知的人们也不从事于哲学,也无意于求知,因为无知的毛病正在于尽管不美不善不聪明,却沾沾自满。凡是不觉得自己有欠缺的人就不想弥补他根本不觉得的欠缺。

苏　既然如此,第俄提玛,哪些人才从事于哲学呢?既然有知者和无知者都不算在内?

第　这是很明白的,连小孩子也看得出,他们就是介乎有知与无知之间的,爱神就是其中之一。因为智慧是事物中最美的,而爱神以美为他的爱的对象,所以爱神必定是爱智慧的哲学家,并且就其为哲学家而言,是介乎有知与无知之间的。他的这种性格也还是由于他的出身,他的父亲确是聪明富有,他的母亲却愚笨贫穷。亲爱的苏格拉底,这个精灵的本质就是如此。你原来对于爱神有另样的看法,这也并不足怪。因为照你自己的话来看,你以为爱神是爱人而不是情人,是被爱者而不是钟爱者。你把爱神看成绝美,就是因为这个缘故。其实可爱者倒真是美,娇嫩,完善,有福分;但是钟爱者的本质却完全不同,如我所说明的。

苏　很好,外方客人,你说得顶好。爱神的本质既然是如你所说的,他对于人类有什么功用呢?

第　这正是我要启发你的第二个问题,苏格拉底。爱神的本质和出身既然像我所说过的,而他的对象是美的事物,你也承认了。假如有人这样问我们:"苏格拉底和第俄提玛,对于美的事物的爱究竟是什么呢?或是说得更明白一点,'凡是爱美者所爱的究竟是什么?'"

苏　他爱那些美的事物终于归他所有。

第　但是你的答案引起了另一问题:"那些美的事物既然归他所有之后,他又怎么样呢?"

苏　这问题我还不能立刻回答。

第　好,假如换个题目,问的不是美而是善:"请问,苏格拉底,凡是爱善者所爱的究竟是什么?"

苏　他爱那些善的事物终于归他所有。

第　那些善的事物既然归他所有之后,他又怎么样呢?

167

苏　这个问题倒比较容易回答,我可以说:他就会快乐。

第　对,快乐人之所以快乐,就由于有了善的事物。我们不必再追问他为什么希望快乐,你的答案似乎达到终点了。

苏　你说得很对。

第　依你看,这种欲望或爱是不是全人类所公有的呢?是否人人都希望善的事物常归他所有呢?你怎样说?

苏　是这样,它是全人类所公有的。

第　那么,既然一切人都永远一律爱同样的事物,我们为什么不说一切人都在爱,而说某些人在爱,某些人不在爱呢?

苏　我也觉得奇怪。

第　并没有什么奇怪。因为我们把某一种爱单提出来,把全体的名称加在它上面,把它叫做"爱"。旁的名称也有这样误用的。

苏　请举一个例。

第　就拿这个例子来说,你知道创作①的意义是极广泛的。无论什么东西从无到有中间所经过的手续都是创作。所以一切技艺的制造都是创作,一切手艺人都是创作家。

苏　你说得不错。

第　可是你知道,我们并不把一切手艺人都叫做创作家,却给他们各种不同的名称;我们在全体创作范围之中,单提有关音律的一种出来,把它叫做"创作"或"诗"。只是诗这一种创作才叫做"创作",从事于这种创作的人才叫做"创作家"或"诗人"。

苏　你说得对。

第　爱这个字也是如此。就它的最广义来说,凡是对于善的事物的希冀,凡是对于快乐的向往,都是爱,强大而普遍的爱。但是在其他方面企图满足这种欲望的人们,无论是求财谋利,好运动,或是爱哲学,都不叫做"情人们"或"钟爱者们",我们也不说他们在恋爱。只有追求某一种爱的人们才独占全体的名称,我们说他们在恋爱,把他们叫做"情人"或"钟爱者"。

苏　你这番话也许有些道理。

---

① 原文是 Poésie,其实就是"诗","诗"在希腊文中的意义就是"创作"。有些译本就用"诗"字来译。下文"一切手艺人都是创作家"就译成"一切手艺人都是诗人"。这里从罗本的法译。

第　我知道有一种学说,以为凡是恋爱的人们追求自己的另一半①。不过依我的看法,爱情的对象既不是什么一半,也不是什么全体,除非这一半或全体是好的。因为人们宁愿砍去手足,如果他们觉得这些部分是坏的。我以为人所爱的并不是属于他自己的某一部分,除非他把凡是好的都看作属于自己的,凡是坏的都看作不属于自己的。人只爱凡是好的东西。你有不同的看法吗?

苏　凭宙斯,我没有什么不同的看法。

第　那么,我们可否干脆地说:凡是好的人们就爱?

苏　可以这么说。

第　还要不要作这样一个补充:人们爱把凡是好的归自己所有?

苏　应该作这样补充。

第　不仅想把凡是好的归自己所有,而且永远归自己所有。

苏　这也是应该补充的。

第　总结起来说,爱情就是一种欲望,想把凡是好的永远归自己所有。

苏　这是千真万确的。

第　爱情既然常如此,现在请问你:人们追求这样目的,通常是怎样办?有爱情热狂的人发出怎样行为?这行为的方式怎样?你说得出吗?

苏　如果我说得出,第俄提玛,我就不用钦佩你的智慧,也不用拜你的门了。我来向你请教的正是这类问题。

第　好,我告诉你吧,这种行为的方式就是在美中孕育,或是凭身体,或是凭心灵。

苏　你这句话要请占卜家来解释,我不懂。

第　待我说明。一切人都有生殖力,苏格拉底,都有身体的生殖力和心灵的生殖力。到了一定的年龄,他们本性中就起一种迫不及待的欲望,要生殖。这种生殖不能播种于丑,只能播种于美。男女的结合其实就是生殖。这孕育和生殖是一件神圣的事,可朽的人具有不朽的性质,就是靠着孕育和生殖。但是生育不能在不相调和的事物中实现。凡是丑的事物都和凡是神圣的不相调和,只有美的事物才和神圣的相调和。所以美就是主宰生育的定命神和送子娘娘。就是因为这个道理,凡是有生殖力的人一旦遇

---

① 暗指阿里斯托芬的看法。

到一个美的对象,马上就感到欢欣鼓舞,精神焕发起来,于是就凭这对象生殖。如果遇到丑的对象,他就索然寡兴,蜷身退避,不肯生殖,宁可忍痛怀着沉重的种子。所以一个人孕育种子到快要生殖的时候,遇到美的对象,就欣喜若狂,因为得到了它,才可解除自己生产的痛苦。照这样看来,爱情的目的并不在美,如你所想象的。

苏　那么它在什么呢?

第　爱情的目的在凭美来孕育生殖。

苏　就依你那么说吧。

第　这是不容置疑的。为什么要生殖呢?因为通过生殖,凡人的生命才能绵延不朽。根据我们已经断定的话来看,我们所迫切希求的不仅是好的东西,而且还要加上不朽,因为我们说过,爱情就是想凡是好的东西永远归自己所有那一个欲望。所以追求不朽也必然是爱情的一个目的。

　　苏格拉底说:"我多次听她谈爱情问题,所听到的教义大体如此。还有一次,她向我提出这样的问题:"

第　依你看,苏格拉底,这爱情和这欲望的原因在哪里?你注意到一切动物在想生殖的时候那种奇怪的心情没有?无论是在地上走的,还是在空中飞的,在那时候都害着恋爱的病,第一步要互相配合,第二步要哺养婴儿。为着保卫婴儿,它们不怕以最弱者和最强者搏斗,甚至不惜牺牲性命;只要能养活婴儿,自己挨饥饿,受各种痛苦,都在所不辞。人这样做,我们还可以说是因为他受理性的指使。但是动物也都有这种现象,那是什么原因呢?你能不能告诉我?

苏　我不知道那是什么原因。

第　连这道理都不知道,你还想精通爱情的学问吗?

苏　我老早就向你说过,正因为不知道,我才来向你求教。请你告诉我,这些结果以及有关爱情的其他结果,都是由于什么原因。

第　如果你相信爱情在本质上确如我们屡次所断定的那样,你就不会再惊疑了。现在这个事例在原则上还是和我们从前所谈过的一样,就是可朽者尽量设法追求不朽。怎样才能达到不朽呢?那就全凭生殖,继续不断地以后一代接替前一代,以新的接替旧的。就拿个体生命来说,道理也是一样。我们通常以为每一个动物在它的一生中前后只同是一个东西,比如说,一个人从小到老,都只是他那一个人。可是他虽然始终用同一个名字,在性格上他在任何一个时刻里都不是他原来那个人。他继续不断地在变成新人,也继续不断地在让原来那个人死灭,比如他的发肉骨血乃至于全身都常在变化中。不仅是身体,心灵也是如此。他的心情,性格,见解,欲望,快乐,苦痛和恐惧也都不是常住不变的,有些在生,有些在灭。还有一个更奇怪的事实:就是我们的知识全部也不但有些在生,有些在灭,使我们在知识方面前后从来不是同样的人,而且其中每一种知识也常在生灭流转中。我们所谓"回忆"就假定知识可以离去;遗忘就是知识的离去,回忆就是唤起一个新的观念来代替那个离去的观念,这样就把前后的知识维系住,使它看来好像始终如一。凡是可朽者都是依这个方式去绵延他们的生命,他们不能像神灵的东西那样永久前后如一不变,而是老朽者消逝之后都留下新的个体,与原有者相类似。苏格拉底,凡是可朽者在身体方面或其他方面之所以能分享不朽,就是依这个方式,依旁的方式都不可能。因此,一切生物都有珍视自己后裔的本性,并无足怪,一切人和物之所以有这种热忱和爱情,都由于有追求不朽的欲望。

  苏格拉底说:"听到她的这番话之后,我非常惊怪,就问她:'真的就是这样吗,最渊博的第俄提玛?'于是她以一个十足的诡辩大师的气派回答我:"

第 不用怀疑,苏格拉底,你只须放眼看一看世间人的雄心大志。你会觉得它毫无理性,除非你彻底了解了我所说过的话,想通了他们那样奇怪地欲望熏心,是为着要成名,要"流芳百世"。为着名声,还有甚于为着儿女,他们不怕冒尽危险,倾家荡产,忍痛受苦,甚至不惜牺牲性命。你以为阿尔刻提斯会做她丈夫阿德墨托斯的替死鬼,阿喀琉斯会跟着帕特洛克罗斯死,或是你们自己的科德洛斯会舍身救国,为后人建立忠义的模范吗①?如果他们不想博得"不朽的英名",现在我们还在纪念的英名?没有那回事!我相信凡是肯这样特立独行的人都在想以不朽的功绩来博取不朽的荣誉。他们品格愈高,也就愈要这样做。他们所爱的都是不朽。

  凡是在身体方面生殖力旺盛的人都宁愿接近女人,他们的爱的方式是求生育子女,因此使自己得到不朽,得到名字的久传,而且依他们自己

---

① 阿尔刻提斯参看第143页注③;阿喀琉斯参看第10页注④。科德洛斯是雅典国王。雅典和多里斯战争,得尔福预言告诉他们,如果雅典国王战死,雅典就会胜利。多里斯人下令要保全科德洛斯的生命。他乔装樵夫,和多里斯人挑战,故意送死,因此使雅典得到胜利。

想,得到后世无穷的福气。但是凡是在心灵方面生殖力旺盛的人却不然。世间有些人在心灵方面比在身体方面还更富于生殖力,长于孕育心灵所特宜孕育的东西。这是什么呢?它就是思想智慧以及其他心灵的美质。一切诗人以及各行技艺中的发明人都属于这类生殖者。但是最高最美的思想智慧是用于齐家治国的,它的品质通常叫做中和与正义。这类生殖者是近于神明的,从幼小的时期起,心灵就孕育着这些美质,到了成年时期,也就起了要生殖的欲望。这时候,我想,他也要四处寻访,找一个美的对象来寄托生殖的种子,因为他永不会借丑的对象来生殖。美本来是他所孕育的一个品质,因此,他对于身体美的对象比对于身体丑的对象较易钟情。如果他碰见一个美好高尚而资禀优异的心灵,他对于这样一个身心调和的整体就会五体投地去爱慕。对着这样一个对象,他就会马上有丰富的思想源源而来,可以津津谈论品德以及善人所应有的性格和所应做的事业。总之,他就对他的爱人进行教育。常和这美的对象交往接触,他就把孕育许久的东西种下种子,让它生育出来。无论是住得近或隔得远,他随时随地都一心一意地念着他的爱人。到了婴儿出世之后,他们就同心协力,抚养他们的公共果实。这样两个人的恩爱情分比起一般夫妻中的还要深厚得多,因为他们所生育的子女比寻常肉体子女更美更长寿。每个人都宁愿与其生育寻常肉体子女,倒不如生育这样心灵子女,如果他放眼看一看荷马,赫西俄德以及其他大诗人,欣羡他们所留下的一群子女,自身既不朽,又替他们的父母留下不朽的荣名。再看莱科勾在斯巴达所留下的子女不仅替斯巴达造福,而且可以说,替全希腊造福。在你们雅典人中间,梭伦也备受崇敬,因为他生育了你们的法律。此外,还有许多例证,无论在希腊或在外夷,凡是产生伟大作品和孕育无穷功德的人们也都永远受人爱戴。因为他们留下这样好的心灵子女,后人替他们建筑了许多庙宇供馨香祷祝,至于寻常肉体子女却从来不曾替父母博得这样大的荣誉。

以上这些关于爱情的教义,苏格拉底,你或许还可以领会。不过对于知道依正路前进的人,这些教义还只是达到最深密教的门径,我就不敢说你有能力参证了[①]。我尽力替你宣说,你须专心静听。

---

[①] 柏拉图把最高的爱情学问——即哲学——看作一种玄秘的宗教,所以假托一个神秘的女巫来说,用的字常带有宗教术语的意味。所以译文借用了一些佛典中的术语。

  凡是想依正路达到这深密境界的人应从幼年起,就倾心向往美的形体①。如果他依向导引入正路,他第一步应从只爱某一个美形体开始,凭这一个美形体孕育美妙的道理②。第二步他就应学会了解此一形体或彼一形体的美与一切其他形体的美是贯通的。这就是要在许多个别美形体中见出形体美的形式③。假定是这样,那就只有大愚不解的人才会不明白一切形体的美都只是同一个美了。想通了这个道理,他就应该把他的爱推广到一切美的形体,而不再把过烈的热情专注于某一个美的形体,就要把它看得渺乎其小。再进一步,他应该学会把心灵的美看得比形体的美更可珍贵,如果遇见一个美的心灵,纵然他在形体上不甚美观,也应该对他起爱慕,凭他来孕育最适宜于使青年人得益的道理。从此再进一步,他应学会见到行为和制度的美,看出这种美也是到处贯通的,因此就把形体的美看得比较微末。从此再进一步,他应该受向导的指引,进到各种学问知识,看出它们的美。于是放眼一看这已经走过的广大的美的领域,他从此就不再像一个卑微的奴隶,把爱情专注于某一个个别的美的对象上,某一个孩子,某一个成年人,或是某一种行为上。这时他凭临美的汪洋大海,凝神观照,心中起无限欣喜,于是孕育无量数的优美崇高的道理,得到丰富的哲学收获。如此精力弥满之后,他终于一旦豁然贯通惟一的涵盖一切的学问,以美为对象的学问。

  说到这里,你得尽力专心听了。一个人如果随着向导,学习爱情的深密教义,顺着正确次序,逐一观照个别的美的事物,直到对爱情学问登峰造极了,他就会突然看见一种奇妙无比的美。他的以往一切辛苦探求都是为着这个最终目的。这种美是永恒的,无始无终,不生不灭,不增不减的。它不是在此点美,在另一点丑;在此时美,在另一时不美;在此方面美,在另一方面丑;它也不是随人而异,对某些人美,对另一些人就丑。还不仅此,这种美并不是表现于某一个面孔,某一双手,或是身体的某一其他部分;它也不是存在于某一篇文章,某一种学问,或是任何某一个别物体,例如动物、大地或天空之类;它只是永恒地自存自在,以形式的整一永

---

① 原文只是"身体",不过西文中"身体"常指一般物体,用"形体"译似较妥。形体是感觉的对象,与下文所说的那些理解的对象相对立。
② 原文 logos 有"言辞""文章""道理"等义。
③ 这里所谓"形式"就是"理式","共相"或"概念"。

与它自身同一①;一切美的事物都以它为泉源,有了它那一切美的事物才成其为美,但是那些美的事物时而生,时而灭,而它却毫不因之有所增,有所减。总之,一个人从人世间的个别事例出发,由于对于少年人的爱情有正确的观念,逐渐循阶上升,一直到观照我所说的这种美,他对于爱情的深密教义也就算近于登峰造极了。这就是参悟爱情道理的正确道路,自己走也好,由向导引着走也好。先从人世间个别的美的事物开始,逐渐提升到最高境界的美,好像升梯,逐步上进,从一个美形体到两个美形体,从两个美形体到全体的美形体;再从美的形体到美的行为制度,从美的行为制度到美的学问知识,最后再从各种美的学问知识一直到只以美本身为对象的那种学问,彻悟美的本体。

亲爱的苏格拉底,这种美本身的观照是一个人最值得过的生活境界,比其他一切都强。如果你将来有一天看到了这种境界,你就会知道比起它来,你们的黄金,华装艳服,娇童和美少年——这一切使你和许多人醉心迷眼,不惜废寝忘餐,以求常看着而且常守着的心爱物——都卑卑不足道。请想一想,如果一个人有运气看到那美本身,那如其本然,精纯不杂的美,不是凡人皮肉色泽之类凡俗的美,而是那神圣的纯然一体的美,你想这样一个人的心情会像什样呢?朝这境界看,以适当的方法凝视它,和它契合无间,浑然一体,你想,这对于一个凡人是一种可怜的生活么?只有循这条路径,一个人才能通过可由视觉见到的东西窥见美本身,所产生的不是幻相而是真实本体,因为他所接触的不是幻相而是真实本体,你没有想到这个道理吗?只有这样生育真实功德的人才能邀神的宠爱,如果凡人能不朽,也只像有他这样才可以不朽。

苏格拉底说:"斐德若和在座诸位,这就是第俄提玛教我的一番话。我自己对它心悦诚服,我也在设法使旁人对它心悦诚服,使人人相信。要想找到一个人帮助我们凡人得到这样福分,再好不过的就是爱神。因此,我现在奉劝诸位,每个人都应该尊敬爱神。像我自己就特别热心以尊敬爱神为专业,而且还要激起旁人也有这样大的热忱。我现在歌颂爱神,而且要永远歌颂爱神,尽我所有的能力,来歌颂他的威灵。斐德若,你把这

---

① 这就是所谓"绝对美",它涵盖一切,独一无对无待。

番话叫做爱神的颂辞也好,给它一个旁的名称也好,都随你的便。"①

苏格拉底说完话,在场的人们都赞赏他说得好,只有阿里斯托芬说苏格拉底的话里有一段涉及他自己,正在提出质问,猛然有人大敲前门,有一阵嘈杂的声音,仿佛是一群欢宴者的吵闹,其中还听见一个吹笛女的歌声。阿伽通就告诉奴隶们:"出去看看是谁,如果是我的朋友,就请他们进来,否则就说我们已喝完酒,正要休息了。"

没有一会儿,我们就听见前院有亚尔西巴德的声音,他烂醉如泥,大声喧嚷着问阿伽通在哪里,吩咐人带他去见阿伽通。那位吹笛女和其他随从的人们就扶着他到我们会饮的厅里。他到门口就站住,头上戴着一个葡萄藤和紫罗兰编的大花冠,还缠着许多飘带,大声嚷道:"朋友们,你们都好呀,你们肯不肯让一个醉汉来陪酒,还是让我们替阿伽通戴上花冠,戴完了就走?我们来就专为这件事。我得告诉你们,昨天我有事,不能来参加庆祝;可是现在我来了,头上戴了这些飘带,我要把这些飘带从我的头上取下来,拿来缠在这个人的头上,我可以说,这个最聪明最漂亮的人的头上。你们笑,笑我喝醉了吗?尽管你们笑,我说的却是真话。咳,干脆回我一句话,我已经说明来意了,我还是进来还是不进来?你们还是和我喝酒,还是不和我喝酒?"

大家都嚷着欢迎他,请他入座,阿伽通也在邀请他。他由随从的人们扶着进来,取下头上的飘带,准备缠阿伽通的头,把飘带举在眼前,所以没有看见苏格拉底。他走到阿伽通和苏格拉底中间坐下,原来苏格拉底望见他来,就已经把自己的座位让出了。他一坐下,就拥抱阿伽通,用飘带

---

① 苏格拉底的颂辞是全篇三大段的中段,也是全篇的精义所在。它本身分两部分,和阿伽通的对话以及和第俄提玛的对话。在和阿伽通的对话里,他说明了:(一)爱情必有对象;(二)钟爱者还没有得到所爱的对象;(三)爱情就是想占有所爱对象那一个欲望;(四)爱情的对象既然是美,如阿伽通所说的,它就还缺乏美,"爱神是美的"一说不能成立;(五)美善同一,所以爱神也不是善的。这样苏格拉底就把阿伽通的一篇大文章完全推翻了。接着他说他的爱情学问是从女巫第俄提玛领教来的。他原来和阿伽通一般见解,她纠正了他。她使他明白:(一)爱神介乎美丑,善恶,有知与无知,神与人之间的一种精灵,是丰富和贫乏的统一,总之,就是一个哲学家;(二)爱情就是想凡是美的善的永远归自己所有那一个欲望;(三)爱情的目的是在美的对象中传播种子,凭它孕育生殖,达到凡人所能享有的不朽:生殖是以新替旧。种族与个体都时时刻刻在生灭流转中。这种生殖可以是身体的,也可以是心灵的。诗人,立法者,教育者以及一切创造者都是心灵方面的生殖者;(四)爱情的深密教,也就是达到哲学极境的四大步骤。

175

缠他的头。阿伽通吩咐奴隶们："把亚尔西巴德的鞋脱下,让他和我们俩躺在这床上。""那就再好不过了,"亚尔西巴德说,"你以外还有谁呢?"他转头一看,看见苏格拉底,马上跳起来嚷:"凭赫剌克勒斯呀①,咳,原来苏格拉底也在这里!你这家伙,还是你那个老习惯,坐在这里乘其不意地来吓我一跳,老是在出乎意外的地方碰到你!你在这里干吗呢?为什么坐在这里?不坐在阿里斯托芬旁边,或是其他实在滑稽或是想滑稽的人的身边?你居然玩了什么花样,坐在这里最美的一个人旁边,这是什么意思?给我说来!"

于是苏格拉底说:"阿伽通,请你设法保护我,因为这家伙的爱情对于我真不是一件小麻烦。自从我钟情于他,我就不能看一个美少年一眼,或是和他谈一句话,若是有这样事,他就大吃其醋,用最酷毒的方法虐待我,不伸手打我就是好事。现在他的老脾气又发作了,请你劝他和我和解,如果他要动武,还要请你保护。我真怕他的狂热的爱情和他的妒忌,怕得叫我发抖。"

亚尔西巴德说:"不,你和我没有什么和解。你今天说出这样话,下次我再报复你,目前咧,阿伽通,把你的飘带拿几条给我,让我来缠这家伙的头,这个奇妙惊人的头。别让他怪我替你戴了花冠,没有替他戴,他这位大辩才,是一位不仅像你只在前天得到胜利,而且会永远在一切人之中得到胜利的。"说到就做到,他拿了飘带,缠了苏格拉底的头,然后归还原位躺下。接着他又说:"朋友们,我看你们都还很清醒。这不行,你们得喝酒,你们知道,这是大家原来约定的事。现在我选我自己来做主席,一直到你们喝够了再说。阿伽通,叫人拿一个顶大的杯子给我,如果你有的话。别忙,用不着杯子,堂倌,你把那个凉酒的瓶子拿给我。"这瓶子要装三斤多,他把酒斟满,一口就把它喝干,再叫人把它斟满,传给苏格拉底,同时说:"朋友们,这瓶酒对于苏格拉底并不是一件陷害他的东西,你要他喝多少,他就喝多少,而且永不会醉。"

堂倌斟了酒,苏格拉底马上就一口喝干。厄里什马克就问:"亚尔西巴德,这是什么一个办法?我们就只管喝酒,也不谈话,也不唱歌吗?我们尽傻喝,像要解渴似的!"亚尔西巴德回答说:"咳,厄里什马克,你聪明

---

① 凭有名的大力士发誓。

爸爸的聪明儿子①,我向你敬礼!"厄里什马克说:"我回敬你,但是我们究竟怎么办呢?""你说怎么办就怎么办,我们只有惟命是听,因为常言说得好,'一个医生,胜过万人'②。你且随意开方子吧!"厄里什马克于是说:"请听着,在你未来之前,我们商议定了,从左到右每人都要尽力做一篇最好的颂辞,来颂扬爱神。我们都已经做过了,你既然没有做,却喝了酒,现在就应该轮到你来做。你做完颂辞之后,可以随意出一个题目请苏格拉底讲,他又随意出一个题目请他的右邻讲,其余就这样顺次轮流下去。"亚尔西巴德说:"你这办法倒顶好,厄里什马克,不过叫一个醉汉和一些头脑清醒的人们较量口才,恐怕不大公平。并且,亲爱的朋友,你相信苏格拉底刚才所说的那一套话吗?事实和他所说的却正相反。如果我在他的面前,不颂扬他而颂扬旁的,无论是人是神,就难保不挨他的拳头。"苏格拉底向他说:"够了,别再说废话了!""凭波塞冬③,你别抗议,"亚尔西巴德说,"在你面前,我不能颂扬旁人。"厄里什马克插嘴说:"就这么办吧,你要颂扬苏格拉底就开始颂扬吧!"亚尔西巴德问:"真的吗?厄里什马克,你觉得我应该这样办,当你们的面来好好地报复这家伙一场吗?"苏格拉底抗议说:"喂,我的少年人,你要干吗呢?要颂扬我来和我开玩笑么?还是有旁的用意呢?""我担保只说真话,你同意么?""只要你说的是真话,我不但同意,而且还要敦促你。"亚尔西巴德就说:"我不会失信。并且请你注意着,如果我说错了,请马上就拦阻我,告诉我:'你那句话是谎话',因为我不会故意撒谎。假如我记性坏,说得乱,请不要见怪,像我现在这样醉醺醺的,想有条有理地缕述你的奇妙处,恐怕不太容易。"

诸位,要颂扬苏格拉底,我打算用些比喻来说。他自己也许以为我这样办,是要和他开玩笑,请他放心,我用的比喻是要说明真理,不是要开玩笑。首先我要说,他活像雕刻铺里摆着的那些西勒诺斯④像,雕刻家们把

---

① 厄里什马克的父亲阿库门是一位名医。
② 见《伊利亚特》卷十一。
③ 凭海神发誓。
④ 希腊神话中的林神(Satyri),其中之一专名西勒诺斯(Silenus)。这些林神们象征自然的繁殖力,与酒神教关系最密切。他们的形状很丑陋,头发竖立,鼻圆而孔朝天,耳尖如兽,额上有两个小角,后面还有一条尾巴。他们欢喜酒,乐,舞以及一般感官性的享乐。苏格拉底的形状著名地丑陋,所以亚尔西巴德拿林神像来比他。林神像是当时宗教上的工艺品,外表是林神,肚子里藏着各种神像。

他们雕成手执管笛,身子由左右两半合成,如果打开来,你会看见里面隐藏着神像。其次我要说,他像林神马西亚斯①。苏格拉底,你在外表上和这些林神们相像,我想连你自己也不会辩驳。至于其他类似点,且听我说来。你是一个厉害的嘲笑家,不是吗?如果你否认,我可以拿出证据来。你不是一个吹笛手吗?你是的,而且比林神还更高明。林神用嘴唇来叫人心荡神怡,还要靠乐器,现在任何人用林神的调子来吹笛,都可以发生同样效果——奥林普斯②所吹的那些调子我认为还是马西亚斯教给他的——所以无论是谁,吹笛的名手也好,普通吹笛女子也好,只要能吹林神的调子,就有力量使人们欢欣鼓舞,显示出听众中哪些人需要神的保佑或是参与秘密仪式;只有林神的一些调子有这种力量,因为它们是神性的。马西亚斯和你只有一个分别,苏格拉底,你不消用乐器,只用单纯的话语,就能产生同样的效果。若是旁人在说话,尽管他是第一流辩才,我们丝毫不感兴趣;但是一旦听到你说话,或是听旁人转述你的话,尽管转述的人口才坏,马上我们无论男女老少就都欢欣鼓舞起来了。

就拿我自己来说吧,朋友们,若是不怕你们说我醉酒说疯话,我可以向你们发誓来声明他的言辞对我发生过什样稀奇的影响,这影响就连在现在我还感觉到。我每逢听他说话,心就狂跳起来,比科里班特们③在狂欢时还跳得更厉害;他的话一进到我的耳里,眼泪就会夺眶而出,我看见过大群的听众也表现出和我的同样情绪。我也听过伯里克理斯④和许多其他大演说家,他们的辩才固然也使我钦佩,可是我从来没有遇过听苏格拉底的那样的经验,从来不觉得神魂颠倒,从来不自恨像奴隶一样屈伏。但是每逢听这位马西亚斯,我常感觉到我所过的这样生活简直过不下去。苏格拉底,我这番话是你都无法否认的。就连在此刻,我还有这样感觉:若是我肯听他,就得凭他支配,就得再发生同样的情绪。他曾逼我承认:我在许多方面都还欠缺,因为我参预雅典的政事,就忽略了我自己的修养。因此我勉强掩耳逃避他,像逃避莎林仙女⑤一样,怕的是坐在他身边

---

① 马西亚斯,已见第43页注①。
② 奥林普斯是希腊著名的乐师,做了很多祭神歌。参看第9页注②。
③ 科里班特是信奉酒神的祭司们,在酒神祭典中表现宗教热忱于疯狂的歌舞。参看第9页注④。
④ 伯里克理斯是雅典文化极盛时代的大政治家,民主党的首领。参看第104页注①。
⑤ 莎林仙女住海岛上,以美妙的歌声诱乘船的过客登陆,把他们化为牲畜,见《奥德赛》卷十二。参看第92页注②。

要一直坐到老。我生平从来不在人前感到羞愧,他是惟一的人使我对他感到羞愧,这是出人意料的。向他领教的时候,我对他劝我怎样立身处世的话一句也不能反驳,可是一离开了他,我还是不免逢迎世俗①。我老是逃避他,但是一见到他的面,想到从前对他的诺言,就感到羞愧。我有时甚至愿望他不在人世,可是假如他真正死了,我会感到更大的痛苦。所以我真不知怎样对付这家伙才好。

我们这位林神怎样用他的笛调迷惑了我,还迷惑了许多旁人,我已经说过了。现在我要告诉你们,在旁的方面他多么像我所比喻的,他有多么神奇的威力。我敢说,你们中间没有一个人能了解他,现在我要继续揭开他的面具,既然我已经开始了。你们看看,苏格拉底对于美少年们是什样多情,他时时刻刻地缠着他们献殷勤,一见到他们就欢天喜地的。再看,他多么蠢,什么也不知道,至少是他装得像这样。这一点不活像西勒诺斯吗?这是他戴的外壳,像雕刻的西勒诺斯的那种外壳一样。但是你如果把他剖开,看看他的里面,亲爱的酒友们,你们想不到他里面隐藏着那一大肚子的智慧!我告诉你们,人的美毫不在他眼里,他怎样鄙视它,是你们想象不到的。他也瞧不起财富,以及一般世俗所欣羡的那些东西。这一切都不在他眼里,我们这一班人也都不在他眼里,他一生都在讥嘲世间人。可是到了他认真的时候,把肚子剖开的时候,那里面所藏的神像就露出来了,旁人看见过没有,我不知道,我自己却亲眼见过,发现它们是那样的神圣,珍贵,优美,奇妙,使我不由自主地五体投地,一切服从他的意志。

我以为他对我的年轻貌美有真正的爱情,自幸这是一个很吉利的兆应和运气,希望可以用我的恩情换取他的教诲,把他所知道的都教给我。我向来颇自豪,以为自己的年轻貌美是无人能比的。从前我去访苏格拉底,常带一个随从,以后因为心里有了这个计算,就把这个随从打发走,我单独一个人去看他。这里我必须把实情和盘托出,请你们专心听着,苏格拉底你也听着,如果我说谎,你随时可以反驳。朋友们,我去会他,只有他和我面对面,我指望着他要趁这个机会向我说一点情人私下向爱人所说的话,心里甚为快活。可是我的指望落得一场空,什么也没有,他只和平

---

① 亚尔西巴德虽然爱从苏格拉底听教,但是轻浮好名,终于在政治上失败,出卖过雅典,雅典在公元前四〇四年被斯巴达攻陷后,他准备奔降波斯,被人刺死。柏拉图在这里可能是对于这位轰动一时的人物表示惋惜,同时替老师洗清失教的过错。

时一样和我交谈,一天完了,把我放下,自己就走了。这次失败之后,我邀他陪我到健身房去做运动。我和他交手练拳,心想这回可以达到我的愿望。他和我交过几次手,没有一个旁人在场。哼,还有什么可说的!一步也没有进展!这办法既然不行,我就决定大胆一点,对他用比较猛的办法,既然开头了,不能半途而废,要看看他到底怎样。因此,像情人想引诱爱人一样,我约他来吃晚饭。他先是推辞,后来勉强答应了。第一次来了,吃完饭之后,他马上告辞,当时我很羞愧,就让他走了。第二次我想了一个新办法,饭吃完之后,我不断气地和他攀谈,一直谈到深夜。他说要走,我以太晚为借口,强迫他留下。这样他就和我联床卧着,他用的就是他吃晚饭用的那张床。在这间房里睡的没有旁人,就只有他和我。

一直到这里,我的故事可以谈给任何人听,下文的话我决不会向你们讲下去,若不是一方面因为"酒说真话"——是否要连"孩子们"在一起都没有多大关系①——另一方面因为我既然开始颂扬苏格拉底,如果把他的最光辉灿烂的行迹瞒着不说,未免不忠实。还有一层,我的情形正和遭蛇咬过的人一样。据说一个人若是遭蛇咬了,不肯把他的感觉说给人听,除非那人自己也是遭蛇咬过的,因为只有亲自遭蛇咬过的才能了解他,也才能原谅他,如果由于苦痛的压迫,他所说的话和所做的事显得不正常。我呗,也遭咬了,咬我的那东西比蛇还更厉害,咬的地方是疼得最厉害的地方,我的心,我的灵魂,或是叫它一个旁的名称也可以。我是被哲学的言论咬伤了。这比毒蛇还更毒,如果它咬住一个年幼的而且资禀不坏的心灵,就会使他无论做什么,说什么,都全凭它的支配。看看这些在座的,斐德若,阿伽通,厄里什马克,泡赛尼阿斯,亚理斯脱顿,阿里斯托芬——用不着提苏格拉底本人——还有许多旁的人,你们每个人也都尝过哲学的迷狂和热情,所以我可以说给你们听,你们会原谅我过去的行为和今天的话语。但是对于奴仆们以及一切外人俗人,把最厚的门关起,免得声音到了他们的耳里。

好,诸位,灯熄了,佣人退出了,我想和他用不着转弯抹角,无妨开门见山地把我的意思直说出来。所以我推了他一下,问:"苏格拉底,你睡着了吗?""还没有哩,"他回答。"你知道我在想什么吗?""想什

---

① 希腊有一句谚语,"酒和孩子们都说真话"。

呢?"我于是说:"我想你是惟一的一个人配得上做我的情人,可是你好像害羞,不肯向我提这件事。我的心情是这样,我认为若是我不肯答应你,无论是在这方面,还是在其他方面,你对于我的财产或我的亲友有所需要的话,我说,若是我不肯答应你,我就傻了。我心里想,人生最重要的事莫过于提高自己的修养;要达到这个目的,我不能找到一个比你更好的导师。因此,我觉得若是像你这样一个人向我有所要求而我不肯答应的话,在高明人面前,我会感觉到比答应了在俗人面前所感到的羞愧更大。"听到我这番话之后,苏格拉底用他所惯有的特有的那副天真神气回答说:"亲爱的亚尔西巴德,你说到我的那番话如果是真的,如果我确实有一种力量能帮助你提高你的修养,你倒还是真不愚笨。若是那样,你就一定发见了我有一种真正伟大的美,远超过你的貌美。若是这个发见使你起了念头要分享我的这种美,要用美换美,你的算盘就打得很好,很占了我一些便宜,因为你拿出来的是外表美,要换得的是实在美,这真是所谓'以铜换金'。但是,亲爱的朋友,你得再加审慎地考查一番,你也许看错了,我也许毫无价值。到了肉眼开始朦胧的时候,心眼才尖锐起来,你离那个时节还远哩。"我就回答他说:"我要说的话都说给你听了,没有一句不是真心话,现在就等你考虑,看什样办法对于你和我才最好。"他说:"你说得很对,将来总有一天我们可以考量考量,看什样办法对我们才最好,在这件事上和其他事情上。"经过这番交谈之后,我的箭算是射出去了,我以为已经射中了他。因此,我就爬起来,不让他有机会说一句话,就把我的大衣盖在他的身上——当时正是冬天——我自己就溜进他的破大衣下面,双手拥抱着这人,这真正神奇的人,就这样躺了一宵。苏格拉底,你敢说这是谎话吗?我的一切努力都只能引起他的鄙视,他对我所自豪的貌美简直是嘲笑,简直是侮辱。诸位判官们,你们今天对于苏格拉底的傲慢,须评判评判。我凭神们和女神们向你们发誓,我和苏格拉底睡了一夜起来之后,正像和我的父亲或哥哥睡了一夜一样!

　　从此以后,我的心情怎样,你们不难想象了。一方面我觉得遭了他鄙视,另一方面我惊赞他的性格,他的节制和他的镇静,我从来没有碰见一个人像他那样有理性,那样坚定,我以为这简直是不可能的。因此,我既不能恼怒他,和他绝交,又没有办法可以引他上钩。我知道在钱财方面他比埃阿斯对于刀矛①还更牢不可破,我惟一的优点,在我自己看,或许是能攻破他的武器,但是他终于脱险了。所以我找不到一条出路,只有东西游荡,受这人的支配,从来奴隶受主人的支配都还不至于像我这样。

经过这次事情之后,他和我都参加了泡提第亚战役②。我们吃饭同席。初到时他就以能吃苦耐劳见长,不仅胜过我,而且胜过军队里一切人。每逢交通线断绝,我们孤立在一个地方的时候——这在军中是常有的事——食粮断绝了,没有一个人能像他那样忍饥挨饿。可是有时肴馔很丰盛,也没有一个人能像他那样狼吞虎咽。他本来不大爱喝酒,若是强迫他喝,他的酒量比谁都强,最奇怪的是从来没有人见过苏格拉底喝醉。关于他的酒量,我想停一会儿你们就可以作见证。其次,他不怕冬天的酷冷——那地带冬天是很可怕的——也很叫人吃惊。有一次下过从来没有见过的那样厉害的霜,兵士们没有一个人敢出门,就是出门的话,也必定穿得非常厚,穿上鞋还裹上毡;但是他照旧出去走,穿着他原来常穿的那件大衣,赤着脚在冰上走,比起穿鞋的人走着还更自在,叫兵士们都斜着眼睛看他,以为他有意轻视他们。

他在军中的情形如此。"但是这位勇敢的英雄还立过旁的功绩"③,那也是在军中的事,值得一谈。一天大清早他遇到一个问题,就在一个地点站着不动,凝神默想,想不出来,他不肯放手,仍然站着不动去默想。一直站到正午,人们看到他,都很惊奇,互相传语说:"从天亮,苏格拉底就一直站在那里默想!"到了傍晚,旁观者中有几个人吃过晚饭——当时正是夏天——就搬出他们的铺席,睡在露天里,想看他是否站着过夜。果然,他站在那里一直站到天亮,到太阳起来了,向太阳做了祷告,他才扯脚走开。

你们想不想知道他在战场上的情形?丢开这层不说,也未免不公道。在那次战争中将官们发给我一个英勇奖章,那一次全军中就只有他一人救了我的命。我受了伤,他守着我不肯走,结果把我的盔甲和我自己都救出危险。我就请求将官们把英勇奖章发给你,苏格拉底,这是事实,我想

---

① 埃阿斯是特洛亚战争中的英雄,他的护身盾是用七层牛皮做的,所以不怕刀矛。
② 泡提第亚是希腊北部的一个城市,本受雅典统制,公元前四三三年起兵反抗希腊,经过两年苦战,终被雅典克服。苏格拉底参加过这次战役。
③ 见《奥德赛》卷四。

你不会骂我或是反驳我。将官们看到我的阶级,有意要把奖章给我,你比他们还更坚持,一定要让奖章给我,你自己不肯要。在德利乌门战败之后①,全军撤退,苏格拉底当时的态度也很值得钦佩。当时我碰巧在场,我骑着马,他背着重兵器徒步走。队伍全散乱了,他跟着拉克斯②一起退走。我碰巧赶上他们,一望见他们,我就告诉他们不要怕,我决不丢开他们。那给了我一个好机会——比在泡提第亚的机会更好——来观察苏格拉底——因为我骑着马,自己倒没有什么可怕的。我观察到两点,头一点,他远比拉克斯镇静;第二点,阿里斯托芬,像你的诗句所说的,他在那里走路的样子像在雅典一样:"昂首阔步,斜目四顾"③,看到敌人也好,看到朋友也好,都是那样镇静地斜着眼看着,叫每个人远远地望到他,就知道他不是好惹的,若是挨到他,他会拿出坚强的抵抗。因此,他和他的伴侣都安然脱了险,因为在战场上人们遇到像这样神气的人照例不敢轻于冒犯,人们所穷追的是些抱头鼠窜的人。

此外,苏格拉底值得我们颂扬的稀奇事迹还很多,不过在旁的活动范围里,同样的话也许可以应用到旁人身上。有一点特别值得赞赏的,就是无论在古人还是在今人之中,找不到一个可以和他相比的人。比如说,提起阿喀琉斯,你可以拿布剌什达斯④或旁人和他相比;提起伯里克理斯,你可以拿涅斯托,安武诺⑤或许多可以想到的人和他相比;同样地,许多伟大人物都各有他们的侪辈。可是谈到苏格拉底这个怪人,无论在风度方面还是在言论方面,你在古今找不出一个人来可以和他相比,除非你采取我的办法,不拿他比人,而拿他比林神和西勒诺斯,无论是就风度看,还是就言论看。

我说他的言论,因为我在开头时忘记说,他在这方面尤其活像剖开的西勒诺斯。如果你要听苏格拉底谈话,开头你会觉得顶可笑。在表面上他的字句很荒谬,就恰像卤莽的林神所蒙的那张皮。他谈的尽是扛货的

---

① 德利乌门是玻俄提亚的一个城市。公元前四一二年玻俄提亚和雅典在此交战,把雅典打败了。
② 拉克斯是这次战役中的雅典将官。
③ 引语见阿里斯托芬的喜剧《云》第 362 行。《云》本是为讥嘲苏格拉底而写的。苏格拉底被控处死,《云》是一个导火线。柏拉图把这句本是讽刺的话改为颂扬的话,可见他写这篇对话时,心里记得《云》这宗公案。所以有人以为亚尔西巴德的颂辞是对于《云》的答辩。
④ 布剌什达斯是公元前五世纪斯巴达的战斗英雄,几次打败过雅典,死于战役。
⑤ 特洛亚战争中有两个善于辞令的老谋臣,在希腊方面是涅斯托,在特洛亚方面是安武诺。

驴子哟,铁匠哟,鞋匠哟,皮匠哟,他好像老是在说重复话,字句重复,思想也重复,就连一个无知的或愚笨的人听到,也会传为笑柄。但是剖开他的言论,往里面看,你就会发现它们骨子里全是道理,而且也只有它们才是道理;然后你会觉得他的言论真神明,最富于优美品质的意象,含有最崇高的意旨,表达出凡是求美求善的人们都应该知道的道理。

朋友们,这就是我颂扬苏格拉底的话,同时关于他对于我的侮慢,我也夹杂了一些埋怨的话。并不只是我一个人受过他的这样待遇,格罗康的儿子卡密德,第俄克利斯的儿子攸惕顿①,以及许多旁人都受过他的骗,他假装情人,而所演的却是爱人的角色。阿伽通,我告诉你这一切,免得你也受他的骗。我的惨痛经验对于你是一个教训,谨防着不要像谚语中的傻瓜,"跌了跤才知道疼"。②

亚尔西巴德说完之后,在座的人们不免发笑,他的坦白见出他对苏格拉底还未能忘情。苏格拉底就接着说:"亚尔西巴德,我看你今天并没有醉,若不然,你就不会用许多漂亮话来转弯抹角地掩盖你这一大篇话的本意。这个本意你只在收尾时偶然提到,使人看不出你的惟一目的在挑拨离间阿伽通和我,借口我只应爱你不能爱旁人,阿伽通也只应接受你的爱,不能接受旁人的爱。可是你的诡计已经被我们戳穿了,你的那幕林神和西勒诺斯的把戏也迷惑不着人了。亲爱的阿伽通,别让我们中他的计,提防着不让他离间我们。"阿伽通回答说:"你说的可不是真话,苏格拉底!我疑心亚尔西巴德跑到我们两人中间坐着,显然就是想把我们隔开。可是他的如意算盘打不成,我马上就换位置,躺到你旁边来。""那办法顶好,"苏格拉底说,"躺到我右边来。"于是亚尔西巴德就嚷:"老天爷,这家伙也在折磨我,他想到处占我的上风。我的好人啊,你至少让阿伽通躺在我们俩中间!""这不行,"苏格拉底说,"你刚颂扬了我,依次我应该颂扬我的右邻。如果阿伽通坐在我的左边,我还没有颂扬他,他倒又要颂扬我。我的神明的朋友,就让阿伽通坐在我的上面吧,别妒忌我颂扬这位少年,我有极热烈的愿望要颂扬他。""哈哈!"阿伽通嚷,"亚尔西巴德,你

---

① 卡密德是柏拉图的母舅,攸惕顿只在克塞诺丰的《回忆录》(记苏格拉底言行的)露过一次面,都是苏格拉底的弟子。
② 亚尔西巴德对苏格拉底的颂辞是拿苏格拉底看作哲学和爱情的具体化。

看,我没有办法留在原位,我必得换位置,好让苏格拉底来颂扬我!"亚尔西巴德回答说:"哼,你又像平常一样,只要苏格拉底在场,旁人就绝对没有机会接近美少年们。你看,他想阿伽通躺在他旁边,借口找得多么巧妙!"

阿伽通于是起身,正准备移到苏格拉底旁边去躺,突然间门口到了一大群欢宴者。有人刚出门,所以门开着,他们就一直闯进来,闯到我们的会饮厅坐下。厅里于是有一大阵喧嚷,秩序全乱了,彼此互相劝酒,大家喝得不知其量。据亚理斯脱顿说,厄里什马克,斐德若和旁人就离开那地方回家去了。亚理斯脱顿咧,他睡着了,当时夜很长,他睡得很久,一直到天亮听到鸡叫才醒。他睁眼一看,看见旁的客人睡的睡,走的走了,只有阿伽通,阿里斯托芬和苏格拉底三人还没有睡,还在喝酒,一个大杯从左传到右,传来传去。苏格拉底在和他们辩论,辩论的话亚理斯脱顿不大记得清楚,因为开头他没有听到,而且他的头还是昏昏沉沉的。不过他说辩论的要旨他还记得,苏格拉底在逐渐说服其余两人,逼他们承认同一个人可以兼长喜剧和悲剧,一个人既能凭艺术作悲剧,也就能凭艺术作喜剧①。其余两人逼得不能不承认,其实都只模模糊糊地在听,不久就开始打盹,阿里斯托芬先睡着,到天快亮的时候,阿伽通也跟着睡着了。苏格拉底看见他两人睡得很舒服,就起身走出去,由亚理斯脱顿陪着,像平常习惯一样。他到利赛宫②洗了一个澡,照平时一样度过那一天,到晚间才回家去休息。

根据 Léon Robin 参照 W. R. M. Lamb 和 Meunier 译

---

① 这个看法和《理想国》卷三里所说的正相反。参看本书第37—38页。
② 利赛宫在雅典城东门外伊利苏河边,是一个健身房。

# 斐利布斯篇
## ——论美感

对话人：苏格拉底
　　　　普若第库斯

### 一　喜剧跟悲剧一样，都引起快感与痛感的混合①

苏　此外还有一种痛感和快感的混合。
普　是哪种呢？
苏　这一种就是心灵所常感受到的。
普　这究竟是什么一回事？
苏　像愤怒,恐惧,忧郁,哀伤,恋爱,妒忌,心怀恶意之类情感,你是否把它们看作心灵所特有的痛感呢？
普　对,我是这样看。
苏　我们不是也觉得这些情感充满着极大的快感么？是否需要提醒你这样描写愤怒的诗句：

　　　愤怒惹得聪慧者也会狂暴,
　　　它比滴下的蜂蜜还更香甜。②

以及我们在哀悼和悲伤里所感到的那种夹杂痛感的快感呢？
普　不用你提醒,事实确是如此。
苏　你想到人们在看悲剧时也是又痛哭又欣喜么？

---

① 这一段选译自原文47D至50B。
② 见《伊利亚特》卷十八。

普　当然。

苏　你是否注意到我们在看喜剧时的心情也是痛感夹杂着快感呢?

普　我还不大懂得……

苏　我们刚才提到的心怀恶意,你是否认为它是一种心灵所特有的痛感呢?

普　对。

苏　但是心怀恶意的人显然在旁人的灾祸中感到快感。

普　的确如此。

苏　无知当然是一种灾祸,愚蠢也是如此。

普　当然。

苏　从此就可以看出滑稽可笑具有什么性质了。

普　请你解释一下。

苏　滑稽可笑在大体上是一种缺陷,具有这种缺陷的情况就叫做滑稽可笑的。这种缺陷一般是和得尔福神庙的碑文所说的那种情况正相反。

普　你指的是"认识你自己"那句格言,是不是?

苏　对。这句话的反面显然就是简直不认识自己……大多数人在认识上的错误都是关于心灵品质方面的,自己以为具有实在并没有的优良品质……这类情形又当分为两种,如果我们要对孩子气的心怀恶意以及它所伴随的快感和痛感的混合,得到深入的理解。你问我怎样分?凡是对自己抱有这种错误的妄自尊大的想法的人们,像其余的人们一样,可以分为两类:一类人必然是有势力的,另一类人正相反。

普　你说得对。

苏　那么,我们就按照这个原则来分。有这种妄自尊大想法的人如果没有势力,不能替自己报复,他们受到耻笑,这种情况可以真正称为滑稽可笑。但是这种人如果有势力,能替自己报复,你就可以很正确地说他们强有力,可怕又可恨,因为强有力者的无知,无论是实在的还是伪装的,有伤害旁人的危险,而没有势力者的无知就是滑稽可笑的。

普　你说得很对。但是我还不很明白在这种情况下,快感与痛感怎样夹杂在一起。

苏　首先得研究一下心怀恶意。

普　请你说下去。

苏　心怀恶意一方面是一种不光明的痛感,另一方面也是一种快感,是不是?

普　当然是。

苏　庆幸敌人的灾祸既不算过错,也不算心怀恶意,对不对?

普　当然不算。

苏　但是人们见到朋友的灾祸,不感到哀伤,反而感到快乐,这不算过错吗?

普　那当然是过错。

苏　我们不是说过无知对于任何人都是一种坏事吗?

普　对。

苏　那么,我们朋友如果对自己的智慧,美貌及其他优良品质有狂妄的想法,如果他们没有势力,他们就显得滑稽可笑;如果他们有势力,他们就显得可恨。我们可不可以这样说:这种心理状况如果是无害的,而且显现在我们朋友身上,它在旁人眼里就显得滑稽可笑?

普　那的确是滑稽可笑。

苏　我们不是同意过:无知本身就是一种灾祸吗?

普　对,那是一种大灾祸。

苏　我们耻笑这种灾祸时,感到的是快感还是痛感呢?

普　显然是快感。

苏　我们不是也说过:从朋友的灾祸中得到快感是由于心怀恶意吗?

普　不能由于其他原因。

苏　那么,我们就可以达到这样的推理线索:我们耻笑朋友们的滑稽可笑的品质时,既然夹杂着恶意,快感之中就夹杂着痛感;因为我们一直都认为心怀恶意是心灵所特有的一种痛感,而笑是一种快感,可是这两种感觉在这种情况下同时存在。

普　不错。

苏　所以我们的论证所达到的结论就是这样:在哀悼里,在悲剧里和喜剧里,不仅是在剧场里而且在人生中一切悲剧和喜剧里,还有在无数其他场合里,痛感都是和快感混合在一起的。

普　不同意这个结论是不可能的,苏格拉底,尽管一个人很想持相反的意见。

## 二 形式美所产生的快感是不夹杂痛感的[①]

苏 在混合的快感之后,顺着自然的次序,我们必须转到不混合的快感。

普 好极了。

苏 我现在就转到不混合的快感,试一试把它们说清楚。有些人说,一切快感只是痛感的休止,我不赞成这种看法。我已经说过,我用它们作为证据,来证明有些快感只是表面的而不是真实的,另外一些快感,看来是很大而且很多的,实在是和痛感混合在一起,是和身心两方面最大的痛苦的停止混合在一起。

普 苏格拉底,究竟哪些快感才算是真正的呢?

苏 真正的快感来自所谓美的颜色,美的形式,它们之中很有一大部分来自气味和声音,总之,它们来自这样一类事物:在缺乏这类事物时我们并不感觉到缺乏,也不感到什么痛苦,但是它们的出现却使感官感到满足,引起快感,并不和痛感夹杂在一起。

普 苏格拉底,我又不明白你的意思了。

苏 我的意思乍看当然不明白,我来设法把它说明白。我说的形式美,指的不是多数人所了解的关于动物或绘画的美,而是直线和圆以及用尺、规和矩来用直线和圆所形成的平面形和立体形;现在你也许懂得了。我说,这些形状的美不像别的事物是相对的,而是按照它们的本质就永远是绝对美的;它们所特有的快感和搔痒所产生的那种快感是毫不相同的。有些颜色也具有这种美和这种快感。你明白我的意思吧?

普 我在设法了解,但是希望你把意思说得更明白一点。

苏 我的意思是指有些声音柔和而清楚,产生一种单整的纯粹的音调,它们的美就不是相对的,不是从对其他事物的关系来的,而是绝对的,是从它们的本质来的。它们所产生的快感也是它们所特有的。

普 对,的确是这样。

苏 嗅觉的快感没有刚才所说的那些快感那么带有神圣的性质,但是不一定要和痛感混合在一起,不管嗅觉是从什么地方来的,是什么东西引起的;

---

① 这一段选译自原文 50E 至 52A。

所以我把这类快感和上面说的那些快感都归在不杂痛感的一类……

根据 H. N. Fowler 的英译,参校阿斯木斯所选的俄译

# 法　律　篇
## ——论文艺教育

对话人：雅典客人

　　　　克勒尼阿斯，克里特人。

　　　　麦格洛斯，斯巴达人。

### 一　论音乐和舞蹈的教育①

雅　我认为快感和痛感是儿童的最初的知觉，德行和恶行本来就取快感和痛感的形式让儿童认识到……我心目中的教育就是把儿童的最初德行本能培养成正当习惯的一种训练，让快感和友爱以及痛感和仇恨都恰当地植根在儿童的心灵里，这时儿童虽然还不懂得这些东西的本质，等到他们的理性发达了，他们会发见这些东西和理性是谐和的。整个心灵的谐和就是德行，但是关于快感和痛感的特殊训练会使人从小到老都能厌恨所应当厌恨的，爱好所应当爱好的，这种训练是可以分开来的，依我看，它配得上称为教育。

克　客人，我相信你关于教育的话说得很对。

雅　听到你赞同，我很高兴。快感和痛感的训练，如果安排得好，的确是教育的一个根源，可惜它在人类生活中曾遭到放松和败坏。当初神们哀怜人类生来就要忍受的辛苦劳作，曾定下节日欢庆的制度，使人可以时而劳动，时而休息；并且把诗神们和诗神领袖阿波罗以及酒神狄俄尼索斯分派到人间参加人类的欢庆，使人们在跟神们一起欢庆之中，借神们的帮助，

---

① 这一段选译自卷二，653A 至 660A。

可以提高他们的教育。我想要知道我们在座的人对一句常言怎样看,它说得对不对。人们常说,一切动物在幼年都不能安静下来,无论是就身体还是就声音来说;它们都经常要动,要叫喊;有些跳来跳去,嬉游快乐不尽,有些发出各种各样的叫声。但是一般动物在它们的运动中辨别不出秩序和紊乱,也就是辨别不出节奏或和谐,但是我们人类却不然,神们被分派给我们做舞蹈的伴侣,他们就给我们和谐与节奏的快感。这样,神们就激起我们的生气,我们跟着他们,手牵着手,在一起舞蹈和歌唱。人们把这些叫做"合唱",这个词本来有"欢喜"的意义。① 我们是否先该承认:教育首先是通过阿波罗和诗神们来进行的?你的意见如何?

克　我同意。

雅　是否说受过教育的人就受过很好的合唱的训练,而没有受过教育的人却没有这种训练?

克　当然。

雅　合唱分两部分:舞蹈和歌唱,是不是?

克　是。

雅　教育得好的人就能歌善舞?

克　我想是这样。

雅　我们来想想这话究竟是什么意思。

克　你说什么意思?

雅　他能歌善舞,但是否还要加上一句:他歌的是好的东西,②舞的也是好的东西?

克　就加上这一句吧。

雅　我们得假定他辨得出什么是好,什么是坏,然后他才会运用得恰如其分。你看在这两种人之间,一种人会按照一般所了解的正确方式去移动身体,运用腔调,但是并不喜善恨恶,另一种人在姿势和腔调上虽不正确,但是对快感和痛感的感觉却正确,并且喜善恨恶,是哪一种在舞蹈和音乐方面训练得更好呢?③

---

① 在希腊文中"合唱"与"欢喜"在字形上略相近。"合唱"是歌、乐、舞的混合,原是在节日独立表演的,后来成为悲剧的一个组成部分。
② 好坏两字在希腊文里往往指善恶,有时也指美丑。
③ 这个问题没有马上得到回答,但是从下文可见,柏拉图把道德的内容看得远比技巧重要。

克　客人,那是两种很不相同的教育。

雅　如果我们三人知道在歌唱和舞蹈中什么才是好的,我们才真正知道谁受过教育,谁没有受过教育;否则我们就当然不会知道什么是教育的保障以及有教育和没有教育了。

克　你说得对。

雅　让我们来像猎犬一样随着气味追寻下去,来找出形象,曲调,歌唱和舞蹈中的美;如果找不到,谈起教育(无论是希腊的还是蛮夷的)就没有用处。

克　不错。

雅　什么是形象的美或美的曲调?一个英勇的心灵遭到困苦,一个怯懦的心灵也遭到困苦,是否会用同样的形象和姿势,会发出同样的声音呢?

克　那怎么可能,他们的面色就不同!

雅　……让我们说,表现出身心德行的那些形象和曲调,就毫无例外是好的,表现出罪恶的那些形象和曲调就是不好的。

克　你说的顶好,情况确实如此。

雅　再考虑一下,我们所有的人对每种舞蹈是否都同样喜爱?

克　相差很远。

雅　是什么把我们引上迷途呢?凡是美的事物不是对于我们一切人都同样是美吗?还是它们本身就同样美,不是按照我们的意见才同样美?① 没有人会承认在舞蹈里表现罪恶的形式比表现德行的形式还更美,或是会承认他自己喜爱表现罪恶的形式而旁人却喜爱另样的形式。但是多数人都说,音乐的好处在使我们的心灵得到快感。这话是亵渎神圣的,不可容忍的;可是这种幻觉却有一种较好的解释。

克　什么解释?

雅　那就是艺术适应人的性格。合唱的动作摹仿各种行动,命运和性情的模样,每一细节都摹仿到,凡是在天性或习惯或天性习惯上这些文词,或歌曲,或舞蹈都能投合的人就不能不从它们得到快感,赞赏它们,说它们美。但是天性,生活方式或习惯和它们不适合的人就不会喜爱它们或赞赏它们,会说它们丑。此外还有一种人,天性好而习惯坏,或是习惯好而天性

---

① 柏拉图在这里提出美的客观基础和客观标准问题,而且作出明确的答复:他否定了快感作为衡量美丑的标准,肯定了美在道德内容而不在技巧。

坏,就会口里赞赏的是一回事而心里喜爱的却另是一回事。他们说,所有这些摹仿都是愉快的,但不是好的。在他们认为明智的人们面前,他们会对用卑鄙方式去歌舞,或是有意识地赞助这种行为,感到羞耻,但是在内心里却感到一种不可告人的快感。

克　这话很对。

雅　恶劣歌舞的爱好者会受到什么害处,赞赏相反的一类快感的人会受到什么益处么?

克　我想他们会受到。

雅　"我想"这个语气不合式,应该说"我坚信"。那样歌舞的产生的效果是不是就像一个人和坏人来往,心里喜爱和赞同这种坏人,只是疑心到自己会因此而显得坏,才以游戏的态度责备这种坏人? 在这种情形之下,喜爱坏人的人就会变成类似他所喜爱的坏人,尽管他对赞赏这类坏人还感到羞耻。我们所能受到的益处或害处还有比这里所说的更大吗?

克　的确没有。

雅　那么,在一个已有好法律的或是将来要有好法律的城邦里,记起音乐所给的教益和娱乐,我们能设想让诗人们在舞蹈里,无论在节奏,曲调或歌词哪一方面,都随意爱拿出什么就拿出什么,去教导家境好的人家的青年儿女吗? 诗人应该随他的意愿来训练他的合唱队而不顾德行或恶行吗?

克　那的确是不合理的,不可思议的。

雅　但是除在埃及以外,诗人几乎在每一个城邦里都可以这样做。

克　请问,在埃及有些什么关于音乐和舞蹈的法律?

雅　告诉你你就会惊奇。很早以前埃及人好像就已认识到我们现在所谈的原则:年轻的公民必须养成习惯,只爱表现德行的形式和音调。他们把这些形式和音调固定下来,把样本陈列在神庙里展览,不准任何画家或艺术家对它们进行革新或是抛弃传统形式去创造新形式。一直到今天,无论在这些艺术还是在音乐里,丝毫的改动都在所不许。你会发现他们的艺术品还是按照一万年以前的老形式画出来或雕塑出来的——这是千真万确,决非夸张——他们的古代绘画和雕刻和现代的作品比起来,丝毫不差,技巧也还是一样。

克　真是奇闻!

雅　我宁愿说,真符合政治家和立法者的风度! ……所以我说只要一个人能以任何方法找到一些自然的曲调,他就可以满怀信心地把它们体现在一种固定的合法的形式里。这样,喜新厌旧所引起的那种追求新奇的心理就没有足够的力量去败坏已经视为神圣的歌和舞,拿它们已陈旧作为借口。无论如何,它们在埃及毫没有遭到败坏。

克　你的证据似乎足以证明你的论点。

雅　我们可不可以满怀信心地说:音乐和合唱庆祝的真正的功用就在此:当我们自认为生活过得好时,我们欢庆;另一方面,当我们欢庆时,我们也自认为生活过得好?

克　确实如此。

雅　当我们欢庆我们的好运道时,我们是否就安静不下来?

克　对。

雅　这时我们的年轻人就跳起舞来,唱起歌来,而我们这些老年人认为在旁边观看,也就算尽了我们的一份任务。我们不灵活了,但是仍然爱看年轻人游戏取乐,因为我们爱回想到过去的自己;我们很高兴替能使我们回想自己的青年时代的那些青年人安排竞赛。

克　这话很对。

雅　普通人对于节日欢庆都这么说:谁给我们最大量的快感和娱乐,谁就应该被认为最聪明的人,应该获得锦标①的人,这话是否就毫无道理呢?在这种场合,娱乐就是日程上的大事,能使大多数人得到娱乐的人不就应该最受尊敬,获得锦标吗?这是否说得正当,做得正当呢?

克　可能是正当的。

雅　但是,亲爱的朋友,我们还得辨别不同的情况,不要匆忙下判断。有一种考虑这个问题的方法就是设想在一个庆祝会里各种玩意儿应有尽有,包括体操,音乐和跑马各种竞赛:公民们都会齐了,奖品也公布了,公告也发出了,任何人都可随意参加竞赛,谁能使观众得到最大的乐趣,谁就获得锦标——没有什么规则去约束如何提供乐趣的方式,只要在提供乐趣上最成功,就会戴胜利冠,被尊为竞选者中最能令人愉快的人。你想这种公告会产生什么结果呢?

克　就哪一方面来说?

---

① 我们奖胜利用锦标,希腊人用棕榈。

雅　那里会有各种各样的献技。这个人像荷马一样,会朗诵一段诗,另一个人会奏笛;这个人会来一部悲剧,那个人会来一部喜剧。如果有人设想他能凭傀儡戏去得奖,那也并不足为奇。假想这些竞选者,乃至于还有无数其他竞选者,都会在一起,你能告诉我究竟谁应该是胜利者么?

克　没有亲眼看到他们竞赛,怎么能回答你这个问题呢?这问题就提得荒谬。

雅　你们既然都不能回答,让我来回答这个你们认为荒谬的问题,好不好?

克　好。

雅　如果让小孩子们来裁判,他们会把锦标判给傀儡戏。

克　那当然。

雅　较大的孩子们会拥护喜剧,受过教育的妇女和年轻人乃至一般人都会投悲剧的票。

克　很可能。

雅　我相信我们老年人感到最大乐趣的是听一位诵诗人朗诵《伊利亚特》和《奥德赛》,或是一篇赫西俄德的诗,我们会判定他为胜利者。但是究竟谁才是胜利者就成为问题了。

克　是有问题。

雅　很显然,你和我得宣布:凡是由我们老年人评判为胜利者就应该是胜利者,因为我们的见解远比现在世上任何人的都高明。

克　当然。

雅　我在这一点上也同意多数人的意见:音乐的优美要凭快感来衡量。但是这种快感不应该是随便哪一个张三李四的快感;只有为最好的和受到最好教育的人所喜爱的音乐,特别是为在德行和教育方面都首屈一指的人所喜爱的音乐,才是最优美的音乐。所以裁判人必须是有品德的人,这种人才要求智勇兼备。一个真正的裁判人不应凭剧场形势来决定,不应该因为群众的叫喊和自己的无能而丧失勇气;既然认识到真理,就不应由于怯懦而随便作出违背本心的裁判,用刚才向神发誓的那张嘴去说谎。他坐在裁判席上不是作为剧场听众的学生而是作为他们的教师,他应该敌视一切迎合观众趣味的勾当。现在在意大利和西西里还流行的希腊老规矩确实是让全体观众举手表决谁得胜。但是这种规矩已导致诗人的毁灭,因为诗人们现在都养成了习惯,为迎合裁判人的低级趣味而写作,结果观众变成了诗人的教师,这种规矩也导致戏剧的衰败;人们本来应该看到比他们自己较好的人物性格,从而获得较高的快感,但是现在他们咎由自取,结果适得其反。从此应该推演出什么结论呢?

克　什么结论?

雅　就是我们已三番四次达到过的结论:教育就是要约束和引导青年人走向正确的道理,这就是法律所肯定的而年高德劭的人们的经验所证实为真正正确的道理,为着要使儿童的心灵不要养成习惯,在哀乐方面违反法律,违反服从法律的人们的常径,而是遵守法律,乐老年人所乐的东西,哀老年人所哀的东西,为着达到这个目的,我说,人们才创造出一些真正引人入胜的歌调,其目的就在培养我们所谈的和谐。因为儿童的心灵还不能接受看书的训练,这些歌调就叫做游戏和歌唱,以游戏的方式来演奏。正如人们身体有病,看护们就给他们一些有营养价值的适口的饮食,也给他们一些没有营养价值的不适口的饮食,让病人学会爱好前一种,厌恶后一种,真正的立法者会劝导诗人们,如果劝导不行,就强迫诗人们在节奏,形象,曲调各方面都用美丽而高尚的文字,去表现有自制力和勇气并且在一切方面都很善良的人们的音乐。

## 二　"剧场政体"与贵族政体①

雅　……朋友们,按照古代的法律,人民不像现在这样都是主子,而是法律的忠顺的仆役。

麦　你指的是什么法律?

雅　我们先谈关于音乐的法律——音乐指的是从前的音乐——以便把过分自由的发展追溯到根源。从前在我们希腊人中间,音乐分成若干种类和风格,一种是对神的祷祝,叫做颂歌;另一种和这对立的叫做哀歌;此外还有阿波罗的颂歌以及庆祝狄俄尼索斯诞生的颂歌,叫做"酒神歌"。从前人还另有一种歌,就叫做"法律"②,上面还冠上"竖琴调"的字眼,这一切和其他歌调都区分得很清楚,不准演奏者把这种音乐风格和另一种音乐风格混淆起来。至于作决定,进行裁判和惩处不服从者的那种权力不是像

---

① 这一段选译自卷三,700A至701B。
② 原文 nomoi 本义为"法律",又用作"歌曲"。

现在这样用群众的嘶吼,极嘈杂的叫喊,或鼓掌叫好等方式表现出来。公众教育的掌管者们坚决要求听众屏息静听到底,男孩们和他们的导师们乃至一般群众都只得静听,否则就要挨棍棒。这是很好的秩序,听众也乐于服从,从来不敢用叫喊来表示他们的意见。不过随着时代的推移,诗人们自己却引进来庸俗的漫无法纪的革新。他们诚然是些天才,却没有鉴别力,认不出在音乐中什么才是正当的合法的。于是像酒神信徒们一样如醉如癫,听从毫无节制的狂欢支配,把哀歌和颂歌,阿波罗颂歌和酒神颂歌都不分皂白地混在一起,在竖琴上摹仿笛音,这样就弄得一团糟;他们还狂妄无知地说,音乐里没有真理,是好是坏,都只能凭听者的快感来判定。他们创造出一些淫靡的作品,又加上一些淫靡的歌词,这样就在群众中养成一种无法无天胆大妄为的习气,使他们自以为有能力去评判乐曲和歌的好坏。这样一来,剧场的听众就由静默变为爱发言,仿佛他们就有了能力去鉴别音乐和诗的好坏。一种邪恶的剧场政体(theatrocracy)就生长起来,代替了贵族政体。如果掌裁判权的民主政体所包括的成员都是些有教养的人,这种风气倒还不至于产生多大害处;但是在音乐里就产生一种谁都无所不知,漫无法纪的普遍的妄想;——自由就接踵而来,人们都自以为知道他们其实并不知道的东西,就不再有什么恐惧,随着恐惧的消失,无耻也就跟着来了。人们凭一种过分大胆的自由,鲁莽地拒绝尊重比他们高明的人们的意见,这就是邪恶无耻!

## 三　诗歌的检查制度[①]

雅　……适宜于高贵身体和宽宏心灵的各种舞蹈我已经描绘过了。现在还有必要来研究一下丑陋的人物和思想,喜剧里旨在逗笑的,在风格,歌调和舞蹈各方面都带有喜剧性的那些因素,以及这些因素所提供的摹仿。对立面都不能没有对立面,没有可笑的事物,严肃的事物就不可理解,一个人可以理解到这两方面,但是如果他多少有些德行,就不能在行动上同时做到严肃与可笑。正是由于这个道理,他应该学会懂得这两方面,以免在无知中做出不合式的可笑的事,或是说出不合式的可笑的话——他应该

---

[①] 这一段选译自卷七,816D 至 817E。

叫奴隶们和雇来的异邦人来摹仿这类可笑的事物,但是自己决不能认真地研究这种摹仿,自由的男女①也不应该被人发见在学习这一套。这种摹仿应该经常见出某种新奇的成分。我们就把这几点在我们的法律里和在我们的谈论里都规定下来,作为关于叫做喜剧的那一类逗笑的娱乐的规章。

如果有哪一位写悲剧的号称严肃的诗人到我们这里来,向我们说:"诸位异邦人,我们是否可以把我们的诗篇带进你们的城邦来?关于这方面你们有什么意旨见教?"我们应该怎样回答这些高明人呢?我的意思是应该这样答复他们:"高贵的异邦人,我们按照我们的能力也是些悲剧诗人,我们也创作了一部顶优美,顶高尚的悲剧。我们的城邦不是别的,它就摹仿了最优美最高尚的生活,这就是我们所理解的真正的悲剧。你们是诗人,我们也是诗人,是你们的同调者,也是你们的敌手。最高尚的剧本只有凭真正的法律才能达到完善,我们的希望是这样。所以你们不要设想我们会突然允许你们在市场搭起舞台,介绍你们这批演员的美妙的声音,把我们自己的声音掩盖住,让你们向我们的妇女们,儿童们以及一般平民来谈论我们的制度,用的不是我们的语言,甚至是和我们的语言相反的语言。一个城邦如果还没有由长官们判定你们的诗是否宜于朗诵或公布,就给你们允许证,它就是发了疯。所以先请你们这些较柔和的诗神的子孙们把你们的诗歌交给我们的长官们看看,请他们拿它们和我们自己的诗歌比一比,如果它们和我们的一样或是还更好,我们就给你们一个合唱队②;否则就不能允许你们来表演。"我们就把这些规矩定为一切舞蹈和舞蹈教学的法律;如果你不反对,把关于奴隶们的规定和关于主子们的规定也分别开来。

根据 Jowett 的英译本第三版译

---

① 上文指的是奴隶主,这里指的是自由民,自由民既非奴隶主,也非奴隶,大半是城市中经营工商业者。
② 参看第 26 页注③。

# 题　　解

## 伊　安　篇

伊安是一个职业的诵诗人。古希腊的文学类型是史诗,悲剧和抒情诗。悲剧由演员在剧场里表演,史诗和抒情诗由诵诗人在祭典和宴乐场合朗诵。朗诵之外他还可以自出心裁演述,有如中国的"说书"。伊安的拿手诗是荷马的两部大史诗:《伊利亚特》和《奥德赛》。

《伊安》是柏拉图的一篇较早的最短的对话。讨论的主题是:诗歌的创作是凭专门技艺知识还是凭灵感? 答案是它只凭灵感。若论专门技艺知识,诗人和诵诗人在谈驾马车时比不上车夫,在谈打鱼时比不上渔夫。至于诵诗本身是怎样一种专门技艺,伊安始终说不出,可见诗歌并不是一种专门技艺。尽管荷马歌咏的是战争,谈到军事,荷马所给的知识并不能使人当将官带兵。艺术既不靠某一种专门知识,也就不能给予人某一种专门知识。

这是一篇最古的谈艺术灵感的文献。灵感说在希腊并不通行,当时通行的是摹仿说,以为文艺是现实世界的仿本。灵感说无疑地夹杂有原始社会的迷信,但是它之所以起来,是由于认识清楚了文艺不能如法炮制,它的心理活动不是通常的理智,它的来源不是技艺知识。近代德国浪漫派作家们看重"天才",天才说实在伏根于灵感说。篇中用磁石吸铁比喻诗人,诵诗人和群众的关系,也颇近似托尔斯泰的"艺术传染"说。当时心理学还没有很发达,灵感的"迷狂状态"也可以说就是艺术创造时的潜意识的酝酿,以及兴高采烈时情感和想象的白热化。柏拉图认识到这些现象对于艺术创作的重要性,只是他的解释是不科学的。当时神话的势力还很大,少有人不相信"诗神",灵感说只是诗神信仰的一个必然结果。

灵感说在柏拉图的思想里始终盘踞着,他后来的许多对话都常提到它,尤其是在《斐德若篇》里。

## 理　想　国（卷二至卷三）

《理想国》是柏拉图的最长的最成熟的一篇对话。这篇对话的写作大约是在《会饮篇》之后，《斐德若篇》之前，当时他的年纪在五十岁左右。它的目的在讨论理想国的制度和理想公民的性格。他以为国家与个人的理想都在"正义"，就是社会里各种阶级，个人性格里各种因素，都站在它们所应站的岗位，应统治的统治，应服从的服从，形成一种合理的谐和的有机整体，其中一切都恰到好处。他的理想国以希腊的城邦为模型，范围很小，大部分公民都住在一个城里，成为一个国。所以对话里说到理想国，都把它叫做"城邦"。柏拉图把城邦的统治阶级叫做"保卫者们"，其实就是战士们。当时希腊曾屡受波斯的侵略，雅典也曾被希腊的其他城邦侵略，所以柏拉图把训练"保卫者们"当作建立理想国的一个首要的工作。

卷二至卷三所谈的只是保卫者的幼年教育。柏拉图以为教育是终生的事，各种课程应适合年龄与性格的发展。大概地说，十七八岁以前应只有音乐和文学；由十七八岁到二十岁应专重体育与身体的锻炼；由二十岁到三十岁就要转到理智的发展，学习各种科学，同时受军事训练；由三十岁至三十五岁，就到了柏拉图所最看重的集大成的学问，辩证术，以及一般哲学；三十五岁开始从政，实际经验也还是教育。这是教育程度的大要。（参看《法律篇》）

音乐和文学所以是教育的起点。我们把音乐和文学看作两回事，柏拉图把文学看作音乐的一部分，因为文学在古代及原始社会中主要的是诗歌，和音乐本分不开。另一点我们需要了解的是希腊文学是与宗教和神话分不开的，柏拉图所谓"故事"大半指神话和英雄传说。希腊神话和英雄传说的宝库首先是荷马的史诗，其次是悲剧。希腊儿童和青年人的教育内容主要的是荷马史诗，教育方式主要的是演唱或口述，不像我们依靠书本。柏拉图对当时流行的这种文学教育极不满意，在这篇对话里他对于荷马进行了严厉的批评。

柏拉图首先检讨文学的内容。史诗和悲剧的内容，我们已经说过，不外是神话和英雄传说。儿童最富于感受性，所得的印象也最深永。神和英雄既是人所崇拜的，他们的言行在儿童心里所留下的深永印象当然就是形成他们性格的主要影响。希腊史诗和悲剧所描写的神和英雄对形成儿童性格能否发生良好的影响呢？柏拉图从这个观点分析荷马史诗，把它指责得体无完肤。在那里面神和英雄也犯平常人所犯的罪恶，互相争吵，互相陷害，说谎欺哄人，奸淫掳掠，爱财受贿，怕死，遇到灾祸就哀哭，贪图酒食享乐，如此等类的榜样决不能教育青年人学会真诚，勇敢，镇静，有节制。而且史诗悲剧都往往不让好人有好报应，坏人有坏报应，暗示祸福无凭，正义对于主持正义的人不一定有益处。这种思想也是有毒的。总之，就题材内容说，柏拉图要求文学含有健康的道德教训，对青年人有益，他认为希腊文学大部分不合这个标准。

其次，他讨论文学的形式。他专就叙述故事时说话的身份口吻着眼。以这个做分类标准，他发见文学形式不外单纯叙述，摹仿叙述，和混合体三种。单纯叙述是作者站在旁观者的地位把故事叙述出来，即普通所谓间接叙述；摹仿叙述是作者不露面，把人物摆出来，借他们的动作和对话把故事叙述出来，即普通所谓直接叙述，也就是戏剧性的叙述；混合体是时而用单纯叙述，时而用摹仿叙述。柏拉图只赞成用单纯叙述，如果用摹仿叙述，摹仿的对象也只能限于善人的善言善行。他认为摹仿对于保卫者们有很坏的影响，一则一个人要专心致志地去做一件事，才能做得好，摹仿许多人物的许多技艺，必定一无所成；二则摹仿比自己低劣的人物，习惯成自然，性格便不免朝低劣转变。柏拉图的这个看法是颇令人惊讶的。当时希腊戏剧最盛行，如果依他的话，戏剧就根本不应存在。荷马史诗大部分也是用直接叙述，那也就要成问题。

谈到音乐本身，当时音乐可以说是诗歌的伴侣。所以柏拉图把它分析成歌词，乐调，和节奏三个成分，以为乐调和节奏都应该听命于歌词，不应使歌词迁就乐调和节奏。歌词就是文学，已经谈过。乐调当时流行吕底亚调，伊俄尼亚调，多里斯调，佛律癸亚调四种，各以地域得名。前两种柔缓文弱，后两种严肃雄壮。从训练保卫者来说，柏拉图当然只取后两种。节奏指声音长短起伏。和乐调一样，柏拉图要求它简单，一方面须能表现勇敢，一方面须能表现头脑清醒，镇静，有节制。

由音乐节奏，柏拉图推广到一般艺术的美丑。他在这里谈到美学上一个基本问题。他看出一切艺术都有音乐节奏的道理在里面。美与不美，就要看这音乐节奏是否和谐匀称：它是否和谐匀称，就要看它所表现的心灵品质如何。所以艺术根本是人格的表现。艺术既能表现人格，又能影响人格，所以它在理想国里应该受到最认真的考虑。柏拉图的政治教育基本思想是着重环境，他要环境经过美化或艺术化，使处身其中的人们不知不觉地受它的陶冶，不但知道爱好美,而且"融美于心灵",形成完美的性格,心中存着一个极准确的美丑标准。有这样的训练,他们睁开眼睛看世界,看到一草一木,一言一行,无论它是多么大或多么小,就马上看出它是美的还是丑的;是美的就加以爱好,是丑的就加以厌恶。像这样的,世界才能走向完美。

记得这个崇高的理想,我们才能了解柏拉图何以一方面那样看重诗和艺术,一方面对当时的史诗和悲剧又那样严厉,要把它们从理想国里驱逐出境。柏拉图并非不要诗和艺术,只是不要当时流行的那种诗和艺术。他说得很明白:"我们应该强迫诗人们在他们的诗里只描绘善美东西的影像,否则就不准他们在我们的城里做诗。"在他看,艺术不仅要美,还要与真和善合一;它不仅以产生快感为目的,还要对于国家有用。

柏拉图本是贵族出身,他在这里谈文学音乐教育,全是为统治阶级着想。像在许多其他对话里一样,他对一般平民常存着鄙视的态度。这当然由于他的阶级出身和当时的特殊社会情形。不过他毫不犹疑地主张文学和艺术是政治的一部分,而且必须对社会有益。这个主张却是很康健的。

## 理 想 国(卷十)

《理想国》到了第九卷,题中应有之义算是说完了。第十卷一开始就控诉诗人,来得颇突然。这一大段对话好像是一篇独立的文章,插进《理想国》后面作为结论的。柏拉图在卷二至卷三里已讨论过诗,对荷马大肆攻击一番,就决定了不准诗人进理想国。到卷十作结时他又回到诗的问题,可能有三种理由:第一,从卷三定了诗的禁令以后,可能引起爱护诗者的批评,他觉得有答辩的必要;第二,卷二至卷三虽然就分析实例指出诗的坏影响,却没有从基本原则上指出诗的毛病,这问题重要,他觉得在终结之前不能不弥补这个缺陷;第三,理想国能否成功要看它的统治阶级——"保卫者们"——能否受到适宜的教育,养成适宜的性格。诗是希腊教育中重要部分,所以对于诗作合理的决定,是建立理想国的基础。

在希腊文中,诗的原义是"制作"或"创造",所以诗的原理通于一切艺术。不过希腊人把艺术看得比较宽,包括各种技艺或手工艺在内。柏拉图在《高吉阿斯》对话里把诗和糖果香水的制造等量齐观。在本篇里他把诗人和画家看得比木匠和铁匠还不如。木匠和铁匠还在制作器具,而诗和图画之类艺术只摹仿工匠制作之类现象世界事物。他控诉诗人的第一个大罪状就是从它的本质来说,诗只是一种"摹仿"。他所谓"摹仿"和近代人所谓摹仿不同。近代人把摹仿看作仿效前人作品,是与"创造"相对立的,艺术应有创造性,不应限于摹仿。柏拉图却不是从这个意义看轻摹仿,他所谓摹仿,如镜子摄取事物的影像,是和"制作"(木匠制作床那个意义的"制作")同意的。诗画尽管有创造性,它还是取现象世界中的形形色色加以剪裁配合,就还是"摹仿"现象世界。在柏拉图看,宇宙间只有"规律","原理大法"——他所谓"理式"——才是真实的,现象世界只是规律的个别事例,"理式"的具体化,所以是按照或"摹仿"理式而来的,可以说是理式的影子或仿本。诗画之类艺术就是摹仿现象世界的某一面相。比如说床,一切床都有"床之所以为床"那么一个理式,那是天生自然的(也可以说是"神造"的),常住不变的,那也才是床的本体或真实体。木匠制床,就要摹仿这个床的理式,如果不抓住"床之所以为床",就不成其为床。他的作品不是床的真实体,只是真实体的仿本,所以和真实体隔着一层。诗人或画家描写床,就要摹仿木匠所制的个别的床,而且还只是那个床从某一时境某一观点所看到的某一面相,所以和真实体又隔着一层。诗画之类艺术只能算是"摹仿的摹仿","影子的影子","和真理隔着三层"。站在哲学家的地位,柏拉图要求的是真知识,而诗画之类艺术所给的只是迷惑人的幻相。希腊人居然奉制造幻相的荷马为教育大师,从他找做人的准则,这尤其是柏拉图所要驳斥的。柏拉图的摹仿说虽然看来颇偏,却奠定了艺术的一个基本原则,就是艺术以现象世界为对象,是具体不是抽象的,是要写出实人实境,不是凭空谈道理的。后来浪漫派着重想象,现实派着重现实人生,趋向本来相反,可是都逃不了柏拉图的摹仿说。

诗人的第一个罪状是从哲学的立场看诗的本质所提出的,他的第二个罪状则从政治教育的立场看诗的效果所提出的。柏拉图的《理想国》的主要目的在替"正义"下定义。人性中有三大成分,最好的是理智,其次是意志,最坏的是情欲。意志和情欲受节制于理智,才达到个人性格的正义。国家有三个阶级,相当于理智的是哲学家,相当于意志的是武士,相当于情欲的是工商,武士和工商受哲学家的统治,才达到国家政治的正义。有理想人,才能有理想国。诗人和艺术家们不从理智出发,专逢迎人类的弱点,挑动情欲,产生快感,姑求博取声誉。情欲愈受刺激,愈需要刺激,久之成为痼癖,就愈不受理智的节制。希腊人最推尊悲剧,而悲剧就利用人性中的哀怜癖和感伤癖,让听众在旁人的灾祸中取乐。这个影响尤其危险,因为理想国的保卫者们需要勇敢镇静,哀怜癖和感伤癖的滋养就会使他们变成一些没有丈夫气的懦弱者。

柏拉图的基本观点是:诗和艺术应服务于政治,它们的好坏就应从政治教育的影响来看。因此,他提出"效用"一个标准来衡量诗。荷马值不得那样赞赏,因为他既没有给个人以良好的教训,又没有对国家立过功,打过胜仗或是制定过法律。理想国毕竟还可以保留一部分诗,那只是颂神的与歌颂英雄的,因为这类诗对于政治教育有它的效用。因为着重实用,柏拉图以为托诸空言,不如见诸实行,而诗是徒托空言的。他说:"宁愿做诗人所歌颂的英雄,不愿做歌颂英雄的诗人。"

最后,柏拉图却替诗留了一点余地。他说:如果有人能替诗辩护,证明她不仅产生快感,而且对国家有用,他还可以准诗回到理想国来。这个挑战首先由他的门徒亚理斯多德接受了。《诗学》可以看作对《理想国》卷十的回答。对于诗的本质的罪状,《诗学》里有这样一段申辩:

> 历史写已然之事,诗写当然之事。因此,诗比历史更富于哲学性,地位更高,因为诗表现共相,而历史只叙述殊相。所谓共相是指什样人在什样情境所必做的事,必说的话,虽然诗替人物取些专名,它的目的却在这种普遍性。所谓殊相就例如亚尔西巴德那个历史人物所做的或所遭遇的事。(《诗学》第九章)

这就是说,诗不只是摹仿现象世界的偶然事变,而要见出什样性格在什样情境发出什样言行的道理或规律。诗有"诗的真理",在实人实境中具体地表现着,并不如柏拉图所说的,只在产生幻相。

其次,对于诗的效果的罪状,《诗学》里有两段答辩:

> 一般说来,诗起于两种原因,都是由于人性:第一,人从小就有摹仿本能,他和动物不同,就在他最善于摹仿,很早就借摹仿来学习;其次,在摹仿品中得到快感,这也是很自然的。(《诗学》第四章)

> 悲剧……使用一些情节引起哀怜和恐怖,因而完成这些情绪的净化。(《诗学》第六章)

这就是说,人生来就爱好艺术,这是人的本性,不应摧残;而且情感经过发泄之后,起净化作用,对于身心健康是有益的。所以柏拉图所控诉的第二个罪状不能成立。

本质和效用是诗和艺术的两大根本问题，柏拉图和亚理斯多德所提出的两个不同的看法，在大体上奠定了欧洲文艺思想的基础。后来的文艺理论在这两个基本问题上大抵都逃不开这两大壁垒。

## 斐德若篇

公元前五世纪是希腊文化的大转变期，光辉灿烂的悲剧时期已渐过去，光辉灿烂的哲学时期才渐起来。在过渡之中诡辩家风起云涌。诡辩家大半是修辞家，算是徘徊于文学与哲学之间的。从文学看，他们是文学颓废期的学者，想把文学窄狭化到文法与修辞的伎俩，把生气蓬勃的东西支解为规律公式，而他们所建立的规律公式又大半是琐屑零乱的。从哲学看，他们以思想为游戏，想在信口雌黄，颠倒是非上显聪明才智，不肯彻底深入，探求真理；但是他们的诡辩也刺激了人们的思想，引起激烈的辩论，对哲学的兴起也不为无功。他们是职业的学者，一方面像近代的律师，常替原告被告作控诉词和辩护词，一方面像近代的语文教授，开馆授徒，写修辞术教科书，作修辞的模范文，训练学生去做像他们自己那样的诡辩家。他们的生活资源就全靠这两种职业。

苏格拉底对这班诡辩家是深恶痛绝的，一方面因为他们大半同情民主党；一方面因为他们以学问为职业，加以商业化，没有寻求真理的高尚理想，在人格上是可鄙视的。这批诡辩家也敌视他，三九九年苏格拉底以迷惑青年罪被雅典法庭处死，主要的控诉人就是一个诡辩家莱康（Lycon）。

柏拉图写这篇对话，依法国学者罗本和英国学者泰勒的研究，是在苏格拉底屈死之后，也就是说，在《会饮篇》和《理想国》两大对话之后。篇中攻击的对象莱什阿斯是一个诡辩家兼修辞家的代表，当时在雅典是赫赫有名的。对话人斐德若是一个诡辩家和修辞家的信徒，爱好学问而头脑简单，没有批判力。讨论的问题是修辞术怎样才是艺术，是否要从探讨真理出发。这正是当时哲学家与诡辩家所剧烈争辩的一个中心问题。无疑地，柏拉图对诡辩家的讥嘲多少带有发泄对于老师屈死的忿恨的意味。

这篇对话的主题曾经引起长久的争论。从表面看，它显然分成两大部分，前半讨论爱情，顺带地谈到灵魂不朽的问题，后半讨论修辞术，进一步谈到探求真理的辩证术，即柏拉图心目中的哲学，好像前后漠不相关。实际上这篇对话的结构是非常紧凑细密的，而主题也实在只有一个，就是修辞术与辩证术的关系。前半包含三篇讨论爱情的文章,一篇是诡辩家莱什阿斯教修辞术的模范文,主题是爱人应该接受没有爱情的人,因为爱情有许多毛病——一个典型的颠倒是非的诡辩家的论调——一篇是苏格拉底采取这个诡辩家的主题,戏拟一篇在艺术上比原作较成功的文章;第三篇是苏格拉底的翻案文章,爱情的歌颂,文章不仅是文字的播弄——像头两篇那样——而是真理的表现,根据真理,头两篇文章便应根本推翻。爱情不是利害的打算或是肉欲的满足,而是由神灵凭附的迷狂,从人世间美的摹本窥见美的本体所起的爱慕,灵魂借以滋长的营养品。总之,它和哲学是一体的。下半篇转到修辞术即文章怎样才能做得好的问题,就以这三篇文章为实例,加以分析和说明。前半是经验事实,后半是由经验事实提高到原理。《斐德若篇》在文学批评史上可以说是最早的一篇分析作品的批评。

苏格拉底首先奠定了文学艺术的基本大原则:文章必须表现真理。这也就是中国儒家的"修辞立其诚"。诡辩派从头便错,他们所谓"修辞"是迎合听众的成见,强辞夺理,淆乱是非,在小伎俩上显聪明,来博得观众的赞赏。由于不重视真理,他们不在探求事物本质上下功夫,所以思想条理紊乱,文章的布局不是思想的有系统的发展而是杂乱堆砌。苏格拉底要推翻这种流行的错误的修辞术,而建立一个根据真理表现真理的修辞术。无论讨论什么题目,先要定义正名,把所讨论的事物本质揭开,使参加讨论者和听众都有一个一致的目标,不致甲指的是马而乙指的是驴,各是其说而实在都是文不对题。所以在文章方面:

> 头一个法则是统观全局,把和题目有关的纷纭散乱的事项统摄在一个普遍概念下面,得到一个精确的定义,使我们所要讨论的东西可以一目了然。

这一步综合的功夫做到了,第二步便是分析。"顺自然的关节,把全体剖析成各个部分",因此见出全体与部分,原则与事例,概念与现象的关系。这两步功夫合在一起就是"辩证术"(dialectic)。这就是真正的修辞术,此外别无所谓修辞术。

一般修辞术课本的作者们爱定下一些琐屑破碎的规矩,以为学者学得了这一套规矩,如法炮制,就可以做出好文章。苏格拉底以为这无异于拾得几个医方就去行医。依他看,离开寻求真理的辩证术,把文章只当作文章来教,是不可能的。文章作者要有三个条件。"第一是生来就有语文的天才;其次是知识;第三是训练"。苏格拉底看重"天才",所以处处说文学离不掉"灵感"或"迷狂"。在本篇谈爱情迷狂时他就说:

> 此外还有第三种迷狂,是由诗神凭附而来的。它凭附到一个温柔贞洁的心灵,感发它,引它到兴高采烈神飞色舞的境界,流露于各种诗歌,颂赞古代英雄的丰功伟绩,垂为后世的教训。若是没有这种诗神的迷狂,无论谁去敲诗歌的门,他和他的作品都永远站在诗歌的门外,尽管他自己妄想单凭诗的艺术就可以成为一个诗人。

所谓"诗的艺术"就是诗的"技巧",正是修辞家拿来教人的。苏格拉底以为修辞术本身是无可教的。如果要在知识学问方面下功夫的话,倒有两种学问是有裨益的。第一是自然科学:

> 凡是高一等的艺术,除掉本行所必有的训练以外,还需要对于自然科学能讨论,能思辨;我想凡是思想既高超而表现又能完美的人都像是从自然科学学得门径。伯里克理斯的长处就在此。

所谓"本行所必有的训练"并非修辞家的琐碎规矩,而是他所提倡的"辩证术",其实就是哲学。问津于自然科学,正是取它的方法来充实辩证术。其次是近代所谓"心理学"。"修辞术所穷究的是心灵……命意遣词,使心灵得到所希冀的信念和美德"。心灵是有各种各样的,文章也是有各种各样的。作者应能了解哪一类文章宜于感动哪一类心灵,然后有的放矢。苏格拉底早就看出文学艺术与听众的重要关系,这是值得特别注意的。

在苏格拉底时代,除掉诗以外,还很少有写的文章(只有希罗多德的历史之类少数著作是写的散文),当时修辞术所研究的主要还是怎样说话,在法庭里辩护,在公共场所里演说,或是在私人集会里讨论。不过散文写作已经开始流行了,这要归功于诡辩派学者,尤其是本篇所攻击的莱什阿斯和伊索克剌特。当时还有人以为"文章写作"(Logographie)是一件不光荣的事。苏格拉底一方面以为它本身没有什么可耻,写得坏才可耻;一方面可也以为文字书籍有它的限制和流弊,它是哑口的,你不能和它对质;而且它养成思想的懒惰。它的最大功用不过是备忘。比它较胜的是口说的文章。但是最好的文章是哲学思想的孕育,不是写在纸上而是写在直接受教者的心灵里的。文章是人格的表现,一个作者永远比他的作品要伟大。

这篇对话和《会饮篇》可以看作姊妹篇,都是一般学者公认为柏拉图思想的精华。对话集所常讨论的主题如"理式","爱情","灵魂不朽","哲学修养","灵与肉的冲突"之类在这里都得到透辟的讨论。"苏格拉底式的辩证术"在这里也得到一个简要的说明。

## 大希庇阿斯篇

柏拉图的三十几篇对话里有许多篇连带地谈到美的问题,专以美为主题的只此一篇。《希庇阿斯》有大小二篇,大篇谈美,小篇谈恶起于无知。大篇较长,写得比较好,时代也略较先,所以叫做"大"。十九世纪学者们多怀疑这篇是柏拉图的门徒所拟作的,现代学者们多认为这篇还是柏拉图自己作的,不过是在早期作的。

希庇阿斯像《斐德若篇》里的莱什阿斯一样,是一个诡辩者,以教辩论为职业的。他一见到苏格拉底,就自夸他的声名和文章,说不久要公开朗诵他的作品,请苏格拉底去听。苏格拉底说,要判别文章的美丑,先要知道美是什么,他有一个论敌就曾拿这个问题盘问过他,他想请教高明的希庇阿斯,以备下次好去应战。苏格拉底就假装那个论敌,和希庇阿斯对辩美的问题。这位假想的论敌其实还是苏格拉底。用一个第三者的口吻,他可以痛快地讥嘲他所厌恶的诡辩者一番。这篇只有开场几段希庇阿斯自夸的话没有译。到了美的正题以后,全文都译在这里。

苏格拉底要求的是美本身的定义,希庇阿斯只能拿个别的美的事物来回答他。第一个答案是:"美就是一位年轻漂亮的小姐。"苏格拉底半开玩笑似的说,一匹母马或是一个汤罐也可以是美的。如果以为马和罐的美不及美人的美,美人的美比起神仙的美就显得丑了。所以美人的美是相对的,可以看成美,也可以看成丑,全看和她作比较的是什么。第二个答案是:"黄金是使事物成其为美的。"那么,一个有名的雕刻家为什么不用黄金而用象牙去雕女神的面目呢?并且身子用石头呢?这就引起第三个答案:"恰当的就是美的。"但是"恰当"这个品质使事物美,是在实际还是在外表呢?在苏格拉底看,实际和外表是不一定相关的,因为如果实际美,外表也就一定美,人们对于美就不应该有分歧和争辩。并且"恰当"是一个原因,它不能同时产生"实际美"与"外表美"两个结果。如果依希庇阿斯所承认的,恰当只使事物外表美,那就

209

会只是一种错觉而不是美本身。至于恰当是否产生实际美,对话并没有明白地谈到。辩来辩去,美终于"从手里溜脱了"。希庇阿斯穷于应对,颇想临阵脱逃。苏格拉底留住他,换了一个讨论方式,他自己提出一些可能的定义来逐一讨论。

头一个可能的定义是:美就是有用的。人,物,乃至于习俗制度取某一形式,而那个形式适合他或它的功用,就显得美。但是有用是能发生效果,效果可好可坏,效果坏,纵然有用,还不能算是美。因此,这定义须修正为:美就是有益的,用于善的方面,产生好效果的。美于是成为善的原因。但是因与果不同,美与善也就不能是一回事。于是提出第三个可能的定义:美就是视觉和听觉所生的快感。许多美的事物都是悦耳悦目的。但是仔细想起,这定义还是有许多困难。习俗制度的美是否由视听察觉?如果美就是感觉的愉快性,何以视听以外的快感如食色之类就不能算是美?视觉所生的快感不能由听觉生,听觉所生的快感也不能由视觉生;如果美是"视觉和听觉所生的快感",单是视觉或听觉所生的快感就不能成其为美。依这个推理,美就属于二而不属于二之中各一,这却是希庇阿斯所反对的。因此,使视听两种快感成其为美的便不是这两种快感本身,而是它们俩所公有而且每种也单独有的某个共同性质。快感之上还要找一个形容词,我们是否可以把刚才所放弃的"有益的"那个概念加在快感之上,说"美就是有益的快感"呢?原来驳倒"有益的"那个概念的理由仍然存在:有益的是产生好结果的,因果非一,所以"美"这个因不就等于"有益的快感"这个果。说来说去,"美本身是什么",这个问题终无着落。至于希庇阿斯已经一度提起而现在又提起的那个看法——美就是做出作品,博得听众赞赏,既得名,又得利——只是拿来嘲笑诡辩家们的,当然不攻自破。对于苏格拉底自己,他承认了无能,这番讨论只给了他一点益处,就是明白了美的问题是难的。

所以这篇对话只推翻了一些流行的看法,并没有得到一个结论。这是柏拉图早年的作品,他还在摸索中,既然没有见到一个结论,就不勉强下一个结论。他使我们看到的是诚实,是正在发展中的思想那种徘徊犹豫的情况。他虽然批驳了"恰当的","有用的","有益的","发生快感的"那些概念,可是从他的后来许多对话看,他始终隐约感到这些概念与美有密切的关联。他攻击悲剧喜剧,就因为它们逢迎快感。他的理想中的艺术是要对国家人民有用有益,参看《理想国》卷十就可以明白。这是一篇未成熟的作品,其中有些不必要的咬文嚼字,也许柏拉图有意要摹仿诡辩家的口吻,借此嘲弄他们。虽然不成熟,这篇对话却仍是美学的重要文献。它是西方第一篇有系统的讨论美的著作,后来美学上许多重要思潮都伏源于此。

## 会 饮 篇

会饮在希腊是一种庆祝的礼节。这次的东道主阿伽通的悲剧上演得了奖,因邀几位好朋友在家会饮庆祝。通常会饮有乐伎助兴,因为当天在座的是些哲学家(苏格拉底),悲剧家(阿伽通),喜剧家(阿里斯托芬),科学家(医生厄里什马克)和诡辩派修辞家(斐德若和泡赛尼阿斯),他们决定用座谈代替乐伎,在座的每人依次轮流作一篇爱神的礼赞。六个人从不同的立场,用不同的理由,对爱神大加赞扬了一番之后,门外忽然有一阵喧嚷,当时正在当权的少年政治家亚尔西巴德醉醺醺地带着一群人来祝贺。在座的人请他跟着作一篇爱神的礼赞,他作了,所礼赞的却不是爱神而是苏格拉底。所以《会饮篇》是七篇颂词的结集。

会饮者原来议定要讨论的主题是爱情,全篇画龙点睛处在苏格拉底口述的第俄提玛的关于哲学修养的启示,而全篇总结却在亚尔西巴德对于苏格拉底的颂扬。表面上这里就有三个主题:颂爱情,颂哲学,颂苏格拉底。实际上这三者是统一的,爱情的对象是美,而最高的美只有最高的哲学修养才能见到,苏格拉底就是一个具体的例证,他体现了真善美三者的统一。第俄提玛在她的启示里说得很明白:

"因为智慧是事物中最美的,而爱神以美为他的爱的对象,所以爱神必定是爱智慧的哲学家。"

所以从美学观点来说,《会饮篇》所讨论的美并不只是寻常艺术作品的美,这种美在智慧中可以见出,在德行中可以见出,在社会典章文物制度中也可以见出。有一种统摄一切美的事物的最高的美,达到这种美,就算达到爱情的极境,也就算达到哲学的极境。要达到这个境界,就要经过四个步骤的修养。最初步是爱个别形体的美,由个别美形体推广到一切美形体,从此得到形体美的概念(我们一般人所说的美仅止于此);其次是爱心灵方面的道德美,如行为制度习俗之类;第三步是爱心灵方面学问知识美,即真的美,最后是爱涵盖一切的绝对美,即美的本体。全部进程都是由感性而理性,由个别物事而普遍概念,由部分而全体。全体就是纯一永恒的绝对美,是美的止境,爱情的止境,也是哲学的止境。到了这个境界,主体(观者)和对象(所观境)就契合无间,达到统一。

《会饮篇》的写作年代,依一般学者的考订,是和《斐德若篇》、《理想国》等最成熟的对话的年代相近,就是在柏拉图刚创立学园不久,正当他五十岁左右的时候(公元前三八五至三八〇左右)。这篇对话宜与他早年写的《大希庇阿斯篇》合看,在那篇里柏拉图还在试探摸索,批判了几种流行的关于美的见解而自己却没有下一个最后的结论;在这篇里他已胸有定见,提出了真善美合一成为最高理念的看法。这篇对话还宜与同时期的《斐德若篇》合看,从某个意义来看,这篇也可以看成和那篇一样是讨论修辞术的,在两篇里柏拉图都没有忘记和诡辩派修辞家进行斗争的任务,两篇布局也有些类似,拿诡辩派的坏文章来和苏格拉底的好文章来对照,让诡辩派的坏文章相形见绌,甚至题材也很类似,都是当时雅典流行的男子同性爱,都涉及唯心主义的辩证法。但是比较起来,《会饮篇》在思想上更丰富深刻,在文章上也更生动精妙。所以在柏拉图的对话中,《会饮篇》是历来诗人和艺术家们最爱读的一篇,也是对文艺影响最深的一篇。

《会饮篇》也最足以说明柏拉图哲学的矛盾。他也接受了赫剌克利特的一些唯物主义的影响,承认哲学进修次第应从个别形体逐渐上升到概念;他不但发展了苏格拉底的唯心主义的辩证法,而且还吸取了唯物派赫剌克利特的素朴的辩证思想(本篇中引的赫剌克利特的话:"一与它本身相反,复与它本身相协,正如弓弦和竖琴"以及关于高低相反音造成和谐的讨论,都可以为证),但是这些毕竟不能挽救他不走唯心主义的道路。他正确地看到从个别具体事物出发才能达到普遍概念,可是一达到最高的普遍概念,即绝对概念,他却"过了河就拆桥",把绝对概念看成独立自在,不依存于经验事实而且超然于经验事实之上的。本来是经验界客观事实造成概念的真实,可是到了概念,柏拉图就以为只有这概念才是真实,而它所自生的那些经验界的客观事实反而只是"幻相",没有真实性。概念既然是"绝对"的,"超时空"的,永远不变的,这就放弃了辩证法的发展观点而走到形而上的迷径。把概念绝对化,认为发展终止于绝对概念,这是柏拉图的基本错误。

## 斐利布斯篇

《斐利布斯篇》对话的主题是：善是知识与快感的结合，中间顺带地分析了悲剧和喜剧所产生的快感以及单纯形式所产生的快感，前一类快感是夹杂痛感的，后一类快感是不夹杂痛感的。所选的两段是关于一般美感的较早的文献，同时也涉及喜剧性和形式美两个问题。

## 法 律 篇

《法律篇》是柏拉图晚年写的一部对话的初稿，在风格上虽然比不上其他对话的优美生动，但是代表柏拉图的比较成熟的思想。《法律篇》有"第二理想国"的称号，调子没有《理想国》那么高，但是比较着重政治法律教育各方面的实际具体问题。在诗和一般艺术的问题上，柏拉图在《法律篇》里所表现的态度比过去稍微缓和一点，过去他要清洗文艺，驱逐诗人，现在他只强调检查制度。不过他的文艺要为贵族统治服务的基本立场却没有改变，他的反民主的态度比过去更激烈。

对话的场所在克里特岛。参加对话者除雅典客人以外有克里特人克勒尼阿斯和斯巴达人麦格洛斯；本意是要代表三个城邦人的不同观点，事实上雅典客人始终是主要发言人：他当然就是柏拉图的化身。

## 译 后 记

——柏拉图的美学思想

柏拉图(公元前427—前347)出身于雅典的贵族阶级,父母两系都可以溯源到雅典过去的国王或执政。他早年受过很好的教育,特别是在文学和数学方面。到了二十岁,他就跟苏格拉底求学,学了八年(公元前407—前399),一直到苏格拉底被当权的民主党判处死刑为止。老师死后,他和同门弟子们便离开雅典到另一个城邦墨伽拉,推年老的幽克立特为首,继续讨论哲学。在这三年左右期内,他游过埃及,在埃及学了天文学,考查了埃及的制度文物。到了公元前396年,他才回到雅典,开始写他的对话。到了公元前388年他又离开雅典去游意大利,应西西里岛塞拉库萨的国王的邀请去讲学。他得罪了国王,据说曾被卖为奴隶,由一个朋友赎回。这时他已四十岁,就回到雅典建立他的著名的学园,授徒讲学,同时继续写他的对话,几篇规模较大的对话如《斐东》,《会饮》,《斐德若》和《理想国》诸篇都是在学园时代前半期写作的。他在学园里讲学四十一年,来学的不仅雅典人,还有许多其他城邦的人,亚理斯多德便是其中之一。在学园时代后半期他又两度(公元前367和前361)重游塞拉库萨,想实现他的政治理想,两次都失望而回,回来仍旧讲学写对话;一直到八十一岁死时为止。《法律篇》是他晚年的另一个理想国的纲领。

柏拉图所写的对话全部有四十篇左右,内容所涉及的问题很广泛,主要的是政治,伦理教育以及当时争辩剧烈的一般哲学上的问题。美学的问题是作为这许多问题的一部分零星地附带地出现于大部分对话中的。专门谈美学问题的只有他早年写作的《大希庇阿斯》一篇,此外涉及美学问题较多的有《伊安》,《高吉阿斯》,《普罗塔哥拉斯》,《会饮》,《斐德若》,《理想国》,《斐利布斯》,《法律》诸篇。

除掉《苏格拉底的辩护》以外,柏拉图的全部哲学著作都是用对话体写成的。对话在文学体裁上属于柏拉图所说的"直接叙述"一类,在希腊史诗和戏剧里已是一个重要的组成部分。柏拉图把它提出来作为一种独立的文学形式,运用于学术讨论,并且把它结合到所谓"苏格拉底式的辩证法"。这种辩证法是由毕达哥拉斯和赫剌克利特等人的矛盾统一的思想发展出来的[①],其特点在于侧重揭露矛盾。在互相讨论的过程中,各方论点的毛病和困难都像剥茧抽丝似的逐层揭露出来,这样把错误的见解逐层驳倒之后,就可引向比较正确的结论。在柏拉图的手里,对话体运用得特别灵活,向来不从抽象概念出发而从具体事例出发,生动鲜明,以浅喻深,由近及远,去伪存真,层层深入,使人不但看到思想的最后成就或结论,而且看到活的思想的辩证发展过程。柏拉图树立了这种对话体的典范,后来许多思想家都采用过这种形式,但是至今还没有人能赶得上他。柏拉图的对话是希腊文学中一个卓越的贡献。

但是柏拉图的对话也给读者带来了一些困难。第一,在绝大多数对话中,苏格拉底都是主角,柏拉图自己在这些对话里始终没有出过场,我们很难断定主要发言人苏格拉底在多大程度上代表柏拉图自己的看法。第二,这些对话里充满着所谓"苏格拉底式的幽默"。他不仅时常装傻瓜,说自己什么都不懂,要向对方请教,而且有时摹仿诡辩学派的辩论方式来讥讽他的论敌们,我们很难断定哪些话是他的真心话,哪些话是摹拟论敌的讽刺话。第三,有些对话并没有作出最后的结论(如《大希庇阿斯篇》),有些对话所作的结论彼此有时矛盾(例如就文艺对现实关系的问题来说,《理想国》和《会饮篇》的结论彼此有矛盾)。不过尽管如此,把所有的对话摆在一起来看,柏拉图对于文艺所提的问题以及他所作的结论都是很明确的。总的来说,他所要解决的还是早期希腊哲学家所留下来的两个主要问题,第一是文艺对客观现实的关系,其次是文艺对社会的功用。此外,他所常涉及的艺术创作的原动力的问题,即灵感问题,也是德谟克利特早就关心的一个问题。

但是柏拉图是在新的历史情况下来提出和解决这些问题的。他的文艺理论是和当时现实紧密结合在一起的。首先我们应该记起当时雅典社会的剧烈的变化,贵族党与民主党的阶级斗争到了白热化的程度,贵族党失势了,民主党当权了,旧的传统动摇了,新的风气在开始建立了。柏拉图是站在贵族阶级反动的立场上的。在学术思想上他和代表民主势力的诡辩学派(许多对话中

---

① 参看本书第 206—209 页《斐德若篇》的题解:关于苏格拉底式辩证法的说明。

的论敌)处在势不两立的敌对地位。在他看来,希腊文化在衰落,道德风气在败坏,而这种转变首先要归咎于诡辩学派所代表的民主势力的兴起,其次要归咎于文艺的腐化的影响。他的亲爱的老师在民主党当权下,被法院以破坏宗教和毒害青年的罪状判处死刑,这件事在他的思想感情上投下了一个浓密的阴影,更坚定了他的反民主的立场。他要按照他自己的理想,来纠正当时的他所厌恶的社会风气,在新的基础上来建立足以维持贵族统治的政教制度和思想基础。他的一切哲学理论的探讨都是从这个基本动机出发的。他在中年和晚年先后拟定了两个理想国的计划,而且尽管遭到卖身为奴的大祸,还两度重游塞拉库萨,企图实现他的政治理想。他对文艺方面两大问题,也是从政治角度来提出和解决的。

其次,我们还须记起柏拉图处在希腊文化由文艺高峰转到哲学高峰的时代。在前此几百年中统治着希腊精神文化的是古老的神话,荷马的史诗,较晚起的悲剧喜剧以及与诗歌密切联系的音乐。这些是希腊教育的主要教材,在希腊人中发生过深广的影响,享受过无上的尊敬。诗人是公认的"教育家","第一批哲人","智慧的祖宗和创造者"。照希腊文艺的光辉成就来看,这本是不足为奇的。但是到了公元前五世纪,希腊文艺的鼎盛时代已逐渐过去,随着民主势力的开展,自由思想和自由辩论的风气日渐兴盛起来,古老的传统和权威也就成为辩论批判的对象。首先诡辩学家们就开始瓦解神话,认为神是人为着自然需要而假设的(见《斐德若篇》)。但是也有一部分诡辩学家们以诵诗讲诗和论诗为业,他们之中有一种风气,就是把古代文艺作品看作寓言,爱在它们里面寻求隐藏着的深奥的真理,来证明那些作品的价值。这是一种情况。另一种情况就是在柏拉图时代,希腊戏剧虽然已渐近尾声,但仍然是希腊公民的一个主要的消遣方式。从《理想国》卷三涉及当时戏剧的地方看,柏拉图对它是非常不满的,认为它迎合群众的低级趣味,伤风败俗。在《法律篇》里柏拉图还造了一个字来表现剧场观众的势力,叫做"剧场政体"(Theatrocracy),说它代替了古老的贵族政体(Aristocracy),对国家危害很大。根据这两种情况,从他所要建立的"理想国"的角度,柏拉图对荷马以下的希腊文艺遗产进行了全面的检查,得出两个结论,一个是文艺给人的不是真理,一个是文艺对人发生伤风败俗的影响。因此,他在《理想国》里向诗人提出这两大罪状之后,就对他们下了逐客令,他认为理想国的统治者和教育者应该是哲学家而不是诗人。过去一般资产阶级学者把这场斗争描绘为"诗与哲学之争",

说柏拉图站在哲学的立场,要和诗争统治权。其实这只是从表面现象看问题,忽略了上面所提到的柏拉图在政治上的基本动机,就是要在新的基础上建立足以维持贵族统治的政教制度和思想基础。他理想中的哲学家正是他理想中的贵族阶级的上层人物。所以这场斗争骨子里还是政治斗争。他控诉荷马以下诗人们的那两大罪状,同时也是针对当时柏拉图的政敌的——诗不表现真理的罪状也针对着代表民主势力的诡辩学者把诗当作寓言的论调,诗败坏风俗的罪状也针对着民主政权统制下的戏剧和一般文娱活动。

在攻击诗人的两大罪状里,柏拉图从他的政治立场去解决文艺对现实的关系和文艺的社会功用那两个基本问题。现在先就这两个问题进一步说明柏拉图的美学观点。

## 一 文艺对现实世界的关系

对于文艺与现实的关系,柏拉图的思想里存在着深刻的矛盾,就是在《理想国》卷十里,在控诉诗人时,他把所谓"理式"认为是感性客观世界的根源,却受不到感性客观世界的影响;在《会饮篇》里第俄提玛启示的部分,他却承认要认识理式世界的最高的美,须从感性客观世界中个别事物的美出发;因此他对艺术和美就有两种互相矛盾的看法,一种看法是艺术只能摹仿幻相,见不到真理(理式);另一种看法是美的境界是理式世界中的最高境界,真正的诗人可以见到最高的真理,而这最高的真理也就是美。

先说他在《理想国》卷十里的看法。在这里他采取了早已在希腊流行的摹仿说,那就是把客观现实世界看作文艺的蓝本,文艺是摹仿现实世界的。不过柏拉图把这种摹仿说放在他的客观唯心主义的基础上,因而改变了它原来的朴素的唯物主义的涵义。依他看,我们所理解的客观现实世界并不是真实的世界,只有理式世界才是真实的世界,而客观现实世界只是理式世界的摹本。用他自己的实例来说,床有三种:第一是床之所以为床的那个床的"理式"(Idea,不依存于人的意识的存在,所以只能译为"理式",不能译为"观念"或"理念");其次是木匠依床的理式所制造出来的个别的床;第三是画家摹仿个别的床所画的床。这三种床之中只有床的理式,即床之所以为床的道理或规律,是永恒不变的,为一切个别的床所自出,所以只有它才是真实的。木匠制造个别的床,虽根据床的理式,却只摹仿得床的理式的某些方面,受到时间,空间，材料，用途种种有限事物的限制。床与床不同，适合于某一张床的不一定适合于其他的床。这种床既没有永恒性和普遍性，所以不是真实的，只是一种"摹本"或"幻相"。至于画家所画的床虽根据木匠的床，他所摹仿的却只是从某一角度看的床的外形，不是床的实体，所以更不真实，只能算是"摹本的摹本"，"影子的影子"，"和真理隔着三层"。① 从此可知，柏拉图心目中有三种世界：理式世界，感性的现实世界和艺术世界。艺术世界是由摹仿现实世界来的，现实世界又是摹仿理式世界来的，这后两种世界同是感性的，都不能有独立的存在，只有理式世界才有独立的存在，永住不变，为两种较低级的世界所自出。换句话说，艺术世界依存于现实世界，现实世界依存于理式世界，而理式世界却不依存于那两种较低级的世界。这也就是说，感性世界依存于理性世界，而理性世界却不依存于感性世界，理性世界是第一性的，感性世界是第二性的，文艺世界是第三性的。柏拉图形而上学地使理性世界脱离感性世界而孤立化，绝对化了。这里我们可以看出，柏拉图的客观唯心主义哲学系统是和他的形而上学的思想方法分不开的。

但是在《会饮篇》第俄提玛的启示里，柏拉图说明美感教育（其实也就是他所理解的哲学教育）的过程，却提出与上文所说的相矛盾的一个看法。他说受美感教育的人"第一步应从只爱某一个美形体开始"，"第二步他就应学会了解此一形体或彼一形体的美与一切其他形体的美是贯通的。这就是要在许多个别美形体中见出形体美的形式"（这"形式"就是"概念"），再进一步他就要学会"把心灵的美看得比形体的美更可珍贵"。如此逐步前进，由"行为和制度的美"，进到"各种学问知识"的美，最后达到理式世界的最高的美。"这种美是永恒的，无始无终，不生不灭，不增不减的。"②

从这个进程看，人们的认识毕竟以客观现实世界中个别感性事物为基础，从许多个别感性事物中找出共同的概念，从局部事物的概念上升到全体事物的总的概念。这种由低到高，由感性到理性，由局部到全体的过程正是正确的认识过程。在这里柏拉图思想中具有辩证的因素。他的错误在于辩证不彻底，"过河拆桥"，把本是由综合个别事物所得到的概念孤立化，绝对化，使它成为永恒不变的"理式"。本来概念是一般，是现象的规律和内在本质，的确

---

① 参看本书第49—56页。
② 参看本书第172—173页。

比个别现象重要。柏拉图把这"一般"绝对化了,认为只有它才是真实的,没有看到"一般之中有特殊,特殊之中有一般"一条基本的辩证的原则。这里我们可以更清楚地看到,柏拉图的形而上学和他的客观唯心主义哲学系统是分不开的。

同时我们还要认识到意识形态毕竟为它所自出的社会基础服务。柏拉图的"理式世界"正是宗教中"神的世界"的摹本,也正是政治中贵族统治的摹本。无论是在古代还是在近代,唯心哲学都是神权社会的影子。神权是统治阶级麻痹被统治者的工具,过去的君主都是"天子",高高在上,"代天行命"。柏拉图要保卫正在没落的雅典贵族统治,必然要保卫正在动摇的神权观念。他强调理式的永恒普遍性,其实就是强调贵族政体(他认为这是体现理式的)的永恒普遍性,他攻击荷马和悲剧家们的理由之一就是他们把神写得像人一样坏,他说"要严格禁止神和神战争,神和神搏斗,神谋害神之类故事",而且制定了一条诗人必须遵守的法律:"神不是一切事物的因,只是好的事物的因"(《理想国》卷三),要保卫神权,就要有一套保卫神权的哲学。柏拉图的"理式"正是神,他的客观唯心主义正是保卫神权的哲学,也正是保卫贵族统治的哲学。

由于在认识论方面柏拉图有这两种互相矛盾的看法,一种以为理性世界是感性世界的根据,超感性世界而独立,另一种以为要认识理性世界,却必须根据感性世界而进行概括化,所以他对艺术摹仿的看法也是自相矛盾的。从表面看,他肯定艺术摹仿客观世界,好像是肯定了艺术的客观现实的基础以及艺术的形象性。但是他否定了客观现实世界的真实性,否定了艺术能直接摹仿"理式"或真实世界,这就否定了艺术的真实性。他所了解的摹仿只是感性事物外貌的抄袭,当然见不出事物的内在本质。艺术家只是像照相师一样把事物的影子摄进来,用不着什么主观方面的创造的活动。这种看法显然是一种极庸俗的自然主义的,反现实主义的看法。由于对于艺术摹仿有了这种庸俗的歪曲的看法,所以艺术和诗的地位就摆得很低。它只是"摹本的摹本","影子的影子","和真理隔着三层"。但是柏拉图心目中有两种诗和诗人。在《斐德若篇》里他把人分为九等,在这九等之中第一等人是"爱智慧者,爱美者,或是诗神和爱神的顶礼者",此外又还有所谓"诗人或其他摹仿的艺术家",列在第六等,地位在医卜星相之下。很显然,柏拉图在《理想国》里所攻击的诗人和艺术家是属于"摹仿者"一类的,即第六等人,决不是他在这里所说的第一等人。这第一等人就是《会饮篇》里所写的达到"美感"教育的最高成就的人。

这里就有一个重要的问题:这第一等人和第六等人的分别在哪里呢?彼此有没有关系?如果把这个问题弄清楚,我们也就可以看出柏拉图的艺术概念和美的概念都建筑在鄙视群众,鄙视劳动实践和鄙视感性世界的哲学基础上。

第一,我们须记起希腊人所了解的"艺术"(tekhne)和我们所了解的"艺术"不同。凡是可凭专门知识来学会的工作都叫做"艺术",音乐,雕刻,图画,诗歌之类是"艺术",手工业,农业,医药,骑射,烹调之类也还是"艺术",我们只把"艺术"限于前一类事物,至于后一类事物我们则把它们叫做"手艺","技艺"或"技巧"。希腊人却不作这种分别。这个历史事实说明了希腊人离艺术起源时代不远,还见出所谓"美的艺术"和"应用艺术"或手工艺的密切关系。但是还有一个历史事实,就是在古希腊时代雕刻图画之类艺术,正和手工业和农业等等生产劳动一样,都是由奴隶和劳苦的平民去做的,奴隶主贵族是不屑做这种事的。他们对"艺术"的鄙视,很像过去中国封建阶级对于"匠"的鄙视。在希腊,"艺术家"就是"手艺人"或"匠人",地位是卑微的。笛尔斯在《古代技术》里说过:"就连斐狄阿斯这样卓越的雕刻大师在当时也只被看作一个手艺人。"[1]柏拉图采取了当时一般奴隶主这样轻视艺术技巧的态度。这一方面是由于他轻视奴隶和平民所从事的生产劳动,而技巧或技术一般是与生产劳动分不开的;另一方面也由于他痛恨诡辩学派,而诡辩学派中有许多人为着教学的目的,爱谈文艺和修辞学的技巧,并且写了许多这一类的课本。柏拉图对诡辩学派所谈的技巧一碰到机会就大加讽刺。在他看,艺术创作的首要条件不是技巧而是灵感,没有灵感,无论技巧怎样熟练,也决不能成为大诗人。关于这一点,我们下文还要详谈,现在只说柏拉图所说的第一等人,"爱智慧者,爱美者,诗神和爱神的顶礼者",正是神灵凭附,得到灵感的人。他有意要拿这"第一等人"和普通的"诗人和其他摹仿的艺术家"对立,来降低这些"第六等人"的身份;而他所谓"爱智慧者,爱美者,诗神和爱神的顶礼者"正是柏拉图理想中的"哲学家",也就是贵族阶级中的文化修养最高的代表,至于那"第六等人","诗人和其他摹仿的艺术家"则是运用技巧知识从事生产劳动

---

[1] 阿斯木斯的《古代思想家论艺术》的序论第9页所引。

的"手艺人"。所以柏拉图对普通的"诗人和其他摹仿的艺术家"的轻视是有阶级根源的。

特别值得注意的是柏拉图心目中的"爱智慧者,爱美者,诗神和爱神的顶礼者"并无须创作艺术作品,而他们所"爱"的"美"也不是艺术美。柏拉图在他的两篇最成熟的对话里——《会饮篇》和《斐德若篇》——都用辉煌灿烂的词句描写了这些"第一等人"所达到的最高境界:

> 这时他凭临美的汪洋大海,凝神观照,心中起无限欣喜,于是孕育无数量的优美崇高的道理,得到丰富的哲学收获。如此精力弥满之后,他终于一旦豁然贯通惟一的涵盖一切的学问,以美为对象的学问。
>
> ——《会饮篇》①

> 那时隆重的入教典礼所揭开给我们看的那些景象全是完整的,单纯的,静穆的,欢喜的,沉浸在最纯洁的光辉之中让我们凝视。
>
> ——《斐德若篇》②

从此可知,人生的最高理想是对最高的永恒的"理式"或真理的"凝神观照",这种真理才是最高的美,是一种不带感性形象的美,凝神观照时的"无限欣喜"便是最高的美感,柏拉图把它叫做"神仙福分"。所谓"以美为对象的学问"并不是我们所理解的美学,这里"美"与"真"同义,所以它就是哲学。这种思想有两个要点,第一个要点是"凝神观照"为审美活动的极境,美到了最高境界只是认识的对象而不是实践的对象,它也不产生于实践活动。这个看法正是马克思在《费尔巴哈论纲》里所说的③从"直观"去掌握现实而不是从"实践"去掌握现实。在美学方面这种思想方法从古希腊起一直蔓延到马克思主义兴起为止。柏拉图在这方面起了深远的影响。他轻视实践也还是和他轻视劳苦大众的生产劳动分不开的。凝神观照理式说的第二个要点是审美的对象不是艺术形象美而是抽象的道理。他对感性世界这样轻视,正是要抬高他所号召的"理式"和"哲学",结果是用哲学代替了艺术。这是他从最根本的认识论方面,即从艺术对现实关系方面,否定了艺术的崇高地位。在这方面,他对后来黑格尔的美学思想起了深刻影响。黑格尔不但也把艺术看得比哲学低,

---

① 参看本书第173页。
② 参看本书第84页。
③ 参看《马克思恩格斯文选》(两卷集)第二卷402页第五条。

而且在辩证发展的顶端,也让哲学吞并了艺术。

这里就有一个问题,柏拉图所说的第六等人即"诗人和其他摹仿的艺术家"们的作品能不能拿"美"字来形容呢?柏拉图并不否定一般艺术美,而且在他早年写的《大希庇阿斯篇》对话里专门讨论了艺术和其他感性事物的美。他逐一分析了一些流行的美的定义,例如"美就是有用的","美是恰当的","美就是视觉和听觉所生的快感","美就是有益的快感"等等,发见每一个定义在逻辑上都不圆满,但是最后并没有得到一个圆满的结论。从后来的一些对话看,柏拉图对于感性事物的美有三种不同的看法。第一种就是在《大希庇阿斯篇》已经提到的"效用"的看法,这其实是他的老师苏格拉底的看法。就是从效用观点,柏拉图在《理想国》和《法律篇》里权衡哪些种类艺术还可以留在理想国里。第二种就是他在《理想国》里所提出的摹仿的看法。艺术摹仿感性事物,感性事物又摹仿"理式",而"理式"是美的最后的也是最高的根源,所以直接或间接摹仿"理式"的东西也就多少"分享"到理式的美。就艺术来说,它所得到的只是真正的美的"影子的影子",所以是微不足道的。第三种就是他在《斐德若篇》结合"灵魂轮回"说所提出的一种神秘的看法,就是感性事物的美是由灵魂隐约"回忆"到未依附肉体以前在天上所见到的真美。两个看法都把艺术美看作绝对美的影子。这两种看法和"效用"观点之间有深刻的矛盾。因为效用观点替美找到了社会基础,而另外那两种看法则设法在另一世界找美的基础。这种矛盾是根本无法统一的。

柏拉图把感性事物(艺术在内)的美,看成只是理式美的零星的,模糊的摹本。这种思想所隐含的意义是:美不能沾染感性形象,一沾染到感性形象,美就变成不完满的。这是把形而上学的客观唯心主义哲学推演到极端的一种结论。在这方面,黑格尔比柏拉图就前进了一大步,他肯定了理念与感性形象统一之后才能有美。

就文艺与现实的关系来说,柏拉图还有一个看法是值得一提的,那就是现实美高于艺术美,因为现实美和"理式"的绝对美只隔两层,而艺术美和它就要隔"三层"[①]。在《理想国》卷十里他质问荷马说:

> 亲爱的荷马,如果像你所说的,谈到品德,你并不是和真理隔着三层,不仅是影像制造者,不仅是我们所谓摹仿者,如果你和真理只隔着两层,

---

① 参看本书第51页注②。

知道人在公私两方面用什么方法可以变好或变坏,我们就要请问你,你曾经替哪一国建立过一个较好的政府?……世间有哪一国称呼你是它的立法者和恩人?①

在柏拉图看,斯巴达的立法者莱科勾和雅典的立法者梭伦才是伟大的诗人,而他们所制定的法律才是伟大的诗,荷马尽管伟大,还比不上这些立法者。荷马只歌颂英雄,柏拉图讥笑他说,他对英雄不会有真正的认识,否则"他会宁愿做诗人所歌颂的英雄,不愿做歌颂英雄的诗人"。他的这种思想到老未变,在《法律篇》卷七里他假想有悲剧诗人要求入境献技,他该这样答复他们:

> 高贵的异邦人,我们按照我们的能力也是些悲剧诗人,我们也创作了一部顶优美,顶高尚的悲剧。我们的城邦不是别的,它就摹仿了最优美最高尚的生活,这就是我们所理解的真正的悲剧。你们是诗人,我们也是诗人,是你们的同调者,也是你们的敌手。最高尚的剧本只有凭真正的法律才能达到完善,我们的希望是这样。②

这就是说,建立一个城邦的法律比创作一部悲剧要美得多,高尚得多。这种思想当然有片面的真理,但是柏拉图也形而上学地把它绝对化了。如果有了实际生活便不要艺术,艺术不就成为多余的无用的活动了吗?

## 二 文艺的社会功用

柏拉图攻击诗,并非由于他不懂诗或是不爱诗,他对诗的深刻影响是有亲身体会的。在《理想国》卷十里责备荷马的诗有毒素之后,还这样道歉:

> 我的话不能不说,虽然我从小就对于荷马养成了一种敬爱,说出来倒有些于心不安。荷马的确是悲剧诗人的领袖。不过尊重人不应该胜于尊重真理,我要说的话还是不能不说。③

因为他认识到诗和艺术的深刻影响,所以在制定理想国计划时,便不能不严肃地对待这种影响。"理想国"有一个重大的任务,就是"保卫者"或统治者的教

---

① 参看本书第53页。
② 参看本书第199页。
③ 参看本书第48页。

育,所以柏拉图首先要解决的问题就是诗和艺术在这种教育里应该占什么地位。教育计划要根据培养目标,培养目标既然是一种理想的"保卫城邦"的人,一种他所谓有"正义"的人,那就要问:什么才算是有"正义"的人或理想人?柏拉图对于理想人的看法是和他对于理想国的看法分不开的。理想国的理想是"正义",所谓"正义"就是城邦里各个阶级都站在他们所应站的岗位,应统治的统治,应服从的服从,形成一种和谐的有机整体。柏拉图把理想国的公民分成三个等级,最高的是哲学家,其次是战士,最低的是农工商。这后两个等级都要听命于哲学家,国家才能有"正义"。马克思在《资本论》卷一里对柏拉图的这种等级划分曾说过:"在柏拉图的'理想国'里,分工是城邦的基本原则,它不过是就埃及的等级制加以雅典式的理想化。"[①]这就是说,柏拉图要在雅典的情况下,把埃及的等级制加以改良,其目的当然仍在维护贵族统治。柏拉图还把这种等级划分应用到人身上去。人的性格中也有三个等级,相当于哲学家的是理智,相当于战士的是意志,相当于农工商的是情欲。人的性格要达到"正义",意志和情欲也就要受理智的统治。柏拉图既然定了这样的教育理想,他就追问:当时教育的主要途径,荷马史诗,悲剧或喜剧以及与诗歌相关的音乐能否促成这种教育理想的实现呢?能否培养成能"保卫"理想国的理想人呢?

他先就这些文艺作品的内容来仔细检查了一番,发现荷马和悲剧诗人们把神和英雄们描写得和平常人一样满身是毛病,互相争吵,欺骗,陷害;贪图酒食享乐,既爱财,又怕死,遇到灾祸就哀哭,甚至奸淫掳掠,无所不为。在柏拉图看,这样的榜样决不能使青年人学会真诚,勇敢,镇静,有节制,决不能培养成理想国的"保卫者"。

柏拉图谈到这里,还对文艺的影响作了一些心理的分析,他说,"摹仿诗人既然要讨好群众,显然就不会费心思来摹仿人性中的理性的部分……他会看重容易激动情感和容易变动的性格,因为它最便于摹仿。"这里所说的"情感"指的特别是与悲剧相关的"感伤癖"和"哀怜癖"。感伤癖是"要尽量哭一场,哀诉一番"那种"自然倾向"。在剧中人物是感伤癖,在听众就是哀怜癖。这些自然倾向本来是应受理智节制的。悲剧性的文艺却让它尽量发泄,使听众暂图一时快感,"拿旁人的灾祸来滋养自己的哀怜癖",以致临到自己遇见

---

[①] 参看《资本论》第一卷,人民出版社,1953年版,第443页。

灾祸时，就没有坚忍的毅力去担当。喜剧性的文艺则投合人类"本性中诙谐的欲念"，本来是你平时引以为耻而不肯说的话，不肯做的事，到表演在喜剧里，"你就不嫌它粗鄙，反而感到愉快"，这样就不免使你"于无意中染到小丑的习气"。此外，像性欲、忿恨之类情欲也是如此。"它们都理应枯萎，而诗却灌溉它们，滋养它们。"总之，从柏拉图的政治教育观点去看，荷马史诗以及悲剧和喜剧的影响都是坏的，因为它们既破坏希腊宗教的敬神和崇拜英雄的中心信仰，又使人的性格中理智失去控制，让情欲那些"低劣部分"得到不应有的放纵和滋养，因此就破坏了"正义"。

此外，柏拉图还检查了文艺摹仿方式对于人的性格的影响。依他的分析，文艺摹仿方式不外三种。头一种是完全用直接叙述，如悲剧和喜剧；第二种是完全用间接叙述，"只有诗人在说话"，如颂歌；第三种是头两种方式的混合，如史诗和其他叙事诗。柏拉图认为第二种方式最好，最坏的是戏剧性的摹仿。他反对理想国的保卫者从事于戏剧摹仿或扮演。这有两个理由，第一个理由是一个人不能同时把许多事做好，保卫者应该"专心致志地保卫国家的自由"，"不应该摹仿旁的事"；第二个理由是演戏者经常摹仿坏人坏事或是软弱的人和软弱的事，习惯成自然，他的纯洁专一的性格就会受到伤害。

根据这种种考虑，柏拉图在《理想国》卷三里向诗人们下了这样一道逐客令：

> 如果有一位聪明人有本领摹仿任何事物，乔扮任何形状，如果他来到我们的城邦，提议向我们展览他的身子和他的诗，我们要把他当作一位神奇而愉快的人物看待，向他鞠躬敬礼；但是我们也要告诉他：我们的城邦里没有像他这样的一个人，法律也不准许有像他这样的一个人，然后把他涂上香水，戴上羽冠，请他到旁的城邦去。至于我们的城邦哩，我们只要一种诗人和故事作者：没有他那副悦人的本领而态度却比他严肃；他们的作品须对于我们有益；须只摹仿好人的言语，并且遵守我们原来替保卫者们设计教育时所定的那些规范。①

到写《理想国》卷十时，他又把这禁令重申一遍，说得更干脆：

> 你心里要有把握，除掉颂神的和赞美好人的诗歌以外，不准一切诗歌

---

① 参看本书第40页。

闯入国境。如果你让步,准许甘言蜜语的抒情诗或史诗进来,你的国家的皇帝就是快感和痛感;而不是法律和古今公认的最好的道理了。①

到他晚年设计第二理想国写《法律篇》对话时,他又下了一道词句较和缓而实质差别甚微的禁令。从这三道禁令我们可以看出柏拉图要对当时文艺大加"清洗"的用心是非常坚决的。经过这样大清洗之后,理想国里还剩下什么样的文艺呢?主要的是歌颂神和英雄的颂诗,这种颂诗在内容上只准说好,不准说坏;在形式上要简朴,而且像《法律篇》所规定的,应该像埃及建筑雕刻那样,固守几种传统的类型风格,代代相传,"万年不变"。《理想国》完全排斥了戏剧,《法律篇》略微放松了一点,剧本须经过官方审查,不能有伤风败俗的内容,至于喜剧还规定只能由奴隶和雇佣的外国人来扮演。此外,柏拉图还特别仔细地检查了音乐。在当时流行的四种音乐之中,他反对音调哀婉的吕底亚式和音调柔缓文弱的伊俄尼亚式,只准保留音调简单严肃的多里斯式和激昂的战斗意味强的佛律癸亚式。他的关于音乐的判决书不仅表现出他对于音乐的理想,也表现出他对于一般文艺的理想,值得把原文引在这里:

> 我们准许保留的乐调要是这样:它能很妥帖地摹仿一个勇敢人的声调,这人在战场和在一切危难境遇都英勇坚定,假如他失败了,碰见身边有死伤的人,或是遭遇到其他灾祸,都抱定百折不挠的精神继续奋斗下去。此外我们还要保留另一种乐调,它须能摹仿一个人处在和平时期,做和平时期的自由事业,……谨慎从事,成功不矜,失败也还是处之泰然。这两种乐调,一种是勇猛的,一种是温和的;一种是逆境的声音,一种是顺境的声音;一种表现勇敢,一种表现聪慧。我们都要保留下来。②

总观以上的叙述,在文艺对社会的功用问题上,柏拉图的态度是非常明确的。他对于希腊文艺遗产的否定,并不是由于他认识不到文艺的社会影响,而是正由于他认识到这种影响的深刻。在许多对话里他时常回到文艺的问题,在《理想国》里他花了全书四分之一的篇幅来反复讨论文艺,对于希腊文艺名著,几乎是逐章逐句地加以仔细检查。假如他不看重文艺的社会功用,他就不会这样认真耐烦。他的基本态度可以用这样几句话来概括:文艺必须对人类社会有用,必须服务于政治,文艺的好坏必须首先从政治标准来衡量;如果从

---

① 参看本书第60页。
② 参看本书第43页。

政治标准看,一件文艺作品的影响是坏的,那么,无论它的艺术性多么高,对人的引诱力多么大,哪怕它的作者是古今崇敬的荷马,也须毫不留情地把它清洗掉。柏拉图在西方是第一个人明确地把政治教育效果定作文艺的评价标准,对卢梭和托尔斯泰的艺术观点都起了一些影响。近代许多资产阶级文艺理论家往往特别攻击柏拉图的这个政治第一的观点,其实一切统治阶级都是运用这个标准,不过不常明说而已。

### 三 文艺才能的来源——灵感说

除掉上述两个主要的问题以外,柏拉图在对话集里还时常谈到一个问题,就是文艺创作的才能是从哪里来的?诗人凭借什么写出他们的伟大的诗篇?他的答案是灵感说,但是对所谓灵感有两种不同的解释。

第一种解释是神灵凭附到诗人或艺术家身上,使他处在迷狂状态,把灵感输送给他,暗中操纵着他去创作。这个解释是在最早的一篇对话——《伊安》——里提出来的。伊安是一个以诵诗为职业的说书人,苏格拉底追问他诵诗和做诗是否都要凭一种专门技艺知识。反复讨论所得的结论是:无论是荷马或是伊安本人,尽管在歌咏战争,却没有军事的专门知识;尽管在描写鞋匠,却没有鞋匠的专门知识。至于诗歌本身是怎样一种专门技艺,凭借什么知识,伊安始终说不出。当时修辞家们虽然也替诗定了一些规矩,但是学会这套规矩,还是不一定就能做诗,因此柏拉图就断定文艺创作并不凭借什么专门技艺知识而是凭灵感。他说,灵感就像磁石:

> 磁石不仅能吸引铁环本身,而且把吸引力传给那些铁环,使它们也像磁石一样,能吸引其他铁环,有时你看到许多个铁环互相吸引着,挂成一条长锁链,这些全从一块磁石得到悬在一起的力量。诗神就像这块磁石,她首先给人灵感,得到这灵感的人们又把它递传给旁人,让旁人接上他们,悬成一条锁链。凡是高明的诗人,无论在史诗或抒情诗方面,都不是凭技艺来做成他们的优美的诗歌,而是因为他们得到灵感,有神力凭附着。[①]

因此,诗人是神的代言人,正像巫师是神的代言人一样,诗歌在性质上也和占

---

[①] 参看本书第9页。

卜预言相同,都是神凭依人所发的诏令。神输送给诗人的灵感,又由诗人辗转输送给无数的听众,正如磁石吸铁一样。这样,柏拉图就解释了文艺何以能引起听众的欣赏以及文艺的深远的感染力量。

灵感的第二种解释是不朽的灵魂从前生带来的回忆。这个解释是在《斐德若篇》里提出来的。依柏拉图的神秘的观点看,灵魂依附肉体,只是暂时现象,而且是罪孽的惩罚。依附了肉体,灵魂就仿佛蒙上一层障,失去它原来的真纯本色,认识真善美的能力也就因此削弱。但是灵魂在本质上是努力向上的,脱离肉体之后(即死后),它还要飞升到天上神的世界,即真纯灵魂的世界。它飞升所达到的境界高低,就要看它努力的大小和修行的深浅。修行深,达到最高境界,它就能扫去一切尘障,如其本然地观照真实本体,即尽善尽美,永恒普遍的"理式"世界。这样,到了它再度依附肉体,投到人世生活时,人世事物就使它依稀隐约地回忆到它未投生人世以前在最高境界所见到的景象,这就是从摹本回忆到它所根据的蓝本(理式)。由摹本回忆到蓝本时,它不但隐约见到"理式"世界的美的景象,而且还隐约追忆到生前观照那美的景象时所起的高度喜悦,对这"理式"的影子(例如美人或美的艺术作品)欣喜若狂,油然起眷恋爱慕的情绪。这是一种"迷狂"状态,其实也就是"灵感"的征候。在这种迷狂状态中,灵魂在像发酵似的滋生发育,向上奋发。爱情如此,文艺的创造和欣赏也是如此,哲学家对智慧的爱慕也是如此。所以柏拉图的"第一等人","爱智慧者,爱美者,诗神和爱神的顶礼者"都是从这同一个根源来的。在柏拉图的许多对话里,特别是在《斐德若篇》和《会饮篇》里,常拿诗和艺术与爱情相提并论,也就因为无论是文艺还是爱情,都要达到灵魂见到真美的影子时所发生的迷狂状态。

唯心哲学都是和宗教上神的信仰分不开的。柏拉图的灵感说的最后根据还是希腊神话。按照希腊神话,人的各种技艺如占卜,医疗,耕种,手工业等等都是由神发明,由神传授的。每种技艺都有一个负专责的护神。诗歌和艺术的总的最高的护神是阿波罗,底下还有九个女神,叫做缪斯。柏拉图说文艺须凭神力或灵感,正是肯定希腊神话中的古老的传说。至于灵魂轮回说本是东方一些宗教中的信仰,大概是由埃及传到希腊的。除掉这个宗教的根源以外,柏拉图的灵感说和迷狂说和上文已提到的贵族阶级鄙视与生产劳动有关的技艺,以及苏格拉底派学者鄙视诡辩学派高谈技艺规矩两个事实也是分不开的。

很显然,灵感说基本上是神秘的反动的。它的反动性特别表现在它强调

文艺的无理性。在《伊安篇》里柏拉图一再提到这一点:

> 酒神的女信徒们受酒神凭附,可以从河水中汲取乳蜜,这是她们在神智清醒时所不能做的事。抒情诗人的心灵也正像这样。……不得到灵感,不失去平常理智而陷入迷狂,就没有能力创造,就不能做诗或代神说话。①

> 神对于诗人们像对于占卜家和预言家一样,夺去他们的平常理智,用他们作代言人,正因为要使听众知道,诗人并非借自己的力量在无知无觉中说出那些珍贵的词句,而是由神凭附着来向人说话。②(重点是引用者加的)

这种拿文艺与理智相对立的反动观点后来在西方发生过长远的毒害影响。新柏拉图派的普洛丁(公元205—270)结合柏拉图的灵感说与东方宗教的一些观念,又把艺术无理性说推进了一步,成为中世纪基督教世界文艺思潮中的一个主要的流派。这种反理性的文艺思想到了资本主义末期就与反动的浪漫主义和颓废主义结合在一起。康德的美不带概念的形式主义的学说对这种发展也起了推波助澜的作用。此后尼采的"酒神精神"说,柏格森的直觉说和艺术的催眠状态说,弗洛伊德的艺术起源于下意识说,克罗齐的直觉表现说以及萨特的存在主义,虽然出发点不同,推理的方式也不同,但是在反理性一点上,都和柏拉图是一鼻孔出气的。

柏拉图在提出灵感说时却也见出一些与文艺创作有关的重要问题。首先是理智在艺术中的作用问题。他也看到单凭理智不能创造文艺,文艺创造活动和抽象的逻辑思考有所不同,他的错误在于把理智和灵感完全对立起来。既形而上学地否定理智的作用,又对灵感加以不科学的解释。这是和他把诗和哲学完全对立起来的那个基本出发点分不开的。其次是艺术才能与技艺修养的问题。他也看出单凭技艺知识不能创造文艺,诗人与诗匠是两回事,他的错误也正在把天才和人力完全对立起来,既把天才和灵感等同起来,又形而上学地否定技艺训练的作用。这是和他鄙视劳动人民和生产实践的基本态度分不开的。不过在这问题上他又前后自相矛盾。在《伊安篇》里他完全否定了技艺知识,而在《斐德若篇》里他又说文学家要有三个条件:"第一是生来就有

---

① 参看本书第10页。
② 参看本书第10页。

语文的天才,其次是知识,第三是训练。"但是总的说来,他是轻视技艺训练而片面地强调天才与灵感的。第三是艺术的感染力问题。他的磁石吸引铁环的譬喻生动地说明了艺术的感染力既深且广,而且起团结听众的作用。这个思想和托尔斯泰的感染说很有些类似,只是他把感染力的来源摆在灵感上而不摆在人民大众的实践生活以及作品内容的真实性与艺术性上,这也说明了他对艺术本质的认识根本是错误的。

## 四　结　束　语

柏拉图的一般哲学思想和美学思想都是从他要在雅典民主势力上升时代竭力维护贵族统治的基本政治立场出发的。他的客观唯心主义哲学就是一种借维护神权而维护贵族统治的哲学。他的永恒的"理式"就是神,所居的地位也正是高高在上的贵族地位。只有贵族阶级中文化修养最高的人("爱智慧者")才有福分接近这种高不可攀的"理式",只有根据这种理式,在人身上才能保证理智的绝对控制,意志和情欲的绝对服从;也只有根据这种理式,在国家里才能保证哲学家和"保卫者们"的绝对统治,其他阶级的绝对服从。这样,才能达到理想人和理想国的目的,即柏拉图所谓"正义"。从这个基本立场出发,柏拉图鄙视理式世界以下的感性世界,鄙视与肉体有关的本能,情感和欲望,鄙视哲学家和"保卫者们"以外的劳苦大众,鄙视哲学家的观照以外的实践活动以及和实践活动有关的技艺。

从这个基本立场出发,柏拉图对早期希腊思想家所留下来的美学上两大主要问题提出了极明确的答案。

就文艺对现实世界的关系来说,他歪曲了希腊流行的摹仿说,虽然肯定了文艺摹仿现实世界,却否定了现实世界的真实性,因而否定了文艺的真实性,这也就是否定了文艺的认识作用。这是反现实主义的文艺思想。

就文艺的社会功用来说,柏拉图明确地肯定了文艺要为社会服务,要用政治标准来评价。他要文艺服务的当然是反动政治。在这问题上他也有两个极不正确的看法。第一是他因为要强调政治标准,就抹煞了艺术标准。其次他因为要使理智处于绝对统治的地位,就不惜压抑情感,因而他理想中的文艺不是起全面发展的作用,而是起畸形发展的作用,即摧残情感去片面地发扬理智。

就文艺创作的原动力来说,柏拉图的灵感说抹煞了文艺的社会源泉。只见出艺术的社会功用而没有见出艺术的社会源泉,就还不算真正认识到文艺与社会生活的血肉关系。此外,他的迷狂说宣扬了反理性主义。这种反理性的文艺思想在长期为基督教所利用以后,又为颓废主义种下了种子。

柏拉图的两个基本的文艺观点,文艺不表现真理和文艺起败坏道德的作用,都遭到他的弟子亚理斯多德的批判,亚理斯多德在《诗学》里说明了诗的真实比历史的真实更带有普遍性,符合可然律与必然律,而且诗起于人类的爱好摹仿(即学习)和爱好节奏与和谐的本能,对某些情绪可起净化作用。从此西方美学思想便沿着柏拉图和亚理斯多德的两条对立的路线发展,柏拉图路线是唯心主义的路线,亚理斯多德路线基本上是唯物主义的路线。如果从文艺创作方法的角度来看,在古代思想家中柏拉图和朗吉努斯所代表的主要是浪漫主义的倾向,亚理斯多德和贺拉斯所代表的主要是古典主义和现实主义的倾向。就古代文艺思想对后来的影响来说,也是浪漫主义者侧重柏拉图和朗吉努斯,古典主义者和现实主义者侧重亚理斯多德和贺拉斯。

对柏拉图作出恰当的估价并不是一件易事,很有一部分人因为柏拉图是唯心主义的祖师和雅典贵族反动统治的维护者,就对他全盘否定,甚至说柏拉图只能对反动派发生过影响,对进步的人类来说,他是毫无可取的。但是在唯物主义的进步的思想家之中,也有持相反意见的。车尔尼雪夫斯基就是一个例子,这位俄国革命民主主义的美学家说,"柏拉图的著作比亚理斯多德的具有更多的真正伟大的思想";对于摹仿说,"柏拉图比亚理斯多德发挥得更深刻,更多面";"柏拉图所想的首先是:人应该是国家公民……他并不是从学者或贵族的观点,而是从社会和道德的观点,来看科学和艺术",[①]这里把"贵族观点"与"社会和道德观点"看作两回事,不承认柏拉图从贵族观点来看艺术,都是不正确的。但是车尔尼雪夫斯基对柏拉图作出这样高的评价,也不是毫无根据,它至少应该提醒我们对柏拉图不能匆促地下片面的结论。这里牵涉到文化遗产批判继承问题。在历史上像柏拉图这样的唯心主义的思想家为数不少,他们是否就不可能在个别问题上有正确的看法呢?如果没有,他们早就应该被人忘去,对进步的人类不会发生丝毫有益的影响。关于这一点,下文还要谈。如果有,我们就应该对具体问题作具体分析,把可能有的正确论点肯定下来,尽管它是片面的。

---

[①] 《美学论文集》,人民文学出版社,1957年版,第129—139页。

首先来检查一下柏拉图的影响。在西方相当长的一个时期内，柏拉图的影响超过了亚理斯多德。在亚力山大理亚和罗马时代，很少有文艺理论家提到亚理斯多德，朗吉努斯没有提到他而对柏拉图则推崇备至，连古典主义者贺拉斯也没有提到亚理斯多德。亚理斯多德在中世纪因为著作稿本丧失，提到他的人大半根据传说，等到十三世纪他的部分著作才由阿拉伯文移译为拉丁文，此后他才逐渐发生影响。柏拉图的学园维持到公元六世纪，他的传统则一直没有断过。朗吉努斯在《论崇高风格》里显然受到他的影响。通过普洛丁和新柏拉图派，他的文艺思想垄断了大部分中世纪。在中世纪柏拉图的思想和基督教的神学结合起来。这确实可以说明它的思想较容易为反动派所利用。但是历史也证明他的思想对进步的人类并非绝对不曾发生有益的影响，在西方近代两大文艺运动中，柏拉图都起了不小的作用。一个是文艺复兴运动。当时意大利人文主义者研究柏拉图的风气很盛，他们在十五世纪在意大利文化中心佛罗伦萨建立了一座柏拉图学园，研究柏拉图的思想，定期集会讨论文艺问题和哲学问题，参加这种活动的有大艺术家米琪尔·安杰罗，在当时著名的诗论家之中，从斯卡里格到佛拉卡斯托罗，很少有人没有受柏拉图影响。这情形也并不限于意大利，法国人文主义者杜·伯勒在《法兰西语言的辩护与提高》里以及英国人文主义者锡德尼在《为诗辩护》里都是柏拉图的信徒。另一个是浪漫运动。在这个时期许多诗人和美学家都在不同程度上是柏拉图主义者或新柏拉图主义者，赫尔德，席勒，施莱格尔和雪莱是其中最显著的。歌德本来基本上是一位唯物主义者和现实主义者，但是在他的《关于文艺的格言和感想》里，我们也发现有些段落简直是从新柏拉图主义者普洛丁的《九部书》中翻译过来的。① 此外，柏拉图对启蒙运动也并非毫无影响。当时英国研究美学的风气是由新柏拉图主义者夏夫兹博里开创的，他是法德两国启蒙运动领袖们所最推崇的一位英国思想家。美学中美善统一的思想是由夏夫兹博里从新柏拉图派接受过来，又传到大陆方面去的。德国启蒙运动的先驱文克尔曼也是一位新柏拉图主义者。

这里所提到的柏拉图的影响只是一个粗略的梗概，但已足说明过去进步的人类，曾不断地发现柏拉图的美学思想中有足资借鉴的地方。究竟足资借鉴的地方是些什么呢？要回答这个问题，有必要先指出文化遗产批判继承的

---

① 例如就顽石和雕像的比较来说明形式与材料的关系。

历史过程中一个发人深省的现象。每个时代都按当时的特殊需要去吸收过去文化遗产中有用的部分,把没有用处的部分扬弃掉,因此所吸收的部分往往就不是原来的真正的面貌,但也并不是和原来的真正面貌毫无联系。例如柏拉图在哲学上和美学上的中心思想都是"理式",这是一个客观唯心主义的概念,但是也正是这个概念对后来的影响最大。文艺复兴时代大半把"理式"概念和亚理斯多德的"普遍性"概念结合起来或混同起来,从而论证典型的客观性与美的普遍标准。浪漫运动时代大半把"理式"理解为"理想",康德,歌德,席勒乃至黑格尔所标榜的"理想"都来自柏拉图,但是都是一般与特殊的统一,理性与感性的统一,并不像柏拉图那样把"理式"理解为不依存于感性与特殊的一般。最高的理式是真善美的统一,这是绝对不含感性内容的,但是后来论证现象世界真与美统一或真与善统一者也往往援柏拉图为护身符。再如柏拉图的灵感说和迷狂说都建立在希腊宗教迷信的基础上;到了浪漫运动时代,它却变成"天才","情感"和"想象"三大口号的来源,尽管当时人并不再相信阿波罗,缪斯和灵魂轮回说。

这里只能举这几个突出的事例,足见批判继承的实际情况是复杂的,柏拉图产生过深远的影响也并不是毫无内在原因的。美学史家们一方面要认识到柏拉图的客观唯心主义的反动性,另一方面也要追究他在西方既然起了那么大的影响,他的思想中究竟是否还有什么值得学习的。对于我们来说,这个工作还仅仅在开始。

*　　*　　*

**关于本集的选,译,注**——先说选。柏拉图写过近四十篇的对话,其中直接或间接关涉到文艺的很多。这里选的几篇最能代表他的文艺思想。《伊安篇》,《斐德若篇》和《会饮篇》都译了全文。《大希庇阿斯篇》只删去开头的无关本题的一段。《理想国》里最有名的关于文艺的两大部分(卷二至三,卷十)也都全译了。《斐利布斯篇》只选译关于美感的一段,《法律篇》只选译有关文艺教育和检查制度的段落。从这个选集,读者可以见出柏拉图文艺思想的大轮廓和中心观念。

关于译,译者不懂希腊原文,这是本集的基本缺陷。弥补这个缺陷的办法是多搜比较可靠的英法文译本,仔细对照着看,来窥探原文的意思。英译本《柏拉图对话集》有两种,都不完全,一是纠微特(Jowett)一手所译成的,一是《勒布古典丛书》(Loeb Classical Library)里由多人分译的。纠微特译本的长处在文字流畅易读,引论及本文的分析也很详细;短处在书成于十九世纪八十年代,比较旧了,对原文常有节略处,许多哲学的名词译的也不很精确。《古典丛书》本较忠实,但因不是成于一人之手,各篇好坏不齐。此外零篇英译本甚多。《人人丛书》(Everyman's Library)所搜的林德塞(Lindsay)的《理想国》译本大体甚好。法译本以布德学会(Association Guillaume Budé)所印行的《柏拉图全集》为最好。这是由法国几个古典学者如罗本(Robin),克若瓦塞(Croiset)等分工合作而成的,在译本中时代最近,附有希腊原文对照,每篇有很好的引论,说明写作年代,背景,来源,全篇结构,对话人物以及讨论的主题等等,译文偶附简明的注解。从各方面看,这个法译本都远胜于各种英译本。本集主要地依据这个法译本,参照上述两种英译本及林德塞的《理想国》,诗人雪莱译的《伊安篇》,莱意特(G. Wright)译的《斐德若篇》,以及慕尼页(Meunier)的《会饮篇》法译本。《法律篇》因没有找到其他译本,只根据纠微特的英译本。译者所选的标准只有两个:第一是对原文忠实,第二是译文尽量用流畅可读的口语。

最后说编写的注。这分两种:一是书末的每篇题解,说明各篇要义以及了解全篇所必要的一些知识;一是正文注解,说明典故,援引的书籍,译文有待解释的地方以及长篇中分段大意。这种注解颇有借助于法译本和斯密兹(Smith)的《古典字典》的地方。

译文和注释有些错误或不妥的地方,由罗念生同志根据希腊文审校,提出很多宝贵的意见,译者已遵照他的意见作了一些修改,趁此向他表示感谢。翻译古典是一件艰难的工作,虽经再三校正,错误和缺点恐仍难免,希望读者加以批评和指正。

朱光潜<br>一九六二年十一月校改于北京大学

这个选译本被禁锢了十几年,现在重见天日,我感到很欣喜,因为在这上面献出了一份暮年心血,我是抱着莳花植树的心情来对待它的。但愿它在一些读者心中将开花结果。

朱光潜<br>一九七九年夏,时年八十有二

# 歌德谈话录

〔德〕爱克曼 辑录

# 目 录

**1823 年** ················································· 245

1823 年 6 月 10 日（初次会见）························· 245

1823 年 6 月 19 日（给爱克曼写介绍信到耶拿）······· 247

1823 年 9 月 18 日（对青年诗人的忠告）················ 247

1823 年 10 月 29 日（论艺术难关在掌握个别
　具体事物及其特征）··································· 251

1823 年 11 月 3 日（关于歌德的游记；论题材
　对文艺的重要性）····································· 252

1823 年 11 月 14 日（论席勒醉心于抽象哲学的理念
　使他的诗受到损害）··································· 253

1823 年 11 月 15 日（《华伦斯坦》上演）················ 254

**1824 年** ················································· 255

1824 年 1 月 2 日（莎士比亚的伟大；《维特》
　与时代无关）·········································· 255

1824 年 1 月 27 日（谈自传续编）······················· 258

1824 年 2 月 4 日（歌德的宗教观点和政治观点）······· 259

1824 年 2 月 22 日（谈摹仿普尚的近代画）············· 262

1824 年 2 月 24 日（学习应从实践出发；
　古今宝石雕刻的对比）································ 262

1824 年 2 月 25 日（诗的形式可能影响内容；

歌德的政治观点) ······ 264

1824年2月26日(艺术鉴赏和创作经验) ······ 266

1824年2月28日(艺术家应认真研究对象,
不应贪图报酬临时草草应差) ······ 269

1824年3月30日(体裁不同的戏剧应在不同的
舞台上演;思想深度的重要性) ······ 270

1824年4月14日(德国爱好哲学思辨的诗人往往
艰深晦涩;歌德的四类反对者;歌德和席勒的对比) ······ 272

1824年5月2日(谈社交、绘画、宗教与诗;
歌德的黄昏思想) ······ 273

1824年11月9日(克洛普斯托克和赫尔德尔) ······ 275

1824年11月24日(古希腊罗马史;德国文学和
法国文学的对比) ······ 276

1824年12月3日(但丁像;劝爱克曼专心研究
英国文学) ······ 277

**1825年** ······ 280

1825年1月10日(谈学习外语) ······ 280

1825年1月18日(谈母题;反对注诗牵强附会;
回忆席勒) ······ 282

1825年2月24日(歌德对拜伦的评价) ······ 287

1825年3月22日(魏玛剧院失火;歌德谈他
如何培养演员) ······ 291

1825年3月27日(筹建新剧院;解决经济困难的办法;
谈排练和演员分配) ······ 294

1825年4月14日(挑选演员的标准) ······ 297

1825年4月20日(学习先于创作;集中精力搞专业) ······ 298

1825年4月27日(歌德埋怨泽尔特说他不是
"人民之友") ······ 302

1825年5月1日(歌德为剧院赚钱辩护;

谈希腊悲剧的衰亡） ····················· 304

1825年5月12日（歌德谈他所受的影响，
    特别提到莫里哀） ····················· 306

1825年6月11日（诗人在特殊中表现一般；
    英、法对比） ························· 308

1825年10月15日（近代文学界的弊病，根源在于
    作家和批评家们缺乏高尚的人格）······ 308

1825年12月25日（赞莎士比亚；拜伦的诗是
    "被扣压的议会发言"） ················ 310

**1826年** ······································ 312

1826年1月29日（衰亡时代的艺术重主观；
    健康的艺术必然是客观的） ············ 312

1826年7月26日（上演的剧本不同于只供阅读的剧本；
    备演剧目） ··························· 314

1826年12月13日（绘画才能不是天生的，
    必须认真学习） ······················· 316

**1827年** ······································ 318

1827年1月4日（谈雨果和贝朗瑞的诗以及近代
    德国画家；复古与反古） ··············· 318

1827年1月15日（宫廷应酬和诗创作的矛盾） ······ 320

1827年1月18日（仔细观察自然是艺术的基础；
    席勒的弱点：自由理想害了他） ········ 321

1827年1月29日（谈贝朗瑞的诗） ················ 323

1827年1月31日（中国传奇和贝朗瑞的诗对比；
    "世界文学"；曼佐尼过分强调史实） ···· 324

1827年2月1日（歌德的《颜色学》以及他对其他
    自然科学的研究） ····················· 326

1827年3月21日（黑格尔门徒亨利克斯的

239

希腊悲剧论) ································ 330

1827年3月28日(评黑格尔派对希腊悲剧的看法;
对莫里哀的赞扬;评史雷格尔) ················ 330

1827年4月1日(谈道德美;戏剧对民族精神的影响;
学习伟大作品的作用) ······················· 335

1827年4月11日(吕邦斯的风景画妙肖自然而非
摹仿自然;评莱辛和康德) ····················· 336

1827年4月18日(就吕邦斯的风景画泛论美;
艺术既服从自然,又超越自然) ················· 338

1827年5月3日(民族文化对作家的作用;德国作家
处境不利;德国和法、英两国的比较) ·············· 343

1827年5月4日(谈贝朗瑞的政治诗) ················· 346

1827年5月6日(《威廉·退尔》的起源;歌德重申
自己作诗不从观念出发) ······················ 347

1827年7月5日(拜伦的《唐·璜》;歌德的《海伦后》;
知解力和想象的区别) ······················· 350

1827年7月25日(歌德接到瓦尔特·司各特的信) ········ 352

1827年10月7日(访耶拿;谈弗斯和席勒;谈梦和预感;
歌德少年时代一段恋爱故事) ·················· 355

1827年10月18日(歌德和黑格尔谈辩证法) ············ 360

**1828年** ········································· 361

1828年3月11日(论天才和创造力的关系;
天才多半表现于青年时代) ···················· 361

1828年3月12日(近代文化病根在城市;年轻一代
受摧残;理论和实践脱节) ····················· 366

1828年10月17日(翻译语言;古典的和浪漫的) ········· 368

1828年10月20日(艺术家凭伟大人格去胜过自然) ······ 369

1828年10月23日(德国应统一,但文化中心要多元化,
不应限于国都) ····························· 369

1828年12月16日(歌德与席勒合作的情况;
　　歌德的文化教养来源) ································· *371*

**1829年** ························································· *373*

1829年2月4日(常识比哲学可靠;奥斯塔特的画;
　　阅读的剧本与上演的剧本) ····················· *373*
1829年2月12日(歌德的建筑学知识;艺术忌软弱) ······· *375*
1829年2月13日(自然永远正确,错误都是人犯的;
　　知解力和理性的区别) ··························· *375*
1829年2月17日(哲学派别和发展时期;德国哲学
　　还要做的两件大事) ······························· *377*
1829年3月23日(建筑是僵化的音乐;歌德和席勒的
　　互助和分歧) ········································ *377*
1829年4月2日(战士才有能力掌握最高政权;
　　"古典的"与"浪漫的"之区别;评贝朗瑞入狱) ···· *379*
1829年4月3日(爱尔兰解放运动;天主教僧侣的
　　阴谋诡计) ············································ *380*
1829年4月6日(日耳曼民族个人自由思想的利弊) ······· *380*
1829年4月7日(拿破仑摆布世界像弹钢琴;
　　他对《少年维特》的重视) ······················· *381*
1829年4月10日(劳冉的画达到外在世界与内心
　　世界的统一;歌德学画的经验) ·················· *382*
1829年4月12日(错误的志向对艺术有弊也有利) ······· *384*
1829年9月1日(灵魂不朽的意义;英国人在贩卖
　　黑奴问题上言行不一致) ·························· *384*
1829年12月6日(《浮士德》下卷第二幕第一景) ······· *386*

**1830年** ························································· *388*

1830年1月3日(《浮士德》上卷的法译本;
　　回忆伏尔泰的影响) ······························· *388*

1830年1月27日(自然科学家须有想象力) …………… 388

1830年1月31日(歌德的手稿、书法和素描) …………… 389

同日(谈弥尔顿的《参孙》) …………… 390

1830年2月3日(回忆童年的莫扎特) …………… 390

同日(歌德讥诮边沁老年时还变成过激派,
说他自己属改良派) …………… 390

1830年3月14日(谈创作经验;文学革命的利弊;
就贝朗瑞谈政治诗,并为自己在普法战争中不写
政治诗辩护) …………… 391

1830年3月17日(再次反对边沁过激,主张改良;
对英国主教骂《维特》不道德的反击;现实生活比
书本的教育影响更大) …………… 397

1830年3月21日("古典的"和"浪漫的":这个区别的
起源和意义) …………… 401

1830年8月2日(歌德对法国七月革命很冷淡,而更
关心一次科学辩论:科学上分析法与综合法的对立) ……… 402

1830年10月20日(歌德同圣西门相反,主张社会
集体幸福应该以个人幸福为前提) …………… 404

**1831年** …………… 406

1831年1月17日(评《红与黑》) …………… 406

1831年2月13日(《浮士德》下卷写作过程;文艺须
显出伟大人格和魄力,近代文艺通病在纤弱) …………… 406

1831年2月14日(天才的体质基础;天才最早
出现于音乐) …………… 408

1831年2月17日(作者在不同的发展阶段看事物的
角度不同,须如实反映;《浮士德》下卷的进度和程序
以及与上卷的基本区别) …………… 409

1831年2月20日(歌德主张在自然科学领域里
排除目的论) …………… 411

1831年3月2日(Daemon〔精灵〕的意义) ………………… 412
1831年3月8日(再谈"精灵") ………………………… 413
1831年3月21日(法国青年政治运动;法国文学
　发展与伏尔泰的影响) ………………………………… 414
1831年3月27日(剧本在顶点前须有介绍情节的
　预备阶段) ……………………………………………… 415
1831年5月2日(歌德反对文艺为党派服务,
　赞扬贝朗瑞的"独立"品格) …………………………… 416
1831年5月15日(歌德立遗嘱,指定爱克曼编辑遗著) … 416
1831年5月25日(歌德对席勒的《华伦斯坦》的协助) … 417
1831年6月6日(《浮士德》下卷脱稿;歌德说明
　借助宗教观念的理由) ………………………………… 418
1831年6月20日(论传统的语言不足以表达新生
　事物和新的思想认识) ………………………………… 419
1831年6月27日(反对雨果在小说中写丑恶和恐怖) … 421
1831年12月1日(评雨果的多产和粗制滥造) ………… 421

**1832年** ……………………………………………………… 423

1832年2月17日(歌德以米拉波和他自己为例,说明
　伟大人物的卓越成就都不是靠天才而是靠群众) …… 423
1832年3月11日(歌德对《圣经》和基督教会的批判) … 425
几天以后(歌德谈近代以政治代替了希腊人的命运观;
　他竭力反对诗人过问政治) …………………………… 429

爱克曼的自我介绍 …………………………………………… 431
第一、二两部的作者原序(摘译) …………………………… 433
第三部的作者原序(摘译) …………………………………… 435

译后记 ………………………………………………………… 437

# 1823年

**魏玛,1823年6月10日**(初次会见)①

我来这里已有几天了,今天第一次访问歌德,他很热情地接待了我。我对他的印象很深刻,我把这一天看作我生平最幸福的一天。

昨天我去探问,他约我今天十二点来见他。我按时去访问。他的仆人正等着引我去见他。

房子内部给我的印象很愉快,不怎么豪华,一切都很高雅和简朴。陈列在台阶上的那些复制的古代雕像,显出歌德对造型艺术和古希腊的爱好。我看见底楼一些内室里妇女们来来往往地忙着。有一个漂亮的小男孩,是歌德的儿媳妇奥提丽的孩子,他不怕生,跑到我身边来,瞪着大眼瞧我的面孔。

我向四周瞟了一眼。仆人打开一间房子的门,我就跨过上面嵌着"敬礼"②字样的门槛,这是我会受到欢迎的预兆。仆人引我穿过这间房,又打开另一间较宽敞的房子,叫我在这里等一会儿,等他进去报告主人我已到了。这间房子很凉爽,地板上铺着地毯,陈设着一张深红色长沙发和几张深红色椅子,显得很爽朗。房里一边摆着一架钢琴,壁上挂着各色各样的绘画和素描。通过对面敞开着的门,可以看见里面还有一间房子,壁上也挂着一些画。仆人就是穿过这间房子进去报告我已来到。

不多一会儿歌德就出来了,穿着蓝上衣,还穿着正式的鞋。多么崇高的形象啊!我感到突然一惊。不过他说话很和蔼,马上消除了我的局促不安。我和他一起坐在那张长沙发上。他的神情和仪表使我惊喜得说不出话来,纵然说话也说得很少。

---

① 原文每次谈话都没有标题。日期后面放在括弧里的标题是译者为读者方便起见新加的,以后仿此。
② 原文为拉丁文。

他一开头就谈起我请他看的手稿说,"我是刚放下你的手稿才出来的。整个上午我都在阅读你这部作品,它用不着推荐,它本身就是很好的推荐。"他称赞我的文笔清楚,思路流畅,一切都安放在坚牢的基础上,是经过周密考虑的。他说,"我很快就把它交出去,今天就写信赶邮班寄给柯达①,明天就把稿子另包寄给他。"我用语言和眼光表达了我的感激。

接着我们谈到我的下一步的旅行。我告诉他我的计划是到莱茵区找一个适当的住处,写一点新作品,不过我想先到耶拿,在那里等候柯达先生的回信。

歌德问我在耶拿有没有熟人,我回答说,我希望能和克涅伯尔先生②建立联系。歌德答应写一封介绍信给我随身带去,保证我会受到较好的接待。

接着歌德对我说,"这很好,你到了耶拿,我们还是近邻,可以随便互访或通信。"

我们在安静而亲热的心情中在一起坐了很久。我触到他的膝盖,依依不舍地看着他,忘记了说话。他的褐色面孔沉着有力,满面皱纹,每一条皱纹都有丰富的表情!他的面孔显得高尚而坚定,宁静而伟大!他说话很慢,很镇静,令我感到面前仿佛就是一位老国王。可以看出他有自信心,超然于世间毁誉之上。接近他,我感到说不出的幸福,仿佛满身涂了安神油膏,又像一个备尝艰苦,许多长期的希望都落了空的人,终于看到自己最大的心愿获得了满足。

接着他提起我给他的信,说我说得对,一个人只要能把一件事说得很清楚,他也就能把许多事都说得清楚。他说,"不知道这种能力怎样由此及彼地转化,"接着他告诉我,"我在柏林有很多好朋友。这几天我正在考虑替你在那里想点办法。"

他高兴地微笑了,接着他指示我这些日子在魏玛应该看些什么,答应请克莱特秘书替我当向导。他劝我特别应去看看魏玛剧院。他问了我现在的住址,说想和我再晤谈一次,找到适当的时间就派人来请。

我们很亲热地告别了。我感到万分幸福。他的每句话都表现出慈祥和对我的爱护③。

---

① 柯达(1764—1832),耶拿的出版商,歌德和席勒的著作都先由他出版。
② 克涅伯尔(1744—1834),早年也在魏玛宫廷任职,是和歌德有长久交谊的一位作家。
③ 在以下几次晤谈中,歌德叫爱克曼在魏玛长住下来,替他搜编早年在报刊上发表的一些评论文。从此爱克曼就成了歌德的文艺学徒,同时也是他的私人秘书,帮助他编辑他的著作。

**1823年6月19日**(给爱克曼写介绍信到耶拿)

我本来打算今天去耶拿。但是昨天歌德劝我在魏玛住到星期天,搭邮车去。他昨天替我写了几封介绍信,其中有一封是给弗洛曼①一家人的。他告诉我,"这家人所交游的人会使你满意。我在他们那里参加过许多愉快的晚会。让·保尔、蒂克、史雷格尔兄弟②以及其他德国名人都到过那里,都感到很愉快。就是到现在,那里还是学者、艺术家和其他知名人士经常聚会的场所。过几星期之后,请写信让我知道你的情况,对耶拿的观感如何,信寄到玛冉巴特③,我已吩咐我的儿子当我不在家时要常去看望你。"

歌德对我这样细心照顾,使我非常感激。我从一切方面都感到歌德待我如家人,将来也还会如此。我因此感到幸福。

**耶拿,1823年9月18日**(对青年诗人的忠告)④

昨天在歌德回到魏玛之前,我很幸运又和他晤谈了一个钟头。这次他说的话非常重要,对我简直是无价之宝,使我终生受益不尽。凡是德国青年诗人都应该知道这番对他们也会有益的忠告。

歌德一开始就问我今年夏天写过诗没有。我回答说,写了一些,但是总的说来,我对做诗还缺乏兴致或乐趣。歌德就劝我说,"你得当心,不要写大部头作品。许多既有才智而又认真努力的作家正是在贪图写大部头作品上吃亏受苦,我在这一点上也吃过苦头,认识到它对我有多大害处。我扔到流水里去的做诗计划不知有多少哩!如果我把可写的都写了,写上一百卷也写不完。

"现实生活应该有表现的权利。诗人由日常现实生活触动起来的思想情感都要求表现,而且也应该得到表现。可是如果你脑子里老在想着写一部大部头的作品,此外一切都得靠边站,一切思虑都得推开,这样就要丧失掉生活本身的乐趣。为着把各部分安排成为融贯完美的巨大整体,就得使用和消耗巨大精力;为着把作品表达于妥当的流利语言,又要费大力而且还要有安静的

---

① 弗洛曼(1765—1837),耶拿的出版商,他家是文人聚会的场所。
② 这些都是耶拿浪漫派有名的文人。其中的史雷格尔兄弟详见下文。
③ 又译马林巴德或玛丽亚温泉市,现属捷克斯洛伐克,是著名的温泉疗养地,歌德有时去暂住几天。
④ 这是爱克曼到了耶拿之后据回忆记下来的。第一句疑有误,因为歌德在九月十五日已从玛冉巴特回到魏玛了。

生活环境。倘若你在整体上安排不妥当,你的精力就白费了。还不仅此,倘若你在处理那样庞大的题材时没有完全掌握住细节,整体也就会有瑕疵,会受到指责。这样,作者尽管付出了辛勤的劳力和牺牲,结果所获得的也不过是困倦和精力的瘫痪。反之,如果作者每天都抓住现实生活,经常以新鲜的心情来处理眼前事物,他就总可以写出一点好作品,即使偶尔不成功,也不会有多大损失。

"姑且举柯尼斯堡的奥古斯特·哈根①为例。他本是一位很有才能的作家,你读过他的《奥尔弗里特和李辛娜》那部诗没有?那里有些片段是写得很出色的,例如波罗的海风光以及当地的一些具体细节。但这都是些漂亮的片段,作为整体来看,这部诗却不能使任何人满意。可是他费了多大气力,简直弄得精疲力竭了。现在他还在写一部悲剧哩!"

说到这里,歌德笑了笑就停住了。我趁机插话说,如果我没有弄错,他在《艺术与古代》上就劝告过哈根只选些小题目来写。歌德回答说,"是呀,我确实劝告过他。但是我们这些老年人的话谁肯听呢?每个人都自信有自知之明,因此,有许多人彻底失败了,还有许多人长期在迷途中乱窜。可是现在却没有时间去乱窜了。在这一点上我们老年人是过来人,如果你们青年人愿意重蹈我们老年人的覆辙,我们的尝试和错误还有什么用处呢?这样,大家就无法前进了。我们老一辈子走错路是可以原谅的,因为我们原来没有已铺平的路可走。但是对入世较晚的一辈人要求就要更严格些,他们不应该老是摸索和走错路,应该听老年人的忠告,马上踏上征途,向前迈进。向着某一天终于要达到的那个终极目标迈步还不够,还要把每一步骤都看成目标,使它作为步骤而起作用。

"请你把我这番话牢记在心上,看它对你是否也适用。我并不是怕你也会走错路,不过我的话也许可以帮助你快一点跨过对你还不利的这段时期。如果你目前只写一些小题目,抓住日常生活提供给你的材料,趁热打铁,你总会写出一点好作品来。这样,你就会每天都感到乐趣。你可以把作品先交给报刊或印成小册子发表,但切莫迁就旁人的要求,要始终按照自己的心意写下去。

"世界是那样广阔丰富,生活是那样丰富多彩,你不会缺乏做诗的动因。

---

① 哈根(1797—1880),当时一位浪漫派青年诗人。歌德在《艺术与古代》上发表过对哈根的《奥尔弗里特和李辛娜》这部叙事诗的评论,劝告作者从现实生活出发写些小题目。

但是写出来的必须全是应景即兴的诗①,也就是说,现实生活必须既提供诗的机缘,又提供诗的材料。一个特殊具体的情境通过诗人的处理,就变成带有普遍性和诗意的东西。我的全部诗都是应景即兴的诗,来自现实生活,从现实生活中获得坚实的基础。我一向瞧不起空中楼阁的诗。

"不要说现实生活没有诗意。诗人的本领,正在于他有足够的智慧,能从惯见的平凡事物中见出引人入胜的一个侧面。必须由现实生活提供做诗的动机,这就是要表现的要点,也就是诗的真正核心;但是据此来熔铸成一个优美的、生气灌注的整体,这却是诗人的事了。号称'自然诗人'的傅恩斯坦②是你所熟识的。他以种植酵母花为题写出一首很好的诗。我劝他用各行手工业——特别是纺织工业——的题材来写一些歌,我敢说他写这方面的诗歌会获得成功,因为他从青年时代起就和这些手工艺匠人在一起生活,对手工艺这一行懂得很透彻,对他所要使用的材料有充分的掌握。写小题材的优点正在于你只须描绘你所熟悉的事物。至于写大部头的诗,情况却不同。那就不免要把各个部分都按计划编织成为一个完整体,而且还要描绘得惟妙惟肖。可是在青年时代对事物的认识不免片面,而大部头作品却要有多方面的广博知识,人们就在这一点上要跌跤。"

我告诉歌德,我想写一部大部头的诗,用一年四季为题材,把各种行业和娱乐都编织进去。歌德回答说,"这正是我刚才说的那种情况。你可以在许多片段里写得很成功,但是涉及你也许还没有认真研究过、还不大熟悉的事物,你就不会成功。你也许写渔夫写得很好,写猎户却写得很坏。如果有些部分失败了,整体就会显得有缺陷,不管其他部分写得多么好,这样你就写不出什么完美的作品。但是你如果把那些个别部分分开,单挑其中你能胜任的来写,你就有把握写出一点好作品来了。

---

① 原文 Gelegenheitsgedichte 照字面译是"应机缘而写的诗",类似我国诗中的"即兴诗",不过"即兴"侧重诗人的主观兴致,歌德则主要是指从客观情境出发。姑译为"应景即兴的诗",以求主客两面俱到。这一段谈话扼要地说明了歌德的现实主义文艺观点,值得特别注意。
② 傅恩斯坦(Fürnstein,1783—1841),一位写农艺和手工艺的诗人。歌德在《艺术与古代》上发表的《论德国自然诗人》一文里也提到这位作者,希望他仿照英国诗人的"织工歌"(可能指托玛斯·侯德反映工人疾苦的诗),写些关于纺织工艺的诗。"自然诗"发源于英国,爱克曼想写"四季"诗,当然也受到英国诗人汤姆逊(详见第429页注②)的启发。当时英国诗对德国诗坛的影响很大。歌德自己就特别推尊莎士比亚和拜伦。

"我特别劝你不要单凭自己的伟大的创造发明①,因为要创造发明就要提出自己对事物的观点,而青年人的观点往往还不够成熟。此外,人物和观点都不能作为诗人的特征反映而同诗人相结合,从而使他在下一步创作中丧失丰满性。最后还有一点,创造发明以及安排和组织方面的构思要费多少时间而讨不到好处,纵使作品终于完成了。

"如果采用现成的题材,情况就大不相同,工作就会轻松些。题材既是现成的,人物和事迹就用不着新创了,诗人要做的工作就只是构成一个活的整体②。这样,诗人就可以保持自己的完满性,因为用不着再从他本身补充什么了。他只须在表达方面费力,用不着花费创造题材所需要的那么多的时间和精力了。我甚至劝人采用前人已用过的题材。例如伊菲革涅亚这个题材不是用过多次了吗?可是产生的作品各不相同,因为每个作家对同一题材各有不同的看法,各按自己的方式去处理。③

"我劝你暂时搁起一切大题目。你挣扎这么久了,现在是你过爽朗愉快生活的时候了。写小题材是最好的途径。"

我们一面谈着,一面在室内踱来踱去。因为我极钦佩歌德说的每句话都是真理,只能始终表示赞同。每走一步,我都感到比前一步轻松愉快,因为我应该招认,我过去心想的但没有想清楚的一些大计划,一直是我的不小的精神负担。现在我把这些大计划抛开了,等到通过钻研世界情况,掌握了有关题材的每个部分之后再说。目前先以愉快的心情就某一题材或某一部分陆续分别处理。

听了歌德的话,我感到长了几年的智慧。结识了这位真正的大师,我在灵魂深处感到幸福。今冬我从他那里学到了很多的东西。单是和他接触也会使我受到教益,尽管他有时并未说出什么重要的话。在默然无语时,他的风度和品格对我就是很好的教育。④

---

① 原文 Erfindung,原义为"寻找"和"发现",一般指创造发明,这里指不用现成题材,单凭想象去虚构题材。现成题材有两种,一种是现实生活提供的,一种是从前人留传下来的传说。
② 或:灌注生命于整体。
③ 伊菲革涅亚,荷马史诗中希腊东征主将阿迦门农的女儿。她的遭遇,希腊悲剧诗人欧里庇德斯写过,后来十七世纪法国悲剧诗人拉辛又写过。歌德本人也根据欧里庇德斯的作品,写了一部较合近代口味的悲剧《伊菲革涅亚在陶里斯》。这三部悲剧都是西方名著。此外还有些诗人和音乐家也用过这个题材。
④ 这是歌德向青年诗人所进的忠告:第一要从小处着手,不要很早就想写大部头作品;其次要以现实生活出发,不要过信自己的独创能力,单凭想象去虚构题材。题材最好是用现成的。哪怕是日常惯见的平凡事物,只要经过诗人的处理。熔铸成为一种完美的有生命的整体,它就会显出普遍性和诗意。这就是歌德的现实主义的文艺观点。

**1823年10月29日**(论艺术难关在掌握个别具体事物及其特征)

今晚我去看歌德,他正在点灯。我看到他心情很振奋,眼光反映着烛光闪闪发亮,全副表情显得和蔼、坚强和年轻。

我跟他在室内踱来踱去,他一开始就提起我昨天送请他看的一些诗。

他说,"我现在懂得了你在耶拿时为什么告诉我,你想写一篇以四季为题材的诗。我劝你写下去,马上就从写冬季开始。你对自然事物像有一种特别的感觉和看法。

"对你的那些诗,我只想说两句话。到你现在已经达到的地步,你就必须闯艺术的真正高大的难关了,这就是对个别事物的掌握。你必须费大力挣扎,使自己从观念(Idee)中解脱出来。你有才能,已经走了这么远,现在你必须做到这一点。你最近去过梯夫尔特①,我想就出这个题目给你做。你也许还要再去三四次,把那地方仔细观察过,然后才能发现它的特征,把所有的母题(Motive)②集拢起来。你须不辞辛苦,对那地方加以深入彻底的研究,这个题目是值得费力研究的。我自己本来老早就该运用这种题材了,只是我无法这样办,因为我亲身经历过一些重大的时局,全副精神都投入那方面去了,因而侵扰我的个别事物过分丰富了。但是你作为一个陌生人来到这里,关于过去,你可以请教当地堡寨主人,自己要探索的只是现在的突出的、具有意义的东西。"

我答应要试着照办,但是不敢讳言这个课题对于我像是离得很远而且也太难。

他说,"我知道这个课题确实是难,但是艺术的真正生命正在于对个别特殊事物的掌握和描述。此外,作家如果满足于一般,任何人都可以照样摹仿;但是如果写出个别特殊,旁人就无法摹仿,因为没有亲身体验过。你也不用担心个别特殊引不起同情共鸣。每种人物性格,不管多么个别特殊,每一件描绘出来的东西,从顽石到人,都有些普遍性;因此各种现象都经常复现,世间没有任何东西只出现一次。"

歌德接着又说,"到了描述个别特殊这个阶段,人们称为'写作'(Komposition)

---

① 魏玛附近的一个乡村。
② 关于母题,详见第283页正文和注①。

的工作也就开始了。"

这话我乍听还没有懂得很清楚,不过没有提问题。我心里想,他指的也许是现实和理想的结合,也就是外形和内在本质的结合。不过他指的也许是另一回事。歌德于是接着说:

"还有一点,你在每首诗后应注明写作日期。"我向他发出质疑的眼光,想知道注日期有什么重要性。他就说,"这样就等于同时写了你的进度日记。这并不是小事。我自己多年来一直这样办,很知道它的好处。"①……

**1823 年 11 月 3 日**(关于歌德的游记;论题材对文艺的重要性)

…………

我于是把话题转到一七九七年歌德经过法兰克福和斯图加特去瑞士的游记。他最近把这部游记手稿三本交给我,我已把它仔细研究过了。我提到当时他和迈尔②对造型艺术题材问题思考得很多。

歌德说,"对,还有什么比题材更重要呢?离开题材还有什么艺术学呢?如果题材不适合,一切才能都会浪费掉。正是因为近代艺术家们缺乏有价值的题材,近代艺术全都走上了邪路。我们大家全都在这方面吃过亏;我自己也无法否定我的近代性。"

他接着说,"艺术家们很少有人看清楚这一点,或是懂得什么东西才使他们达到安宁。举例来说,人们用我的《渔夫》③为题来作画,没有想到这首诗是画不出来的。这首民歌体诗只表现出水的魔力,在夏天引诱我们下去游泳,此外便别无所有,这怎么能画呢?"

我提到我很高兴从上述游记里看出他对一切事物都有兴趣,并且把一切事物都掌握住了:山冈的形状和地位以及上面各种各样的石头;土壤、河流、云、空气、风和气候;还有城市及其起源和发展、建筑、绘画、戏院、市政、警察、经济、贸易、街道的格局、各色各样的人、生活方式、特点、乃至政治和军备等等数不清的项目。

歌德回答说,"不过你看不到一句话涉及音乐,因为我对音乐是外行。每

---

① 在这篇谈话里,歌德劝爱克曼要从抽象的观念中解脱出来,须掌握个别特殊事物,显出它的特征。
② 迈尔(1760—1832),《古希腊造型艺术史》的作者,对西方崇拜古典艺术的风气有很大影响。歌德和黑格尔都很推崇他。
③ 这是一首抒情谣曲。关于诗与画的界限,可参看莱辛的《拉奥孔》。

个旅游者对于在旅途中应该看些什么,他的要旨是什么,应该胸有成竹。"

……

我告诉歌德说,……我现在已逐渐摆脱我已往爱好理想和理论的倾向,逐渐重视现实情况的价值了。

歌德说,"若不是那样,就很可惜了。我只劝你坚持不懈,牢牢地抓住现实生活。每一种情况,乃至每一顷刻,都有无限的价值,都是整个永恒世界的代表。"

过了一会儿,我把话题转到梯夫尔特以及描绘它时应采取的方式。我说这是一个复杂的题目,很难给它一个恰当的形式。我想最方便的方式是用散文来写。

歌德说,"要用散文来写的话,这个题目还不够有意义。号称教训诗和描写诗的形式大体上或可采用,但还不够理想。你最好写上十来首用韵的短诗来处理这种题材,音律和形式可以随不同方面和不同景致而变化多端,不拘一格,用这种办法可以把整体描绘得晶莹透彻。"我马上表示接受这个很适当的忠告。歌德接着又说,"对了,你为什么不来搞一次戏剧方式,写一点和园丁的谈话呢?用这种零星片段可以使工作轻松一些,而且把题材具有特征的各个方面都显示出来。至于塑造一个无所不包的巨幅整体总是困难的,一般不易产生什么完满的作品。"

**1823年11月14日**(论席勒醉心于抽象哲学的理念使他的诗受到损害)

……

话题转到戏剧方面,明天席勒的《华伦斯坦》①要上演,因此我们就谈起席勒来。

我说,我对席勒有一种特别的感觉。读他的长篇剧作中某些场面,我倒真正喜欢,并且感到惊赞。可是接着就碰上违反自然真实的毛病,读不下去。就连对《华伦斯坦》也还是如此。我不免想,席勒对哲学的倾向损害了他的诗,因为这种倾向使他把理念看得高于一切自然,甚至消灭了自然。凡是他能想到的,他就认为一定能实现,不管它是符合自然,还是违反自然。

---

① 《华伦斯坦》,席勒戏剧代表作,写十七世纪封建骑士和农民联合反罗马教廷和神圣罗马帝国皇帝的斗争。

歌德说,"看到那样一个有卓越才能的人自讨苦吃,在对他无益的哲学研究方面煞费苦心,真叫人惋惜。洪堡①把席勒在为玄学思维所困扰的日子里写给他的一些信带给我看了。从这些信里可以看出席勒当时怎样劳心焦思,想把感伤诗和素朴诗完全区别开来②。他替感伤诗找不到基础,这使他说不出来地苦恼。"这时歌德微笑着说,"好像没有素朴诗做基础,感伤诗就能存在一样,感伤诗也是从素朴诗生长出来的。"

歌德接着说,"席勒的特点不是带着某种程度的不自觉状态,仿佛在出于本能地进行创作,而是要就他所写出的一切东西反省一番。因此他对自己做诗的计划总是琢磨来,琢磨去,逢人就谈来谈去,没有个完。他近来的一些剧本都一幕接着一幕地跟我讨论过。

"我的情况却正相反,我从来不和任何人,甚至不和席勒,谈我做诗的计划。我把一切都不声不响地放在心上,往往一部作品已完成了,旁人才知道。我拿写完了的《赫尔曼与窦绿苔》③给席勒看,他大为惊讶,因为我从来没有就写这部诗的计划向他泄漏过一句话。

"但是我想听一听你明天看过《华伦斯坦》上演之后对它会怎么说。你会看到一些伟大的人物形象,给你意想不到的深刻印象。"④

**1823年11月15日**(《华伦斯坦》上演)

晚间我到剧院第一次看《华伦斯坦》上演。歌德没有夸大。印象很深刻,打动了我的内心深处。演员们大多数受过席勒和歌德亲身教导他们的影响,他们把剧中重要人物的整体摆在我眼前,同时使我想象到他们各自的个性,这是单靠阅读所不能办到的。因此这部剧本对我产生了不同寻常的效果,一整夜都在我脑子里盘旋。

---

① 威廉·洪堡(1767—1835),普鲁士政治家,语言学家,文学史家,柏林大学的创办人,和席勒与歌德都是好友。
② 席勒所谓"素朴诗"就是古典主义和现实主义的诗,"感伤诗"就是浪漫主义的诗。歌德认为近代感伤诗仍须导源于古代素朴诗。详见第402页正文和注①。
③ 歌德诗作,写田园生活,并反映法国革命时期莱茵区被法军占领后情况。
④ 席勒与歌德齐名,两人交谊最深而性格迥异。席勒比歌德年轻,但一八○五年就已去世,所以没有直接出现在这本《谈话录》的场面里。可是《谈话录》谈到席勒的话很多,比较重要的都选译出来了。

## 1824年

**1824年1月2日**(莎士比亚的伟大;《维特》与时代无关)
…………

我们谈到英国文学、莎士比亚的伟大以及生在这位诗坛巨人之后的一切剧作家的不利处境。

歌德接着说,"每个重要的有才能的剧作家都不能不注意莎士比亚,都不能不研究他。一研究他,就会认识到莎士比亚已把全部人性的各种倾向,无论在高度上还是在深度上,都描写得竭尽无余了,后来的人就无事可做了。只要心悦诚服地认识到已经有一个深不可测、高不可攀的优异作家在那里,谁还有勇气提笔呢!

"五十年前,我在我亲爱的德国的处境当然要好一点。我可以很快就把德国原有的作品读完,它们够不上使我长久钦佩乃至注意。我很早就抛开德国文学及其研究,转到生活和创作上去了。这样,我就在我的自然发展途程上一步一步地迈进,逐渐把自己培养到能从事创作。我在创作方面一个时期接着一个时期都获得成功。在我生平每一发展阶段或时期,我所悬的最高理想从来不超过我当时的力所能及。但是我如果生在英国作一个英国人,在知识初开的幼年,就有那样丰富多彩的杰作以它们的全部威力压到我身上来,我就会被压倒,不知怎么办才好。我就会没有轻松而新颖的勇气向前迈进,就要深思熟虑,左右巡视,去寻找一条新的出路。"

我把话题引回到莎士比亚,说,"如果以某种方式把莎士比亚从英国文学的氛围中单抽出来,假想把他作为一个孤立的人放在德国文学里来看,那就不免要惊赞那样伟大的人物真是一种奇迹。但是如果到英国他的家乡去找他,而且设身处地地把自己摆在莎士比亚时代里,对莎士比亚的同时代的和后起的那些作家进行一番研究,呼吸一下本·琼生、玛森格、马洛、博芒和弗勒乔①等人所吹的那股雄风,那么,莎士比亚固然仍显得是个超群出众的雄强而伟大的人物,可是我们却会得到一种信念:莎士比亚的许多天才奇迹多少还是人力所能达到的,有不少要归功于他那个时代的那股强有力的创作风气。"②

歌德回答说,"你说的完全对。看莎士比亚就像看瑞士的群山。如果把瑞士的白峰移植到吕内堡的原野中间,我们就会找不到语言来表达对它的高大所感到的惊奇。不过如果到白峰的伟大家乡去看它,如果穿过它周围的群峰如少女峰……玫瑰峰之类去看它,那么,白峰当然还是最高的,可是就不会令人感到惊奇了。

"再者,如果有人不相信莎士比亚的伟大多半要归功于他那个伟大而雄强的时代,他最好只想一下这样一个问题:这样令人惊奇的现象在一八二四年今天的英国,在今天报刊纷纷闹批评、闹分裂的这种坏日子里,能否出现呢?

"产生伟大作品所必不可少的那种不受干扰的、天真无瑕的、梦游症式的创作活动,今天已不复可能了。今天我们的作家们都要面对群众。每天在五十个不同地方所出现的评长论短、以及在群众中所掀起的那些流言蜚语,都不容许健康的作品出现。今天,谁要是想避开这些,勉强把自己孤立起来,他也就完蛋了。通过各种报刊的那种低劣的、大半是消极的挑剔性的美学评论,一种'半瓶醋'的文化渗透到广大群众之中。对于进行创作的人来说,这是一种妖氛,一种毒液,会把创造力这棵树从绿叶到树心的每条纤维都彻底毁灭掉。

"在最近这两个破烂的世纪里,生活本身已变得多么孱弱呀!我们哪里还能碰到一个纯真的、有独创性的人呢!哪里还有人有足够的力量能做个诚实人,本来是什么样就显出什么样呢?这种情况对诗人却产生了不利的影响;外界一切都使他悬在虚空中,脚踏不到实地,他就只能从自己的内心生活里去汲取一切源泉了。"

接着话题转到《少年维特》,歌德说,"我像鹈鹕一样,是用自己的心血把那部作品哺育出来的。其中有大量的出自我自己心胸中的东西、大量的情感

---

① 这五位都是莎士比亚时代的著名剧作家,其中本·琼生擅长喜剧,马洛擅长严肃剧,以《浮士德博士的悲剧》闻名。
② 爱克曼很少发表反对歌德的意见,但是当他发表不同的意见时,他的意见往往是比较正确的。这是一个例子。他对歌德的颜色说也提出过一些比较合理的批评。同时值得注意的是,歌德在发现批评中肯时,他也就马上采纳。

和思想,足够写一部比此书长十倍的长篇小说。我经常说,自从此书出版之后,我只重读过一遍,我当心以后不要再读它,它简直是一堆火箭弹!一看到它,我心里就感到不自在,生怕重新感到当初产生这部作品时那种病态心情。"

我回想起歌德和拿破仑的谈话①,在歌德的没有出版的稿件中我曾发现这次谈话的简单记录,劝过歌德把它再写详细些。我说,"拿破仑曾向你指出《维特》里有一段话在他看来是经不起严格检查的,而你当时也承认他说得对,我非常想知道所指的究竟是哪一段。"

歌德带着一种神秘的微笑说,"猜猜看吧。"

我说,"我猜想那是指绿蒂既不告诉阿尔博特,也没有向他说明自己心里的疑惧,就把手枪送交维特那一段话。你固然费大力替这种缄默找出了动机,但是事关营救一个朋友生命的迫切需要,你所给的动机是站不住脚的。"

歌德回答说,"你这个意见当然不坏,不过拿破仑所指的究竟是你所想的那一段还是另一段,我认为还是不说出为好,反正你的意见和拿破仑的意见都是正确的。"

我对《维特》出版后所引起的巨大影响是否真正由于那个时代,提出了疑问。我说,"我很难赞同这种流传很广的看法。《维特》是划时代的,只是由于它出现了,并不是由于它出现在某一个具体的时代。《维特》即便在今天第一次出现,也还是划时代的,因为每个时代都有那么多的不期然而然的愁苦,那么多的隐藏的不满和对人生的厌恶,就某些个别人物来说,那么多对世界的不满情绪,那么多个性和市民社会制度的冲突〔如在《维特》里所写的〕。"

歌德回答说,"你说得很对,所以《维特》这本书直到现在还和当初一样对一定年龄的青年人发生影响。我自己也没有必要把自己青年时代的阴郁心情归咎于当时世界一般影响以及我阅读过的几部英国作家的著作。使我感到切肤之痛的、迫使我进行创作的、导致产生《维特》的那种心情,无宁是一些直接关系到个人的情况。原来我生活过,恋爱过,苦痛过,关键就在这里。

"至于人们谈得很多的'维特时代',如果仔细研究一下,它当然与一般世界文化过程无关,它只涉及每个个别的人,个人生来就有自由本能,却处在陈腐世界的窄狭圈套里,要学会适应它。幸运遭到阻挠,活动受到限制,愿望得

---

① 参看第381—382页。

不到满足,这些都不是某个特殊时代的,而是每个人都碰得着的不幸事件。假如一个人在他的生平不经过觉得《维特》就是为他自己写的那么一个阶段,那倒很可惜了。"①

**1824年1月27日**(谈自传续编)

歌德对我谈起他的自传续编②,他现在正忙着做这项工作。他提到,他叙述这部分晚年时期不能像在《诗与真》里谈少年时期那样详细。他说,"对于这晚年时期,我要做的无宁是一种年表:其中出现的与其说是我的生活,无宁说是我的活动。一般说来,一个人最有意义的时期是他的发展时期,而对于我来说,这个时期已随着那几卷详细记述的《诗与真》的完成而结束了。此后我和世界的冲突就开始了,这种冲突只有在所产生的结果方面才能引起兴趣。

"还有一层,一个德国学者的生平算得什么呢?就我的情况来说,生平有些或许算是好的东西是不可言传的,而可以言传的东西又不值得费力去传。此外,哪里有听众可以让我怀着乐趣向他们来叙述自己的生平呢?

"当我现在回顾我的早年和中年时,我已到了老年,想起当年和我一样年轻的人们之中没有剩下几个了,我总联想到一个靠近游泳场的避暑旅馆。初住进这种旅馆,你很快就结识一些人,和他们成了朋友,这些人已早来了一些时候,再过几个星期就要回去了。别离的心情是沉重的。接着你又碰上第二代人,你和他们在一起生活过一些时候,彼此很亲密。可是这批人也离开了,留下你孤单单一个人和第三代人同住。他们刚来你却正要离开,和他们打不上什么交道。

"人们通常把我看成一个最幸运的人,我自己也没有什么可抱怨的,对我这一生所经历的途程也并不挑剔。我这一生基本上只是辛苦工作。我可以

---

① 《少年维特的烦恼》是一部书信体和自传体的爱情小说,一七七四年出版,继剧本《葛兹·封·伯利欣根》(一七七一)之后,使歌德在西欧立享盛名,特别是青年一代人,多由于"维特热"而弄得神魂颠倒,穿维特式的服装,过维特式的生活,甚至仿效维特自杀。歌德也因此而受到当时保守派、特别是天主教会的痛恨和攻击。一般西方文学史家把维特所代表的颓废倾向称作"世纪病"。歌德在这篇谈话里却否认维特与时代有关,说产生《维特》的阴郁心情只涉及个人的特殊遭遇。这当然是错误的。个人不能脱离一定的时代、社会和阶级而超然悬在真空里。歌德的看法,正代表着西方资产阶级上升时期正开始流行的个人至上的自我中心观点。同时他还认为《维特》在任何时代都会产生巨大的影响,也就是说它是不朽的作品。这种看法的基础还是"普遍人性论"。维特是"垮掉的一代"的前身,就连"垮掉的一代"现在也不会为《维特》发狂了。

② 自传即下文的《诗与真》。爱克曼正在帮助歌德编辑这部作品。

说,我活了七十五岁,没有哪一个月过的是真正的舒服生活。就好像推一块石头上山,石头不停地滚下来又推上去。我的年表将是这番话的很清楚的说明。要我积极活动的要求内外交加,真是太多了。

"我的真正的幸运在于我的诗的欣赏和创作,但是在这方面,我的外界地位给了我几多干扰、限制和妨碍!假如我能多避开一些社会活动和公共事务,多过一点幽静生活,我会更幸福些,作为诗人,我的成就也会大得多。但是在发表《葛兹》和《维特》之后不久,从前一位哲人的一句话就在我身上应验了:'如果你做点什么事来讨好世人,世人就会当心不让你做第二次。'

"四海驰名,高官厚禄,这些本来是好遭遇。但是我尽管有了名誉和地位,我还是怕得罪人,对旁人的议论不得不保持缄默。这样办,我倒占了便宜,使我知道旁人怎样想而旁人却不知道我怎样想;否则,那就是开不高明的玩笑了。"

**1824 年 2 月 4 日**(歌德的宗教观点和政治观点)

今天晚饭后歌德和我一起翻阅拉斐尔的画册。歌德经常温习拉斐尔,以便经常和最好的作品打交道,练习追随着伟大人物的思想而思想。他劝我也下这种功夫。

后来我们谈到《胡床集》,特别是其中的《坏脾气》一卷①。这是一些发泄他胸中对敌人的忿恨的短诗。

他接着说,"我还是很有节制的。如果我把心中的烦恼全都倾吐出来,这里的几页就会变成一整本书。

"人们对我根本不满意,老是要我把老天爷生我时给我的这副面目换成另一个样子。人们对我的创作也很少满意。我一天又一天、一年又一年地用全副精神创作一部新作品来献给世人,而人们却认为他们如果还能忍受这部作品,我为此就应向他们表示感谢。如果有人赞赏我,我也不应庆贺自己,把这种赞赏看作是理所应得的,人们还期待我说几句谦虚的话,表示我这个人和我这部作品都毫无价值。但这就违背我的性格,假如我要这样伪装来撒谎,我就要变成一个可怜的恶棍了。我既然有足够的坚强性格来显出自己的全部真

---

① 《胡床集》,全名是《西东胡床集》。十四世纪波斯诗人哈菲兹把他的诗集称为《胡床集》,歌德摹仿哈菲兹做了一些哲理和爱情的短诗,名为《西东胡床集》,分十二部分,其中一部分是《坏脾气》卷,大半是对批评者的反击。

相,人们就认为我骄傲,直到今天还是如此。

"无论在宗教方面、科学方面,还是在政治方面,我一般都力求不撒谎,有勇气把心里所感到的一切照实说出来。

"我相信上帝,相信自然,相信善必战胜恶,但是某些虔诚的人士认为这还不够,还要我相信三就是一和一就是三①,这就违背了我心灵中的真实感,而且我也看不出这对我有丝毫益处。

"我发现牛顿关于光和颜色的学说是错误的,并且有勇气来驳斥这个普世公认的信条,这对我就变成了坏事。我认识到真正的纯洁的光,我认为我有责任来为它进行斗争。可是对立的那一派却在郑重其事地力图把光弄成昏暗,因为他们扬言:阴影就是光的一个组成部分。我这样把它表达出来,好像很荒谬,可是事实确是如此。因为他们说过,各种颜色(这些本是阴影和浓淡造成的)就是光本身,换句话说,就是时而这样折损、时而那样折损的光线。"②

歌德的富于表情的面孔上展开带有讽刺意味的微笑,停了一会,他又说:

"现在再谈政治方面!我说不出我在这方面遭到多少麻烦。你看过我的《受鼓动的人》没有?"

我回答说,"为着出你的全集新版本,我昨天才第一次读到。这部剧本没有写完,我深感遗憾。不过就未完成的样子来看,每个思想正常的人都会赞同你的心情。"

歌德接着说,"那是我在法国革命时期写的,在某种程度上可以把它看成当时我的政治信仰的自供。我把伯爵夫人作为贵族代表放在这部剧本里,通过她嘴里说出的话,我表达了贵族是应该怎样想的。那位伯爵夫人刚从巴黎回国,她是法国革命过程的一个亲眼见证。她从法国革命中吸收了不坏的教训。她深信人民尽管受压迫,但是压不倒的;下层阶级的革命暴动都是上层阶级不公正行为造成的后果。她说,'凡是我认为不公正的行为,我今后决心尽力避免,并且无论在宫廷里还是在社会上,凡是遇到旁人有不公正的行为,我都要照实说出我的意见。遇到不公正的行为,我决不再缄口无言,尽管人家骂

---

① 基督教认为上帝、圣灵和基督是三位一体。
② 歌德毕生致力于科学研究,颜色学是他经常引以自豪的。过去流行的是牛顿的光由各种颜色组合而成的说法,其根据主要是分光三棱镜。歌德反对此说,认为光是独立自足的,不是由各种颜色组合成的。单是光也不能产生颜色。要产生颜色,须有光与影在变化上的配合。此外,人眼要求变化,也会看到实际不存在的颜色。

我是个民主派。'"

歌德接着说,"我想这种心情是完全值得钦佩的。这当时是、现在还是我自己的心情。作为报酬,人们给我扣上各种各样的帽子,我就不必提了。"

我回答说,"只要读过你的《哀格蒙特》①,就可以看出你的思想。我不知道有哪部德国剧本讲人民自由比你这部剧本讲得更多了。"

歌德接着说,"人们有时不愿如实地看我,宁愿避开一切可以显示我的真相的那些光的角度。说句真心话,席勒比我更是一个贵族,但是说话比我远为慎重,却很幸运被人看作人民的一个特别好的朋友。我衷心为他庆幸,我想到我以前许多人的遭遇也不比我好,就聊以自慰了。

"说我不能做法国革命的朋友,这倒是真话,因为它的恐怖行动离我太近,每日每时都引起我的震惊,而它的有益后果当时还看不出来。此外,当时德国人企图人为地把那些在法国出于必要而发生的场面搬到德国来,对此我也不能无动于衷。

"但是我也不是专制统治的朋友。我完全相信,任何一次大革命都不能归咎于人民,而只能归咎于政府。只要政府办事经常公正和保持警惕,及时采取改良措施来预防革命,不要苟且因循,拖延到非受制于下面来的压力不可。这样,革命就决不会发生。

"我既然厌恨革命,人家就把我叫做'现存制度的朋友'。这是一个意义含糊的头衔,请恕我不接受。现存制度如果贤明公正,我就没有什么可反对的。现存制度如果既有很多好处,又有很多坏处,还是不公正、不完善的,一个'现存制度的朋友'就简直无异于'陈旧腐朽制度的朋友'了。

"时代永远在前进,人世间事物每过五十年就要换一个样子。在一八〇〇年还很完善的制度,到了一八五〇年,也许就已变成有毛病的了。

"还有一点,对于一个国家来说,只有植根于本土、出自本国一般需要、而不是猴子式摹仿外国的东西,才是好的。对于某一国人民处在某一时代是有益的营养,对于另一国人民也许就是一种毒药。所以想把不植根于本土、不适应本国需要的外国革新引进来,这种企图总是愚蠢的;而一切有这种意图的革命总是不成功的,因为这种革命没有上帝支持,上帝对这种胡作非为是要制止的。但是一国人民如果确有大改革的实际需要,上帝就会站在他们一边,这种

---

① 《哀格蒙特》,歌德的一部宣传民族独立和民主思想的剧本。

改革就会成功。上帝显然曾站在基督和他的第一批门徒一边,因为新的博爱教义当时是人民的需要;上帝也显然曾站在路德①一边,因为清洗被僧侣窜改过的教义也还是一种需要。以上这两种伟大力量却都不是现存制度的朋友,无宁说,都生动地渗透着一种信念:陈旧的酵母必须抛开,不能再让不真实、不公正的邪恶事物这样流行和存在下去。②"

**1824年2月22日**(谈摹仿普尚的近代画)

…………

后来我们一同观看了法国某画馆里近代画家作品的许多铜版复制品。这些画所表现的创造才能几乎一律软弱。在四十幅之中只看到四五幅好的。其中一幅画一个姑娘在写情书,一幅画一个妇人呆在一间标明出租而从来也没有人去租的房子里,一幅画捕鱼,一幅画圣母像前的音乐家们。另外一幅风景画是摹仿普尚③的,还不算坏。看到这幅画时,歌德说,"这样的画家们从普尚的风景画里获得了某种一般概念,就着手画起来。我们对这种画不能说好,也不能说坏。它们不算坏,因为从其中每个部分可以约略看出所根据的蓝本是很高明的。但是你也不能说它们好,因为它们照例缺乏普尚所表现出的画家自己的那种伟大人格。诗人中间也有类似的情况,例如他们摹仿莎士比亚的高华风格,就会搞得不像样子。……"

**1824年2月24日**(学习应从实践出发;古今宝石雕刻的对比)

今天午后一点钟去看歌德。……他对我说,"你趁着写那篇评论的机会研究了一番印度情况,你做得很对,因为我们对自己学习过的东西,归根到底,只有能在实践中运用得上的那一部分才记得住。"

我表示赞同,告诉他说,我过去在大学里也有过这样的经验,对于教师在讲课时所说的话,只记住了按我的实践倾向可以用得上的那一部分,凡是我不

---

① 马丁·路德(1483—1546)是反对天主教会、建立新教的著名宗教改革家,不过他的改革很不彻底。
② 这篇谈话值得特别注意,因为这是歌德全部思想活动的两面性的缩影。对于法国资产阶级革命,歌德和当时许多带有进步思想的诗人和学者一样,开始是表示欢迎的,到了雅各宾专政时期就表示失望和厌恨。关于歌德这位伟大诗人和德国庸俗市民的两面性,最好细读恩格斯的《诗歌和散文中的德国社会主义》中批判卡尔·格律恩《从人的观点论歌德》的部分。
③ 尼古拉·普尚(1594—1665)是以风景画著名的法国画家。

能在实践中运用的东西我全忘了。我说,我过去听过赫雍①的古今历史课,到现在对此已一无所知了。但是如果为着写剧本我去研究某一时期的历史,我学过的东西就记得很牢固了。

歌德说,"一般地说,他们在学校里教的东西太多了,太多了,而且是些无用的东西。一些个别的教师把所教的那门课漫无边际地铺开,远远超出听课者的实际需要。在过去,化学和植物学的课都属于医科,由一位医生去教就行了。现在这些课目都已变成范围非常广泛的学问,每一门都要用毕生精力来学,可是人们还期望一个医生对这两门都熟悉!这种办法毫无好处;一个人不能骑两匹马,骑上这匹,就要丢掉那匹。聪明人会把凡是分散精力的要求置之度外,只专心致志地去学一门,学一门就要把它学好。"

歌德接着把他写的关于拜伦的《该隐》②的短评拿给我看。我读了很感兴趣。

他说,"由此可以看到,教会的教条不足以影响像拜伦那样的人的自由心灵,他通过这部作品,力图摆脱过去强加于他的一种教义。英国僧侣们当然不会为此感谢他。我不会感到惊讶,如果他将来继续写与此类似的圣经题材,例如不放过像所多玛和蛾摩拉的毁灭③之类的题目。"

在这番文学方面的议论之后,歌德把我的注意力引到造型艺术方面去,让我看他在前一天已经赞赏过的那块宝石雕刻,看见它的朴素的构图,我感到欣喜。我看到一个人从肩上卸下一只沉重的壶来倒水给一个男孩喝。那男孩看到壶还太高,喝起来不方便,水也流不出,他把一双小手捧住壶,抬头望着那个人,仿佛要求他把壶放斜一点。

歌德问我,"喂,你喜欢它吧?我们近代人对这样一派自然素朴的作品也会感到它极美;对它是怎样造成的我们也有些认识和概念,可是自己却造不出来;因为我们靠的主要是理智,总是缺乏这样迷人的魅力。"

接着我们看柏林的勃兰特④所雕的一块徽章,雕的是年轻的忒修斯⑤在从一块大石头下取出他父亲的武器。姿势有些可取之处,但是四肢显得使力不

---

① 阿·赫雍(1760—1842),格廷根大学历史教授。
② 《该隐》,拜伦用《旧约》里该隐杀兄的故事反对信仰上帝的一部悲剧。
③ 所多玛和蛾摩拉两城的毁灭,见《旧约·创世记》第十八和第十九两章。
④ 勃兰特(1789—1845),德国刻徽章的名匠。
⑤ 忒修斯,传说中的雅典王子。

263

够,不能掀开那样重的石头。这位年轻人用一手捉住兵器,另一手掀石头,这也像是一个缺点,因为按照自然的道理,他应该先掀去石头,然后才取兵器。歌德接着说,"作为对照,我想让你看一块古代宝石雕刻,用的是同样的题材。"

他叫他的仆人去拿来一只装着几百个古代宝石雕刻复制品的盒子,这些都是他游览意大利时从罗马带回来的。我看到古希腊人处理同样的题材,但是和上面说的那块差别多么大!这位青年人在使尽全副力量去推那块石头,他也能胜任。因为石头已掀起,很快就要倒到一边去了。他把全身力量都放在那块沉重的大石头上,只把眼光盯住躺在石头下面的兵器。

我们看到这种处理方式非常自然真实,都很欣喜。

歌德笑着说,"迈约经常说,'但愿思维不那么艰难!'"歌德接着又说,"不幸的是,并不是一切思维都有助于思想;一个人必须生性正直,好思想才仿佛不招自来,就像天生的自由儿童站到我们面前,向我们喊:'我们在这里呀。'"①

**1824年2月25日**(诗的形式可能影响内容;歌德的政治观点)

今天歌德让我看了他的两首很值得注意的诗。它们在倾向上都是高度伦理性的,但是在一些个别的母题上却不加掩饰地自然而真实,一般人会把这种诗称为不道德的。因此他把这两首诗保密,不想发表。

他说,"如果神智和高度教养能变成一种公有财产,诗人所演的角色就会很轻松,他就可以始终彻底真实,不致害怕说出最好的心里话。但是事实上他经常不免在一定程度上保持缄默,他要想到他的作品会落到各种各样人的手里,所以要当心过分的坦率会惹起多数老实人的反感。此外,时间是一个怪物,像一个有古怪脾气的暴君,对人们的言行,在每个世纪里都摆出一副不同的面孔。对古希腊人是允许说的话,对我们近代人就是不允许的、不适宜的。本世纪二十年代的英国人就忍受不了生气蓬勃的莎士比亚时代英国人所能忍

---

① 这篇谈话的前部分值得特别注意。歌德针对当时西方教育传统提出一些根本性的改革,第一是学以致用,学习必须从实践出发;其次是不应把课程"漫无边际地铺开",不切合实际需要,应该专心致志地学一门,学一门就要把它学好。但是传统势力一向很顽强,随着近代科学技术的发展,西方资产阶级学校的课程不是精简了,而是日益繁琐了。歌德的劝告没有人肯听。

受的东西,所以在今天有必要发行一种家庭莎士比亚集①。"

我接着他的话说,形式也有很大关系。那两首诗中,有一首是用古代语调和音律写的,比起另一首就不那么引起反感。其中一些个别的母题当然本身就易引起反感,但是全篇的处理方式却显得宏伟庄严,使我们感到仿佛回到古希腊英雄时代,在听古代一个雄壮的人说话。至于另一首,却是用阿里俄斯陀②的语调和音律写的,就随便得多了。它叙述的是现代的一件事,用的是现代语言,赤裸裸地呈现在我们面前,一些个别的大胆处就惊人得多了。

歌德说,"你说得对,不同的诗的形式会产生奥妙的巨大效果。如果有人把我在罗马写的一些挽歌体诗的内容用拜伦在《唐·璜》③里所用的语调和音律翻译出来,通体就必然显得是靡靡之音了。"

法国报纸送进来了。法军在昂顾勒姆公爵率领之下对西班牙进行的战役已告结束,歌德对此很感兴趣。他说,"我应该赞赏波旁王室走了这一步棋。因为通过这一步棋,他们赢得了军队,从而保住了国王的宝座。这个目的现在算是达到了。那位战士怀着对国王的忠贞回国了。从他自己的胜利以及从人数众多的西班牙大军的覆没,他认识到服从一人和服从众人之间的差别。这支法军保持住了它的光荣传统,表明了从此它本身就够英勇,没有拿破仑也能征服敌人。"

接着歌德的思路转回到较早期的历史,对三十年战争中的普鲁士军队谈得很多。在弗里德里希大帝④率领之下,那支军队接连不断地打胜仗,因而娇生惯养起来了,终于由于过度自信,打了许多败仗。当时全部细节对歌德都如在目前,我对他那样好的记忆力只有钦佩。

他接着说,"我出生的时代对我是个大便利。当时发生了一系列震撼世界的大事,我活得很长,看到这类大事一直在接二连三地发生。对于七年战争、美国脱离英国独立、法国革命、整个拿破仑时代、拿破仑的覆灭以及后来的一些事件,我都是一个活着的见证人。因此我所得到的经验教训和看法,是凡是现在才出生的人都不可能得到的。他们只能从书本上学习上述那些世界大

---

① 改编过的通俗本,删去不合近代人胃口的部分。
② 阿里俄斯陀,十五世纪意大利的大诗人,叙事诗《罗兰的疯狂》的作者。
③ 拜伦的《唐·璜》是一部讽刺诗,它把流利的口语纳入打诨的诗律中,写得很生动。详见第350页正文和351页注①。
④ 弗里德里希大帝即弗里德里希二世(1712—1786),一七四〇至一七八六年的普鲁士国王。

事,而那些书又是他们无法懂得的。

"今后的岁月将会带来什么,我不能预言;但是我恐怕我们不会很快就看到安宁。这个世界上的人生来就是不知足的;大人物们不能不滥用权力,广大群众不能满足于一种不太宽裕的生活状况而静待逐渐改进。如果能把人的本性变得十全十美,生活状况也就会十全十美了。但是照现在这个样子看,总会是摇来摆去,永无休止;一部分人吃苦而另一部分人享乐;自私和妒忌这两个恶魔总会作怪,党派斗争也不会有止境。

"最合理的办法是每个人都推动他本行的事业,这一行是他生下来就要干而且经过学习的,不要妨碍旁人做他们的分内事。让鞋匠守着他的楦头,农人守着他的犁头。国王要懂得怎样治理国家,这也是一行需要学习的事业,不懂这一行的人就不应该插手。"

歌德接着谈到法国报纸说,"自由派可以发表言论,如果他们的话有理,我们愿意听听。但是保皇派手掌行政大权,发表议论就不相宜,他们应该拿出来的是行动。他们可以动员军队前进,下令执行斩首刑和绞刑,这都是他们的分内事。但是在官方报纸上攻击舆论而为自己所采取的措施进行辩护,就不适合他们的身份。如果听众都是国王,掌行政大权的人们才可以参加议论。"

他接着谈到他自己,"就我自己生平的事业和努力来说,我总是按照保皇派的方式行事。我让旁人去嘀咕,自己却干自己认为有益的事。我巡视了我的领域中的事,认清了我的目标。如果我一个人犯了错误,我还可以把它改正过来;如果我和三个或更多的人一起犯了错误,那就不可能纠正,因为人多意见也就多了。"

............

**1824 年 2 月 26 日**(艺术鉴赏和创作经验)

............

接着歌德用和蔼的口吻向我说,"有一次我向演员伯考也发过这样的脾气。他拒绝扮演《华伦斯坦》中一个骑士,我就告诉他说,'如果你不肯演这个角色,我就自己去演。'这话生了效,因为他们在剧院里对我都很熟识,知道我在这类问题上不会开玩笑,知道我够倔强,说了话就算数,会干出最疯狂的事来。"

我就问,"当时你当真要去演那个角色吗?"

他说,"对,我当真要去演,而且会比伯考先生演得高明些,我对那个角色比他懂得透。"

接着我们就打开画册,来看其中一些铜版刻画和素描。歌德在这个过程中对我很关心,我感觉到他的用意是要提高我的艺术鉴赏力。他在每一类画中只指给我看完美的代表作,使我认识到作者的意图和优点,学会按照最好的思想去想,引起最好的情感。他说,"这样才能培养出我们所说的鉴赏力。鉴赏力不是靠观赏中等作品而是要靠观赏最好作品才能培育成的。所以我只让你看最好的作品,等你在最好的作品中打下牢固的基础,你就有了用来衡量其他作品的标准,估价不至于过高,而是恰如其分。我指给你看的是某一类画中的最好作品,使你认识到每一类画都不应轻视,只要有一个才能很高的人在这类画中登峰造极,他的作品总是令人欣喜的。例如这幅法国画家的作品是属于'艳情'(galant)类的,在这一类画中是一幅杰作。"

歌德把这幅画递给我,我看到很欢喜。画的是消夏别墅中一间雅致的房子,门窗户扇都向花园敞开着,可以看到其中有些很标致的人物。有一位三十岁左右的妇人手里捧着乐谱坐着,像是刚刚唱完歌。稍后一点,坐在她旁边的是一个十五岁左右的姑娘。后窗台边站着另一位少妇,手里拿着一管笛子,好像还在吹。这时一个少年男子正走进来,那几位女子的眼光便一齐射到他身上。他好像打断了乐歌,于是微微鞠躬表示道歉;那些少妇和颜悦色地听着。

歌德说,"这幅画在'艳情'意味上比得上卡尔德隆[①]的任何作品。这类作品中最优秀的代表作你已看到了。现在你看下面这一类画怎样?"

说这话时,他把著名的动物画家罗斯[②]的一些版画递给我看。画的全是羊,在各种情况中现出各种姿态。单调的面孔和丑陋蓬乱的毛,都画得惟妙惟肖,和真的一样。

歌德说,"我每逢看到这类动物,总感到有些害怕。看到它们那种局促、呆笨、张着口像在做梦的样子,我不免同情共鸣,害怕自己也变成一只羊,并且深信画家自己也变成过羊。罗斯仿佛渗透到这些动物的灵魂里去,分享它们的思想和情感了,所以能使它们的精神性格透过外表皮毛而逼真地显露出来,这无论如何都会使人惊赞的。由此可以看出一个才能高的艺术家能创造出多

---

[①] 卡尔德隆(1600—1681),十七世纪西班牙最大的剧作家。
[②] 罗斯(1631—1685),德国画家。

么好的作品,如果他抓住和他本性相近的题材不放。"

我问他,"这位画家是否也画过猫、狗和虎狼,也一样惟妙惟肖呢?如果他有本领能渗透到动物灵魂里去,和动物一样思想,一样动情感,他能否以同样的真实去处理人的性格呢?"

歌德说,"不行,你说的那些题材都不属于鲁斯的领域,他只孜孜不倦地画山羊、绵羊、牛之类驯良的吃草的动物。这些动物才属于他的才能所能驾驭的范围,他毕生都只在这方面下功夫。在这方面他画得好!他对这类动物情况的同情是生来就有的,他生来就对这类动物的心理有认识,所以他对它们的身体情况也别具慧眼。其他动物对他就不那么通体透明,所以他就既没有才能也没有动机去画它们。"

听到歌德这番话,我就回想起许多类似的情况,它们再度生动地浮现在我的眼前。例如他不久以前还向我说过,真正的诗人生来就对世界有认识,无须有很多经验和感性接触就可以进行描绘。他说过,"我写《葛兹·封·伯利欣根》时才是个二十二岁的青年,十年之后,我对我的描绘真实还感到惊讶。我显然没有见过或经历过这部剧本的人物情节,所以我是通过一种预感(Antizipation)才认识到剧中丰富多彩的人物情境的。

"一般说来,我总是先对描绘我的内心世界感到喜悦,然后才认识到外在世界。但是到了我在实际生活中发现世界确实就像我原来所想象的,我就不免生厌,再没有兴致去描绘它了。我可以说,如果我要等到我认识了世界才去描绘它,我的描绘就会变成开玩笑了。"

另一次他还说过,"在每个人物性格中都有一种必然性,一种承续关系,和这个或那个基本性格特征结合在一起,就出现某种次要特征。这一点是感性接触就足以令人认识到的,但是对于某些个别的人来说,这种认识可能是天生的。我不想追究在我自己身上经验和天生的东西是否结合在一起。但是我知道这一点:如果我和一个人谈过一刻钟的话,我〔在作品中〕就能让他说上两个钟头。"

谈到拜伦,歌德也说过,世界对于拜伦是通体透明的,他可以凭预感去描绘。我对此提出一种疑问:拜伦是否能描绘,比如说,一种低级动物,因为我看他的个性太强烈了,不会乐意去体验这种对象。歌德承认这一点,并且说,只有所写对象和作者本人的性格有某些类似,预感才可以起作用。我们一致认为预感的窄狭或宽广是与描绘者的才能范围大小成正比的。

我接着说,"如果您老人家说,对于诗人,世界是生成的,您指的当然只是内心世界,而不是经验的现象世界;如果诗人也要成功地描绘出现象世界,他就必须深入研究实际生活吧?"

歌德回答说,"那当然,你说得对。……爱与恨,希望与绝望,或是你把心灵的情况和情绪叫做什么其他名称,这整个领域对于诗人是天生的,他可以成功地把它描绘出来。但是诗人不是生下来就知道法庭怎样判案,议会怎样工作,国王怎样加冕。如果他要写这类题材而不愿违背真相,他就必须向经验或文化遗产请教。例如在写《浮士德》时,我可以凭预感知道怎样去描绘主角的悲观厌世的阴暗心情和甘泪卿①的恋爱情绪,但是例如下面两行诗:

> 缺月姗姗来,
> 凄然凝泪光。

就需要对自然界的观察了。"

我说,"不过《浮士德》里没有哪一行诗不带着仔细深入研究世界与生活的明确标志,读者也丝毫不怀疑那整部诗只是最丰富的经验的结果。"

歌德回答说,"也许是那样。不过我如果不先凭预感把世界放在内心里,我就会视而不见,而一切研究和经验都不过是徒劳无补了。我们周围有光也有颜色,但是我们自己的眼里如果没有光和颜色,也就看不到外面的光和颜色了。②"

**1824年2月28日**(艺术家应认真研究对象,不应贪图报酬临时草草应差)

歌德说,"有些高明人不会临时应差写出肤浅的东西,他们的本性要求对他们要写的题目安安静静地进行深入的研究。这种人往往使我们感到不耐烦,我们不能从他们手里得到马上就要用的东西。但是只有这条路才能导致登峰造极。"

---

① 甘泪卿是浮士德骗奸而终于遗弃的乡村姑娘。下面所引的两行诗见《浮士德》上卷《巫婆之夜》部分。这里的引文与原诗略有出入。
② 歌德的"预感"说和他的从客观现实出发的基本原则是互相矛盾的。如果说预感是一种"天生的"认识,那就是赤裸裸的先验论。如果说预感要凭所写对象和诗人自己的性格有某种类似,那就要进行一定程度的凭已知推未知的推理或类比推理。歌德在这个问题上似没有想清楚。值得注意的是爱克曼的疑问实际上就是驳斥。从这篇谈话中也可以看出,爱克曼有时围绕一个专题把多次谈话结合一起。

269

我把话题转到兰贝格①。歌德说,"他当然完全是另一种艺术家,具有真正的才能,他的临时应差的本领没有别人能比得上。有一次在德累斯顿,他叫我出个题目给他画。我出的题目是阿伽门农从特洛伊回家,刚下车要跨进家门槛,心里就感到别扭。② 你会承认,这是一个极难画的题目。如果要另一位艺术家画这个题目,他就会要求有深思熟虑的机会。但是我的话刚出口,兰贝格就画起来了,而且可以看出他马上清楚地懂得了题目的要旨,这使我十分钦佩。我不否认,我很想得到兰贝格的几幅素描。"

我们又谈到一些其他画家。他们用很轻易肤浅的方式进行创作,以致落入俗套(Manier)。

歌德说,"俗套总是由于想把工作搞完,对工作本身并没有乐趣。一个有真正大才能的人却在工作过程中感到最高度的快乐。罗斯孜孜不倦地画山羊和绵羊的毛发,从他画的无数细节中可以看出,他在工作过程中享受着最纯真的幸福,并不想到要把工作搞完了事。

"才能较低的人对艺术本身并不感到乐趣;他们在工作中除掉完工后能赚多少报酬以外,什么也不想。有了这种世俗的目标和倾向,就决不能产生什么伟大的作品。"

**1824 年 3 月 30 日**(体裁不同的戏剧应在不同的舞台上演;思想深度的重要性)

今晚在歌德家里,只有我和他在一起。我们东拉西扯地闲聊,喝了一瓶酒。我们谈到法国戏剧和德国戏剧的对比。

歌德说,"在德国听众中很难见到在意大利和法国常见的那种纯正的判断。在德国特别对我们不利的是把性质不同的戏剧都乱放在一个舞台上去演出。例如在同一个舞台上,我们昨天看的是《哈姆雷特》,今天看的是《斯塔波尔》,明天我们欣赏的是《魔笛》,后天又是《新的幸运儿》③。这样就在听众中造成判断的混乱,把不伦不类的东西混在一起,就使听众不知怎样去理解和欣

---

① 兰贝格(1763—1840),德国画书籍插图的画家,爱克曼从他学过画。
② 阿伽门农是希腊远征特洛伊的统帅,他打了十年仗,回家后就遭到他的妻子及其奸夫的谋杀。
③ 《哈姆雷特》是莎士比亚的著名悲剧。《斯塔波尔》全名是《斯塔波尔执掌帝国的政事》,是一八一九年在维也纳上演的一部丑角戏。《魔笛》是奥地利大音乐家莫扎特所谱的一部歌剧。《新的幸运儿》是德国剧作家缪洛(W. Müller,1767—1833)的作品。所举四种作品彼此悬殊很大。

赏。此外，听众中各有各的要求和愿望，总是爱到经常得到满足的地方去求满足。今天在这棵树上摘得无花果，明天再去摘，摘到的却是黑刺莓，这就不免扫兴了。爱吃黑刺莓的人会到荆棘丛中去找。

"席勒过去曾打过一个很好的主意，要建筑一座专演悲剧的剧院，每周专为男人们演一部剧本。但是这个办法需要有很多的人口，我们这里条件很差，办不到这一点。"

接着我们谈到伊夫兰和考茨布。就这两人的剧本所用的体裁范围来说，它们受到了歌德的高度赞赏。① 歌德说，"正由于一般人不肯严格区分体裁种类的毛病，这些人的剧本往往受到不公平的谴责。我们还要等待很长的时间，才会再见到这样有才能的通俗作家哩。"

…………

歌德接着谈到普拉顿②的一些新剧本。他说，"从这些作品里可以见出卡尔德隆的影响。它们写得很俏皮，从某种意义来说，也很完整；但是它们缺乏一种特殊的重心，一种有分量的思想内容。它们不能在读者心灵中激起一种深永的兴趣，只是轻微地而且暂时地触动一下心弦。它们像浮在水面的软木塞，不产生任何印象，只轻飘飘地浮在水面。

"德国人所要求的是一定程度的严肃认真，是思想的宏伟和情感的丰满。正是由于这个缘故，席勒受到普遍的高度评价。我绝对不怀疑普拉顿的才能，但是也许由于艺术观点错误，他的才能在这些剧本里并没有显示出来，而显示出来的是丰富的学识、聪明劲儿、惊人的巧智以及许多完善的艺术手腕；但这一切都还不够，特别是对我们德国人来说。

"一般说来，作者个人的人格比他作为艺术家的才能对听众要起更大的影响。拿破仑谈到高乃依时说过，'假如他还活着，我要封他为王！'——拿破仑并没有读过高乃依的作品。他倒是读过拉辛的作品，却没有说要封他为王。③ 拉封丹④也受法国人的高度崇敬，但并不是因为他的诗的优点，而是因

---

① 伊夫兰（1759—1814）和考茨布（1761—1819）是新起的通俗剧作家，他们反对歌德和席勒的古典主义，作品比较轻松俏皮。歌德对他们有好评，足见他的雅量。
② 普拉顿（1796—1835）是当时新派诗人兼剧作家，但对歌德颇尊敬，同海涅打过笔墨官司。
③ 高乃依和拉辛都是十七世纪法国最大的悲剧作家，前者的特长在内容方面的爱国主义和英雄主义，后者的特长在诗艺方面的语言精炼而高华。对这两位法国新古典主义剧作家的艺术成就，歌德并不赞赏，谈话中很少提到他们。
④ 拉封丹是十七世纪法国诗人，以寓言诗著名。

为他在作品中所表现的人格的伟大。"

..........

**1824年4月14日**(德国爱好哲学思辨的诗人往往艰深晦涩;歌德的四类反对者;歌德和席勒的对比)

一点钟左右,我陪歌德出去散步。我们谈论了各种作家的风格。

歌德说,"总的说来,哲学思辨对德国人是有害的,这使他们的风格流于晦涩,不易了解,艰深惹人厌倦。他们愈醉心于某一哲学派别,也就愈写得坏。但是从事实际生活、只顾实践活动的德国人却写得最好。席勒每逢抛开哲学思辨时,他的风格是雄壮有力的。我正在忙着看席勒的一些极有意思的书信,看出了这一点。德国也有些有才能的妇女能写出真正顶好的风格,比许多著名的德国男作家还强。

"英国人照例写得很好,他们是天生的演说家和讲究实用的人,眼睛总是朝着现实的。

"法国人在风格上显出法国人的一般性格。他们生性好社交,所以一向把听众牢记在心里。他们力求明白清楚,以便说服读者;力求饶有风趣,以便取悦读者。

"总的来说,一个作家的风格是他的内心生活的准确标志。所以一个人如果想写出明白的风格,他首先就要心里明白;如果想写出雄伟的风格,他也首先就要有雄伟的人格。"

歌德接着谈到一些反对他的敌手,说这种人总是源源不绝的。他说,"他们人数很多,不难分成几类。第一类人是由于愚昧,他们不了解我,根本没有懂得我就进行指责。这批为数可观的人在我生平经常惹人厌烦;可以原谅他们,因为他们根本不认识自己所做的事有什么意义。第二批人也很多,他们是由于妒忌。我通过才能所获得的幸运和尊荣地位引起他们吃醋。他们破坏我的声誉,很想把我搞垮。假如我穷困,他们就会停止攻击了。还有很多人自己写作不成功,就变成了我的对头。这批人本来是些很有才能的人,因为被我压住,就不能宽容我。第四类反对我的人是有理由的。我既然是个人,也就有人的毛病和弱点,这在我的作品中不免要流露出来。不过我认真促进自己的修养,孜孜不倦地努力提高自己的品格,不断地在前进,有些毛病我早已改正了,可是他们还在指责。这些好人绝对伤害不到我,因为我已远走高飞了,他们还在那里向我射击。一般说来,一部作品既然脱稿了,我对它就不再操心,马上就去考虑新的写作计划。

"此外还有一大批人反对我,是由于在思想方式和观点上和我有分歧。人们常说,一棵树上很难找到两片叶子形状完全一样,一千个人之中也很难找到两个人在思想情感上完全协调。我接受了这个前提,所以我感到惊讶的倒不是我有那么多的敌人,而是我有那么多的朋友和追随者。我和整个时代是背道而驰的,因为我们的时代全在主观倾向笼罩之下,而我努力接近的却是客观世界。我的这种孤立地位对我是不利的。

"在这一点上,席勒比我占了很大的便宜。有一位好心好意的将军曾明白地劝我学习席勒的写作方式。我认识席勒的优点比这位将军要清楚,就向他分析了一番。我仍然悄悄地走自己的老路,不去关心成败,尽量不理会我的敌手们。"[1]

............

**1824 年 5 月 2 日**(谈社交、绘画、宗教与诗;歌德的黄昏思想)

歌德责怪我没有去访问这里一个有声望的人家。他说,"在这一冬里,你本可以在那家度过许多愉快的夜晚,结识一些有趣的陌生人。不知由于什么怪脾气,你放弃了这一切。"

............

我说,"我通常接触社会,总是带着我个人的爱好和憎恨以及一种爱和被爱的需要。我要找到生性和我融洽的人,可以和他结交,其余的人和我无关。"

歌德回答说,"你这种自然倾向是反社会的。文化教养有什么用,如果我们不愿用它来克服我们的自然倾向?要求旁人都合我们的脾气,那是很愚蠢的。我从来不干这种蠢事。我把每个人都看作一个独立的个人,可以让我去研究和了解他的一切特点,此外我并不向他要求同情共鸣。这样我才可以和任何人打交道,也只有这样我才可以认识各种不同的性格,学会为人处世之道。因为一个人正是要跟那些和自己生性相反的人打交道,才能和他们相处,

---

[1] 歌德意识到在标榜主观主义的浪漫时代自己力图从客观现实出发所处的孤立地位;但是他没有意识到,他并没有摆脱他的时代的影响,他的作品大部分实际上都是自传,就足以证明他毕竟是浪漫时代的产物。

从而激发自己性格中一切不同的方面使其得到发展完成,很快就感到自己在每个方面都达到成熟。你也该这样办。你在这方面的能力比你自己所想象的要大,过分低估自己是毫无益处的,你必须投入广大的世界里,不管你是喜欢还是不喜欢它。"

我细心听取了这番忠告,决定尽可能地照着办。

傍晚时歌德邀我陪他乘马车出去溜达一下。我们走的路穿过魏玛上区的山冈,可以眺望西边的公园。树已开花,白桦的叶子已长满了,芳草如茵,夕阳的光辉照在上面。我们找到带有画意的树丛,流连不舍。我们谈到开满白花的树不宜入画,因为构不成一幅好画图,正如长满叶子的白桦不宜摆在一幅画的前景里,因为嫩叶和白树干不够协调,没有几大片面积可以突出光与影的对比。歌德说,"吕斯德尔①从来不把长满叶子的白桦摆在前景,他只画没有叶子的、光秃秃的而且破烂的白桦树干。把这样的树干摆在前景完全合式,它的光亮的形状可以产生雄强的效果。"

接着我们随便谈了一些其他问题,然后又谈到某些艺术家想把宗教变成艺术的错误倾向。对他们来说,艺术就应该是宗教。歌德说,"宗教对艺术的关系,和其他重大人生旨趣对艺术的关系一样。宗教只应看作一种题材,和其他人生旨趣享有同等的权利。信教和不信教都不是我们用来掌握艺术作品的器官。掌握艺术作品需要完全另样的力量和才能。艺术应该诉诸掌握艺术的器官,否则就达不到自己的目的,得不到它所特有的效果。一种宗教题材也可以成为很好的艺术题材,不过只限于能感动一般人的那一部分。因此,圣母与圣婴是个很好的题材,可以百用不陈,百看不厌。"

这时我们已绕了树林一圈,在从梯夫尔特转到回魏玛的路上,我们看到了落日。歌德沉思了一阵子,然后向我朗诵一句古诗:

　　西沉的永远是这同一个太阳。②

接着就很高兴地说,"到了七十五岁,人总不免偶尔想到死。不过我对此处之泰然,因为我深信人类精神是不朽的,它就像太阳,用肉眼来看,它像是落下去了,而实际上它永远不落,永远不停地在照耀着。"

这时太阳在厄脱斯堡后面落下去了,我们感到树林中的晚凉,就把车赶快

---

① 吕斯德尔(1628—1682),十七世纪荷兰最大的风景画家。
② 据法译者注:诗作者是公元五世纪住在埃及巴诺波里斯(Panopolis)的希腊诗人依努斯(Nonnus)。

一点驰向魏玛,停在歌德家门前。歌德邀我进去再坐一会儿,我就进去了。歌德特别和蔼,兴致特别高。他谈得很多的是他关于颜色的学说以及他的顽固的论敌。他说他觉得自己对这门科学有所贡献。

他说,"要在世界上划出一个时代,要有两个众所周知的条件:第一要有一副好头脑,其次要继承一份巨大的遗产。拿破仑继承了法国革命,弗里德里希大帝继承了西里西亚战争①,路德继承了教皇的黑暗,而我所分享到的遗产则是牛顿学说的错误。现在这一代人固然看不出我在这方面的贡献,将来人会承认落到我手里的并不是一份可怜的遗产。"……

**1824年11月9日**(克洛普斯托克和赫尔德尔)

今晚在歌德家。我们谈论到克洛普斯托克②和赫尔德尔③。我很高兴听他分析这两位的主要优点。

歌德说,"如果没有这些强大的先驱者,我国文学就不会像现在的样子。他们出现时是走在时代前面的,他们仿佛不得不拖着时代跟他们走,但是现在时代已把他们抛到后面去了。这些一度很必要而且重要的人物现在已不再是有用的工具了。一个青年人如果在今天还想从克洛普斯托克和赫尔德尔吸取教养,就太落后了。"

我们谈到克洛普斯托克的史诗《救世主》和一些颂体诗及其优点和缺点。我们一致认为,他对观察和掌握感性世界以及描绘人物性格方面都没有什么倾向和才能,所以他缺乏史诗体诗人、戏剧体诗人、甚至可以说一般诗人所必有的最本质性的东西。

歌德说,"我想起他的一首颂体诗描写德国女诗神和英国女诗神赛跑。两位姑娘互相赛跑时,甩开双腿,踢起尘土飞扬,试想想这是怎样一幅情景,就应该可以看出这位老好人眼睛并没有盯住活的事物就来画它,否则就不会出这种差错。"

我问歌德在少年时代对克洛普斯托克的看法如何。

---

① 西里西亚战争即三十年战争,对德国破坏很大。
② 克洛普斯托克(1724—1803),比歌德老一辈的一位重要诗人,写过一部宗教史诗《救世主》和一些爱国主义的颂体诗。
③ 赫尔德尔(1744—1803)是德国启蒙运动的先驱,和莱辛齐名,他开创了搜集民歌的风气,推动了浪漫运动。主要著作《对人类史的一些看法》阐明了历史发展的进化观点和人本主义观点。歌德在斯特拉斯堡当大学生时就和赫尔德尔常来往,受他的影响很深。

歌德说,"我怀着我所特有的虔诚尊敬他,把他看作长辈。我对他的作品只有敬重,不去进行思考或挑剔。我让他的优良品质对我发生影响,此外我就走我自己的道路。"

回到赫尔德尔身上,我问歌德,他认为赫尔德尔的著作哪一种最好。歌德回答说,"毫无疑问,《对人类史的一些看法》最好。他晚期向消极方面转化,就不能令人愉快了。"

…………

**1824 年 11 月 24 日**(古希腊罗马史;德国文学和法国文学的对比)

今晚在看戏前我去看了歌德,发现他很健康,兴致很好。他问到来魏玛的一些英国青年。我告诉他说,我有意陪杜兰先生读普鲁塔克①的德文译本。这就把话题引到罗马和希腊的历史,歌德对此提出以下的看法:

"罗马史对我们来说已不合时了。我们已变得很人道,对凯撒的战功不能不起反感。希腊史也不能使我们感到乐趣。希腊人在抵御外敌时固然伟大光荣,但是在诸城邦的分裂和永无休止的内战中,这一帮希腊人对那一帮希腊人进行战斗,这却是令人不能容忍的。此外,我们这个时代的全部历史都是伟大的、有重要意义的。莱比锡战役和滑铁卢战役的丰功伟绩使马拉松之类战役黯然无光了。我们这个时代的一些英雄人物也不比古代的逊色,例如法国的一些元帅、德国的布吕歇尔和英国的威灵顿②都完全可以和古代那些英雄人物比美。"

话题转到现代法国文学以及法国人对德国作品的日益增长的兴趣。

歌德说,"法国人在开始研究和翻译我们德国作家,倒是做得很对,因为他们在形式和内容主题方面都很狭隘,没有其他办法,只能向外国借鉴。我们德国人受到指责的也许在不讲究形式,但是在内容材料方面,我们比法国人强,考茨布和伊夫兰的剧本就有很丰富的内容主题,够他们长期采用,用之不竭的。但是特别值得法国人欢迎的是我们的哲学理想性,因为每种理想都可以服务于革命的目的。

"法国人有的是理解力和机智,但缺乏的是根基和虔敬。对法国人来说,

---

① 普鲁塔克,公元一世纪希腊史学家,写过《希腊罗马英雄传》,是西方传记文学的典范。
② 两位打败拿破仑的名将。

凡是目前用得上的、对党派有利的东西都仿佛是对的。因此,他们称赞我们,并不是因为承认我们的优点,而只是因为用我们的观点可以加强他们的党派。"

接着谈到我们德国文学以及对某些青年作家有害的东西。

歌德说,"大多数德国青年作家惟一的缺点,就在于他们的主观世界里既没有什么重要的东西,又不能到客观世界里去找材料。他们至多也只能找到合自己胃口、与主观世界相契合的材料。至于对本身自在价值,也就是本来具有诗意的材料,也须契合主观世界才被采用;如果它不契合主观世界,那就用不着对它进行思考了。

"不过像以前说过的,只要我们有一些由深刻研究和生活情境培育起来的人物,至少就我们的青年抒情诗人来说,前途还是很光明的。"

**1824 年 12 月 3 日**(但丁像;劝爱克曼专心研究英国文学)

最近我接到邀约,要我替一种英国期刊按月就德国文坛上最近的作品写些短评,条件很优厚,我有意接受这份邀约,但是想到把这件事先向歌德说一声也许妥当些。

今晚我在上灯的时刻去看了歌德。窗帘已经放下来了,歌德坐在刚开过晚饭的桌子旁边。桌上点着两支烛,照到他自己的脸上,也照到摆在他面前的一座巨大的半身像。他正在观赏这座雕像。他向我致友好的问候之后,就指着雕像给我看,问我"这是谁?"我说,"是一位诗人,像是一位意大利人。"歌德说,"这就是但丁。头部很美,雕得好,可是不完全令人欢喜。已经老了,腰弯了,面带怒气,皮肉松散下垂,仿佛是刚从地狱里出来的①。我还有一枚但丁像章,是他还在世时刻的,在一切方面都比这座雕像美得多。"歌德就站起来拿像章给我看。"你看,鼻子多么有魄力,上唇也很有魄力似地鼓起,下腭显出使劲的样子,和下腭骨配合得多么好!至于这座半身雕像,在眼睛和额头部分和像章上的也大致一样,但在其余一切部分就显得较软弱、较苍老了。不过我也不是要责备这件新作品,它大体上还是很好的,值得赞赏的。"

接着歌德又问我近几天来过得怎样,想些什么,做些什么。我就告诉他我接到邀约,要我替一种英国期刊就最近的德国散文文学作品按月写些短评,条

---

① 但丁在《神曲》第一部里游了地狱。

件很优厚,我很有意接受这项任务。

歌德一直到现在都是和颜悦色的,听到这番话马上沉下脸来,让我看出他的全部面容都显出对我的意图不赞成。

他说,"我倒希望你的朋友们不要侵扰你的安宁。他们为什么要你干超出正业而且违反你的自然倾向的事呢?我们有金币、银币和纸币,每一种都有它的价值和兑换率。但是要对每一种作出正确的估价,就须弄清兑换率。在文学方面也是如此。对金银币你是会估价的,对纸币你就不会估价,还不在行,你的评论就会不正确,就会把事情弄糟。如果你想正确,想让每一种作品都摆在正确的地位,你必须拿它和一般德国文学摆在一起来衡量,这就要费不少工夫去研究。你必须回顾一下史雷格尔弟兄有什么意图和什么成就,然后还要遍读所有的德国新进作家,例如弗朗茨·霍恩、霍夫曼、克洛林①之流。这还不够,还要每天看报纸,从晨报到晚报,以便马上知道一切新出现的作品,这样你就要糟蹋你的光阴。此外,你对于准备评论得比较透辟的书不能只匆匆浏览,还必须加以研究。你对这种工作能感到乐趣吗?最后,如果你发现坏书真坏,你还不能照实说出,否则就要冒和整个文坛交战的风险。

"不能这样办,听我的话,拒绝接受这项任务。这不是你的正业。你得随时当心不要分散精力,要设法集中精力。三十年前我如果懂得这个道理,我的创作成就会完全不同。我和席勒在他主编的《时神》和《诗神年鉴》两个刊物上破费了多少时间呀!现在我正在翻阅席勒和我的通信,一切往事都栩栩如在目前,我不能不追悔当时干那些工作惹世人责骂,对自己没有一点好处。有才能的人看到旁人做的事总是自信也能做,这其实不然,他总有一天会追悔浪费精力。你卷起头发,只能管一个夜晚,这对你有什么好处?你不过是把一些卷发纸放在头发里,等到第二个夜晚,头发又竖直了。"

他接着说,"你现在应该做的事是积累取之不尽的资本。你现在已开始学习英文和英国文学,你从这里就可以获得所需要的资本。坚持学习下去,利用你和几位英国青年相熟识的好机会。你在少年时代没有怎么学习,所以你现在应该在像英国文学那样卓越的文学中抓住一个牢固的据点。此外,我们

---

① 弗朗茨·霍恩(1781—1837),德国诗人和文学史家。霍夫曼(1779—1822),德国浪漫主义作家。克洛林(1771—1854),感伤气很浓的小说家。这三人都是歌德所鄙视的。

德国文学大部分就是从英国文学来的！我们从哪里得到了我们的小说和悲剧，还不是从哥尔德斯密斯①、菲尔丁和莎士比亚那些英国作家得来的？就目前来说，德国哪里去找出三个文坛泰斗可以和拜伦、穆尔②和瓦尔特·司各特并驾齐驱呢？所以我再说一遍，在英国文学中打下坚实基础，把精力集中在有价值的东西上面，把一切对你没有好处和对你不相宜的东西都抛开。"

我很高兴，我引起歌德说出了这番话，心里安定下来了，决心完全照他的话做下去。

这时传达室报告密勒大臣来了。他和我们一起坐下。话题又回到摆在我们面前的那座但丁半身像以及他的生平和作品，特别提到但丁诗的艰晦。我们谈到，连但丁的本国人也没有读懂他，所以外国人更不容易窥测到他的奥秘。歌德转过来向我说，"你的忏悔神父趁这个机会绝对禁止你研究这位诗人。"

歌德接着又说，"他的诗难懂，主要应归咎于韵的笨重。③"此外，歌德评论但丁，还是非常崇敬他的。我注意到他不满意"才能"（Talent）这个词，把但丁叫做一种"天性"④，指的仿佛是一种更周全、更富于预见性、更深更广的品质。

---

① 哥尔德斯密斯（1730—1774），英国作家。他的小说《威克菲尔德的牧师传》早已介绍到我国；他的诗《荒村》写工业革命时代英国农村衰败情况，在当时传诵很广。
② 穆尔（1779—1852），爱尔兰优秀诗人。
③ 《神曲》用的是"三韵格"，三行一组，下组的第一韵用上组的第二韵，即 aba, bcb, cdc 格。大部头诗用这种韵律，确实有些呆板。
④ Natur，或译"自然"。

# 1825 年

**1825 年 1 月 10 日**（谈学习外语）

由于对英国人民极感兴趣，歌德要我把几个在魏玛的英国青年介绍给他。今天下午五点左右，他等候我陪同英国工程官员 H 先生来见他。前此我曾在歌德面前称赞过这位 H 先生。我们准时到了，仆人把我们引进一间舒适温暖的房子，歌德在午后和晚间照例住在这里。桌上点着三支烛，他本人不在那里，我们听见他在隔壁沙龙里说话的声音。

H 先生巡视了一番，除画幅以外，还看到墙上挂着一张山区大地图和一个装满文件袋的书橱。我告诉他，袋里装的是许多出于名画家之手的素描以及各种画派杰作的雕版仿制品。这些是长寿的主人毕生逐渐搜藏起来的，他经常取出来观赏。

等了几分钟，歌德就来到我们身边，向我们表示欢迎。他向 H 先生说，"我用德文和你谈话，想来你不见怪，因为听说你的德文已经学得很好了。"H 先生说了几句客气话，歌德就请我们坐下。

H 先生的风度一定给了歌德很好的印象，因为歌德今天在这位外宾面前所表现的慈祥和蔼真是很美。他说，"你到我们这里来学德文，做得很对。你在这里不仅会很容易地、很快地学会德文，而且还会认识到德文基础的一些要素，这就是我们的土地、气候、生活方式、习俗、社交和政治制度，将来可以把这些认识带回到英国去。"

H 先生回答说，"现在英国对德文都很感兴趣，而且日渐普遍起来了，家庭出身好的英国青年没有一个不学德文。"

歌德很友好地插话说，"我们德国人在这方面比贵国要先进半个世纪哩。五十年来我一直在忙着学英国语文和文学，所以我对你们的作家以及贵国的生活和典章制度很熟悉。如果我到英国去，不会感到陌生。

"但是我已经说过,你们年轻人到我们这里来学我们的语文是做得对的。因为不仅我们德国文学本身值得学习,而且不可否认,如果把德文学好,许多其他国家的语文就用不着学了。我说的不是法文,法文是一种社交语言,特别在旅游中少不了它。每个人都懂法文。无论到哪一国去,只要懂得法文,它就可以代替一个很好的译员。至于希腊文、拉丁文、意大利文和西班牙文,这些国家的优秀作品你都可以读到很好的德文译本。除非你有某种特殊需要,你用不着花时间和精力去学习这几种语文。德国人按生性就恰如其分地重视一切外国东西,并且能适应外国的特点。这一点连同德文所具有的很大的灵活性,使得德文译文对原文都很忠实而且完整。不可否认,靠一种很好的译文一般可以学到很多的东西。弗里德里希大帝不懂拉丁文,可是他根据法文译文读西塞罗①,并不比我们根据原文阅读来得差。"

接着话题转到戏剧,歌德问 H 先生是否常去看戏。H 先生回答说,"每晚都去看,发现看戏对了解德文大有帮助。"歌德说,"很可注意的是,听觉和一般听懂语言的能力比会说语言的能力要先走一步,所以人们往往很快就学会听懂,可是不能把所懂得的都说出来。"H 先生就说,"我每天都发现这话是千真万确的。凡是我听到和读到的,我都懂得很清楚,我甚至能感觉到在德文中某句话的表达方式不正确。只是张口说话时就堵住了,不能正确地把想说的说出来。在宫廷里随便交谈,在舞会上闲聊以及和妇女们说笑话之类场合,我还很行。但是每逢想用德文就某个较大的题目发表一点意见,说出一点独特的显出才智的话来,我就不行了,说不下去了。"歌德说,"你不必灰心,因为要表达那类不寻常的意思,即使用本国语言也很难。"

歌德接着问 H 先生读过哪些德国文学作品,他回答说,"我读过《哀格蒙特》,很喜爱这部书,已反复读过三遍了。《托夸多·塔索》②也很使我感到乐趣。现在在读《浮士德》,但是觉得有点难。"听到这句话,歌德笑起来了。他说,"当然,我想我还不曾劝过你读《浮士德》呀。那是一部怪书,超越了一切寻常的情感。不过你既然没有问过我就自动去读它,你也许会看出你怎样能走过这一关。浮士德是个怪人,只有极少数人才会对他的内心生活感到同情共鸣。梅菲斯特③的性格也很难理解,由于他的暗讽态度,也由于他是广阔人

---

① 西塞罗(前106—前43),公元前一世纪罗马的政治家和演说家。
② 歌德的一个剧本。
③ 梅菲斯特,即梅菲斯特费勒斯,是引诱浮士德的恶魔。

生经验的生动的结果。不过你且注意看这里有什么光能照亮你。至于《塔索》,却远为接近一般人情,它在形式上很鲜明,也较易于了解。"H 先生说,"可是在德国,人们认为《塔索》很难,我告诉人家我在读《塔索》,他们总表示惊讶。"歌德说,"要读《塔索》,主要的一条就是读者已不是一个孩子,而是和上等社会有过交往的。一个青年,如果家庭出身好,常和上层社会中有教养的人来往,养成了一种才智和良好的风度仪表,他就不会感到《塔索》难。"

话题转到《哀格蒙特》时,歌德说,"我写这部作品是在一七七五年,已是五十年前的事了。当时我力求忠于史实,想尽量真实。十年之后,我在罗马从报纸上看到,这部作品中所写的关于荷兰革命的一些情景已丝毫不差地再度出现了。我由此看出世界并没有变,而我在《哀格蒙特》里的描绘是有一些生命的。"

经过这些谈话,看戏的时间已经到了,我们就站起来,歌德很和善地让我们走了。

…………

**1825 年 1 月 18 日**(谈母题;反对注诗牵强附会;回忆席勒)

…………

话题转到一般女诗人,莱贝因大夫提到,在他看来,妇女们的诗才往往作为一种精神方面的性欲而出现。歌德把眼睛盯住我,笑着说,"听他说的,'精神方面的性欲'!大夫怎样解释这个道理?"大夫就说,"我不知道我是否正确地表达了我的意思,但是大致是这样。一般说来,这些人在爱情上不如意,于是想在精神方面找到弥补①。如果她们及时地结了婚,生了儿女,她们就决不会想到要做诗。"

歌德说,"我不想追究你这话在诗歌方面有多大正确性,但是就妇女在其他方面的才能来说,我倒是经常发现妇女一结婚,才能就完蛋了。我碰见过一些姑娘很会素描,但是一旦成了贤妻良母,要照管孩子,就不再拾起画笔了。"

他兴致勃勃地接着说,"不过我们的女诗人们尽可以一直写下去,她们爱写多少诗就写多少诗,不过只希望我们男人们不要写得像女人写的一模一样!这却是我不喜欢的。人们只消看一看我们的一些期刊和小册子,就可以看出

---

① 莱贝因(?—1825)是魏玛御医。他的看法颇近于后来变态心理学家弗洛伊德的"升华说"。

一切都很软弱而且日益软弱！……"

　　…………

　　我提起光看这些"母题"①就和读诗本身一样使我感到很生动,不再要求细节描绘了。

　　歌德说,"你这话完全正确,情况正是这样。你由此可以看出母题多么重要,这一点是人们所不理解的,是德国妇女们所梦想不到的。她们说'这首诗很美'时,指的只是情感、文词和诗的格律。没有人梦想到一篇诗的真正的力量和作用全在情境,全在母题,而人们却不考虑这一点。成千上万的诗篇就是根据这种看法制造出来的,其中毫无母题,只靠情感和铿锵的诗句反映出一种存在。一般说来,半瓶醋的票友们,特别是妇女们,对诗的概念认识是非常薄弱的。他们往往设想只要学会了做诗的技巧,就算尽了诗的能事,而自己也就功成业就了;但是他们错了。"

　　里默尔老师②进来了。莱贝因告别了,里默尔老师就和我们坐在一起。话题又回到上述塞尔维亚爱情诗的一些母题。里默尔知道了我们在谈什么,就说按照上文歌德所列的母题③不仅可以做出诗来,而且一些德国诗人实际上已用过同样的母题,尽管他们并不知道在塞尔维亚已经有人用过。他还举了他自己写的几首诗为例,我也想起在阅读歌德作品过程中曾遇见过一些用这类母题的诗。

　　歌德说,"世界总是永远一样的,一些情境经常重现,这个民族和那个民族一样过生活,讲恋爱,动情感,那么,某个诗人做诗为什么不能和另一个诗人一样呢？生活的情境可以相同,为什么诗的情境就不可以相同呢？"

　　里默尔说,"正是这种生活和情感的类似才使我们能懂得其他民族的诗歌。如果不是这样,我们读起外国诗歌来,就会不知所云了。"

　　我接着说,"所以我总是觉得一些学问渊博的人太奇怪了,他们好像在设想,做诗不是从生活到诗,而是从书本到诗。他们老是说：诗人的这首诗的来历在这里,那首诗的来历在那里。举例来说,如果他们发现莎士比亚的某些诗句在古人的作品中也曾见过,就说莎士比亚抄袭古人！莎士比亚作品里有过这样一个情境：人们看到一位美丽的姑娘,都庆贺称她为女儿的双亲和将要把

---

①　"母题"本是音乐术语,借用到文学里,指的就是主题,歌德把它和"情境"看作同义词。
②　里默尔(1774—1845)在歌德家当家庭教师和私人秘书。
③　一位德国女诗人翻译了一部塞尔维亚民歌,歌德写评论时把其中的主题(即母题)列了一个表。

她迎回家去当新娘的年轻男子。这种情境在荷马史诗里也见过,于是莎士比亚就必定是抄袭荷马了!多么奇怪的事!① 好像人们必须走那么远的路去找这类寻常事,而不是每天都亲眼看到、亲身感觉到而且亲口说到这类事似的!"

歌德说,"你说得对,那确实顶可笑。"

我说,"拜伦把你的《浮士德》拆成碎片,认为你从某处得来某一碎片,从另一处得来另一碎片,这种做法也不比上面说的高明。"

歌德说,"拜伦所引的那些妙文大部分都是我没有读过的,更不用说我在写《浮士德》时不曾想到它们。拜伦作为一个诗人是伟大的,但是他在运用思考时却是一个孩子。所以他碰到他本国人对他进行类似的无理攻击时就不知如何应付。他本来应该向他的论敌们表示得更强硬些,应该说,'我的作品中的东西都是我自己的,至于我的根据是书本还是生活,那都是一样,关键在于我是否运用得恰当!'瓦尔特·司各特援用过我的《哀格蒙特》中一个场面,他有权利这样做,而且他运用得很好,值得称赞。他在一部小说里还摹仿过我写的蜜娘②的性格,至于是否运用得一样高明,那却是另一问题。拜伦所写的恶魔的变形③,也是我写的梅菲斯特的续编,运用得也很正确。如果他凭独创的幻想要偏离蓝本,就一定弄得很糟。我的梅菲斯特也唱了莎士比亚的一首歌。他为什么不应该唱?如果莎士比亚的歌很切题,说了应该说的话,我为什么要费力来另作一首呢?我的《浮士德》的序曲也有些像《旧约》中的《约伯记》,这也是很恰当的,我应该由此得到的是赞扬而不是谴责。"

歌德的兴致很好,叫人拿一瓶酒来,斟给里默尔和我喝,他自己却只喝马里安温泉的矿泉水。他像是预定今晚和里默尔校阅他的自传续编的手稿,用意也许是在表达方式上作些零星修改。他说,"爱克曼最好留在我们身边听一听。"我很乐意听从这个吩咐。歌德于是把手稿摆在里默尔面前。里默尔就朗读起来,从一七九五年开始。

今年夏天,我已有幸反复阅读过而且思考过这部自传中未出版的、一直到

---

① 这也是我国过去的注诗家们的恶习,认为好诗"无一字无来历",于是就穿凿附会起来,说某个词句来源于古代某些大家的诗。李善注《昭明文选》就已如此。
② 蜜娘一译迷娘,歌德的小说《威廉·麦斯特》中的人物,她是一个意大利少女,被强盗劫到德国,威廉·麦斯特救了她,她感谢他,爱上了他,向他唱了三首缅怀故乡的歌,这些短歌很著名。
③ 指的似是拜伦未完成的剧本《残废人的变形》,其主角是个奇丑的驼背,被恶魔变形为希腊英雄阿喀琉斯。

最近的部分①。现在当着歌德的面来听人朗读这部分,给了我一种新的乐趣。里默尔在朗读中特别注意表达方式,我有机会惊赞他的高度灵巧和词句的丰富流畅。但是在歌德方面,所写的这个时期的生活又涌现到他心眼里,他在纵情回忆,想到某人某事,就用详细的口述来填补手稿的遗漏。这个夜晚真令人开心!歌德谈到了当时一些杰出的人物,但是反复谈到的是席勒,从一七九五年到一八〇〇年②这段时期,他和席勒交游最密。他们两人的共同事业是戏剧,而歌德最好的作品也是在这段时期写成的。《威廉·麦斯特》脱稿了,《赫尔曼与窦绿苔》也接着构思好和写完了。切里尼的《自传》③替席勒主编的刊物《时神》翻译出来了,歌德和席勒合写的《讽刺短诗集》也已由席勒主编的《诗神年鉴》发表。这两位诗人每天都少不了接触。这一切都在这一晚上谈到,歌德总有机会说出最有趣的话来。

在他的作品之中歌德还提到,"《赫尔曼与窦绿苔》在我的长诗之中是我至今还感到满意的惟一的一部,每次读它都不能不引起亲切的同情共鸣。我特别喜爱这部诗的拉丁文译本,我觉得它显得更高尚,仿佛回到了这种诗的原始形式。④"

他也多次谈到《威廉·麦斯特》。他说,"席勒责备我掺杂了一些对小说不相宜的悲剧因素。不过我们都知道,他说得不对。在他写给我的一些信里,他就《威廉·麦斯特》说过一些最重要的看法和意见。此外,这是一部最不易估计的作品,连我自己也很难说有一个打开秘奥的钥匙。人们在寻找它的中心点,这是难事,而且往往导致错误。我倒是认为把一种丰富多彩的生活展现在眼前,这本身就有些价值,用不着有什么明确说出的倾向,倾向毕竟是诉诸概念的⑤。不过人们如果坚持要有这种东西,他们可以抓住书的结尾处弗列德里克向书中主角说的那段话。他的话是这样:'我看你很像基士的儿子扫罗。基士派他出去寻找他父亲的一些驴子,却找到了一个王国。⑥'只须抓住

---

① 即《诗与真》续编。
② 席勒死于一八〇五年,他和歌德结交是从一七九四年开始的。
③ 切里尼(1500—1571),意大利的金匠和雕刻家。他的《自传》描述十六世纪罗马和巴黎的生活,写得很生动,是传记文学中一部杰作。
④ 指原始牧歌和田园诗的形式。
⑤ 歌德所说的"倾向"指抽象的主旨,不限于政治倾向。依他看,宣扬"天意"也是一种倾向。他认为《威廉·麦斯特》的倾向就是寻羊得到王位那个故事所暗示的"天意"。
⑥ 见《旧约·撒母耳记》第九至第十章,扫罗在寻羊途中遇见先知撒母耳,得到他的宠爱,在抽签中被立为以色列国王。

这段话,因为事实上全书所说的不过一句话,人尽管干了些蠢事,犯了些错误,由于有一只高高在上的手给他指引道路,终于达到幸福的目标。"

接着谈到近五十年来普及于德国中等阶层的高度文化,歌德把这种情况归功于莱辛①的较少,归功于赫尔德尔和维兰②的较多。他说,"莱辛的理解力最高,只有和他一样伟大的人才可以真正学习他,对于中材,他是危险的人物。"他提到一个报刊界人物,此人的教养是按照莱辛的方式形成的,在上世纪末也扮演过一种角色,可是扮演的是个很不光彩的角色,因为他比他的伟大的前辈差得太多了。

歌德还说,"整个上区德国的文风都要归功于维兰,上区德国从维兰学到很多东西,其中表达妥帖的能力并不是最不重要的。"

…………

歌德对席勒的回忆非常活跃,这一晚后半部分就专谈席勒。

里默尔谈到席勒的外表说,"他的四肢构造、在街上走路的步伐乃至每一个举动都显得很高傲,只有一双眼睛是柔和的。"

歌德说,"是那样,他身上一切都是高傲庄严的,只有一双眼睛是柔和的。他的才能也正像他的体格。他大胆地抓住一个大题目,把它翻来覆去地看,想尽办法来处理它。但是他仿佛只从外表来看对象,并不擅长于平心静气地发展内在方面。他的才能是散漫随意的。所以他老是决定不下,没完没了。他经常临预演前还要把剧中某个角色更动一下。

"因为他进行工作一般很大胆,就不大注意动机伏脉(Motivieren)。我还记得为了《威廉·退尔》③我和他的争论。他要让盖斯洛突然从树上摘下一个苹果,摆在退尔的孩子头上,叫退尔用箭把苹果从孩子头上射下来。这完全不合我的天性,我力劝他至少要为这种野蛮行动布置一点动机伏脉,先让退尔的孩子向盖斯洛夸他父亲射艺精巧,说他能从一百步以外把一个苹果从树上射下来。席勒先是不听,但是我提出我的论据和忠告,他终于照我的意见改过来了。至于我自己却过分地注意动机伏脉,以致我的剧本不合舞台的要求。例如我的《幽简尼④》只是一连串的动机伏脉,这在舞台上是不能成功的。

---

① 莱辛(1729—1781),德国启蒙运动的先驱。
② 维兰(1733—1813),比歌德稍老的德国小说家,也在魏玛宫廷中做过官。
③ 《威廉·退尔》,席勒最后一部剧本,一八〇四年出版。
④ 即歌德的剧本《私生女》中的女主角。

"席勒的才能生来就适合于舞台。每写成一部剧本,他就前进一步,就更完善些。但是有一点颇奇怪,自从他写了《强盗》以后,他一直丢不掉对恐怖情景的爱好,就连到了他最成熟的时期也还是如此。我还记得很清楚,在我写《哀格蒙特》的监狱一场中向主角宣读死刑判决书时,他硬劝我让阿尔法戴着假面具,蒙上一件外衣,出现在背景上瞧着死刑判决对哀格蒙特的效果来开心。① 如果这样写,就会使阿尔法显得报仇雪恨,残酷无厌了。不过我反对这样写,没有让这种幽灵出现。席勒这个伟大人物真有点奇怪。

"每个星期他都更完善了;每次我再见到他,都觉得他的学识和判断力已前进了一步。他给我的一些书信是我所保存的最珍贵的纪念品,在他所写的作品中也是最高明的。我把他给我的最后一封信当作我的宝库中一件神圣遗迹珍藏起来。"他站起来把这封信取出递给我说,"你看一看,读一读吧。"

这封信确实很美,字体很雄壮。内容是他对歌德的《拉摩的侄儿》评注②的看法,这些评注介绍了当时的法国文学。歌德把手稿交给席勒看过。我把这封信向里默尔朗读了一遍。歌德说,"你看,他的判断多么妥帖融贯,字体也丝毫不露衰弱的痕迹。他真是一个顶好的人,长辞人世时还是精力充沛。信上写的日期是一八〇五年四月二十四日,席勒是当年五月九日去世的。"

我们轮流看了这封信,都欣赏其中表达的明白和书法的美妙。歌德还以挚爱的心情说了一些回忆席勒的话,时间已近十一点钟,我们就离开了。

**1825年2月24日**(歌德对拜伦的评价)

歌德今晚说,"如果我现在还担任魏玛剧院的监督,我就要把拜伦的《威尼斯的行政长官》③拿出来上演。这部剧本当然太长,需要缩短,但是不能砍掉其中任何内容,而是要保留每一场的内容,把它表达得更简练些。这样就会使剧本较为紧凑,不致因改动而受到损害。效果会因此更强烈,而原来的各种美点也基本上没有丧失。"

歌德这番话使我认识到在上演成百部其他类似的剧本时应该怎么办,我

---

① 阿尔法公爵原是对哀格蒙特判死刑的人。判决书是由另一个人向哀格蒙特宣读的。席勒劝歌德加上阿尔法伪装起来藏在哀格蒙特的卧室里,偷看哀格蒙特听到死刑判决时有什么表情。歌德没有听从。
② 《拉摩的侄儿》是法国启蒙运动领袖之一狄德罗的一部小说,歌德曾把它译成德文,并加了评注。歌德还译过狄德罗关于画艺、演剧等的文艺理论著作。
③ 拜伦的剧本大半是他旅居意大利时用意大利题材写的,这部剧本在他的作品中并不重要。

非常喜欢这番箴言,因为它来自有高明头脑而且懂得本行事业的诗人。

接着我们继续谈论拜伦。我提起拜伦在和麦德文①谈话中曾说过,为剧院写作是一件最费力不讨好的事。歌德说,"这要看诗人是不是懂得投合观众鉴赏力和兴味的趋向。如果诗人才能的趋向和观众的趋向合拍,那就万事俱备了。侯瓦尔德②用他的剧本《肖像》投合了这个趋向,所以博得普遍的赞扬。拜伦也许没有这样幸运,因为他的趋向背离了群众的趋向。在这个问题上,人们并不管诗人有多么伟大。倒是一个只比一般观众稍稍突出的诗人最能博得一般观众的欢心。"

我们仍继续谈论拜伦,歌德很惊赞拜伦的非凡才能。他说,"依我看,在我所说的创造才能方面,世间还没有人比拜伦更卓越。他解开戏剧纠纷(Knoten)的方式总是出人意外,比人们所能想到的更高明。"

我接着说,"我看莎士比亚也是如此,特别在写福尔斯塔夫③时。我看到福尔斯塔夫诳骗陷入困境时,不免自问怎样才能使他脱身,莎士比亚的解决办法总是远远超出我的意外。你说拜伦也有这样本领,这对他就是极高的赞扬了。"我又补充了一句,"诗人站得高,俯瞰情节发展的始终,一切都看得很清楚,比视野狭窄的读者总是处在远为便利的地位。"

歌德赞成我的话;想到拜伦,他笑了一声,因为拜伦在生活中从来不妥协,不顾什么法律,却终于服从最愚蠢的法律,即"三整一律"④。他说,"拜伦和一般人一样不大懂三整一律的根由。根由在便于理解(Fassliche),三整一律只有在便于理解时才是好的。如果三整一律妨碍理解,还是把它作为法律服从,那就不可理解了。就连三整一律所自出的希腊人也不总是服从它的。例如欧里庇得斯的《菲通》以及其他剧本里的地点都更换过。由此可见,对于希腊人来说,描绘对象本身比起盲从一种没有多大意义的法律更为重要。莎士比亚的剧本都尽可能地远离时间和地点的整一;但是它们却易于理解,没有什么剧

---

① 麦德文(1788—1869)在一八二四年出版过《和拜伦的谈话》。
② 侯瓦尔德(1778—1845),德国一位不重要的剧作家,《肖像》是他的一部悲剧。
③ 福尔斯塔夫是莎士比亚几部历史剧中的著名丑角。
④ "Gesetz der drei Einheiten"。西方剧艺中的"三整一律",指的是一部剧本中要有一个完整的动作情节(事),始终在一段完整的时间里(例如二十四小时)在同一地点(例如同一城市)发生,据说这是亚里士多德在《诗学》里总结出的规律。十七世纪法国新古典主义剧作家严守这个规律,浪漫派剧作家多半根据莎士比亚的范例反对它。过去多译为"三一律",但 Einheiten 不只指"一",而且还有"完整"的意思,从字面上看,也可能误解为三种"一律"。

本比它们更易于理解了,因此,希腊人也不会指责它们。法国诗人却力图极严格地遵守三整一律,但是违反了便于理解的原则,他们解决戏剧规律的困难,不是通过戏剧表演而是通过追述①。"

…………

歌德继续谈论拜伦说,"拜伦通过遵守三整一律来约束自己,对于他那种放荡不羁的性格来说,倒是很适宜的。假如他懂得怎样接受道德方面的约束,那多好!他不懂得这一层,这就是致他死命的原因。可以很恰当地说,毁灭拜伦的是他自己的放荡不羁的性格。

"拜伦太无自知之明了。他逞一时的狂热,既认识不到,也不去想一想他在干什么。他总是责己过宽而责人过严,这就会惹人恨,致他于死命。一开始,他发表了《英伦的诗人们和苏格兰的评论家们》②,就得罪了当时文坛上一些最杰出的人物。此后为着活下去,他必须退让一步。可是在以后的一些作品里,他仍旧走反抗和寻衅的道路。他没有放过教会和政府,对它们都进行攻击。这种不顾后果的行动迫使他离开了英国,长此下去,还会迫使他离开欧洲哩。什么地方他都嫌太逼仄,他本来享有完全的人身自由,可是他自觉是关在监牢里,在他看,整个世界就是一个监牢。他跑到希腊,并非出于自愿的决定,是他对世界的误解把他驱逐到希腊的。③

"和传统的爱国的东西决裂,这不仅导致了他这样一个优秀人物的毁灭,而且他的革命意识以及与此结合在一起的经常激动的心情也不允许他的才能得到恰当的发展,他一贯的反抗和挑剔对他的优秀作品也是最有害的。因为不仅诗人的不满情绪感染到读者,而且一切反抗都导致否定④,而否定止于空无。我如果把坏的东西称作坏的,那有什么益处?但是我如果把好的东西作坏,那就有很大的害处。谁要想做好事就不应该谴责人,就不去为做坏了的事伤心,只去永远做好事。因为关键不在于破坏而在于建设,建设才使人类享

---

① 不是在同一时间和同一地点发生的情节不在舞台上表演,而由人物口述。
② 拜伦的一部早年作品被苏格兰批评家们指责得体无完肤,于是他在《爱丁堡评论》发表这篇辛辣的讽刺文,反击他的批评者。
③ 歌德所理解的自由和拜伦所理解的显然不是一回事。在政治方面拜伦当然远比歌德进步,他到希腊是参加希腊的解放战争。歌德希望拜伦也像他自己一样做个安分守己的庸俗市民,这实在很可笑!
④ 消极。

受纯真的幸福。①"

这番话顶好,使我精神振奋起来,我很高兴听到这种珍贵的箴言。

歌德接着说,"要把拜伦作为一个人来看,又要把他作为一个英国人来看,又要把他作为一个有卓越才能的人来看。他的好品质主要是属于人的,他的坏品质是属于英国人和一个英国上议院的议员的,至于他的才能,则是无可比拟的。

"凡是英国人,单作为英国人来说,都不擅长真正的熟思反省。分心事务和党派精神使他们得不到安安静静的修养。但是作为实践的人,他们是伟大的。

"因此,拜伦从来不会反省自己,所以他的感想一般是不成功的。例如他所说的'要大量金钱,不要权威'那句信条就是例证,因为大量金钱总是要使权威瘫痪的。

"但是他在创作方面总是成功的。说实话,就他来说,灵感代替了思考。他被迫似的老是不停地做诗,凡是来自他这个人,特别是来自他的心灵的那些诗都是卓越的。他做诗就像女人生孩子,她们用不着思想,也不知怎样就生下来了。

"他是一个天生的有大才能的人。我没有见过任何人比拜伦具有更大的真正的诗才。在掌握外在事物和洞察过去情境方面,他可以比得上莎士比亚。不过单作为一个人来看,莎士比亚却比拜伦高明。拜伦自己明白这一点,所以他不大谈论莎士比亚,尽管他对莎士比亚的作品能整段整段地背诵。他会宁愿把莎士比亚完全抛开,因为莎士比亚的爽朗心情对拜伦是个拦路虎,他觉得跨不过去。但是他并不抛开蒲伯②,因为他觉得蒲伯没有什么可怕的。他一遇到机会就向蒲伯表示敬意,因为他知道得很清楚,蒲伯对他不过是一种配角。"

歌德对拜伦似乎有说不完的话,我也听不厌。说了一些旁的话以后,他又继续说:

"处在英国上议院议员这样高的地位,对拜伦是很不利的;因为凡是有才能的人总会受到外在世界的压迫,特别是像他那样出身地位高而家产又很富

---

① 这种只立不破的看法是反辩证、反改革的。
② 蒲伯(1688—1744)是十八世纪英国新古典主义派诗人,对诗律和词汇的驾驭颇轻巧,且长于讽刺,对拜伦有影响,尽管在流派上两人是对立的。

的人。对于有才能的人,中等阶层的地位远为有利,所以我们看到凡是大艺术家和大诗人都属于中产阶层。拜伦那种放荡不羁的倾向如果出现在一个出身较微、家产较薄的人身上,就远没有在他身上那样危险。他的境遇使他有力量把每个幻想付诸实施,这就使他陷入数不尽的纠纷。此外,像他那样地位高的人能对谁起敬畏之心呢?他想到什么就说什么,这就使他和世人发生了解决不完的冲突。"

歌德接着说,"看到一个地位高、家产富的英国人竟花去一生中大部分光阴去干私奔和私斗,真使人惊讶。拜伦亲口说过,他的父亲先后和三个女人私奔过。他这个儿子只和一个女人私奔过一次,比起父亲来还算有理性了。

"拜伦不能过寂寞生活,所以他尽管有许多怪脾气,对和他交游的人却极其宽容。有一晚他在朗诵他吊唁慕尔将军①的一首好诗,而他的贵友们听了却不知所云。他并没有生气,只把诗稿放回到口袋里。作为诗人,他显得和绵羊一样柔顺,别的诗人会叫那班贵友见鬼去。"

**1825 年 3 月 22 日**(魏玛剧院失火;歌德谈他如何培养演员)

昨夜十二点钟后不久,我们被火警惊醒了。人们大声喊:"剧院失火啦!"我马上穿衣,赶忙跑到失火地点。一片巨大的普遍的惊慌。几点钟之前,我们还在那里欣赏女演员拉罗西在康保兰②的《犹太人》一剧中所作的精彩表演,男演员赛伊德尔的滑稽诙谐也引起哄堂大笑。可是就在这个不久前还给我们精神享受的地方,最可怕的毁灭性元素却在猖獗肆虐了。

…………

我回家休息了一忽儿,上午就跑去看歌德。

仆人告诉我,歌德感到不舒服,在床上躺着。不过歌德还是把我召到他身边,把手伸给我握。他说,"这对我们都是损失,可是有什么办法呢?我的小孙子沃尔夫一大早就来到我床边,握住我的手,睁着大眼盯住我说,'人的遭遇就是这样呀!'除掉我亲爱的小沃尔夫用来安慰我的这句话以外,还有什么可说的呢?我苦心经营差不多三十年之久的这座剧院,现在化为灰烬了。不过小沃尔夫说得对,'人的遭遇就是这样呀。'夜里我没有怎么睡觉,从窗孔里

---

① 英译作 Sir John Moore,他在一八〇九年一场战役中大败法军,而自己也中弹身死。
② 康保兰,英国十八世纪剧作家,他的讽刺剧颇受歌德赞赏。

望见烟火不断地飞向天空。你可以想象到,我对过去岁月的许多回忆都浮上心头,想起我和席勒的多年努力,想起我爱护的许多学徒的入院和成长,想到这一切,我的心情不免有些激动。因此,我想今天最好还是躺在床上。"

我称赞他想得周到。不过看来他好像毫不衰弱或困倦,心情还是很舒畅和悦的。我看躺在床上是他经常用来应付非常事故的一种老策略,例如他害怕来访者太拥挤的时候,也总是躺在床上。

歌德叫我在床前的椅子上坐下呆一忽儿。他对我说,"我想念到你,为你感到惋惜,现在还有什么可以供你消遣夜晚的时间呢!"

我回答说,"您知道我多么热爱戏剧。两年前我初到此地时,我对戏剧毫无所知,只在汉诺威看过三四次戏。刚来时什么对我都是新鲜的,无论是演员还是剧本。从那时以来,听您的教导,我把全副精神都放在接受戏剧的印象上,没有在这上面用过多少思考或反省。说实话,这两个冬天我在剧院里度过了我生平一些最无害也最愉快的时光。我对剧院着迷到不仅每场不漏,而且得到许可参观排练。这还不够,白天路过剧院,碰巧看到大门开着时,我就走进去,在正厅后座的空位置上坐上半个钟头,想象某些可能上演的场面。"

歌德笑着说,"你简直是个疯子,不过我很喜欢你这样。老天爷,但愿所有的观众都是这样的孩子们!——你基本上是对的,一个够年轻的人只要没有娇惯坏,很难找到一个比剧院更适合他的地方了。人们对你没有任何要求,你不愿意开口说话就不必开口说话;你像个国王,安闲自在地坐在那里,让一切在你眼前掠过,让心灵和感官都获得享受,心满意足。那里有的是诗,是绘画,是歌唱和音乐,是表演艺术,而且还不止这些哩!这些艺术和青年美貌的魔力都集中在一个夜晚,高度协调合作来发挥效力,这就是一餐无与伦比的盛筵呀!即使当中有好的也有坏的,但是总比站在窗口呆望,或是坐在一间烟雾弥漫的房子里和几个亲友打牌要强得多。魏玛剧院还是不可小视的,这是你知道的。它总还是我们的极盛时代留下来的一个老班底,又加上一批新培养出来的人材。我们总还可以上演些足以欣赏的东西,至少是形象完整的东西。"

我插嘴说,"二三十年前我要是躬逢其盛,那多好!"

歌德回答说,"那确实是个兴盛时期。当时有些重大的便利条件帮助了我们。试想一下,当时令人厌倦的法国文艺趣味风行时期才刚过去不久,德国观众还没有让过分的激情教坏,莎士比亚正以他的早晨的新鲜光辉在德国发生影响,莫扎特的歌剧刚出世,席勒的一些剧本一年接着一年地创作出来,由他亲自指导,让这些剧本以旭日的光辉在魏玛剧院上演。试想一下这一切,你就可以想象到当时老老少少所享受的就是这种盛筵,而当时听众是怀着感激的心情对待剧院的。"

我接着说,"亲身经历过那个时代的老一辈子,总是经常向我赞扬魏玛剧院当时的崇高地位。"

歌德回答说,"我不想否认,剧院当时的情况确实不坏。不过关键在于当时大公爵让我完全自由处理剧院的事,我爱怎样办就怎样办。我不要求布景堂皇,也不要求服装鲜艳,我只要求剧本一定要好。从悲剧到闹剧,不管哪个类型都行,不过一部剧本总要有使人喜见乐闻的东西。它必须宏伟妥帖,爽朗优美,至少是健康的、含有某种内核的。凡是病态的、萎靡的、哭哭啼啼的、卖弄感情的以及阴森恐怖的、伤风败俗的剧本,都一概排除。我担心这类东西毒害演员和观众。

"我通过剧本来提高演员。因为研究和不断运用卓越的剧本必然会把一个人训练成材,只要他不是天生的废品。我还和演员们经常接触。我亲自指导初步排练,力求每个角色显出每个角色的意义。主要的排练我也亲自到场,和演员们讨论如何改进。每次上演我都不缺席,下一次就把我认为不对的地方指出来。

"用这种办法,我使演员们在表演艺术方面精益求精。但是我还设法提高整个演员阶层在社会评价中的地位,把最好的、最有希望的演员们纳入我的社交圈子,让世人看出我把他们看作配得上和我自己交朋友。结果其他魏玛上层人士也不甘落后,不久男女演员们就光荣地被接纳到最好的社交圈子里去了。通过这一切,演员们在精神上和外表上的教养都大大提高了。……

"席勒本着和我一样的认识进行工作。他和男女演员也有频繁的交往。他和我一样出席所有的排练,在他的剧本上演成功之后,他总是邀请他们到他家里去,和他们一起过一个快活的日子,共同欢庆成功的地方,并且讨论下次如何改进。但是席勒初参加我们这个集体时,就发现这里的演员和观众都已受过高度的教育。不可否认,这对他的剧本上演迅速获得成功是大有帮助的。"

我很高兴听到这样详细地谈及这个题目,我一向对这个题目很感兴趣,由于昨夜的火灾,首先浮上心头的也是这个题目。

我向他说,"您和席勒多年来对魏玛剧院作过许多很好的贡献,昨夜的火灾在某种程度上也结束了一个伟大的时代,这个时代恐怕要过很久才能回到魏玛来。你过去监督魏玛剧院时看到它非常成功,一定感到很大的快慰。"

歌德叹口气回答说,"可是麻烦和困难也不少。"

我说,"困难大概在于在那样多人形成的一个集体里维持住井井有条的秩序。"

歌德回答说,"要达到这一点,很大一部分要靠严厉,更大一部分要靠友爱,但是最重要的还是要靠通情达理,大公无私。

"我当时要警戒的有两个可能对我是危险的敌人。一个是我对才能的热爱,这很可能使我偏私。另一个敌人我不愿意说,但是你是知道的。我们剧院里有不少年轻漂亮而且富于精神魔力的妇女。我对其中许多人颇有热爱的倾向,而她们对我也走了一半路来相迎。不过我克制住自己,对自己说,'不能走得更远了!'我认识到自己的地位和职责。我站在剧院里,不是作为一个私人,而是作为一个机构的首脑。对我来说,这个机构的兴旺比我个人霎时的快乐更为重要。如果我卷入任何恋爱纠纷,我就会像一个罗盘的指针不能指向正确的方向,因为它旁边还有另一种磁力在干扰。

"通过这样的清白自持,我经常是自己的主宰,也就能经常是剧院的主宰。因此我受到必有的尊敬,如果没有这一点,一切权威很快就会垮台。"

歌德这番自白使我深受感动。前此我从旁的方面听到过关于歌德的类似的话,现在听到歌德亲口证实,心里很高兴。因此我更敬爱他,和他热烈地握手告别。

我回到失火场所。火焰和浓烟仍从废墟中往上升腾。人们在忙着灭火和拆卸。我在附近发现烧焦的手稿的残片。这是歌德的剧本《塔索》中的一些段落。

**1825 年 3 月 27 日**(筹建新剧院;解决经济困难的办法;谈排练和演员分配)

我和一些客人在歌德家里吃饭。他把新剧院的图案拿给我们看。这个图案和前天他跟我们谈过的一样,无论内部还是外部都说明这会是一座很漂亮的剧院。

有人说,这样漂亮的新剧院在装饰和服装方面应该比旧剧院好。我们还认为人员也日渐不够了。在正剧和歌剧两方面都要配备一些优秀的青年演员,同时我们也不是没有看到这一切都需要一大笔经费,而这是原先的经济情况所办不到的。

歌德说,"我知道得很清楚,在节约的借口下,可以请一些花钱不多的人进来。但是应该想到,这种办法对经济并无好处。对经济情况最有害的办法莫过于把一些基本项目都勉强节省掉。我们的目标应该是每晚都满座。要达到这个目标,有一个年轻的男歌手、一个年轻的女歌手、一个能干的男主角和一个能干的、色艺俱佳的、年轻的女主角,就可以作出很多的贡献。嗯,如果我仍然当最高领导,我还要进一步采取改善经济情况的办法,你们会发现我不会缺乏必须有的金钱。"

我们问歌德他想的是什么办法。

歌德回答说,"我想采用一个很简单的办法,就是在星期天也演戏。这样每年至少能多出四十个晚场的收入。如果财库每年不增添一万到一万五千元,那就算很坏了。"

我们觉得这条出路切实可行,还提到庞大的劳动阶级从星期一到星期六照例每天忙到很晚,星期天是惟一的休息日。在这天晚上他们会觉得与其挤在一个乡村小酒馆里跳舞、喝啤酒,倒不如到剧院里去享受较高尚的乐趣。我们还认为,农夫和小业主乃至附近小市镇的职员和殷实户,也会觉得星期天是个到魏玛去看戏的很合适的日子。此外,对于既不进宫廷,又不是高门大第或上层社团的成员的人们来说,星期天在魏玛一向是个最沉闷无聊的日子,一些孤零零的单身汉就不知道到哪里去才好。可是人们总是要求让他们每逢星期天夜晚有地方可去,开开心,忘掉一周来的烦恼。

星期天准许演戏是符合魏玛以外其他德国城市的老习惯的,所以歌德的想法得到完全赞成,大家都认为这是个好办法。不过还有一点疑虑:魏玛宫廷是否批准?

歌德回答说,"魏玛宫廷足够慈善和明智,不会阻止一种为城市谋福利的办法,而且这是一个重要的机构。魏玛宫廷一定会作出一点小牺牲,把星期天的例行晚会移到另一天去。① 万一这不行,我们为星期天上演,可以找到足够的为宫廷所不爱看而广大人民却觉得完全适合他们口味的剧本,这样就会很

---

① 星期天演戏虽为清教徒所反对,但在欧洲过去已很流行。魏玛剧院主要为宫廷而设,魏玛宫廷星期天有例行晚会,剧院在星期天不演戏是个特例。歌德想破这个例,一方面是为多赚钱,另一方面也是要剧院向一般市民开放。

如意地充实财库。"

接着话题转到演员,大家对演员力量的利用和浪费谈得很多。

歌德说,"我在长期实践经验中发现一个关键,那就是决不排练一部正剧或歌剧,除非有十足的把握可以期望它连演几年都得到成功。没有人能充分考虑到排练一部五幕正剧乃至一部五幕歌剧要费多大力量。亲爱的朋友们,一个歌手把他在各景各幕所扮演的角色懂透练熟,需要下很多的功夫,至于要把合唱弄得像样,那就要下更多的功夫了。

"人们往往轻易地下令排练一部歌剧,而对这部歌剧是否能成功,却心中无数,他们只是从很不可靠的报章评论中听说过这部歌剧。我每逢听到这种情况,就不寒而栗。我们德国现在已有过得去的驿车,甚至开始有了快驿车。我主张在听到有一部歌剧在外地上演过而且博得赞赏时,就派一位导演或剧院中其他可靠的成员到现场观摩表演,以便弄清楚这部受到高度赞赏的新歌剧是否真好或适用,我们的力量是否够演出它。这种旅行费用比起所得到的裨益和所避免的严重错误来,是微不足道的。

"还有一点,一部好剧本或歌剧一旦经过排练,就要有短期间歇地一直演下去,只要它还在吸引观众,得到满座。这个办法也适用于一部老剧本或老歌剧。这种脚本也许扔开很久不上演了,现在拿来上演,就要重新排练,才演得成功。这种表演也要有短期间歇地重复下去,只要观众对它还感到兴趣。人们总是希望经常看到新的东西,对一部费大力排练出来的好剧本只愿看一次,至多是看两次,或是让前后两次上演之间的间歇拖到六周或八周之久,中间就有必要重新排练。这种情况对剧院是真正的伤害,对参加的演员们的力量也是不可宽恕的浪费。"

歌德好像把这个问题看得很重要,对它非常关心,所以谈到这个问题时热情洋溢,不像他平时那样恬静。

他接着说,"在意大利,人们每夜都上演同一部歌剧,达到四周或六周之久,而伟大的意大利儿女们决不要求更换,有教养的巴黎人看法国大诗人们的古典剧,总是百看不厌,以至能背诵剧文,用经过训练的耳朵去听出每个字音的轻重之分。在魏玛这里,人们让我的《伊菲革涅亚》和《塔索》荣幸地得到上演,可是能演几次呢?四五年还难得演上一次。听众觉得这些剧本乏味。这是很可理解的。演员们没有表演这些剧本的训练,观众也没有听这些剧本的训练。倘若演员们通过较经常的重演,深入体会到所演角色的精神,自己就变成那个角色,他们的表演就有了生命,仿佛不是经过排练,而是一切都从本心深处流露出来,那么,观众就不会仍然不感兴趣,不受感动了。

"实际上我一度有过一个幻想,想有可能培育出一种德国戏剧。我还幻想我自己在这方面能有所贡献,为这座大厦砌几块奠基石。我写了《伊菲革涅亚》和《塔索》,就怀着孩子气的希望,望它们能成为这种奠基石。但是没有引起感动或激动,一切还像往常一样。倘若我有了成效,博得了赞赏,我会写出成打的像《伊菲革涅亚》和《塔索》那样的剧本。但是,我已经说过,没有能把这类剧本演得有精神、有生气的演员,也没有能同情地聆听和同情地接受这类剧本的观众。"

**1825年4月14日**(挑选演员的标准)

今晚在歌德家。因为关于剧院和剧院管理的讨论正提到现时的日程上来,我就问歌德根据什么标准去挑选一个新演员。

歌德回答说,"这也很难说,我进行挑选的方式有各种各样。如果新演员原先已有好声望,我就让他表演,看他能否与其他演员合拍,他的表演作风是否扰乱整体,看他能否弥补缺陷。倘若一个年轻人从来没有上过台,我首先就察看他个人的风度,看他有没有悦人或吸引人的地方,特别看他有没有控制自己的能力。因为一个演员如果没有自制力,在旁人面前不能显示出自己做得恰到好处,一般说来,就是个庸才。他这行职业要求他不断地否定自己,不断地在旁人的面具下深入体验着和生活着!

"如果他的外貌和举止动静合我的意,我就让他朗诵,来测验他的发音器官的强度和广度,以及他在心灵方面的能力。我让他读一位大诗人的雄伟章节,来看他能否感觉到真正伟大的东西而且把它表达出来;再让他读些热情奔放乃至粗犷的东西来测验他的气力。然后我让他读些明白易懂的、风神隽永的、讽刺性的俏皮的东西,看他如何处理这类东西,是否有足够的精神自由来运用自如。接着我又让他读一些描写一位伤心人的苦楚、一个伟大心灵的痛苦的章节,看他有没有表达激情的能力。

"如果在这一切方面他都能使我满意,我就有理由希望把他训练成为一个重要的演员。如果他在某些方面显然比另一些方面强,我就会注意他的特长所在。我因此也认识到他的弱点所在,专在这方面加强对他的训练,把他培育成材。我如果发现他发音有方言或土话的毛病,就力劝他把方言土话丢掉,建议他多和没有这种毛病的剧院同事交朋友,进行一些友好的练习。我还要问他会不会舞蹈和击剑,如果不会,我就把他交给击剑师和舞蹈师去培训一段时间。

"如果他练到能上台了,我首先只分配和他的个性相宜的角色给他演,不要求他别的,只要求他把自己表现出来。这时如果我看到他生性火气大,我就叫他演不动情感的冷静人物,反之,如果他生性太安静,没精打采,我就叫他演有火气的鲁莽人物。这样他就学会抛开他自己,设身处地把旁人的性格体验出来。"

话题转到剧本中角色的分配,在这个问题上歌德有下面一段话,我看是值得注意的:

"有一种想法是极错误的,就是认为一部平凡的剧本应该分配给平凡的演员去演。其实,一部第二、三流的剧本如果分配给第一流的演员去演,会出人意外地得到提高,变成好作品。如果这类剧本分配给第二、三流演员去演,效果完全等于零,就不足为奇了。

"二流演员分配在大剧本中倒顶好,因为他们可以起到像绘画中的那种阴影作用,把在强光中的东西很好地烘托出来。"①

**1825年4月20日**(学习先于创作;集中精力搞专业)

歌德今晚让我看了一位青年学生的来信,他要求歌德把《浮士德》下卷的提纲给他,因为他有意替歌德写完这部作品。他直率地、愉快地、诚恳地陈述了自己的愿望和意见,最后大言不惭地说,目前所有其他人在文学上的努力都一文不值,而在他自己身上,一种新文学却要开花吐艳了。

---

① 歌德从一七九一年起就任魏玛剧院的总监,除掉到意大利和瑞士旅游之外,任职数十年之久。从剧院建筑、演员培养、上演剧本的选择和排练,乃至经费的筹措,他都躬任其劳。此外,他在文学创作上,绝大部分时间也花在写剧本方面,有些是专为魏玛剧院写的。和他密切合作的席勒也是如此。所以对魏玛剧院的了解是了解歌德和席勒所必不可少的,因此连选以上几篇谈话。

要了解戏剧在歌德的文艺活动中何以占首要地位,还要了解戏剧在西方文艺中所占的地位。西方文艺的几个高峰时代都是戏剧鼎盛时代:第一个高峰是希腊悲剧时代,第二个高峰是英国莎士比亚时代,第三个高峰是法国莫里哀时代,第四个高峰便是德国歌德时代。戏剧之所以重要,有两个原因。第一,上演的戏剧是一般人民接触文艺的最好途径,也是文艺得到人民鉴定和促进的最好途径。其次,戏剧从起源时起就是抒情诗与史诗的综合(黑格尔的说法),愈到近代,它所综合的艺术就愈广,首先是与器乐和声乐结合成近代歌剧,有灯光布景、服装装饰乃至舞台建筑的配备,绘画、雕刻、建筑、诗歌、散文和音乐都和戏剧打成一片了。到了我们这个时代,戏剧通过电影、电视所接触的民众空前广泛,所综合的艺术也空前丰富多彩。这应该是我们文艺的重点,所以歌德的戏剧实践和理论,有一部分还是值得我们借鉴的。

..........

歌德说,"国家的不幸在于没有人安居乐业,每个人都想掌握政权;文艺界的不幸在于没有人肯欣赏已经创作出的作品,每个人都想由他自己来重新创作。此外,没有人想到在研究一部诗作中求得自己的进步,每个人都想马上也创作出一部诗来。

"此外,人们不认真对待全局,不想为全局服务,每个人只求自己出风头,尽量在世人面前露一手。到处都可以看到这种错误的企图。人们在仿效新近的卖弄技巧的音乐家,不选择使听众获得纯粹音乐享受的曲调来演奏,只选择那种能显示演奏技巧的曲调去博得听众喝彩。到处都是些想出风头的个人,看不见为全局和事业服务而宁愿把自己摆在后面的那种忠诚的努力。

"因此,人们不知不觉地养成了马马虎虎的创作风气。人们从儿童时代起就已在押韵做诗,做到少年时代,就自以为大有作为,一直到了壮年时期,才认识到世间已有的作品多么优美,于是回顾自己在已往年代里浪费了精力,走了些毫无成果的冤枉路,不免灰心丧气。不过也有许多人始终认识不到完美作品的完美所在,也认识不到自己作品的失败,还是照旧马马虎虎地写下去,写到老死为止。

"如果尽早使每个人都学会认识到世间有多么大量的优美的作品,而且认识到如果想做出能和那些作品媲美的作品来,该有多少工作要做,那么,现在那些做诗的青年,一百个人之中肯定难找到一个人有足够的勇气、恒心和才能,来安安静静地工作下去,争取达到已往作品的那种高度优美。有许多青年画家如果早就认识和理解到像拉斐尔那样的大师的作品究竟有什么特点,那么,他们也早就不会提起画笔来了。"

话题转到一般错误的志向,歌德接着说:

"我过去对绘画艺术的实践志向实在是错误的,因为我在这方面缺乏有发展前途的自然才能。对周围自然风景我原来也有一定的敏感,所以我早年的绘画尝试倒是有希望的。意大利之游毁坏了我作画的乐趣。取而代之的是一种广泛的阅览,可爱的娴熟手腕就一去不复返了。我既然不能从技巧和美感方面发展艺术才能,我的努力就化为乌有了。"

歌德接着说,"有人说得很对,人的才能最好是得到全面发展,不过这不是人生来就可以办到的。每个人都要把自己培养成为某一种人,然后才设法去理解人类各种才能的总和。①"

听到这番话,我就想起《威廉·麦斯特》里有一段也说,"世上所有的人合在一起才组成人类,我们只能关心我们懂得赏识的东西。"我还想到《漫游时代》里的雅诺劝每个人只学一门专业,他说现在是要片面性的时代,既懂得这个道理而又按照这个道理为自己和旁人进行工作的人,是值得庆贺的。

这里有一个问题:一个人该选择什么专业才既不越出自己的能力范围,又不致做得太少呢?

一个人的任务如果在监督许多部门,要进行判断和领导,他就应该对许多部门都力求获得尽可能深刻的见识。例如一个领袖或未来的政治家在教养方面就不怕过分的多面性,因为他的专业正需要多面性。

诗人也应力求获得多方面的知识,因为整个世界都是他的题材,他对这种题材要懂得如何处理和如何表达。

但是一个诗人不应设法当一个画家,他只要能通过语言把世界反映出来,就该心满意足了,正如他把登台表演留给演员去干一样。

见识和实践才能要区别开来,应该想到,每种艺术在动手实践时都是艰巨的工作,要达到纯熟的掌握,都要费毕生的精力。

所以歌德虽力求多方面的见识,在实践方面却专心致志地从事一种专业。在实践方面他真正达到纯熟掌握的只有一门艺术,那就是用德文写作的艺术。至于他所表达的题材是多方面的自然,那又是另一回事了。

教养和实践活动也应该区别开来。诗人的教养要求把眼睛多方训练到能掌握外界事物。歌德虽然说他对绘画的实践志向是错误的,但是这对于训练他成为诗人还是有益的。

歌德说过,"我的诗所显示的客观性②要归功于上面说的极端注意眼睛的训练。所以我十分重视从眼睛训练方面获得的知识。"

不过我们要当心,不要把教养的范围弄得太广阔。

歌德说过,"自然科学家们最容易犯这种范围太广的毛病,因为研究自然

---

① 最后一句,英译作"不过同时设法达到全人类都是组成部分的那个总的概念",法译作"然后设法认识其他许多个人总和所代表的东西"。统观全段,歌德要说的是:人类全体各方面的才能应该得到全面发展,每个人应有专业,只能发展某一种才能,然后去认识各种领域的成就。

② 原文 Gegenständlichkeit 照字面可译"客观性"或"对象性",指的不是一般"客观态度",而是有客观现实的基础,译"现实性"或较妥。

正要求协调的广泛的教养。"

但是另一方面,每个人对他那一专业所必不可少的知识也应努力避免狭隘和片面。

写剧本的诗人应该有舞台方面的知识,才能衡量他可以利用的手段,尤其是知道什么事该做,什么事不该做。为歌剧作曲的人也应该懂诗,才能分别好坏,不致用不合适的东西来糟踏他那门艺术。

歌德说过,"韦伯不该作《欧里扬特》那部乐曲[①],他应该很快就看出所用的题材很坏,做不出好东西来。我们应该要求每个作曲家把懂诗当作他那门艺术所应有的前提。"

画家也应有区别题材的知识,因为他那门艺术也要求他懂得什么该画和什么不该画。

歌德说过,"说到究竟,最大的艺术本领在于懂得限制自己的范围,不旁驰博骛。"

因此,自从我和歌德接近以来,他一直要我提防一切分心的事,经常力求把精力集中在一门专业上。如果我表现出一点研究自然科学的兴趣,他总是劝我莫管那些闲事,目前且专心致志地在诗方面下功夫。如果我想读一部他认为对我的专业没有帮助的书,他也总是劝我不要读,说它对我毫无实用。

他有一天对我说,"我自己在许多不属于我本行的事物上浪费了太多的时间。我一想到维迦写了多少剧本[②],就觉得自己写的诗作实在太少了。我本来应该更专心搞自己的本行才对。"

另一回,他又说,"假如我没有在石头上费过那么多的功夫,把时间用得节省些,我就很可能把最珍贵的金刚钻拿到手了。"

由于这个原因,他钦佩和称赞他的朋友迈尔[③],说他毕生专心致志地研究艺术,所以在这方面具有公认为最高的卓越见识。

歌德说,"我也很早就有研究艺术的志向,差不多花了半生光阴去观赏研究艺术作品。但是在某些方面我比不上迈尔,所以我每逢得到一幅新画,不马上请迈尔鉴定,先要自己细看一番,得出自己的看法。等到我自信已把画的优

---

[①] 韦伯(1786—1826),奥国著名的音乐家,《自由射击手》和《仙王奥伯雍》两支歌曲的作者,他的《欧里扬特》一八二三年在维也纳上演过,不成功。
[②] 维迦(1562—1635),著名的多产的西班牙剧作家,据说他写的剧本总数在一千五百种左右。
[③] 见第252页正文和注②。

点和缺点都看到了,才把画拿给迈尔看。迈尔比我看到的当然深刻得多,在许多地方他看出我没有看到的东西。这样我就日益看出在哪一门专业中说得上有伟大成就意味着什么,要费多大功夫才能达到。迈尔所具有的是对整整几千年艺术的深刻见解。"①

**1825 年 4 月 27 日**(歌德埋怨泽尔特说他不是"人民之友")

傍晚去看歌德,他先约我坐马车到公园下区一游。他对我说,"在动身之前,我让你先看看我昨天收到的泽尔特②的一封信,其中谈到我们剧院的事。信上有这几句话:'我早已看出,要在魏玛为人民建立一座剧院,你并不是一个适当的人。谁把自己变成青色的,羊就会吃掉他。③ 其他那些当酒还在发酵时就想把瓶口塞住的高贵的老爷们④也应该想到这一点。朋友们,我们居然活着看到了这种事情!'"

歌德看了我一眼,我们两人都笑起来了。他说,"泽尔特是个很好的人,可是他有时不能完全了解我,对我的话作了错误的解释。我毕业都在献身于人民和人民的教化,为什么就不该为他们建立一座剧院呢? 只是在魏玛这个居民很少的地方,有人曾开玩笑说,这里有上万的诗人和寥寥几家住户,这里哪能说得上人民呢? 更不消说,哪里能谈到人民的剧院呢? 魏玛将来无疑也要变成一个大城市,不过想看到魏玛人民繁荣到足以坐满一个剧院,建立和维持一个剧院,我们还要等几百年才行。"

…………

〔游了一趟回来了〕泽尔特的信还摆在桌上。歌德说,"奇怪,真奇怪,一个人的地位在舆论中竟弄到这样是非颠倒! 我想不起我曾做过什么得罪人民

---

① 爱克曼记歌德的谈话一般是根据每一次谈话的实况,一次可以谈几个题目,但偶尔也围绕某一专题,把多次谈话综合在一起。在这种场合,爱克曼所做的工作就不只是记录,更重要的是编辑,他也表达出更多的个人见解。这次谈话就是一个例子。歌德自己的兴趣很广,他费过很多功夫研究颜色学、植物变形学、矿物学和气象学;对当时英、德、法的历史和哲学也很注意,更不消说对文学的姊妹艺术如雕刻、绘画、建筑和音乐之类都是经常钻研的。在这篇谈话里他却劝人专心致志地搞一门专业,不要分散精力。这是根据他个人的经验,同时也反映出资产阶级式的分工日益严密。在文艺复兴时代,"通才教育"还是一个理想。歌德早期实践还是根据"通才"理想,晚年才日益受到分工制的压力。

② 泽尔特(1758—1832),德国建筑师和音乐家,歌德的朋友,曾替歌德的一些短歌谱曲,在观点上他显然比歌德进步。

③ 一九三四年苏联科学院出版的本书俄译本把这两句译成谚语:"既然叫做蘑菇,就要任人采食。"

④ 指时机不成熟就想求速成的人们。

的事,可是现在竟有人对我下了定论,说我不是人民的朋友。我当然不是革命暴徒的朋友。他们干的是劫掠和杀人放火,在为公众谋福利的幌子下干着最卑鄙的自私勾当。我对这种人不是朋友,正如我不是路易十五的朋友一样。我憎恨一切暴力颠覆,因为得到的好处和毁掉的好处不过相等而已。我憎恨进行暴力颠覆的人,也憎恨招致暴力颠覆的人。但是我因此就不是人民的朋友吗?一切精神正常的人是否不这样看呢?

"你知道我多么高兴看到任何使我们看到未来远景的改良。但是我已说过,任何使用暴力的跃进都在我心里引起反感,因为它不符合自然。

"我对植物是个朋友,我爱好玫瑰,把它看作我们德国自然界所能产生的最完美的花卉,可是我不那么傻,想在这四月底就在我自己的花园里看见玫瑰花。如果我现在能看到初发青的玫瑰嫩叶,看到它一片又一片地在枝上长起来,一周又一周地壮大起来,五月看到花蕾,六月看到繁花怒放,芳香扑鼻,我就心满意足了。谁要不耐烦等待,就请他到暖房里去吧。

"现在还有人说我是君主的一个仆役、一个奴隶。好像这种话有什么意思似的!我所服役的是一个暴君?一个独裁者?是一个吸吮人民的血汗来供他个人享乐的君主?多谢老天爷,这种君主,这样的时代,都已远远落在我们后面了。半个世纪以来,我一直和魏玛大公爵保持着最亲密的关系,在这半个世纪中我和他一起努力工作;但是如果我说得出大公爵有哪一天不在想着要做一点事,采取一点措施,来为地方谋福利,来改善一些个人的生活情况,那我就是在说谎。就大公爵个人来说,他的君主地位给他带来的只有辛苦和困难,此外还有什么呢?他的住宅、服装和饮食比起一个殷实的居民来要胜过一筹吗?你只要到我们的海滨城市看看,就会看出任何一个殷实商人的厨房和酒窖里的储备都要比大公爵的更好。"

歌德继续说,"今年秋天我们要庆祝大公爵开始执政的五十周年纪念日。不过我如果正确地想一想他这五十年的执政,那还不只是一种经常不断的服役吗?还不只是一种达到伟大目的的服役、一种为他的人民谋福利的服役吗?如果我被迫当一个君主的仆役,我至少有一点可以自慰,那就是,我只是替一个自己也是替公共利益当仆役的主子当仆役罢了。"①

---

① 在这次谈话里,歌德继一八二四年二月四日的谈话之后又对自己的政治观点作了自供。泽尔特本是他的好友,直率地告诉他,他是为宫廷贵族服务的,不是"人民的朋友"。他对这类批评很敏感,总觉得旁人冤枉了他,力图替自己开脱。

**1825年5月1日**（歌德为剧院赚钱辩护；谈希腊悲剧的衰亡）

在歌德家吃晚饭。可以设想到,头一个话题是新剧院建筑计划的改变①。我原来担心这个最出人意外的措施会大伤歌德的感情。可是一点迹象也没有。我发现他的心情非常和蔼愉快,丝毫不露小气敏感的声色。

他说,"有人在大公爵面前从花费方面攻击我们的计划,说改变一下原计划,就可以节省很多,他们胜利了。我看改变也没有什么不对。一座新剧院毕竟也不过是一个新的火化堆,迟早总有一天会在某种事故中焚毁掉。我就是拿这一点来自慰。此外,多一点或少一点,高一点或低一点,都是不值得计较的。你们还是可以有一座过得去的剧院,尽管它不如我原来所希望或设想的。你们还是进去看戏,我也还是进去看戏。到头来一切都会顶好。"

歌德继续说,"大公爵向我说了他的意见,认为一座剧院用不着建筑得堂皇壮丽。这当然是无可非议的。他还认为剧院从来只有一个目的,那就是要赚钱。这个看法乍听起来倒是有点惟利是图,可是好好地想一想,也决不是没有较高尚的一面。因为一座剧院不仅要应付开销,而且还要赚钱余钱,以便把一切都办得顶好。它在最上层要有最好的领导,演员们要完全是第一流的,要经常上演最好的剧本,以便每晚都达到满座。不过这是用很少几句话来说出很多的内容,这几乎是不可能的。"

我说,"大公爵想利用剧院去赚钱的看法既然意味着必须经常维持住尽善尽美的高峰,似乎是切实可行的。"

歌德回答说,"就连莎士比亚和莫里哀也没有其他看法。他们也首先要用剧院来赚钱啊。为了达到这个主要目的,他们就必须力求一切都尽善尽美,除了一些很好的老剧本以外,还要偶尔演一些崭新的好剧本来吸引观众,使他们感到乐趣。禁止《伪君子》上演对莫里哀是个沉重的打击,这与其说是对作为诗人的莫里哀,倒不如说是对作为剧院老板的莫里哀。作为剧院老板,他得考虑一个重要剧团的福利,要使他自己和演员都有饭吃。"

…………

"假如我是大公爵,我就要在将来主管部门有人事变动时,给年度补助金

---

① 旧剧院失火后,歌德设计了一个新剧院的图样,大公爵听了反对派的话,没有用歌德的设计而用反对派的设计,理由是前者花费太大。

规定一个永远适用的定额。我要根据过去十年的补助金求得一个平均数,以这个平均数为准,来规定一个公认为足够维持剧团的定额。依靠这笔补助金,我们应该能处理剧院的家务。然后我还要进一步建议,如果院长和导演们通过他们的审慎的强有力的领导,使得财库到年终时还有盈余,这笔盈余就该归院长、导演们和剧团中主要成员分享,作为奖金。这样你就会看到剧院活跃起来,整个机构就会从逐渐打瞌睡的状态中苏醒过来了。"

歌德继续说,"我们的剧院规章有各种各样的处罚条文,但是没有一条酬劳和奖励优异功勋的规程。这是一个大缺点,因为每犯一次错误,我就看到要扣薪;每次做了超过分内的事,我也就应该看得到酬劳。只有每个人都肯比分内事多做一点,剧院才会兴旺起来。"①

..........

天气很好,我们在园子里走来走去,然后坐在一条凳子上,背靠着矮树篱的嫩叶。我们谈到俄底修斯的弓,谈到荷马史诗里的希腊英雄们,谈到希腊悲剧,最后谈到一种广泛流传的说法,说欧里庇得斯造成了希腊戏剧的衰亡。歌德绝对不赞成这种看法。

他说,"说任何个人能造成一种艺术的衰亡,我决不赞成这种看法。有许多不易说明的因素加在一道起作用,才造成了这种结局。很难说希腊悲剧艺术在欧里庇得斯一人手里衰亡,正犹如很难说希腊雕刻艺术是在生于斐底阿斯时代②而成就不如斐底阿斯的某个大雕刻家手里衰亡一样。因为一个时代如果真伟大,它就必然走前进上升的道路,第一流以下的作品就不会起什么作用。但是欧里庇得斯所处的是多么伟大的时代呀!那个时代的文艺趣味是前进而不是倒退的。当时雕刻还没有达到顶峰,绘画还仅仅处在萌芽状态。

"纵使欧里庇得斯的作品比起索福克勒斯的作品来确实有很大的缺点,也不能因此说继起的诗人们就只摹仿这些缺点,以至导致悲剧的衰亡。但是如果欧里庇得斯的剧本也有很大的优点,有些甚至比索福克勒斯的作品更好,继起的诗人们为什么不努力摹仿这些优点呢?为什么就不能至少和欧里庇得斯一样伟大呢?

"不过在著名的三大悲剧家③之后,没有出现过同样伟大的第四个、第五

---

① 歌德的这套生意经,说明了恩格斯指出的歌德具有伟大诗人和德国庸俗市民的两面性格的矛盾。
② 斐底阿斯是古希腊最大的雕刻家,生于公元前五世纪雅典鼎盛时期。
③ 三大悲剧家指埃斯库罗斯、索福克勒斯和欧里庇得斯。

个、乃至第六个悲剧家,这个事实确实是不易说明的。我们可以有我们的揣测,多少可以接近真理。

"人是一种简单的东西。不管他多么丰富多彩,多么深不可测,他所处情境的循环周期毕竟不久就要终结的。

"如果当时的情况就像我们可怜的德国现在这样,莱辛写过两三种,我写过三四种,席勒写过五六种过得去的剧本,那么,当时希腊也很可能出现第四个、第五个乃至第六个悲剧家。

"但是希腊当时情况却不同,作品多得不可胜数,三大悲剧家每人都写过一百种或接近一百种的剧本。荷马史诗中的题材和希腊英雄传说大部分都已用过三四次了。当时存在的作品既然这样丰富,我认为人们不难理解,内容材料都要逐渐用完了,继三大悲剧家之后,任何诗人都看不到出路了。

"他再写有什么用处呢!说到究竟,当时的剧本不是已经很够用了吗?埃斯库罗斯、索福克勒斯和欧里庇得斯三人的那种深度的作品不是摆在那里,让人们听而又听都不感到腻味,不肯任其淹没吗?就连流传下来的他们的一些宏伟的断简残篇所显出的广度和深度,就已使我们这些可怜的欧洲人钻研了一百年之久,而且还要继续搞上几百年才行哩。"

**1825 年 5 月 12 日**(歌德谈他所受的影响,特别提到莫里哀)

歌德说,"关键在于我们要向他学习的作家须符合我们自己的性格。例如卡尔德隆尽管伟大,尽管我也很佩服他,对我却没有发生什么影响,不管是好的还是坏的。但是对于席勒,卡尔德隆就很危险,会把他引入歧途。很幸运,卡尔德隆到席勒去世之后才在德国为一般人所熟悉。卡尔德隆最大的长处在技巧和戏剧效果方面,而席勒则在意图上远为健康、严肃和雄伟,所以席勒如果在自己的长处方面有所损失,而在其他方面又没有学到卡尔德隆的长处,那就很可惜了。"

我们谈到莫里哀,歌德说,"莫里哀是很伟大的,我们每次重温他的作品,每次都重新感到惊讶。他是个与众不同的人,他的喜剧作品跨到了悲剧界限边上,①都写得很聪明,没有人有胆量去摹仿他。他的《悭吝人》使利欲消灭了

---

① 歌德这段评论打破了悲剧和喜剧的传统界限,是值得深思的。单纯的喜剧往往流于闹剧,最高的剧体诗总是悲喜剧混合,令人啼笑皆非。另一个显著的例子也许是莎士比亚。

父子之间的恩爱,是特别伟大的,带有高度悲剧性的。但是经过修改的德文译本却把原来的儿子改成一般亲属,就变得软弱无力,不成名堂了。他们不敢像莫里哀那样把利欲的真相揭露出来。但是一般产生悲剧效果的东西,除掉不可容忍的因素之外,还有什么呢?

"我每年都要读几部莫里哀的作品,正如我经常要翻阅版刻的意大利大画师的作品一样。因为我们这些小人物不能把这类作品的伟大处铭刻在心里,所以需要经常温习,以便使原来的印象不断更新。

"人们老是在谈独创性,但是什么才是独创性!我们一生下来,世界就开始对我们发生影响,而这种影响一直要发生下去,直到我们过完了这一生。除掉精力、气力和意志以外,还有什么可以叫做我们自己的呢?如果我能算一算我应归功于一切伟大的前辈和同辈的东西,此外剩下来的东西也就不多了。

"不过在我们一生中,受到新的、重要的个人影响的那个时期决不是无关要旨的。莱辛、温克尔曼和康德都比我年纪大,我早年受到前两人的影响,老年受到康德的影响,这个情况对我是很重要的。再说,席勒还很年轻、刚投身于他的最新的事业时,我已开始对世界感到厌倦了,同时,洪堡弟兄①和史雷格尔弟兄都是在我的眼下登上台的。这个情况也非常重要,我从中获得了说不尽的益处。"

歌德谈了一些重要人物对他的影响之后,话题就转到他对别人的影响。我提起毕尔格尔②,我看这方面似乎有问题,因为毕尔格尔的纯粹信任自然的才能似乎没有显示出歌德的影响。

歌德说,"毕尔格尔在才能方面和我有接近处,但是他的道德修养却植根于完全不同的土壤。一个人在修养进程中怎样开始,就会沿着那条线前进。一个在三十岁上写出《希尼普斯夫人》那样的诗的人,显然有些偏离我所走的方向。由于他确实有很大的才能,他博得了一批他很能予以满足的观众,所以对于一个和他无关的同时代诗人有什么特点,他就不操心了。

"一般说来,我们只向我们喜爱的人学习。正在成长的年轻的有才能的人对我有这种好感,但是和我同辈的人之中对我很少有这种好感。我数不出一个重要的人物,说他对我完全满意。人们就连对我的《维特》也进行挑

---

① 亚力山大·洪堡(1769—1859),地质地理学家,著有《论宇宙》和《新大陆地理》等书。其兄威廉·洪堡见第254页注①。
② 毕尔格尔(1747—1794),德国抒情诗人,浪漫运动的先驱之一,民歌《李娜尔》的作者。

剔,如果我把被指责的字句都勾销掉,全书就很难剩下一句了。不过这一切指责对我毫无害处,因为某些个人的主观判断,不管他们多么重要,毕竟由人民大众纠正过来了。谁不指望有成百万的读者,他就不应该写出一行文字来。

"听众对于席勒和我谁最伟大这个问题争论了二十年。其实有这么两个家伙让他们可以争论,他们倒应该感到庆幸。"

**1825年6月11日**(诗人在特殊中表现一般;英、法对比)

……………

接着我们谈到世界历史情况和诗的关系,在多大程度上某一国人民的历史比另一国人民的历史更有利于诗人。

歌德说,"诗人应该抓住特殊,如果其中有些健康的因素,他就会从这特殊中表现出一般。英国历史特殊,适宜于诗的表现方式,因为其中有些经常重现的善良的、健康的、因而是带有一般性的因素。法国历史却和诗不相宜,因为它只代表一个一去不复返的生活时代。法国人民的文学,就其植根于这种时代来说,只表现出一种随时代消逝而变为陈旧的特殊。"

歌德后来又说,"现代法国文学还很难评判。德国的影响在法国正在酝酿中,我们要看到结果如何,还要过二十年才行。"

接着我们谈到一些美学家费力对诗和诗人的本质下抽象的定义,达不到任何明显的结果。

歌德说,"有什么必要下那么多的定义?对情境的生动情感加上把它表现出来的本领,这就形成诗人了。"

**1825年10月15日**(近代文学界的弊病,根源在于作家和批评家们缺乏高尚的人格)

今晚歌德显得特别兴高采烈,我有幸又从他口里听到许多重要的话。我们谈到文学界的近况,歌德发表了以下的意见:

"一些个别的研究者和作者们人格上的欠缺,是最近我们文学界一切弊病的根源。特别在批评方面,这种缺点对世界很有害,因为它不是混淆是非,就是用一种微不足道的真相去取消对我们更好的伟大事物。

"已往世人都相信路克里蒂娅①和斯克夫拉②那样人物的英勇,并且受到鼓舞。现在却出现一种历史批判,说这些人物根本不曾存在,他们只能看作罗马人的伟大幻想所虚构的传说。这样一种可怜的真相对我们有什么好处呢?罗马人既然足够伟大,有能力虚构出这样的传说,我们就没有一点伟大品质去相信这种传说吗?"

…………

歌德还谈到另一类研究者和作者。他说,"我如果不曾通过科学研究来考察这类人,就决不会看出他们多么卑鄙,多么不关心真正伟大的目标。可是通过研究,我看出多数人讲学问只是把它看作饭碗,他们甚至奉谬误为神圣,借此谋生。

"美文学领域的情况也并不比较好。伟大的目标,对真理和德行的爱好和宣扬,在这个领域里也是很稀罕的现象。甲吹捧乙,支持乙,因为希望借此得到乙的吹捧和支持。真正伟大的东西在这班人看来是可厌恨的,他们总想使它淹没掉,让他们在'猴子世界称霸王'。大众如此,显要人物们也好不了多少。

"某人③凭他的卓越才能和渊博学识本来可以替本民族做出很大的贡献。但是由于他没有人格,他没有在我国产生非凡的影响,也没有博得国人的崇敬。

"我们所缺乏的是一个像莱辛似的人,莱辛之所以伟大,全凭他的人格和坚定性!那样聪明博学的人到处都是,但是哪里找得出那样的人格呢!

"很多人足够聪明,有满肚子的学问,可是也有满脑子的虚荣心,为着让眼光短浅的俗人赞赏他们是才子,他们简直不知羞耻,对他们来说,世间没有什么东西是神圣的。

"所以根里斯夫人④指责伏尔泰放纵自由,亵渎神圣,她是完全正确的。

---

① 路克里蒂娅,古罗马一位美丽的贵夫人,曾被罗马国王赛克斯特强奸,她为着怂恿她的丈夫和族人替她雪耻,当众自刎而死,引起罗马内战,国王被逐出罗马。莎士比亚曾用这个题材写过一篇长诗《路克里斯被强奸》。
② 斯克夫拉,古罗马一位英雄,他单身潜入敌营谋刺敌国王,被发现后受酷刑不屈,敌兵没有敢杀他,退兵讲和。
③ 原作没有提名,据当时文学界情况,似指消极浪漫派文学史家和戏剧理论家威廉·史雷格尔。黑格尔在《美学》里也屡次批判此人的《滑稽说》。
④ 根里斯夫人(1746—1830),法国女作家,天主教信徒,在她的十卷《回忆录》里对伏尔泰极力攻击。此书在歌德发表这篇谈话时刚出版。

伏尔泰的一切话尽管都很俏皮,但是对世界没有一点好处,不能当作什么根据,而且贻害很大,因为淆乱视听,使人无所依据。

"说到究竟,我们知道什么呢?凭我们的全部才智,我们能知道多少呢?人生下来,不是为着解决世界问题,而是找出问题所在,谨守可知解的范围去行事。

"单靠人的能力是不能衡量整个宇宙的一切活动的。凭人的狭隘观点,要想使整个世界具有理性,那是徒劳的。人的理性和神的理性完全是两回事。"

…………

"我们只能把对世界有益的那些高尚原则说出来,把其他原则藏在心里,它们会像潜藏的太阳,把柔和的光辉照射到我们的一切行动上。"①

**1825 年 12 月 25 日**(赞莎士比亚;拜伦的诗是"被扣压的议会发言")

…………

歌德拿了一部非常有意思的英文作品给我看。这部作品替莎士比亚全集作了一些插画来说明。每页插上六张小图,每张小图下面写了一些诗句,使每部作品的主旨和主要情境都呈现在眼前。全套不朽的悲剧和喜剧像戴面具的游行队伍一样在我们的眼前走过。

歌德说,"浏览这些小图使人感到震惊。由此人们可以初次认识到,莎士比亚多么无限丰富和伟大呀!他把人类生活中的一切动机都画出来和说出来了!而且显得多么容易,多么自由!

"不过我们对莎士比亚简直谈不出什么来,谈得出的全不恰当。我在《威廉·麦斯特》里已谈过一些,可是都算不了什么。莎士比亚并不是一个适合在舞台上演的剧体诗人。他从来不考虑舞台。对他的伟大心灵来说,舞台太窄狭了,甚至这整个可以眼见的世界也太窄狭了。

"他太丰富,太雄壮了。一个创作家每年只应读一种莎士比亚的剧本,否则他的创作才能就会被莎士比亚压垮。我通过写《葛兹·封·伯利欣根》和

---

① 这篇谈话反映出歌德对当时德国文学情况深为不满,希望将来再出现德国启蒙运动领袖莱辛那样光明正大而又坚强的人物。浪漫运动从开始出现在德国之日起就具有消极的颓废色彩,这是使歌德特别感到失望的,所以他在谈话中屡次强调作者须具有健康刚强的性格。他推崇希腊古典文学,也是针对浪漫主义的流弊所开的方剂。

《哀格蒙特》来摆脱莎士比亚,我做得对;拜伦不过分地崇敬莎士比亚而走他自己的道路,他也做得很对。有多少卓越的德国作家没有让莎士比亚和卡尔德隆压垮呢!

"莎士比亚给我们的是银盘装着金橘。我们通过学习,拿到了他的银盘,但是我们只能拿土豆来装进盘里。"

我笑了,很欣赏这个绝妙的比喻。

歌德接着把泽尔特的一封信读给我听,信里谈到《麦克白》在柏林上演,音乐跟不上剧本中雄伟精神性格的步伐,像泽尔特在信里一些话所表明的。通过歌德的朗读,信的生动效果都显示出来。歌德读到特别有意思的段落时往往停顿一下,让我们玩味欣赏。

歌德这次说过,"我认为《麦克白》在莎士比亚全部剧本中是一部最宜于在舞台上演出的。它显出莎士比亚对于舞台的深刻理解。如果你想认识莎士比亚的毫无拘束的自由心灵,你最好去读《特洛伊勒斯与克丽西达》,莎士比亚在这部剧本里以自己的方式处理了荷马史诗《伊利亚特》中的材料。"

话题转到拜伦,谈到拜伦和莎士比亚对比起来,在天真爽朗方面较为逊色,还谈到拜伦由于在作品中对多方面所持的否定态度,往往引起了大半无理的谴责。

歌德说,"假如拜伦有机会通过一些强硬的议会发言把胸中那股反抗精神发泄掉,他就会成为一个较纯粹的诗人。但是他在议会里很少发言,把反对他的国家的全部愤怒情感都藏在心里,没有其他方式可发泄,于是就用诗的方式发泄出来了。所以我可以把拜伦大部分表示否定态度的作品称为'被扣压的议会发言',我想这个名称对他那些诗不能说是不合适的。"

# １８２６年

**1826年1月29日**(衰亡时代的艺术重主观;健康的艺术必然是客观的)

第一流的德国即席演唱家、汉堡的沃尔夫博士来到这里已有几天,并且公开展示过他的稀有才能了。星期五晚上,他向广大听众和魏玛宫廷显贵作了一次即席演唱的光辉表演。当天晚上他就接到歌德一份请帖,时间约在次日中午。

昨晚他在歌德面前表演之后,我跟他谈过话。他非常兴高采烈,说这天晚上在他的生平将是划时代的;因为歌德向他说了几句话,向他指出一条崭新的道路,并且一针见血地指出了他的毛病。

今晚我在歌德家,话题立即针对着沃尔夫。我告诉歌德说,"您给沃尔夫的忠告,他听到很欢喜。"

歌德说,"我对他很直率,如果我的话对他发生了影响,引起了激动,那倒是一个吉兆。他无疑有明显的才能,但是患着现时代的通病,即主观的毛病,我想对他进行医疗。我出了一个题目来试验他,向他说,请替我描绘一下你回汉堡的行程。他马上就准备好了,信口说出一段音调和谐的诗。我不能不感到惊讶,但是我并不赞赏。他描绘的不是回到汉堡的行程,而只是回到父母亲友身边的情绪,他的诗用来描绘回到汉堡和用来描绘回到梅泽堡或耶拿都是一样。可是汉堡是多么值得注意的一个奇特的城市啊!如果他懂得或敢于正确地抓住题目,汉堡这个丰富的领域会提供多么好的机会来作出细致的描绘啊!"

我插嘴说,"这种主观倾向要归咎于听众,听众都明确地对卖弄情感的货色喝彩嘛。"

歌德说,"也许是那样,但是听众如果听到较好的东西,他们会更高兴。我敢说,如果凭沃尔夫的即席演唱的才能,来忠实地描绘罗马、那不勒斯、维也纳、汉堡或伦敦之类大城市的生活,把它描绘得有声有色,使听众觉得一切如在目前,他们都会欣喜若狂。沃尔夫如果能对客观事物鞭辟入里,他就会得救。这是他能办到的,因为他并不缺乏想象力。只是他必须当机立断,牢牢抓住客观真相。"

我说,"我恐怕这比我们所想象的要难,因为这需要他的思想方式来一个大转变。如果他做到了这一点,他在创作方面就要有一个暂时的停顿,还要经过长期锻炼,才能熟悉客观事物,客观事物对他才成为一种第二自然。"

歌德说,"跨出的这一步当然是非常大的;不过他必须拿出勇气,当机立断。这正如在游泳时怕水,我们只要把心一横,马上跳下去,水就归我们驾驭了。"

歌德接着说,"一个人如果想学歌唱,他的自然音域以内的一切音对他是容易的,至于他的音域以外的那些音,起初对他却是非常困难的。但是他既想成为一个歌手,他就必须克服那些困难的音,因为他必须能够驾驭它们。就诗人来说,也是如此。要是他只能表达他自己的那一点主观情绪,他还算不上什么;但是一旦能掌握住世界而且能把它表达出来,他就是一个诗人了。此后他就有写不尽的材料,而且能写出经常是新鲜的东西,至于主观诗人,却很快就把他的内心生活的那一点材料用完,而且终于陷入习套作风了。①

"人们老是谈要学习古人②,但是这没有什么别的意思,只是说,要面向现实世界,设法把它表达出来,因为古人也正是写他们在其中生活的那个世界。"

歌德站起来在室内走来走去,我遵照他的意思仍在桌旁凳上坐着。他在炉旁站了一会儿,若有所思,又走到我身边来,把手指按着嘴唇向我说:

"现在我要向你指出一个事实,这是你也许会在经验中证实的。一切倒退和衰亡的时代都是主观的,与此相反,一切前进上升的时代都有一种客观的倾向。我们现在这个时代是一个倒退的时代,因为它是一个主观的时代。这一点你不仅在诗方面可以见出,就连在绘画和其他许多方面也可以见出。与此相反,一切健康的努力都是由内心世界转向外在世界,像你所看到的一切伟大的时代都是努力前进的,都是具有客观性格的。"

---

① "习套作风"原文是 Manier。在这一点上,歌德和黑格尔是一致的,参看黑格尔的《美学》第一卷第356页以下论"主观的作风"(即习套作风)节。
② 指古希腊人。

这些话引起了一次顶有趣的谈话,特别提到了十五和十六世纪那个伟大的时期。

话题又转到戏剧和近代作品中的软弱、感伤和忧郁的现象。我说,"现在我正从莫里哀那里得到力量和安慰。我已经把他的《悭吝人》译出来,现在正译《不由自主的医生》。莫里哀真是一位纯真伟大的人物啊!"歌德说,"对,'纯真的人物'对他是一个很恰当的称呼,他没有什么隐讳或歪曲的地方。还有他的伟大!他统治着他那个时代的风尚,我们德国伊夫兰和考茨布这两个喜剧家却不然,他们都受现时德国风尚的统治,就局限在这种风尚里,被它围困住。莫里哀按照人们本来的样子去描绘他们,从而惩戒他们。"

…………

**1826年7月26日**(上演的剧本不同于只供阅读的剧本;备演剧目)

今晚我荣幸地听到歌德谈了很多关于戏剧的话。

我告诉歌德说,我有一个朋友想把拜伦的剧本《浮斯卡里父子俩》①安排上演。歌德对它能否成功表示怀疑。

他说,"那确实是一件有引诱力的事。一部剧本读起来对我们产生巨大效果,我们就认为可以拿它上演,不费什么力量就可以成功。但这是另一回事。一部剧本如果本来不是作者本着自己的意图和才力为上演而写出的,上演就不会成功,不管你怎么演,它还是有些别扭甚至引起反感。我费过多少力量写出《葛兹·封·伯利欣根》!可是作为上演的剧本,它就不对头。它太长了,我不得不把它分成两部分,后一部分倒是可以产生戏剧效果的,可是前一部分只能看作一种说明性的情节介绍②。如果把前一部分只作为情节介绍先来一次演出,以后连场复演时只演后一部分,那也许会行。席勒的《华伦斯坦》也有类似的情况,其中皮柯乐米尼部经不住复演,后来华伦斯坦之死部分却是人们常看不厌的。③"

我问,一部剧本要怎样写才会产生戏剧效果。

歌德说,"那必须是象征性的。这就是说,每个情节必须本身就有意义,

---

① 《浮斯卡里父子俩》写威尼斯政府首脑和他的犯法判死刑的儿子的历史悲剧。
② "情节介绍"原文是 Exposition,是剧艺中一个术语,指关于矛盾的产生的介绍。西方剧本一般分五幕,情节发展的顶点通常在第三幕,以后便转入矛盾的解决。
③ 《华伦斯坦》分为三部:《华伦斯坦的阵营》、《皮柯乐米尼父子》和《华伦斯坦之死》。

而且指向某种意义更大的情节。从这个观点看,莫里哀的《伪君子》是个极好的模范。想一想其中第一景是个多么好的情节介绍啊!一开始一切都有很大的意义,而且导向某种更大的意义。莱辛的《明娜·封·巴尔赫姆》①的情节介绍也很高明,但是《伪君子》的情节介绍在世间只能见到一次,它在同类体裁中要算是最好的。"

接着我们谈到卡尔德隆的剧本。

歌德说,"在卡尔德隆的作品里,你可以看到同样完美的戏剧效果。他的剧本全都便于上演,其中没有哪一笔不是针对所要产生的效果而着意写出来的。他是一个同时具有最高理解力的天才。"

我说,"很奇怪,莎士比亚所有的剧本都是为着上演而写出的,可是按严格的意义来说,却不能算是便于上演的剧本。"

歌德回答说,"莎士比亚所写的剧本全是吐自衷曲,而且他的时代以及当时舞台的布置对他也没有提出什么要求,人们满足于莎士比亚拿给他们的东西。假如他是为马德里宫廷或是路易十四的剧院而写作的,他也许要适应一种较严格的戏剧形式。但是也没有什么可惜的,因为莎士比亚作为戏剧体诗人,就我们看虽有所损失,而作为一般诗体诗人却得了好处。莎士比亚是一个伟大的心理学家,从他的剧本中我们可以学会懂得人类的思想感情。②"

接着我们谈到剧院管理方面的困难。

歌德说,"困难在于懂得如何移植偶然性的东西而不致背离我们的基本原则。这些基本原则之一就是:要有一个包括优秀的悲剧、歌剧和喜剧的很好的备演戏目,把它看作固定的、经常演出的,至于我所称为偶然性东西的是指听众想看的新剧本、客串演出③之类。我们不能让这类东西打乱我们的步调,要经常回到我们的备演戏目。我们这个时代有很多的优秀剧本,对于一个行家来说,制定出一套很好的备演戏目是件极容易的事,而坚持按照备演戏目演出却是件极难的事。

"过去席勒和我掌管魏玛剧院时,我们有一个便利,整个夏季都在洛希斯

---

① 莱辛的戏剧杰作之一,新兴市民剧的范例。
② 原文是 Wie den Menschen zumute ist。英译作"人性的秘密",加注说,"以上译文只近似原文";法译作"怎样懂得人心"。
③ 客串演出(Gastrolle)指某一剧院有拿手好戏的演员在另一戏院里以做客的身份演出。

塔特①演出。那里有一批优选的听众,非好戏不看,所以回到魏玛时已把一批好戏排练得很熟,可以在冬季复演夏季演过的节目。魏玛听众信任我们的领导,即使上演了他们不能欣赏的东西,他们也相信我们的表演是根据一种较高的宗旨的。

"到了九十年代②,我关心戏剧的真正时期已过去,不再写戏上演了,我想完全转到史诗方面。席勒使我已抛弃的戏剧兴趣复活了,我又参加了剧院,为了演出他写的剧本。在我的剧本《克拉维哥》③写成的时期,我要写一打剧本也不难,有的是题材,写作对我也是驾轻就熟的。我可以每周写出一个剧本来,可惜我没有写。"

**1826 年 12 月 13 日**(绘画才能不是天生的,必须认真学习)

妇女们在席间赞赏一位年轻画家画的一幅肖像。她们说,"值得惊赞的是,他是全靠自学的。"这是从画的那双手上看得出来的,画得不正确,也不艺术。

歌德说,"我们看得出这位年轻人有才能,只是他全靠自学,因此,你们对他不应赞赏而应责备。才能不是天生的,可以任其自便的,而是要钻研艺术,请教良师,才会成材。近几天我读了莫扎特答复一位寄些乐谱给他看的男爵的信,大意是说,'你这样稍事涉猎艺术的人通常有两点毛病应受责备!一是没有自己的思想而抄袭旁人的思想,一是有了自己的思想而不会处理。'这话说得多么好!莫扎特关于音乐所说的真话不是也适用于其他艺术吗?"

接着歌德又说,"达芬奇说,'如果你的儿子没有本领用强烈的阴影把所作的素描烘托出来,使人觉得可以用双手把它抓住,那么,他就没有什么才能。'达芬奇在下文又说,'如果你的儿子已完全掌握透视和解剖,你就把他送交一个好画师去请教。'"

歌德继续说,"现在我们的青年艺术家还没有学通这两门学问,就离开师傅了。时代真是变了。"

歌德接着说,"我们的青年画家所缺乏的是心胸和精神。他们的作品没有说出什么,起不到什么作用。他们画的是不能切割的刀、打不中靶子的箭,

---

① 洛希斯塔特,哈雷市的一个浴场,魏玛剧院有个分院在那里。
② 指十八世纪九十年代。
③ 《克拉维哥》,歌德早期的剧本,一七七四年出版。

使我不免想到,在这个世界上精神仿佛已完全消失了。"

我说,"我们应该相信,近年来一些大战应该使人们精神振作起来了。"

歌德说,"振作起来的与其说是精神,无宁说是意志;与其说是艺术精神,无宁说是政治精神。素朴天真和感性具体却全都消逝了。一个画家如果不具备这两种特点,怎么画得出使人喜闻乐见的东西呢?"

…………

歌德接着说,"我观察我们德国绘画,已有五十多年了,不仅是观察,而且企图施加一点影响。现在我只能说,照目前状况看,没有多大希望。必须有一个有卓越才能的人出来,立即吸取现时代的一切精华,从而超过一切。现在一切手段都已摆在那里,路已经指出来而且铺平了。现在斐底阿斯的作品已摆在我们眼前①,这在我们的青年时代是梦想不到的。我刚才已说过,现在是万事俱备,只欠才能了。我希望才能终会到来,也许它已躺在摇篮里,你大概还能活到看见它放光辉。"

---

① 古希腊艺术作品经过长久埋没,到十八世纪后期才逐渐出现,由于温克尔曼的介绍和宣传,对当时德国文学和艺术发生了广泛的影响。

# 1827年

**1827年1月4日**(谈雨果和贝朗瑞的诗以及近代德国画家;复古与反古)

歌德很赞赏雨果的诗。他说,"雨果确实有才能,他受到了德国文学的影响。他的诗在少年时期不幸受到古典派学究气的毒害。不过现在他得到《地球》的支持,①所以他在文坛上打了胜仗。我想拿他来比曼佐尼②。他很能掌握客观事物,我看他的重要性并不亚于拉马丁③和德拉维尼④这些先生们。如果对他进行正确的考查,我就看得很清楚,他和类似他的一些有才能的青年诗人都来源于夏多布里昂⑤这位很重要的、兼有演说才能和诗才的诗人。要想看到雨果的写作风格,你最好读一读他写拿破仑的《两个岛》⑥。"

歌德把这首诗放在我面前,然后走到火炉边,我就读起来。他说,"雨果没有顶好的形象吗?他对题材不是用很自由的精神来处理的吗?"然后又走到我身边,对我说,"你且只看这一段,多么妙!"他读了暴风雨中的电光从下面往上射到这位英雄身上那一段。"这段很美!因为形象很真实。在山峰上你经常可以看到山下风雨纵横,电光直朝山上射去。"

我就说,"我佩服法国人。他们的诗从来不离开现实世界这个牢固基础。我们可以把他们的诗译成散文,把本质性的东西都保留住。"

歌德说,"那是因为法国诗人对事物有知识,而我们德国头脑简单的人们

---

① 雨果是法国浪漫派的重要诗人,"古典派学究气"指十七世纪法国新古典主义派布瓦洛的《诗艺》之类所提倡的风尚。《地球》是支持浪漫派的刊物。
② 曼佐尼(1785—1873),当时意大利的最大诗人和小说家,写过两部历史悲剧和一部著名小说《约婚夫妇》。他是自由民主的拥护者。
③ 拉马丁(1790—1869),法国消极浪漫派诗人,政治活动家。
④ 德拉维尼(1793—1843),法国诗人,写过讽刺复辟王朝的作品。
⑤ 夏多布里昂(1768—1848),法国消极浪漫派先锋,他的诗擅长修词雄辩,在这一点上对雨果和其他法国浪漫派诗人都发生过影响。
⑥ 诗见雨果的《曙光歌集》。

却以为在知识上下功夫就显不出他们的才能。其实一切才能都要靠知识来营养,这样才会施展才能的力量。我们且不管这种人,我们没法帮助他们。真正有才能的人会摸索出自己的道路。许多青年诗人在干诗这个行业,却没有真正的才能。他们所证实的只是一种无能,受到德国文学高度繁荣的吸引才从事创作。"

歌德接着说,"法国人在诗的方面已由学究气转到较自由的作风了,这是不足为奇的。在大革命之前,狄德罗和一些志同道合的人就已在设法打破陈规了。大革命本身以及后来拿破仑时代对这种变革事业都是有利的。因为战争年代尽管不容许人发生真正的诗的兴趣,暂时对诗神不利,可是在这个时代有一大批具有自由精神的人培育起来了,到了和平时期,这批人觉醒过来,就作为重要的有才能的人崭露头角了。"

我问歌德,古典派是否也反对过贝朗瑞[①]这位卓越诗人。歌德说,"贝朗瑞所作的那种体裁的诗,本是人们所惯见的一种从前代流传下来的老体裁;不过他在很多方面都比前人写得自由,所以他受到学究派的攻击。"

话题转到绘画和崇古派的流毒。歌德说,"你在绘画方面本来不充内行,可是我要让你看一幅画。这幅画虽然出于现在还活着的一位最好的德国画家之手,你也会一眼就看出其中一些违反艺术基本规律的明显错误。你会看出细节都描绘得很细致,但是整体却不会使你满意,你会感到这幅画的意义不知究竟何在。这并不是因为画家没有足够的才能,而是因为应该指导才能的精神像其他顽固复古派的头脑一样被冲昏了,所以他忽视完美的画师而退回到不完美的前人,把他们奉为模范。

"拉斐尔和他的同时代人是冲破一种受拘束的习套作风而回到自然和自由的。而现在画家们却不感谢他们,不利用他们所提供的便利,沿着顶好的道路前进,反而又回到拘束狭隘的老路。这太糟了,我们很难理解他们的头脑竟会冲昏到这种地步。他们既走上了这条路,就不能从艺术本身获得支撑力,于是设法从宗教和党派方面去找这种支撑力。没有这两种东西,他们就软弱到简直连站都站不住了。"

---

[①] 贝朗瑞(1780—1857)是受法国大革命影响较大的一位进步诗人,他反对十七世纪的法国古典派(即"学究派"),发扬民间诗歌传统,用比较自由的方式写出一些清新爽朗的诗歌,反映新兴的巴黎市民的生活。值得注意的是,歌德谈论法国作家时,多次提到和予以高度评价的只有莫里哀和贝朗瑞两人。

歌德接着说,"各门艺术都有一种源流关系。每逢看到一位大师,你总可以看出他吸取了前人的精华,就是这种精华培育出他的伟大。像拉斐尔那种人并不是从土里冒出来的,而是植根于古代艺术,吸取了其中的精华的。假如他们没有利用当时所提供的便利,我们对于他们就没有多少可谈的了。"

话题转到前代德国诗,我提到弗勒明①。歌德说,"弗勒明是一个颇有优秀才能的人,有一点散文气和市民气,现在没有什么实际用处了。"他接着说,"说来有点奇怪,尽管我写了那么多的诗,却没有一首可以摆在路德派的'颂圣诗'里。"我笑了,承认他说得对,同时心里在想,这句妙语的含义比乍看起来所能见到的要深刻得多。

**1827年1月15日**(宫廷应酬和诗创作的矛盾)

…………

我把话题转到《浮士德》第二部,特别是《古典的瓦尔普吉斯之夜》那一幕②。这一幕才打了一个草稿。歌德过去告诉我说他有意就拿草稿付印,我曾不揣冒昧,劝阻了他,因为我恐怕一旦付印,这一幕就会永远以未定稿的形式保存下去。歌德一定已考虑过这个问题,因为今晚一见面他就告诉我,他已决定不拿草稿付印了。我说,"这使我很高兴,因为现在还可以希望您把它写完。"歌德说,"写完要三个月,哪里找得到一段安静的时间呢!白天要求我做的杂事太多,很难让我把自己和外界隔开,来过孤寂的生活。今早大公爵的大公子呆在我这里,大公爵夫人又约好明天正午来看我。我得珍视这种访问,把它看作一种大恩惠,它点缀了我的生活,但是也要干扰我的诗兴,我必须揣摩着经常拿点什么新东西来摆在这些高贵人物面前,怎样款待他们才和身份相称。"③

我说,"不过去年冬天你还是把《海伦后》④一幕写完了,当时外界对你的干扰并不比现在少。"

歌德回答说,"现在也还能写下去,而且必须写下去,不过有些困难。"

---

① 弗勒明(1609—1640),十七世纪早期德国青年抒情诗人,其诗集名《宗教诗和世俗诗》,因此下文歌德联想到自己的诗没有宗教气味,由此可以看出歌德对基督教的态度。
② 见《浮士德》第二部第二幕。第二部即下卷。
③ 这一节生动地证实了恩格斯所指出的歌德的双重性。
④ 《海伦后》是《浮士德》第二部第三幕,写成于第二部其他各幕之前,作为一篇独立的诗。

我说,"幸好您已有了一个很详细的纲要。"

歌德说,"纲要固然是现成的,只是最难的事还没有做,在完成写作的过程中,一切都还要碰运气。《古典的瓦尔普吉斯之夜》必须押韵,可是全幕都还须带有古希腊诗的性格①。要找出适合这种诗的一种韵律实在不容易;而且还有对话!"

我就问:"这不是草稿里都已有的东西吗?"

歌德说,"已有的只是什么(das Was),而不是如何(das Wie)。请你只试想一下,在那样怪诞的一夜里所发生的一切应如何用语言表达出来!例如浮士德央求阴间皇后把海伦交给他,该说什么样的话,才能使阴间皇后自己也感动得流泪!这一切是不容易做到的,多半要碰运气,几乎要全靠下笔时一瞬间的心情和精力。"

**1827年1月18日**(仔细观察自然是艺术的基础;席勒的弱点:自由理想害了他)

…………

我们谈起《威廉·麦斯特的漫游时代》②里的一些零篇故事和短篇小说,提到它们每篇不同,各有特殊的性格和语调。

歌德说,"我想向你说明一下理由。我写那些作品时是和画家一样进行工作的。画家画某些对象时常把某种颜色冲淡,画另一些对象时常把某种颜色加浓。例如画早晨的风景,他就在调色板上多放一些绿色颜料,少放一些黄色颜料;画晚景,他就多用黄色,几乎不用绿色。我用同样的方法进行文学创作,让每篇各有不同的性格,就可以感动人。"

我心里想,这确是非常明智的箴言,歌德把它说出了,我很高兴。特别联系到过去所说的那篇短篇小说,我惊赞他描绘自然风景时所用的细节。

歌德说,"我观察自然,从来不想到要用它来做诗。但是由于我早年练习过风景素描,后来又进行一些自然科学的研究,我逐渐学会熟悉自然,就连一些最微小的细节也熟记在心里。所以等到我作为诗人要运用自然景物时,它们就随召随到,我不易犯违反事实真相的错误。席勒就没有这种观察自然的

---

① 古希腊诗不用韵。
② 这是较早的《威廉·麦斯特的学习时代》的续编。当时歌德正在整理续编的稿子。

本领。他在《威廉·退尔》那部剧本里所用的瑞士地方色彩都是我告诉他的。但是席勒的智力是惊人的,听到我的描述之后,马上就用上了,还显得很真实。"

接着我们就完全谈席勒,歌德说了下面的话:

"席勒特有的创作才能是在理想方面,可以说,在德国或外国文学界很少有人能比得上他。他具有拜伦的一切优点,不过拜伦认识世界要比席勒胜一筹。我倒想看见席勒在世时读到拜伦的作品,想知道席勒对于拜伦这样一个在精神上和他自己一致的人会怎样评论。席勒在世时拜伦是否已有作品出版了?"

我犹豫起来,不敢作出确有把握的回答。歌德就取出词典来查阅有关拜伦的一条,边读边插进一些简短的评论,终于发现拜伦在一八〇七年以前没有出版什么作品,所以席勒没有来得及读到拜伦的作品。①

歌德接着说,"贯串席勒全部作品的是自由这个理想。随着席勒在文化教养上向前迈进,这个理想的面貌也改变了。在他的少年时期,影响他自己的形成而且流露在他作品里的是身体的自由;到了晚年,这就变成理想的自由了。

"自由是一种奇怪的东西。每个人都有足够的自由,只要他知足。多余的自由有什么用,如果我们不会用它?试看这间书房以及通过敞开的门可以看见的隔壁那间卧房,都不很大,还摆着各种家具、书籍、手稿和艺术品,就显得更窄,但是对我却够用了,整个冬天我都住在里面,前厢那些房间,我几乎从来不进去。我这座大房子和我从这间房到其他许多房间的自由对我算得什么,如果我并不需要利用它们?

"一个人如果只要有足够的自由来过健康的生活,进行他本行的工作,这就够了。这是每个人都容易办得到的。我们大家都只能在某种条件下享受自由,这种条件是应该履行的。市民和贵族都一样自由,只要他遵守上帝给他的出身地位所规定的那个界限。贵族也和国王一样自由,他在宫廷上只要遵守某些礼仪,就可以自觉是国王的同僚②。自由不在于不承认任何比我们地位高的人物,而在于尊敬本来比我们高的人物。因为尊敬他,我们就把自己提高

---

① 席勒死于一八〇五年,拜伦在一八〇七年还在剑桥当大学生,出了一部诗集《处女作》。
② 或:和国王平等。

到他的地位；承认他，我们就表明自己心胸中有高贵品质，配得上和高贵人物平等。

"我在旅游中往往碰到德国北方的商人，他们自认为和我平等，就在餐桌上很鲁莽地挨着我身边坐下来。这种粗鲁方式就说明他们不是和我平等的。但是如果他们懂得怎样尊敬我，怎样对待我，那么，他们就变成和我平等了。

"身体的自由对少年时代的席勒起了那么大的影响，这固然有一部分由于他的精神性格，大部分却由于他在军事学校所受到的拘束①。等到后来他有了足够的身体自由，他就转向理想的自由。我几乎可以说，这种理想断送了他的生命，因为理想迫使他对自己提出超过体力所能及的要求。

"自从席勒到魏玛来安家，大公爵就规定每年给他一千元的年金，并且约定万一他因病不能工作，还可以加倍颁发。席勒拒绝接受加倍的条款，没有使用过加倍的那部分年金。他说，'我有才能，可以靠自己过活。'到了晚年，他的家累更重，为了维持生活，他不得不每年写出两部剧本。要完成这项工作，他往往在身体不好时也被迫一周接着一周、一天接着一天地写下去。他的才能每个小时都须听他指使。席勒本来不大喝酒，是个很有节制的人；但是在身体虚弱的时刻，也不得不借喝酒来提精神。这就损害了他的健康，对他的作品也有害。有些自作聪明的人在席勒作品中所挑出的毛病，我认为都来源于此。凡是他们认为不妥的段落，我可以称之为病态的段落，因为席勒在写出那些段落时适逢体力不济，没有能找到恰当的动力。尽管我很尊敬绝对命令②，知道它可以产生很多的好处，可是也不能走向极端，否则理想自由这种概念一定不能产生什么好处。"

…………

**1827年1月29日**（谈贝朗瑞的诗）

今晚七点钟我带着短篇小说手稿和一部贝朗瑞的诗集去见歌德。我看见他正在和梭瑞先生③谈论法国文学。……梭瑞是在日内瓦出生的，不会说流

---

① 席勒少年时代就学于军事学院，毕业后当过短时期的军医。
② "绝对命令"是康德在《实践理性批判》（即伦理学）里用的一个术语，指的是根据最高原则（理想）在伦理问题上所作出的绝对必须遵守的、指导意志行为的判断。席勒是康德的忠实信徒，他的"理想自由"实际上也就是"绝对命令"。
③ 梭瑞（1795—1865），瑞士人，魏玛宫廷教师，同歌德往来很密，也记录了歌德的一些谈话，爱克曼在其《谈话录》补编里采用了梭瑞的一部分笔记。

利的德语,歌德的法语还说得不坏,所以谈话是用法语进行的,只有在我插话时才说德语。我从口袋里掏出贝朗瑞诗集递给歌德,他本想重温一下其中一些卓越的歌。梭瑞认为卷首的作者肖像不太像本人。歌德却很高兴地把这个漂亮的版本接到手里。他说,"这些歌都很完美,在这种体裁中算得上第一流的,特别是每章中的叠句用得好。对于歌这种体裁来说,如果没有叠句,就不免太严肃、太精巧、太简练了。贝朗瑞经常使我想到贺拉斯[①]和哈菲兹,这两人也是超然站在各自时代之上,用讽刺和游戏的态度揭露风俗的腐朽。贝朗瑞对他的环境也抱着同样的态度。但是因为他属于下层阶级,对淫荡和庸俗不但不那么痛恨,而且还带着一些偏向。"

⋯⋯⋯⋯

**1827年1月31日**(中国传奇和贝朗瑞的诗对比;"世界文学";曼佐尼过分强调史实)

在歌德家吃晚饭。歌德说,"在没有见到你的这几天里,我读了许多东西,特别是一部中国传奇[②],现在还在读它。我觉得它很值得注意。"

我说,"中国传奇?那一定显得很奇怪呀。"

歌德说,"并不像人们所猜想的那样奇怪。中国人在思想、行为和情感方面几乎和我们一样,使我们很快就感到他们是我们的同类人,只是在他们那里一切都比我们这里更明朗,更纯洁,也更合乎道德。在他们那里,一切都是可以理解的,平易近人的,没有强烈的情欲和飞腾动荡的诗兴,因此和我写的《赫尔曼与窦绿台》以及英国理查生[③]写的小说有很多类似的地方。他们还有一个特点,人和大自然是生活在一起的。你经常听到金鱼在池子里跳跃,鸟儿在枝头歌唱不停,白天总是阳光灿烂,夜晚也总是月白风清。月亮是经常谈到的,只是月亮不改变自然风景,它和太阳一样明亮。房屋内部和中国画一样整洁雅致。例如'我听到美妙的姑娘们在笑,等我见到她们时,她们正躺在藤椅上',这就是一个顶美妙的情景。藤椅令人想到极轻极雅。故事里穿插着无

---

① 贺拉斯(前65—前8),古罗马诗人,写过讽刺诗、田园诗和《诗艺》。
② 据法译注:即《两姊妹》,有法国汉学家阿伯尔·雷米萨特(Abel Rémusat)的法译本。按,可能指《风月好逑传》。歌德在这部传奇法译本上写了很多评论,据说他准备晚年根据该书写一部长诗,但是后来没有来得及写就去世了。
③ 理查生(1689—1761),英国小说家,他的作品受到狄德罗的高度赞扬,对近代西方小说影响很大。代表作有《帕美拉》和《克拉里莎·哈罗》。

数的典故,援用起来很像格言,例如说有一个姑娘脚步轻盈,站在一朵花上,花也没有损伤;又说有一个德才兼备的年轻人三十岁就荣幸地和皇帝谈话,又说有一对钟情的男女在长期相识中很贞洁自持,有一次他俩不得不同在一间房里过夜,就谈了一夜的话,谁也不惹谁。还有许多典故都涉及道德和礼仪。正是这种在一切方面保持严格的节制,使得中国维持到几千年之久,而且还会长存下去。"

歌德接着说,"我看贝朗瑞的诗歌和这部中国传奇形成了极可注意的对比。贝朗瑞的诗歌几乎每一首都根据一种不道德的淫荡题材,假使这种题材不是由贝朗瑞那样具有大才能的人来写的话,就会引起我的高度反感。贝朗瑞用这种题材却不但不引起反感,而且引人入胜。请你说一说,中国诗人那样彻底遵守道德,而现代法国第一流诗人却正相反,这不是极可注意吗?"

我说,"像贝朗瑞那样的才能对道德题材是无法处理的。"歌德说,"你说得对,贝朗瑞正是在处理当时反常的恶习中揭示和发展出他的本性特长。"我就问,"这部中国传奇在中国算不算最好的作品呢?"歌德说,"绝对不是,中国人有成千上万这类作品,而且在我们的远祖还生活在野森林的时代就有这类作品了。"

歌德接着说,"我愈来愈深信,诗是人类的共同财产。诗随时随地由成百上千的人创作出来。这个诗人比那个诗人写得好一点,在水面上浮游得久一点,不过如此罢了。马提森先生[①]不能自视为惟一的诗人,我也不能自视为惟一的诗人。每个人都应该对自己说,诗的才能并不那样稀罕,任何人都不应该因为自己写过一首好诗就觉得自己了不起。不过说句实在话,我们德国人如果不跳开周围环境的小圈子朝外面看一看,我们就会陷入上面说的那种学究气的昏头昏脑。所以我喜欢环视四周的外国民族情况,我也劝每个人都这么办。民族文学在现代算不了很大的一回事,世界文学[②]的时代已快来临了。现在每个人都应该出力促使它早日来临。不过我们一方面这样重视外国文学,另一方面也不应拘守某一种特殊的文学,奉它为模范。我们不应该认为中国人或塞尔维亚人、卡尔德隆或尼伯龙根[③]就可以作为模范。如果需要模范,

---

[①] 马提森(1761—1851)德国抒情诗人。
[②] 歌德在这里提出"世界文学",比马克思、恩格斯在《共产党宣言》里提出这个名词恰恰早二十年。基本的区别在于歌德从普遍人性论出发,而马克思主义创始人则从经济和世界市场的观点出发。
[③] 《尼伯龙根之歌》,日耳曼民族的民间史诗,近代德国音乐家常用其中传说作歌剧和乐曲。

我们就要经常回到古希腊人那里去找,他们的作品所描绘的总是美好的人。对其他一切文学我们都应只用历史眼光去看。碰到好的作品,只要它还有可取之处,就把它吸收过来。"

............

我们谈到曼佐尼。……

歌德说,"曼佐尼什么都不差,差的只是他不知道自己是个很优秀的诗人,也不知道作为诗人他应享有的权利。他太重视历史,因此他爱在所写的剧本中加上许多注解,来证明他多么忠于史实细节。可是不管他的事实是不是历史的,他的人物却不是历史的,正如我写的陶阿斯和伊菲革涅亚①不是什么历史人物一样。没有哪一个诗人真正认识他所描绘的那些历史人物,纵使认识,他也很难利用他所认识的那种形象。诗人必须知道他想要产生的效果,从而调整所写人物的性格。如果我设法根据历史记载来写哀格蒙特,他是一打儿女的父亲,他的轻浮行为就会显得很荒谬。我所需要的哀格蒙特是另样的,须符合他的动作情节和我的诗的观点。克蕾尔欣②说得好,这是我的哀格蒙特。

"如果诗人只复述历史家的记载,那还要诗人干什么呢?诗人必须比历史家走得远些,写得更好些。索福克勒斯所写的人物都显出那位伟大诗人的高尚心灵。莎士比亚走得更远些,把他所写的罗马人变成了英国人。他这样做是对的,否则英国人就不会懂。"

............

**1827年2月1日**(歌德的《颜色学》以及他对其他自然科学的研究)

............

歌德把他的《颜色学》打开放在我面前。……我阅读了关于生理颜色的第一段。

歌德说,"你看,凡是在我们外界存在的,没有不同时在我们内界存在,眼睛也和外界一样有自己的颜色。颜色学的关键在于严格区分客观的和主观的,所以我正从属于眼睛的颜色开始。这样我们在一切知觉中就经常可以分

---

① 《伊菲革涅亚》悲剧中的人物。
② 《哀格蒙特》的女主角,哀格蒙特的情人。

清哪种颜色是真正在外界存在的,哪种颜色只是由眼睛本身产生的貌似的颜色。所以我认为我介绍这门科学时,先谈一切知觉和观察都必须依据的眼睛,是抓住了正确的起点的。"

我继续阅读下去,读到了谈所要求的颜色那些有趣的段落,其中讲的是眼睛需要变化,从来不愿只老看某一种颜色,经常要求换另一种颜色,甚至活跃到在看不到所要求的颜色时,自己就把它造出来。①

由此就谈到一个适用于整个自然界而为整个人生和人生乐趣所凭依的重大规律。歌德说,"这种情况不仅其他各种感官都有,就连在我们的高级精神生活中也有。由于眼睛是最重要的感官,所以要求变化的规律在颜色中显得特别突出,所以我们都可以清楚地意识到。例如舞蹈,大音阶和小音阶交替变化,就令人感到很愉快,如果老是用大音阶或小音阶,就马上令人厌倦了。"

我说,"一种好的艺术风格看来也是根据这条规律的,在这方面我们也是讨厌听单一的调子。就连在戏剧里这条规律也大可应用,只要用得恰当。剧本,特别是悲剧,如果始终用一个调子,没有变化,总有些令人生厌。演悲剧时如果在上一幕与下一幕之间休息时,乐队还是演奏悲伤阴郁的乐调,就会令人感到简直不能容忍,想尽方法要避开了。"

歌德说,"莎士比亚放到他的悲剧里的一些生动活泼的场面,也许就是依据这条要求变化的规律。但是对希腊人的高级悲剧来说,这条规律似乎并不适用,无宁说,希腊悲剧总是自始至终都用一个基本的调子。"

我说,"希腊悲剧都不太长,所以始终一律的调子并不能使人厌倦,而且希腊悲剧中合唱队的歌唱和演员的对话总是交替轮换的。此外,希腊悲剧有一种崇高感,不易令人厌倦,因为它总有一种纯真的现实做基础,而这一般是爽朗愉快的。"

歌德说,"你也许说得对,不过这条要求变化的普遍规律在多大程度上适用于希腊悲剧,还是值得研究一下。你可以看出,一切事物都是互相依存的,就连一条颜色规律也可以用来研究希腊悲剧。要当心的只是不能把这样一条规律勉强推得太广,把它看成许多其他事物的基础。比较稳妥的办法也许是只用它作为一种类比或例证。"

接着我们谈到歌德表达他的颜色学的方式,他从一些普遍的总规律中推

---

① 参看第 260 页。

演出颜色学，遇到个别现象总是把它推演到这些总规律，从而使这种现象可以理解，成为精神的一项大收获。

歌德说，"也许是这样，因此你可以赞扬我。不过这种方法要求研究者专心致志，而且有能力掌握基本原理。有一些很聪明的人钻研过我的颜色学，不过很不幸，他们不能坚持正路，乘我不意就转到邪路上去了，他们不是始终把眼睛盯住客观对象，而是从观念出发。不过一个有头脑的聪明人如果真正寻求真理，总是大有作为的。"

我们谈到，某些教授在发现较好的学说之后还老是在讲解牛顿的学说。歌德说，"这并不足为奇，那批人坚持错误，因为他们依靠错误来维持生活，否则他们要重新从头学起，那就很不方便。"我说，"但是他们的实验怎么能证明真理，既然他们的学说的基础就是错误的？"

歌德说，"他们本来不是在证明真理，他们也没有这种意图，他们惟一的意图是要证明自己的意见。因此，他们把凡是可证明真理、证明他们的学说靠不住的实验结果都隐瞒起来了。

"至于谈到一般学者，他们哪里顾得什么真理？他们像其他人一样，只要能靠经验的方式就一门学问高谈阔论一通，就已心满意足了。全部真相就是如此。人们的性格一般是奇怪的。湖水一旦冻了冰，成百上千的人都跑到平滑的冰面上逍遥行乐，从来不想到要研究一下湖水有多深，冰底下有什么鱼在游泳。尼布尔[①]最近发现一份很古的、罗马和迦太基订立的商业条约，由此可以证明，罗马史学家李维著作中关于古罗马民族生活情况的全部记载都只是些无稽之谈，因为条约证明罗马在远古时代就已有很高的文化，比李维所描述的高得多。不过你如果认为这份新发现的条约会在罗马史学领域里造成翻天覆地的大变革，你就大错特错了。请经常想到那冻了冰的湖水，我已学会认识人们了，他们正是如此，没有什么别的样子。"

我说，"不过您不会追悔写成了这部颜色学；因为您不仅替这门卓越的科学打下了坚实基础，而且您也替科学处理方法树立了榜样，人们可以用这种方法来处理类似的科目。"

歌德说，"我毫不追悔，尽管我在这门学问上已费了半生的功夫。要不然，我或许可以多写五、六部悲剧，不过如此而已。在我之后会有够多的人来

---

① 尼布尔（1770—1831），荷兰史学家，他的《罗马史》三卷在欧洲有各种译本。

干写剧本的工作。

"不过你说得对,我处理题材的方式是好的,其中有方法条理。我还用这种方法写过一部声学,我的《植物变形学》也是根据同样的观察和推演的。

"我研究植物变形,是走自己特有的道路的。我搞这门学问,就像赫舍尔①发明他的星宿。赫舍尔太穷,买不起望远镜,不得不自造了一架。但是他的幸运就在此。他自造的望远镜比已往的一切望远镜都好,他就用此作出他的许多重大发现。我走进植物学领域是凭实际经验的。现在我才认识清楚,这门科学在雌雄性别的形成过程上牵涉到的问题太广泛,我没有勇气掌握它了。这就迫使我用自己的方式来钻研这门科学,来寻求适用于一切植物的普遍规律,不管其中彼此之间的差别。这样我就发现了变形规律,植物学的个别部门不在我的研究范围之内,我把这些个别部门留给比我高明的人去研究。我的惟一任务就是把个别现象归纳到普遍规律里。

"我对矿物学也发生过兴趣。这有两点理由,一点是因为它有重大的实际利益,另一点是因为我想在矿物中找出实证来说明原型世界是如何形成的。韦尔纳②的学说已使这个问题有解决的希望。自从这位卓越的科学家去世以来,矿物学已闹得天翻地覆,我不想再公开介入这场辩论,在默不作声中保持自己的信念。

"在《颜色学》里,下一步我还要钻研虹的形成。这是一个非常难的课题,不过我希望能解决它。因此我很高兴和你一起重温一下颜色学,你既然对这门科学特别感兴趣,借此可以重新受到启发。"

歌德接着说,"我对各门自然科学都试图研究过,我总是倾向于只注意身旁地理环境中一些可用感官接触的事物,因此我不曾从事天文学。因为在天文学方面单凭感官不够,还必须求助于仪器、计算和力学,这些都要花毕生精力来搞,不是我分内的事。

"如果我在顺便研究过的一些学科中作出了一点成绩,那就要归功于我出生的时代在自然界的重大发明上比任何其他时代都更丰富。在儿童时期我就接触到弗兰克林关于电的学说,他当时刚发现了电的规律。在我这一生中,

---

① 赫舍尔(1738—1822),英籍德国天文学家,他用自制的望远镜发现了天王星和许多卫星及其运转规律。他的望远镜据说有四十英尺长。
② 韦尔纳(1750—1817),德国矿物学家。他的学说在当时矿物学界引起了激烈争论,他是"水成岩论"者,反对哈通(I. Hutton)的"火成岩论"。歌德是站在韦尔纳一边的。

一直到现在,重大的科学发明一个接着一个出现,所以我不仅在早年就投身到自然界,而且把对自然界的兴趣一直保持到现在。

"就在我们指引的道路上现在也已有人迈出了前进的步子,这是我没有预料到的。我好比一个人迎着晨曦前进,等到红日东升,它的灿烂光辉会使他不由自主地感到惊讶。"①

..........

**1827年3月21日**(黑格尔门徒亨利克斯的希腊悲剧论)

歌德给我看亨利克斯②论希腊悲剧本质的一本小册子。他说,"我已读过,很感兴趣。亨利克斯用索福克勒斯的《俄狄浦斯王》和《安蒂贡》两部悲剧来阐明他的观点。这本书很值得注意,我把它借给你读一读,以便下次我们讨论。我并不赞成他的意见,但是看一看像亨利克斯这样受过彻底哲学教养的人怎样从他那一派哲学观点来看诗的艺术作品,是很有教益的。今天我的话就到此为止,免得影响你自己的意见。你且读一读,就可以发现它会引起各种各样的思想。"

**1827年3月28日**(评黑格尔派对希腊悲剧的看法;对莫里哀的赞扬;评史雷格尔)

亨利克斯的书已仔细读过,今天我把它带还歌德。为着完全掌握他所讨论的题目,我把索福克勒斯的全部现存作品重温了一遍。

歌德问我,"你觉得这本书如何?是不是把问题谈得很透?"

我回答说,"我觉得这本书很奇怪。旁的书从来没有像这本书一样引起我这么多的思考和这么多的反对意见。"

歌德说,"正是如此。我们赞同的东西使我们处之泰然,我们反对的东西

---

① 歌德毕生除文艺之外一直孜孜不倦地研究自然科学,特别是光学和颜色学。在《谈话录》里他经常谈到这方面的问题。一八二四年二月四日的谈话稍稍涉及了牛顿,现在又增选了这一篇,因为它多少是总结性的。歌德的一些科学研究现已过时,但在科学历史上的功劳是得到公认的,特别是他在达尔文以前就提出生物进化的学说。他在文艺上反对从概念出发,强调要有现实生活做基础。这种现实主义的文艺观点和他的科学训练有密切关联。

② 亨利克斯(1794—1861),德国黑格尔派美学家,他的悲剧论只是黑格尔的悲剧论的阐述。他的书出版时,黑格尔的《美学》还没有出版,亨利克斯的悲剧论是根据他听黑格尔讲美学课时所作的笔记来写成的。

才使我们的思想获得丰产。"

我说,"我看他的意图是十分可钦佩的,他从来不停留在表面现象上。不过他往往迷失在细微的内心情况里,而且纯凭主观,因而既失去了题材在细节上的真相,也失去了对整体的全面观察。在这种情况下,我们就不得不对自己和题材都施加暴力,勉强予以歪曲,才能和他想到一起。此外,我还往往感觉到自己的感官仿佛太粗糙,分辨不出他所提出的那些非常精微奥妙的差别。"

歌德说,"假如你也有他那样的哲学训练,事情就会好办些。说句老实话,这位来自德国北方海边的亨利克斯无疑是个有才能的人,而他竟被黑格尔哲学引入迷途,我真感到很惋惜。他因此就失去了用无拘束的自然方式去观察和思考的能力。他在思想和表达两方面都逐渐养成了一种既矫揉造作又晦涩难懂的风格。所以他的书里有些段落叫我们看不懂,简直不知所云。

"…………[①]

"我想这就够了!我不知道英国人和法国人对于我们德国哲学家们的语言会怎样想,连我们德国人自己也不懂他们说些什么。"

我说,"尽管如此,我们还是一致同意,承认这部书毕竟有一种高尚的意图,而且还有一个能激发思考的特点。"

歌德说,"他对家庭和国家的看法、以及对家庭和国家之间可能引起的悲剧冲突的看法[②],当然很好而且富于启发性,可是我不能承认他的看法对于悲剧艺术来说是最好的,甚至是惟一正确的。我们当然都在家庭里生活,也都在国家里生活。一种悲剧命运落到我们头上,当然和我们作为家庭成员和作为国家成员很难毫无关系。但是我们单是作为家庭成员,或单是作为国家成员,还是完全可以成为很适合的悲剧人物。因为悲剧的关键在于有冲突而得不到解决,而悲剧人物可以由于任何关系的矛盾而发生冲突,只要这种矛盾有自然基础,而且真正是悲剧性的。例如埃阿斯[③]由于荣誉感受损伤而终于毁灭,赫

---

[①] 歌德引了一段晦涩的话,这里没有译出。
[②] 亨利克斯的悲剧冲突论完全来自黑格尔。参看黑格尔的《美学》第一卷第272页以下,和第三卷论戏剧体诗的悲剧部分。黑格尔也把《俄狄浦斯王》和《安提戈涅》看作悲剧冲突的典型例证。
[③] 埃阿斯是仅次于阿喀琉斯的希腊远征军的猛勇将领。阿喀琉斯死后,埃阿斯和俄底修斯争着要他的盔甲武器,主帅判决给俄底修斯,埃阿斯认为这有损他的荣誉,发了疯,终于自杀。

331

剌克勒斯①由于妒忌而终于毁灭。在这两个事例里，都很难见出家庭恩爱和国家忠贞之间的冲突。可是按照亨利克斯的说法，家与国的冲突却是希腊悲剧的要素。"

　　…………

　　歌德接着说，"就一般情况来说，你想已注意到，亨利克斯是完全从理念②出发来考察希腊悲剧的，并且认为索福克勒斯在创作剧本时也是从理念出发，根据理念来确定剧中人物及其性别和地位。但是索福克勒斯在写剧本时并不是从一种理念出发，而是抓住在希腊人民中久已流传的某个现成的传说，其中已有一个很好的理念或思想，他就从这个传说构思，想把它描绘得尽可能地美好有力，搬到舞台上演出。"……

　　我插嘴说，"亨利克斯关于克瑞翁的行为所说的话好像也站不住脚。他企图证明克瑞翁禁止埋葬波吕尼刻斯是纯粹执行国法，说他不仅是一个普通人，而是一个国王，国王是国家本身的人格化，正是他才能在悲剧中代表国家权力，也正是他才能表现出最高的政治道德。"③

　　歌德带着微笑回答说，"那些话是没有人会相信的。克瑞翁的行动并不是从政治道德出发，而是从对死者的仇恨出发。波吕尼刻斯在他的家族继承权被人用暴力剥夺去之后，设法把它夺回来，这不是什么反对国家的滔天罪行，以致死还不足赎罪，还要惩罚无辜的死尸。

　　"一种违反一般道德的行动决不能叫做政治道德。克瑞翁禁止收葬波吕尼刻斯，不仅使腐化的死尸污染空气，而且让鹰犬之类把尸体上撕下来的骨肉碎片衔着到处跑，以致污染祭坛。这样一种人神共嫉的行动决不是一种政治德行，而是一种政治罪行。不仅如此，剧中每个人物都是反对克瑞翁的：组成

---

① 赫剌克勒斯是大力神，他的妻子被半人半马的怪物强奸，他用毒箭把怪物射死，怪物临死前告诉大力神的妻子，说自己的中毒的血可以防治丈夫不忠贞。赫剌克勒斯后来另有所恋，他妻子把他的衬衫浸在这毒血里，再交给他穿，他因此中毒身死，所以说他死于妒忌。
② 理念是黑格尔的术语，指绝对概念。
③ 这里讲的是索福克勒斯的名剧《安提戈涅》中的情节。安提戈涅是波吕尼刻斯的妹妹，俄狄浦斯的女儿。俄狄浦斯死后，忒拜国王位规定先由长子继承到指定的时期，到期由次子波吕尼刻斯继承。但长子到期不肯让位，次子就借邻国的兵来夺权，在战争中弟兄两人都被打死了。新国王克瑞翁下令禁止收葬波吕尼刻斯的尸体。和克瑞翁的儿子订了婚的安提戈涅为了家庭骨肉的恩情，违令收葬了死者。克瑞翁又下令要把她关在墓道里活活闷死，但是她自杀了，克瑞翁的儿子也随之自杀了。黑格尔把《安提戈涅》看作典型的希腊悲剧，其中冲突起于家庭义务和国家义务，双方都是片面性的要求。亨利克斯的说法也完全是依照黑格尔的。

合唱队的国中父老、一般人民、星相家、乃至他自己的全家人都反对他。但是他都不听,顽固到底,直至毁灭了全家人,而他自己也终于只成了一个阴影。"

我说,"可是听到克瑞翁说的话,我们却不免相信他有理。"

歌德说,"这里正足以见出索福克勒斯的大师本领,这也是一般戏剧的生命所在。索福克勒斯所塑造的人物都有这种口才,懂得怎样把人物动作的动机解释得头头是道,使听众几乎总是站在最后一个发言人一边。

"人们都知道,索福克勒斯自幼受过很好的修辞训练,惯于搜寻一件事物的真正的道理和表面的道理。"……

接着我们进一步谈到索福克勒斯在他的剧本里着眼于道德倾向的较少,他着眼较多的是对当前题材的妥当处理,特别是关于戏剧效果的考虑。

歌德说,"我并不反对戏剧体诗人着眼于道德效果,不过如果关键在于把题材清楚而有力地展现在观众眼前,在这方面他的道德目的就不大有帮助;他就更多地需要描绘的大本领以及关于舞台的知识,这样才会懂得应该取什么和舍什么。如果题材中本来寓有一种道德作用,它自然会呈现出来,诗人所应考虑的只是对他的题材作有力的艺术处理。诗人如果具有像索福克勒斯那样高度的精神意蕴,不管他怎样做,他的道德作用会永远是好的。此外,他了解舞台情况,懂得他的行业。"

…………

歌德接着说,"就我们近代的戏剧旨趣来说,我们如果想学习如何适应舞台,就应向莫里哀请教。你熟悉他的《幻想病》吧?其中有一景,我每次读这部喜剧时都觉得它象征着对舞台的透彻了解。我所指的就是幻想病患者探问他的小女儿是否有一个年轻人到过她姐姐房子里那一景。另一个作家如果对他的行业懂得不如莫里哀那样透彻,他就会让小路易莎马上干干脆脆把事实真相说出来,那么,一切就完事大吉了。可是莫里哀为着要产生生动的戏剧效果,在这场审问中用了各种各样的延宕花招。他首先让小路易莎听不懂她父亲的话,接着让她说她什么都不知道;她父亲要拿棍子打她,她就倒下装死;她父亲气得发昏,神魂错乱,她却从装死中狡猾地嬉皮笑脸地跳起来,最后才逐渐把真相吐露出来。

"我这番解释只能使你对原剧的生动活泼有个粗浅的印象。你最好亲自去细读这一景,去深刻体会它的戏剧价值。你会承认,从这一景里所获得的实际教益比一切理论所能给你的都要多。"

歌德接着说,"我自幼就熟悉莫里哀,热爱他,并且毕生都在向他学习。我从来不放松,每年必读几部他的剧本,以便经常和优秀作品打交道。这不仅因为我喜爱他的完美的艺术处理,特别是因为这位诗人的可爱的性格和有高度修养的精神生活。他有一种优美的特质、一种妥帖得体的机智和一种适应当时社会环境的情调,这只有像他那样生性优美的人每天都能和当代最卓越的人物打交道,才能形成的。对于麦南德①,我只读过他一些残篇断简,但对他怀有高度崇敬,我认为他是惟一可和莫里哀媲美的伟大希腊诗人。"

我回答说,"我很幸运,听到您对莫里哀的好评。你的好评和史雷格尔先生的话当然不同调啊!就在今天,我把史雷格尔在戏剧体诗讲义②里关于莫里哀的一番话勉强吞了下去,很有反感。史雷格尔高高在上地俯视莫里哀,依他的看法,莫里哀是一个普通的小丑,只是从远处看到上等社会,他的职业就是开各种各样的玩笑,让他的主子开心。对于这种低级趣味的玩笑,他倒是顶伶巧的,不过大部分还是剽窃来的。他想勉强挤进高级喜剧领域,但是没有成功过。"

歌德回答说,"对于史雷格尔之流,像莫里哀那样有才能的人当然是一个眼中钉。他感到莫里哀不合自己的胃口,所以不能忍受他。莫里哀的《厌世者》令我百读不厌,我把它看作我最喜爱的一种剧本,可是史雷格尔却讨厌它。他勉强对《伪君子》说了一点赞扬话,可还是在尽量贬低它。他不肯宽恕莫里哀嘲笑有些学问的妇女们装腔作态。像我的一位朋友所说的,史雷格尔也许感觉到自己如果和莫里哀生活在一起,就会成为他嘲笑的对象。"

歌德接着说,"不可否认,史雷格尔知道的东西极多。他的非凡的渊博几乎令人吃惊,但是事情并不到此为止。知识渊博是一回事,判断正确又是另一回事。史雷格尔的批评完全是片面的。他几乎对所有的剧本都只注意到故事梗概和情节安排,经常只指出剧本与前人作品的某些微末的类似点,毫不操心去探索一部剧本的作者替我们带来什么样的高尚心灵所应有的美好生活和高度文化教养。但是一个有才华的人要出一切花招有什么用处,如果从一部剧本里我们看不到作者的可敬爱的伟大人格?只有显出这种伟大人格的作品才

---

① 麦南德(前342—前291),希腊新喜剧的始祖,其剧本留存下来的很少,直到一九○五年法国学者勒弗夫勒(Lefebvre)才在埃及发现他的四部喜剧的残卷。
② 指浪漫派理论家奥·威·史雷格尔(1767—1845)的《戏剧艺术和文学讲义》(一八○八年)。这部书在十九世纪影响很大,但是歌德很瞧不起它。

能为民族文化所吸收。

"在史雷格尔处理法国戏剧的方式中,我只看到替一个低劣的评论员所开的药方,这位评论员身上没有哪一个器官能欣赏高尚卓越的东西,遇到才能和伟大人物性格也熟视无睹,仿佛那只是糟糠。"①……

……………

**1827年4月1日**(谈道德美;戏剧对民族精神的影响;学习伟大作品的作用)
……………

昨晚剧院上演了歌德的《伊菲革涅亚》。……

歌德说,"一个演员也应该向雕刻家和画家请教,因为要演一位希腊英雄,就必须仔细研究流传下来的希腊雕刻,把希腊人的坐相、站相和行为举止的自然优美铭刻在自己心里。但是只注意身体方面还不够,还要仔细研究古今第一流作家,使自己的心灵得到高度文化教养。这不仅对了解他所扮演的角色有帮助,而且也使自己整个生活和仪表获得一种较高尚的色调。"……

话题转到索福克勒斯的《安提戈涅》以及贯串其中的道德色彩,最后又谈到世间道德的起源问题。

歌德说,"像一切美好的事物一样,道德也是从上帝那里来的。它不是人类思维的产品,而是天生的内在的美好性格。它多多少少是一般人类生来就有的,但是在少数具有卓越才能的心灵里得到高度显现。这些人用伟大事业或伟大学说显现出他们的神圣性②,然后通过所显现的美好境界,博得人们爱好,有力地推动人们尊敬和竞赛。

"但是道德方面的美与善可以通过经验和智慧而进入意识,因为在后果上,丑恶证明是要破坏个人和集体幸福的,而高尚正直则是促进和巩固个人和集体幸福的。因此,道德美便形成教义,作为一种明白说出的道理在整个民族中传播开来。"

我插嘴说,"我最近还在阅读中碰到一种意见,据说希腊悲剧把道德美看

---

① 这篇谈话概括了歌德对西方一些重要的剧作家的看法,特别是对当时两个影响最大的文艺理论家黑格尔和史雷格尔的评论。他高度评价希腊悲剧,但认为莫里哀着眼到舞台效果,更值得近代剧作家效法。在理论方面他和黑格尔派是对立的,黑格尔派从理念出发,而歌德却主张从现实具体情况出发。对浪漫派理论家史雷格尔,歌德表示极端鄙视,因为他只炫耀渊博的知识而缺乏判断力,迷失在细节里而抓不住艺术作品的真正灵魂。
② 这是明显的人性论和天才论。

作一个特殊的目标。"

歌德回答说,"与其说是道德,倒不如说是整个纯真人性;特别是在某种情境中,它和邪恶势力发生了冲突,它就变成悲剧性格。在这个领域里,道德确实是人性的主要组成部分。

"此外,《安提戈涅》中的道德因素并不是索福克勒斯创造的,而是题材本来就有的,索福克勒斯采用了它,使道德美本身显出戏剧性效果。"①

…………

话题接着转到一般剧作家及其对人民大众所已起或能起的重要影响。

歌德说,"一个伟大的戏剧体诗人如果同时具有创造才能和内在的强烈而高尚的思想情感,并把它渗透到他的全部作品里,就可以使他的剧本中所表现的灵魂变成民族的灵魂。我相信这是值得辛苦经营的事业。高乃依就起了能培育英雄品格的影响。② 这对于需要有一个英雄民族的拿破仑是有用的,所以提到高乃依时他说过,如果高乃依还在世,他就要封他为王。所以一个戏剧体诗人如果认识到自己的使命,就应孜孜不倦地工作,精益求精,这样他对民族的影响就会是造福的、高尚的。

"我们要学习的不是同辈人和竞争对手,而是古代的伟大人物。他们的作品从许多世纪以来一直得到一致的评价和尊敬。一个资禀真正高超的人就应感觉到这种和古代伟大人物打交道的需要,而认识这种需要正是资禀高超的标志。让我们学习莫里哀,让我们学习莎士比亚,但是首先要学习古希腊人,永远学习希腊人。"③

…………

**1827 年 4 月 11 日**(吕邦斯的风景画妙肖自然而非摹仿自然;评莱辛和康德)

…………

---

① 歌德基本上从人性论出发,但也不忽视经验和教育对"人性"的作用。他主张戏剧应有道德美,但这是题材本身就已包含有的,而不是由诗人外加的。
② 高乃依的名著《熙德》、《贺拉斯》等等都是歌颂英雄人物的。
③ 歌德和席勒都是德国古典派的代表,所以尊崇希腊,厚古习气很浓。这一方面是受到文艺复兴的影响,另一方面也是因为当时德国文学还在草创时代,优秀作品确实不多(除掉歌德和席勒以外)。在前世纪高特舍特及其门徒把法国新古典主义输入德国,歌德鄙之为"学究派"。流行的德国浪漫派是消极的,也是和歌德对立的。

我们回来①了,吃晚饭还太早,歌德趁这时让我看看吕邦斯②的一幅风景画,画的是夏天的傍晚。在前景左方,可以看到农夫从田间回家,画的中部是牧羊人领着一群羊走向一座村舍;稍往后一点,右方停着一辆干草车,人们正在忙着装草,马还没套上车,在附近吃草;再往后一点,在草地和树丛里,有些骡子带着小骡在吃草,看来是要在那里过夜。一些村庄和一个小镇市远远出现在地平线上,最美妙地把活跃而安静的意境表现出来了。

我觉得整幅画安排得融贯,显得很真实,而细节也画得惟妙惟肖,就说吕邦斯完全是临摹自然的。

歌德说,"绝对不是,像这样完美的一幅画在自然中是从来见不到的。这种构图要归功于画家的诗的精神。不过吕邦斯具有非凡的记忆力,他脑里装着整个自然,自然总是任他驱使,包括个别细节在内。所以无论在整体还是在细节方面,他都显得这样真实,使人觉得他只是在临摹自然。现在没有人画得出这样好的风景画了,这种感受自然和观察自然的方式已完全失传了。我们的画家们所缺乏的是诗。"

…………

晚饭后歌德带我到园子里继续谈话。

我说,"关于莱辛,有一点很可注意,在他的理论著作里,例如《拉奥孔》,③他不马上得出结论,总是先带着我们用哲学方式去巡视各种意见、反对意见和疑问,然后才让我们达到一种大致可靠的结论。我们体会到的无宁是他自己在进行思考和搜索,而不是拿出能启发我们思考,使我们具有创造力的那种重大观点和重大真理。"

歌德说,"你说得对。莱辛自己有一次就说过,假如上帝把真理交给他,他会谢绝这份礼物,宁愿自己费力去把它找到。……

"莱辛本着他的好辩的性格,最爱停留在矛盾和疑问的领域,分辨是他当行的本领,在分辨中他最能显出他的高明的理解力。你会看出我和他正相反。我总是回避矛盾冲突,自己设法在心里把疑问解决掉。我只把我所找到的结果说出来。

我问歌德,在近代哲学家之中他认为谁最高明。

---

① 从乡间游玩回来。
② 吕邦斯(1577—1640),通译为鲁本斯,荷兰大画家,擅长历史画、风景画和风俗画。
③ 莱辛的主要理论著作有《汉堡剧评》和《拉奥孔,论绘画与诗的界限》。

歌德说,"康德,毫无疑问。只有他的学说还在发生作用,而且深深渗透到我们德国文化里。你对康德虽没有下过功夫,他对你也发生了影响。现在你已用不着研究他了,因为他可以给你的东西,你都已经有了。如果你将来想读一点康德的著作,我介绍你读《判断力批判》①。"

我问歌德是否和康德有过私人来往。

歌德回答说,"没有。康德没有注意到我,尽管我本着自己的性格,走上了一条类似他所走的道路。我在对康德毫无所知的时候就已写出了《植物变形学》,可是这部著作却完全符合康德的教义。主体与客体②的区分,以及每一物的存在各有自己的目的,软木生长起来不是只为我们做瓶塞之类看法,我和康德是一致的,我很高兴在这方面和他站在一起。后来我写了《实验论》③,可以看作对主体与客体的批判和主体与客体的中介。

"席勒经常劝我不必研究康德哲学。他常说康德对我不会有用处。但是席勒自己对研究康德却极热心,我也研究过康德,这对我并非没有用处④。"

……

**1827 年 4 月 18 日**(就吕邦斯的风景画泛论美;艺术既服从自然,又超越自然)

晚饭前,我陪歌德乘马车沿着通往埃尔富特的道路游了一阵子。我们碰到各种各样的车辆运货上莱比锡的集市,也碰到一长串的马,其中有很美的。

歌德说,"我对美学家们不免要笑,笑他们自讨苦吃,想通过一些抽象名词,把我们叫做美的那种不可言说的东西化成一种概念。美其实是一种本原现象(Urphänomen),它本身固然从来不出现,但它反映在创造精神的无数不同的表现中,都是可以目睹的,它和自然一样丰富多彩。"

我说,"我听说过,自然永远是美的,它使艺术家们绝望,因为他们很少有能完全赶上自然的。"

---

① 这是近代一部最重要的唯心主义和形式主义的美学经典著作。
② 即对象。
③ 原题是《实验作为客体与主体的中介者》,一七九三年出版。德文 Vermittlung 直译为"中介"或"调解",黑格尔常用来表示"统一"。值得注意的是此书带有实践观点。
④ 歌德经常提到的德国哲学家只有康德、莱辛和黑格尔。他对黑格尔不甚赞同,黑格尔的《美学》他没有来得及读,其中对歌德的评价却很高。康德对歌德的影响没有对席勒的那么大。歌德在精神和方法上倒更近于莱辛,两人都是从客观现实而不是从概念出发的。

歌德回答说,"我深深了解,自然往往展示出一种可望而不可攀的魅力,但是我并不认为自然的一切表现都是美的。自然的意图①固然总是好的,但是使自然能完全显现出来的条件却不尽是好的。

"拿橡树为例来说,这种树可以很美。但是需要多少有利的环境配合在一起,自然才会产生一棵真正美的橡树呀!一棵橡树如果生在密林中,周围有许多大树围绕着,它就总是倾向于朝上长,争取自由空气和阳光,树干周围只生长一些脆弱的小枝杈,过了百把年就会枯谢掉。但是这棵树如果终于把树顶上升到自由空气里,它就会不再往上长,开始向四周展开,形成一种树冠。但是到了这个阶段,树已过了中年了,多少年来向上伸展的努力已消耗了它最壮健的气力。它于是努力向宽度发展,也就得不到好结果。长成了,它高大强健,树干却很苗条,树干与树冠的比例不相称,还不能使树显得美。

"如果这棵橡树生在低洼潮湿的地方,土壤又太肥沃,只要有合适的空间,它就会过早地在树干四周长出无数枝杈,没有什么抵抗它或使它长慢一点的力量,这样它就显不出挺拔嶙峋、盘根错节的姿势,从远处看来,它就像菩提树一样柔弱,仍然不美,至少是没有橡树的美。

"最后,如果这棵橡树生在高山坡上,土壤瘦,石头多,它会生出太多的疖疤,不能自由发展,很早就枯凋,不能令人感到惊奇。"

我听到这番话很高兴,就说,"几年以前,我从格廷根到威悉河流域作短途旅行,倒看到过一些橡树很美,特别是在霍克斯特附近。"

歌德接着说,"沙土地或夹沙土使橡树可以向各方面伸出苗壮的根,看来于橡树最有利。它坐落的地方还应有足够的空间,使它从各方面受到光线、太阳、雨和风的影响。如果它生长在避风雨的舒适地方,那也长不好。它须和风雨搏斗上百年才能长得健壮,在成年时它的姿势就会令人惊赞了。"

我问,"从你这番话是否可以得出结论说,事物达到了自然发展的顶峰就显得美?"

歌德回答说,"当然,不过什么叫做自然发展的顶峰,还须解释清楚。"

我回答说,"我指的是事物生长的一定时期,到了这个时期,某一事物就会完全现出它所特有的性格。"

---

① 意图就是目的。歌德在这一点上受到康德的目的论的影响,康德认为一切事物不但各有原因,而且各有目的,也不以人的意志为转移。这当然还是先验论和命定论。

歌德说,"如果指的是这个意思,那就没有什么可反对的,但还须补充一句:要达到这种性格的完全发展,还需要一种事物的各部分肢体构造都符合它的自然定性,也就是说,符合它的目的。

"例如达到结婚年龄的姑娘,她的自然定性是孕育孩子和给孩子哺乳,如果骨盘不够宽大,胸脯不够丰满,她就不会显得美。但是骨盘太宽大,胸脯太丰满,也还是不美,因为超过了符合目的的要求。

"为什么我们可以把我们在路上看到的某些马看作美的呢?还不是因为体格构造符合目的吗?这不仅因为它们的运动姿势的轻快秀美,而且还有更多的因素,这些因素只有善骑马的人才会说明,而我们一般人只能得到一般印象。"

我问,"我们可不可以把一匹驾车的马也看作美的呢?例如我们不久以前看到的拉货车到布拉邦特去的那些马?"

歌德说,"当然可以,为什么不可以?一位画家也许会觉得这种驾车的马性格鲜明,筋骨发展得很健壮,比起一匹较温良、较俊秀的驯马更能显出各种各样的美丰富多彩地配合在一起。"

歌德接着说,"要点在于种①要纯,没有遭到人工的摧残,一匹割掉鬃和尾的马,一条剪掉耳尖的猎狗,一棵砍掉大枝、其余枝杈剪成圆顶形的树,特别是一位身体从小就被紧束胸腹的内衣所歪曲和摧残的少妇,都是使鉴赏力很好的人一看到就要作呕的,只有在庸俗人的那一套美的教条里才有地位。"……

吃晚饭时大家都很热闹。歌德的公子刚读过他父亲的《海伦后》,谈起来很有些显出天生智力的看法。他显然很喜欢用古典精神写出的那部分,但是我们可以看出,他读这篇诗时,对其中歌剧性和浪漫色彩较浓的部分并不大起劲。

歌德说,"你基本上是正确的,这篇诗有一点奇特。我们固然不能说,凡是合理的都是美的,但凡是美的确实都是合理的,至少是应该合理的。你欢喜写古代的那部分,因为它是可以理解的,可以巡视其中各个部分,可以用你自己的理解力来推测我的理解力。诗的第二部分虽然也运用并展开了各种各样的知解力和理解力,但是很难,须经过一番研究,读者才能理解其中的意义,才可以用自己的理解力去探索出作者的理解力。"

---

① 血缘。

……

歌德叫人取出登载荷兰大画师们的作品复制件的画册。……他把吕邦斯的一幅风景画摆在我面前。

他说,"这幅画你在这里已经看过①,但是杰作看了多次都还不够,而且这次要注意的是一种奇特现象。请你告诉我,你看到了什么?"

我说,"如果先从远景看,最外层的背景是一片很明朗的天光,仿佛是太阳刚落的时候。在这最外层远景里还有一个村庄和一座市镇,由夕阳照射着。画的中部有一条路,路上有一群羊忙着走回村庄。画的右方有几堆干草和一辆已装满干草的大车。几匹还未套上车的马在附近吃草。稍远一点,散布在小树丛中的有几匹骡子带着小骡子吃草,看来是要在那里过夜。接近前景的有几棵大树。最后,在前景的左方有一些农夫在下工回家。"

歌德说,"对,这就是全部内容。但是要点还不在此。我们看到画出的羊群、干草车、马和回家的农夫这一切对象,是从哪个方向受到光照的呢?"

我说,"光是从我们对面的方向照射来的,照到对象的阴影都投到画中来了。在前景中那些回家的农夫特别受到很明亮的光照,这产生了很好的效果。"

歌德问,"但是吕邦斯用什么办法来产生这样美的效果呢?"

我回答说,"他让这些明亮的人物显现在一种昏暗的地面②上。"

歌德又问,"这种昏暗的地面是怎样画出来的呢?"

我说,"它是一种很浓的阴影,是从那一丛树投到人物方面来的。呃,怎么搞的?"我惊讶起来了。"人物把阴影投到画这边来,而那一丛树又把阴影投到和看画者对立的那边去! 这样,我们就从两个相反的方向受到光照,但这是违反自然的!"

歌德笑着回答说,"关键正在这里啊! 吕邦斯正是用这个办法来证明他伟大,显示出他本着自由精神站得比自然要高一层,按照他的更高的目的来处理自然。光从相反的两个方向射来,这当然是牵强歪曲,你可以说,这是违反自然。不过尽管这是违反自然,我还是要说它高于自然,要说这是大画师的大胆手笔,他用这种天才的方式向世人显示:艺术并不完全服从自然界的必然之

---

① 参看第337—338页。
② 底色。

理,而是有它自己的规律。"

歌德接着说,"艺术家在个别细节上当然要忠实于自然,要恭顺地摹仿自然,他画一个动物,当然不能任意改变骨骼构造和筋络的部位。如果任意改变,就会破坏那种动物的特性。这就无异于消灭自然。但是,在艺术创造的较高境界里,一幅画要真正是一幅画,艺术家就可以挥洒自如,可以求助于虚构(Fiktion),吕邦斯在这幅风景画里用了从相反两个方向来的光,就是如此。

"艺术家对于自然有着双重关系:他既是自然的主宰,又是自然的奴隶。他是自然的奴隶,因为他必须用人世间的材料来进行工作,才能使人理解;同时他又是自然的主宰,因为他使这种人世间的材料服从他的较高的意旨①,并且为这较高的意旨服务。

"艺术要通过一种完整体向世界说话。但这种完整体不是他在自然中所能找到的,而是他自己的心智的果实,或者说,是一种丰产的神圣的精神灌注生气的结果。

"我们如果只从表面看吕邦斯这幅风景画,一切都会显得很自然,仿佛是直接从自然临摹来的。但事实并非如此。这样美的一幅画是在自然中看不到的,正如普尚或克劳德·劳冉②的风景画一样,我们也觉得它很自然,但在现实世界里却找不出。"

我问,"像吕邦斯用双重光线这样的艺术虚构的大胆手笔,在文学里是否也有呢?"

歌德想了一会,回答说,"不必远找,我可以从莎士比亚的作品里举出十来个例子给你看。姑且只举《麦克白》。麦克白夫人要唆使她丈夫谋杀国王,说过这样的话:

……我喂过婴儿的奶……③

这话是真是假,并没有关系,但是麦克白夫人这样说了,而且她必须这样说,才能加强她的语调。但是在剧本的后部分,麦克达夫听到自己的儿女全遭杀害时,狂怒地喊道:

---

① 目的。
② 克劳德·劳冉(1600—1682),法国最大的风景画家。
③ 见《麦克白》第一幕第七景。麦克白夫人怂恿丈夫杀国王篡位,到了有机可乘时他却犹豫不决,她骂他是胆小鬼,说她自己为着遵守誓言,可以把自己喂过奶的心爱的婴儿杀掉,毫不犹豫。

他没有儿女啊!①

这话和上面引的麦克白夫人的话正相反。但这个矛盾并没有使莎士比亚为难。他要的是加强当时语调的力量。麦克达夫说'他没有儿女',正如麦克白夫人说'我喂过婴儿的奶',都是为着加强语调。"

歌德接着说,"一般地说,我们都不应把画家的笔墨或诗人的语言看得太死、太窄狭。一件艺术作品是由自由大胆的精神创造出来的,我们也就应尽可能地用自由大胆的精神去观照和欣赏。"②……

**1827 年 5 月 3 日**(民族文化对作家的作用;德国作家处境不利;德国和法、英两国的比较)

斯塔普弗③译的歌德戏剧集非常成功,安培尔先生④去年在巴黎《地球》杂志上发表了一篇也很高明的书评。这篇书评歌德很赞赏,经常提到它,并表示感激。

他说,"安培尔先生的观点是很高明的。我国评论家在这种场合总是从哲学出发,评论一部诗作时所采取的方式,使意在阐明原书的文章只有他那一派的哲学家才看得懂,对其余的人却比他要阐明的原著还更难懂。安培尔先生的评论却切实而又通俗。作为一个行家,他指出了作品与作者的密切关系,把不同的诗篇当作诗人生平不同时期的果实来评论。

"他极深入地研究了我的尘世生活的变化过程以及我的精神状态,并且也有本领看出我没有明说而只在字里行间流露出来的东西。他正确地指出,我在魏玛做官的宫廷生活头十年中几乎没有什么创作,于是在绝望中跑到意大利,在那里带着创作的新热情抓住了塔索的生平,用这个恰当的题材来创作⑤,从而摆脱了我在魏玛生活中的苦痛阴郁的印象和回忆。所以他把我的

---

① 见原剧第四幕第三景。麦克达夫是国王的忠臣,麦克白杀害了他全家儿女,他听到这消息时非常悲愤,他的同伙中有人要报仇,他说这个仇报不了,麦克白没有儿女可杀害。
② 在这篇极重要的谈话里,歌德用自然、绘画和文学作品中生动具体的事例来说明他的基本美学观点:艺术要服从自然,也要超越自然。从美学观点看,这篇谈话是最值得注意的,也是一般美学著作经常援引的。
③ 斯塔普弗的法文译本出版于一八二六年。
④ 安培尔(1800—1864),法国文学家和史学家。他的父亲是著名的物理学家,在电学方面有些发明。
⑤ 歌德的剧本《塔索》是用意大利十六世纪诗人塔索(T. Tasso,《耶路撒冷的解放》的作者)的生平来影射自己在魏玛宫廷的苦闷生活。

塔索恰当地称为提高了的维特①。

"关于《浮士德》,他说得也很妙,他指出不仅主角浮士德的阴郁的、无餍的企图,就连那恶魔的鄙夷态度和辛辣讽刺,都代表着我自己性格的组成部分。"

……我们一致认为安培尔先生一定是个中年人,才能对生活与诗的互相影响懂得那样清楚。所以我们感到很惊讶,前几天安培尔先生到魏玛来了,站在我们面前的却是一个活泼快乐的二十岁左右的小伙子!我们和他多来往了几次,还同样惊讶地听他说,《地球》的全部撰稿人(这些人的智慧、克制精神和高度文化教养是我们一向钦佩的)都是年轻人,和他的年纪差不多。

我说,"我很理解一个年轻人能创作出重要的作品,例如梅里美在二十岁就写出了优秀作品。但是像这位《地球》撰稿人那样年轻就能如此高瞻远瞩,见解深刻,显出高度的判断力,这对于我却完全是件新鲜事。"

歌德说,"对于像你这样在德国荒原上出生的人来说,这当然是不很容易的,就连我们这些生在德国中部的人要得到一点智慧,也付出了够高的代价。我们全都过着一种基本上是孤陋寡闻的生活!我们很少接触真正的民族文化,一些有才能、有头脑的人物都分散在德国各地,东一批,西一批,彼此相距好几百里,所以个人间的交往以及思想上的交流都很少有。当亚·韩波尔特来此地时,我一天之内从他那里得到的我所寻求和必须知道的东西,是我在孤陋状态中钻研多年也得不到的。从此我体会到,孤陋寡闻的生活对我们意味着什么。

"但是试想一想巴黎那样一个城市。一个大国的优秀人物都聚会在那里,每天互相来往,互相斗争,互相竞赛,互相学习和促进。那里全世界各国最好的作品,无论是关于自然还是关于艺术的,每天都摆出来供人阅览;还试想一想在这样一个世界首都里,每走过一座桥或一个广场,就令人回想起过去的伟大事件,甚至每一条街的拐角都与某一历史事件有联系。此外,还须设想这并不是死气沉沉时代的巴黎,而是十九世纪的巴黎,当时莫里哀、伏尔泰、狄德罗之类人物已经在三代人之中掀起的那种丰富的精神文化潮流,是在全世界任何一个地点都不能再看到的。这样想一想,你就会懂得,一个像安培尔这样有头脑的人生长在这样丰富的环境中,何以在二十四岁就能有这样的成就。

---

① 指《少年维特的烦恼》的主角。

"你刚才说过,你可以理解一位二十岁的青年能写出梅里美所写的那样好的作品,我毫不反对你的话,但是总的来说,我也同意你的另一个看法:对于一个年轻人来说,写出好作品要比作出正确判断来得容易。但是在我们德国,一个人最好不要在梅里美那样年轻时就企图写出像梅里美的《克拉拉·嘉祚尔》①那样成熟的作品。席勒写出《强盗》、《阴谋与爱情》和《费厄斯柯》那几部剧本时,年纪固然还很轻,不过说句公道话,这三部剧本都只能显出作者的非凡才能,还不大能显出作者文化教养的高度成熟。不过这不能归咎于席勒个人,而是要归咎于德国文化情况以及我们大家都经历过的在孤陋生活中开辟道路的巨大困难。

"另一方面可举贝朗瑞为例。他出身于贫苦的家庭,是一个穷裁缝的后裔。他有一个时期是个穷印刷学徒,后来当个低薪小职员。他从来没有进过中学或大学。可是他的诗歌却显出丰富的成熟的教养,充满着秀美和微妙的讽刺精神,在艺术上很完满,在语言的处理上也特具匠心。所以不仅得到整个法国而且也得到整个欧洲文化界的惊赞。

"请你设想一下,这位贝朗瑞假若不是生在巴黎并且在这个世界大城市里成长起来,而是耶拿或魏玛的一个穷裁缝的儿子,让他在这些小地方困苦地走上他的生活途程,请你自问一下,一棵在这种土壤和气氛中生长起来的树,能结出什么样的果实呢?

"所以我重复一句,我的好朋友,如果一个有才能的人想迅速地幸运地发展起来,就需要有一种很昌盛的精神文明和健康的教养在他那个民族里得到普及。

"我们都惊赞古希腊的悲剧,不过用正确的观点来看,我们更应惊赞的是使它可能产生的那个时代和那个民族,而不是一些个别的作家。因为这些悲剧作品彼此之间尽管有些小差别,这些作家之中尽管某一个人显得比其他人更伟大、更完美一点,但是总的看来,他们都有一种始终一贯的独特的性格。这就是宏伟、妥帖、健康、人的完美、崇高的思想方式、纯真而有力的观照以及人们还可举出的其他特质。但是,如果这些特质不仅显现在流传下来的悲剧里,而且也显现在史诗和抒情诗里,乃至在哲学、辞章和历史之类著作里;此

---

① 指一八二五年梅里美假托西班牙女演员克拉拉·嘉祚尔的名义所发表的《克拉拉·嘉祚尔戏剧集》。

外,在流传下来的造型艺术作品里这些特质也以同样的高度显现出来,那么我们由此就应得出这样的结论:上述那些特质不是专属于某些个别人物,而是属于并且流行于那整个时代和整个民族的。

"试举彭斯①为例来说,倘若不是前辈的全部诗歌都还在人民口头上活着,在他的摇篮旁唱着,他在儿童时期就在这些诗歌的陶冶下成长起来,把这些模范的优点都吸收进来,作为他继续前进的有生命力的基础,彭斯怎么能成为伟大诗人呢?再说,倘若他自己的诗歌在他的民族中不能马上获得会欣赏的听众,不是在田野中唱着的时候得到收割庄稼的农夫们的齐声应和,而他的好友们也唱着他的诗歌欢迎他进小酒馆,彭斯又怎么能成为伟大诗人呢?在那种气氛中,诗人当然可以做出一些成就!

"另一方面,我们这些德国人和他们比起来,现出怎样一副可怜相!我们的古老诗歌也并不比苏格兰的逊色,但是在我们青年时代,有多少还在真正的人民中活着呢?赫尔德尔和他的继承者才开始搜集那些古老诗歌,把它们从遗忘中拯救出来,然后至少是印刷出来,放在图书馆里。接着,毕尔格尔和弗斯②还不是写出了许多诗歌!谁说他们的诗歌就比不上彭斯的那样重要,那样富于民族性呢?但是其中有多少还活着,能得到人民齐声应和呢?它们写出来又印出来了,在图书馆里摆着,和一般德国诗人的共同遭遇完全一样。也许其中有一两首还由一个漂亮姑娘弹着钢琴来唱着,但是在一般真正的人民中它们却是音沉响绝了。当年我曾亲耳听到过意大利渔夫歌唱我的《塔索》中的片段,我的情绪是多么激昂呀!

"我们德国人还是过去时代的人。我们固然已受过一个世纪的正当的文化教养,但是还要再过几个世纪,我们德国人才会有足够多和足够普遍的精神和高度文化,使得我们能像希腊人一样欣赏美,能受到一首好歌的感发兴起,那时人们才可以说,德国人早已不是野蛮人了。"③

**1827年5月4日**(谈贝朗瑞的政治诗)

---

① 彭斯(1759—1796),英国苏格兰的农民诗人,近代西方少数伟大的工农出身的诗人之一,他的许多诗歌至今还在苏格兰民间传诵着。
② 弗斯(1751—1826),研究希腊古典文艺的德国学者,译过荷马史诗,写过民歌体的反映农民生活的抒情诗,曾任耶拿大学教授。
③ 在这篇谈话里,歌德从自己的创作经验谈到诗歌同时代和民族的一般文化的密切关系。他拿德国同法国和英国对比来说明这个问题,深深感慨于当时德国诗人脱离人民和民族文化的孤陋境地。

歌德家举行盛大宴会,招待安培尔和他的朋友斯塔普弗。谈论很活跃、欢畅,谈到多方面的问题。安培尔告诉歌德许多关于梅里美、德·维尼①和其他重要文人的事情。关于贝朗瑞也谈得很多,歌德经常想到贝朗瑞的绝妙的诗歌。谈论中提到一个问题:是贝朗瑞的爽朗的爱情歌还是他的政治歌比较好。歌德发表的意见是:一般地说,一种纯粹诗性的题材总比政治性题材为好,正如纯粹永恒的真理总比党派观点为好。

他接着又说,"不过贝朗瑞在他的政治诗歌方面显示了他是法国的恩人。联盟国入侵法国之后,法国人在贝朗瑞那里找到了发泄受压迫情绪的最好的喉舌。贝朗瑞指引他们回忆在拿破仑皇帝统治下所赢得的光辉战绩。对拿破仑的伟大才能贝朗瑞是爱戴的,不过他不愿拿破仑的独裁统治继续下去。在波旁王朝统治下贝朗瑞似乎感到不自在。那一批人当然是孱弱腐朽的。现在的法国人希望高居皇位的人具有雄才大略,尽管同时也希望自己能参加统治,在政府里有发言权。"

…………

**1827年5月6日**(《威廉·退尔》的起源;歌德重申自己作诗不从观念出发)

歌德家举行第二次宴会,来的还是前晚那些客人。关于歌德的《海伦后》和《塔索》谈得很多。歌德对我们讲,一七九七年他有过一个计划,想用"退尔传说"②写一部用六音步诗行的史诗。

他说,"在所说的那一年,我再次〔去瑞士〕游历了几个小州和四州湖。那里美丽而雄伟的大自然使我再度得到很深的印象,我起了一个念头,要写一篇诗来描绘这样丰富多彩、瞬息万变的自然风景。为着使这种描绘更生动有趣,我想到最好用一些引人入胜的人物来配合这样引人入胜的场所和背景。于是我想起退尔的传说在这里很合适。

---

① 德·维尼(1797—1863),法国浪漫派诗人,其作品感伤色彩很重,带点哲理意味。
② 退尔,传说中的瑞士英雄和神箭手。瑞士在中世纪受奥地利统治,奥皇派驻乌理州(退尔出生的小州)的总督盖斯洛很残暴专横,把自己的帽子挂在竿子上,饬令过路人都要向帽子敬礼。退尔独不肯敬礼,被盖斯洛拘捕。盖斯洛把一个苹果放在退尔的男孩头上,罚他用箭把苹果射掉。退尔一箭命中苹果,回头另一箭射死盖斯洛。从此退尔便领导瑞士人民起义,使瑞士摆脱奥地利帝国的统治。这个传说始见于十五世纪一首民歌。近代历史家大半认为退尔这个人物是虚构,不过他代表被压迫民族争取解放的热烈希望。歌德的史诗没有写,席勒用这个传说写了他的著名剧本《威廉·退尔》。近代音乐家也爱用这个传说谱歌曲。

"我想象中的退尔是个粗豪健壮、优游自得、纯朴天真的英雄人物。作为一个搬运夫,他在各州奔波,到处无人不知道他、不喜爱他,他也到处乐意给人一臂之助。他平平安安地干他的行业,供养着老婆和小男孩,不操心去管谁是主子,谁是奴隶。

"关于对立的一方,盖斯洛在我想象中是个暴君,不过他贪安逸,很随便,有时做点坏事,有时也做点好事,都不过借此寻寻开心。他对人民和人民的祸福概不关心,在他眼中没有人民存在。

"与此对立的人性中一些较高尚善良的品质,例如对家乡的热爱、对祖国法律保护下的自由和安全感、对遭受外国荒淫暴君的枷锁和虐待的屈辱感、以及最后逐渐酝酿成熟的要摆脱可恨枷锁的坚强意志,我把这些优良品质分配给瓦尔特·富斯特、斯陶法肖和文克尔里特①之类高尚人物。这些才是我要写的史诗中的真正英雄人物,代表自觉行动的崇高力量,至于退尔和盖斯洛虽有时出现在情节里,总的来说,却只是一些被动的人物。

当时我专心致志地在这个美好题目上运思,而且哼出了一些六音步格诗行。我看到静悄悄的湖光月色,以及月光照到的深山浓雾。然后我又看到最美的一轮红日之下充满生命和欢乐的森林和草原。我在心中又描绘出一阵雷电交加的暴风雨从岩壑掠过湖面。那里也不缺少寂静的夜景和小桥僻径的幽会。

我把这一切都告诉了席勒。在他的意匠经营中,我的一些自然风景和行动的人物就形成了一部戏剧。因为我有旁的工作,把写史诗的计划拖延下去,到最后我就把我的题目完全交给席勒,他用这个题目写出了一部令人惊赞的大诗。"

我们听到这番引人入胜的叙述都感到高兴。我指出,《浮士德》第二部第一景用三行同韵格②写的那段描绘红日东升的壮丽景致,可能就是根据对四州湖的回忆。

歌德说,"我不否认,那些景物确实是从四州湖来的。如果不是对那里的美妙风景记忆犹新,我就不会用三行同韵格。不过我用退尔传说中当地风光的金子所熔铸成的作品也就止于此。其余一切我都交给席勒了。大家都知

---

① 退尔传说中一些英雄人物,都无史实可稽。
② "三行同韵格"就是但丁在《神曲》中使用的格律。

道,席勒对这种材料利用得非常美妙。"

话题于是转到《塔索》以及歌德在这部剧本中企图表现的观念。

歌德说,"观念?我似乎不知道什么是观念!我有塔索的生平,有我自己的生平,我把这两个奇特人物和他们的特性融会在一起,我心中就浮起塔索的形象,我又想出安东尼阿①的形象作为塔索形象的散文性的对立面,这方面我也不缺乏蓝本。此外,宫廷生活和恋爱纠纷在魏玛还是和在菲拉拉②完全一样;关于我的描绘,可以说句真话:这部剧本是我的骨头中的一根骨头,我的肉中的一块肉。

"德国人真是些奇怪的家伙!他们在每件事物中寻求并且塞进他们的深奥的思想和观念,因而把生活搞得不必要地繁重。哎,你且拿出勇气来完全信任你的印象,让自己欣赏,让自己受感动,让自己振奋昂扬,受教益,让自己为某种伟大事业所鼓舞!不要老是认为只要不涉及某种抽象思想或观念,一切都是空的。

"人们还来问我在《浮士德》里要体现的是什么观念,仿佛以为我自己懂得这是什么而且说得出来!从天上下来,通过世界,下到地狱,这当然不是空的,但这不是观念,而是动作情节的过程。此外,恶魔赌输了,而一个一直在艰苦的迷途中挣扎、向较完善境界前进的人终于得到了解救,这当然是一个起作用的、可以解释许多问题的好思想,但这不是什么观念,不是全部戏剧乃至每一幕都以这种观念为根据。倘若我在《浮士德》里所描绘的那丰富多彩、变化多端的生活能够用贯串始终的观念这样一条细绳串在一起,那倒是一件绝妙的玩艺儿哩!"

歌德继续说,"总之,作为诗人,我的方式并不是企图要体现某种抽象的东西。我把一些印象接受到内心里,而这些印象是感性的、生动的、可喜爱的、丰富多彩的,正如我的活跃的想象力所提供给我的那样。作为诗人,我所要做的事不过是用艺术方式把这些观照和印象融会贯通起来,加以润色,然后用生动的描绘把它们提供给听众或观众,使他们接受的印象和我自己原先所接受的相同。

"如果我作为诗人,还想表现什么观念,我就用短诗来表现,因为在短诗

---

① 安东尼阿,《塔索》中一个配角。
② 菲拉拉,意大利的一个小公国,塔索在那里受到长期礼遇,最后被幽禁放逐。

中较易显出明确的整体性和统观全局,例如我的动物变形和植物变形两种科学研究以及《遗嘱》之类的小诗。我自觉地要力图表现出一种观念的惟一长篇作品也许是《情投意合》①。这部小说因表现观念而较便于理解,但这并不是说,它因此就成了较好的作品。我无宁更认为,一部诗作愈莫测高深,愈不易凭知解力去理解,也就愈好。"②

**1827年7月5日**(拜伦的《唐·璜》;歌德的《海伦后》;知解力和想象的区别)

……

……这就把话题引到素描。歌德拿意大利一位大师的一幅很好的素描给我看,画的是婴儿耶稣和一些法师在庙里。接着他又让我看一幅按素描作出的绘画的复制品,我们看来看去,一致认为素描更好。

歌德说,"我近来很幸运,没花很多钱就买到一些名画家的很好的素描。这些素描真是无价之宝,它们不仅显示出艺术家们本来的用意,而且立刻让我们感觉到他们在创作时的心情。例如这幅《婴儿耶稣在庙里》,每一笔都使我们看到作者心情的晶明透澈和镇静果断,而且在观赏中感染到这种怡悦的心情。此外,造型艺术还有一个很大便利,它是纯粹客观的,引人入胜,却不过分强烈地激起情感。这种作品摆在面前,不是完全引不起情感,就是引起很明确的情感。一首诗却不然,它所产生的印象模糊得多,所引起的情感也随听众的性格和能力而各有不同。"

我接着说,"我最近在读斯摩莱特的一部好小说《罗德瑞克·兰登》③,它给我的印象却和一幅好画一样。它照实描述,丝毫没有卖弄风骚的气息,它把实际生活如实地摆在我们面前,这种生活是够讨人嫌厌的,可是通体来说,给人的印象是明朗的,就因为它的确是真实的。"

歌德说,"我经常听到人称赞这部小说,我相信你的话是对的,不过我自己还没读过。"……

我又说,"在拜伦的作品里我也经常发现把事物活灵活现地描绘出来,在

---

① 又译《亲和力》。
② 在这篇谈话里,歌德用自己的创作经验说明诗不应从抽象概念出发,而应从现实生活的具体印象出发。这种看法有它的进步意义,但也不能把它推到极端,以至否定文艺的思想性。
③ 斯摩莱特(1721—1771),英国小说家,《罗德瑞克·兰登》是他的第一部小说,写一个水手的各种遭遇,是以人为纲把许多互不连贯的事件串在一起的范例,描写很生动。

我们内心引起的情绪也正和一位名手素描所引起的一样。特别在他的《唐·璜》①里有很多这样的例子。"

歌德说,"对,拜伦在这方面是伟大的,他的描绘有一种信手拈来、脱口而出的现实性,仿佛是临时即兴似的。我对《唐·璜》知道得不多,但他的其他诗中有一些片段是我熟记在心的,特别是在他写海景的诗里间或出现一片船帆,写得非常好,使人觉得仿佛海风在荡漾。"

我说,"我特别欣赏他在《唐·璜》里描绘伦敦的部分。那里信手拈来的诗句简直就把伦敦摆在我们眼前。他丝毫不计较题材本身是否有诗意,抓到什么就写什么,哪怕是理发店窗口挂的假发或给街灯上油的工人。"

歌德说,"我们德国美学家们大谈题材本身有没有诗意,在某种意义上他们也许并非一派胡说,不过一般说来,只要诗人会利用,真实的题材没有不可以入诗或非诗性的。"

…………

我说,"……我对拜伦的作品读得愈多,也就愈惊赞他的伟大才能。您在《海伦后》里替拜伦竖立了一座不朽的爱情纪念坊,您做得很对。"②

歌德说,"除掉拜伦以外,我找不到任何其他人可以代表现代诗。拜伦无疑是本世纪最大的有才能的诗人,他既不是古典时代的,也不是浪漫时代的,他体现的是现时代。我所要求的就是他这种人。他具有一种永远感不到满足的性格和爱好斗争的倾向,这就导致他在密梭龙基③丧生,因此用在我的《海伦后》里很合适。就拜伦写一篇论文既非易事,也不合适,我想抓住一切恰当时机,去向他表示尊敬和怀念。"

既然谈到《海伦后》,歌德就接着谈下去。他说,"这和我原来对此诗所设想的结局完全不同,我设想过各种各样的结局,其中有一种也很好,现在不必告诉你了。当时发生的事件才使我想到用拜伦和密梭龙基作为此诗的结局,

---

① 《唐·璜》写一个美男子浪游希腊、君士坦丁堡、俄国和英国沿途所发生的恋爱故事,其中包括他和俄国女皇叶卡捷琳娜的关系。但是主要的内容是对各国(特别是英国)社会生活的辛辣讽刺。此诗第三乐章《哀希腊》歌很早就译成了汉文。
② 歌德在《海伦后》(后并入《浮士德》第二部)里写浮士德和古希腊海伦后结了婚,生的儿子叫做欧福良,代表诗人拜伦。海伦后代表古典美,浮士德代表浪漫精神,两人的结婚代表古典美与浪漫精神的统一。
③ 拜伦在一八二三年参加希腊解放战争,次年病死在希腊的密梭龙基,年仅三十六岁。此事轰动一时。歌德当时正在写《海伦后》,所以把它写进诗里。

于是把原来的其他设想都放弃了。不过你会注意到,合唱到了挽歌部分就完全走了调子。前此整个气氛是古代的,还没有抛弃原来的处女性格,到了挽歌部分,它就突然变得严肃地沉思起来,说出原来不曾想到也不可能想到的话来了。"

我说,"我当然注意到了这一点。不过我从吕邦斯的风景画里所用的双重阴影①理解到虚构的意义,我对此就不觉得奇怪了。这类小矛盾只要能构成更高的美,就不必去吹毛求疵。挽歌是要唱的,既然没有男合唱队在场,那也就只得让处女们去唱了。②"

歌德笑着说,"我倒想知道德国批评家们对此会怎么说,他们有足够的自由精神和胆量去绕过这个弯子么?对法国人来说,知解力是一种障碍,他们想不到想象有它自己的规律,知解力对想象的规律不但不能而且也不应该去窥测。想象如果创造不出对知解力永远是疑问的事物来,它就做不出什么事来了。这就是诗和散文的分别。在散文领域里起作用的一向是,而且也应该是,知解力。"③

这时已到十点钟,我就告别了。我们坐谈时一直没有点烛,夏夜的亮光从北方照到魏玛附近的厄脱斯堡。④

**1827年7月25日**(歌德接到瓦尔特·司各特的信)

歌德最近接到瓦尔特·司各特的一封信,感到很高兴。今天他把这封信拿给我看,因为英文书法他不大认得清楚,就叫我把信的内容译出来。他像是先写过信给这位著名的英国诗人,⑤而这封信就是答复他的。司各特写道:

---

① 参看第340—342页。
② 希腊戏剧的合唱队男女分工,轻快部分归女声唱,较严肃的部分归较年老的男声唱。《浮士德》下卷只有青年女子合唱队,没有男声合唱队,所以较严肃的部分仍由女声合唱队来唱。
③ 德国古典哲学家康德和黑格尔都把理性(Vernunft)和知解力(Verstand)严格分开,理性是先验和超验的,根据绝对或最高原则来下判断;知解力(过去误译为"悟性")是根据经验的,以归纳和演绎的方式来就经验事实作出结论,参看一八二九年二月十三日谈话。此外,西方美学家又常把知解力和想象力(Phantasie, Imagination)严格分开,前者用于散文,用于常识和经验科学领域之类实事求是的论述;想象用于诗和艺术的虚构。实际上过去所讲的超验理性根本不存在,至于知解力和想象虽有分别,文艺也不能单凭想象而不要知解力(即不能单凭形象思维而不要抽象思维)。
④ 这篇谈话重申歌德的一些基本文艺观点,即从现实出发,要使作品如实地反映现实,但并不排除艺术虚构。歌德说明了《海伦后》何以要用拜伦代表海伦后(古典美)和浮士德(浪漫精神)结合所产生的近代诗艺,作为全诗的结局。
⑤ 歌德曾于一八二七年一月十二日写信给司各特。

我感到很荣幸,我的某些作品竟有幸受到歌德的注意,我从一七九八年以来就是歌德的赞赏者之一。① 当时我对德文虽然懂得很肤浅,却够大胆地把《葛兹·封·伯利欣根》译成英文了。在这种幼稚的尝试中,我忘记了只感觉到一部天才作品的美并不够,还要精通作品所用的语文才能把作品的美显示给旁人看。不过我还是认为我的幼稚尝试有点价值,它至少可以显示出我能选择一部值得惊赞的作品来译。

我曾从我的女婿洛克哈特②那里听到关于您的情况。这位年轻人有些文学才能,他在和我家结成亲属关系之前几年,就已荣幸地拜访过德国文学之父了。您不可能记得那么多向您致敬者之中的每一个人,但是我相信,我的家庭中这个年轻成员比任何人都更敬仰您。

我的朋友品克的霍浦爵士不久以前本来有访问您的荣幸,我原想通过他写信给您,我后来又想通过预定要到德国去旅行的他的两位亲戚带信给您,可是他们因病未能成行,以致过了两三个月才把信退还给我。所以老早以前,还在歌德那样友好地向我致意以前,我就已冒昧地设法结识他了。

凡是赞赏天才的人们知道一位最大的欧洲天才典范在高龄受到高度崇敬,在享受幸福而光荣的退隐生活,都会感到非常欣慰。可怜的拜伦勋爵的命运却没有让他获得这样的幸运,而是在盛年就剥夺了他的生命,使一切对他的希望和期待都落了空。他生前对您给他的荣誉曾感到荣幸,对一位诗人深怀感激,而对这位诗人,现代一切诗人都深怀感激,感到自己不得不用婴儿的崇敬心情来仰望着他。

我已冒昧地托特劳伊特尔和伍尔茨图书公司把我为一位值得注意的人物所试写的传记③寄给你,这位人物多年来对他统治过的世界起过大得可怕的影响。我不知道我自己是否有应当感谢他的地方,因为他使得我拿起武器打了十二年的仗④,当时我在一个英国民兵团服役,尽管长期跛腿,我还是变成了一个骑马、打猎和射击的能手。这些好手艺近来有些离开我了,而风湿病这种北方天气的祸害已侵袭到我的肢腿了。不过我

---

① 信中对歌德有时用第三人称,表示尊敬。
② 洛克哈特(1794—1854)写过《瓦尔特·司各特传》,这是英国最著名的传记之一。
③ 指司各特所写的《拿破仑传》。
④ 指英国参加的围攻拿破仑的战役。

并不抱怨,因为我虽放弃了骑射,却看到儿子们正在从骑射中找得乐趣。

我的长子现在掌管着一个轻骑兵连,这对于一个二十五岁的青年人总是够高的地位了。我的次子最近在牛津大学得了文学士的学位,在他走进世界以前,先在家里呆几个月。由于老天爷乐意要他们的母亲抛开人世,我最小的女儿在管理家务。最大的女儿结了婚,已有她自己的家庭了。

承垂询到我,我的家庭情况就是如此。此外,尽管曾遭受过巨大损失,我还有足够的家资使我生活得很称意。我承继了一座宏大的老邸宅,歌德的任何朋友来这里会随时受到欢迎。大厅里摆满了武器,这甚至配得上雅克斯特豪生①,还有一只猎犬守着大门。

不过我忘记了在世时曾多方努力使人们不要忘记他的那一位②。我希望您能原谅这部作品中的一些毛病,考虑到作者本意是想在他的岛国成见所能容许的范围内尽量忠诚地描述这位非凡人物。

这次一位游客提供我写信给您的机会来得很突然,也很偶然,他不能等,我没有时间再写下去了。我只能祝愿您保持健康和休养,向您表示最诚恳、最深厚的敬意!

瓦尔特·司各特<br>一八二七年七月九日,爱丁堡

我已说过,歌德看到这封信很高兴。不过他认为这封信对他表示那样高度崇敬,是由于作者的爵位和高度文化教养使他这样有礼貌。

他提到瓦尔特·司各特那样和蔼亲切地谈他的家庭情况,这显示出兄弟般的信任,使他很高兴。

他接着说,"我急于想看到他答应寄来的《拿破仑传》。我已听到许多对这部书的反驳和强烈抗议,我敢说它无论如何是值得注意的。"

我问到洛克哈特,问他是否还记得这个人。

歌德回答说,"还记得很清楚,他的风度给人不会很快就能忘掉的深刻印象。从许多英国人乃至我的儿媳谈到他的话来看,他一定是一个在文学方面

---

① 葛兹·封·伯利欣根的堡垒。司各特景仰中世纪的骑士,在住房陈设乃至一般生活方面都喜欢摹仿中世纪传奇人物。
② 指拿破仑,下文指司各特的《拿破仑传》。

有很大希望的青年人。

"此外我感到有些奇怪,司各特没有一句提到卡莱尔①的话,卡莱尔对德国文化有浓厚的兴趣,司各特一定知道他。

"卡莱尔值得钦佩的是,在评判我们德国作家时他总是特别着眼到精神的和伦理的内核,把它看作真正起作用的因素。卡莱尔是一种有重大意义的道德力量,他有许多预兆未来的东西,现在还不能预见到他会产生什么结果或发生什么影响。"

**1827 年 10 月 7 日**(访耶拿;谈弗斯和席勒;谈梦和预感;歌德少年时代一段恋爱故事)

今晨天气顶好。八点钟以前我就陪歌德乘马车到耶拿去,他打算在耶拿呆到明晚。

到达耶拿还很早,我们就先到植物园。歌德浏览了园里的草木,看到一切井然有条,欣欣向荣。我们还观看了矿物馆以及其他自然科学方面的搜藏,然后就应邀乘车到克涅伯尔先生家②吃晚饭。

克涅伯尔先生很老了,走到门口去拥抱歌德时几乎跌倒了。席间大家都很亲热活跃,不过没有谈什么重要的话。这两位老朋友都沉浸在重逢的欢乐中。

饭后我们乘车向南走,沿着莎勒河往前行驶。我早先就熟识这个地区,但是一切都很新鲜,仿佛不曾见过似的。

回到耶拿街上时,歌德吩咐马车沿着一条小溪前行,到了一座外观不大堂皇的房子门前就停下来。

他说,"弗斯从前就住在这里,我带你来看看这个带有古典意味的场所。"我们穿过房子走进花园,里面花卉不多,名品种很少。我们在果树荫下的草地上走着。歌德指着果树说,"这是为恩涅斯丁③而栽的。她老家在欧亭,到了耶拿还忘不了家乡的苹果。她曾向我夸奖这种苹果多么香甜。这是她儿时吃

---

① 卡莱尔(1795—1881),苏格兰作家、历史学家、唯心主义哲学家,德国文学的热情宣传者,译过歌德的《威廉·麦斯特》,写过《席勒传》、《弗里德里希大帝的历史》、《英雄和英雄崇拜》等。恩格斯在《英国状况》中屡次对他作过评介。
② 参看第 246 页正文和注②。
③ 弗斯夫人。

的苹果,原因就在此!我和弗斯夫妇在这里度过许多欢畅的良宵,现在我还爱回忆过去那种好时光。像弗斯那样的人物不易再碰到了,现在很少有人能像他那样对德国高等文化发生深广的影响。他的一切都是健康而坚实的,所以他对古希腊人的爱好并不是矫揉造作而是自然的,对我们这些人产生了顶好的结果。像我这样深知他的好处的人简直不知道怎样怀念他才够分。"

到了六点钟左右,歌德想起该是到旅馆去过夜的时候了。他原已在挂着熊招牌的旅馆里预定了房间。分配给我的房间很宽敞,套间里摆着两张床。日落未久,窗户上还有亮光,我们觉得不点烛再坐一会儿是很惬意的。

歌德又谈起弗斯,说,"无论对耶拿大学还是对我自己,弗斯都很有益。我本想把他留下来,但是海德尔堡大学向他提供了很优厚的条件,凭我们这里不宽裕的经济情况无法和它竞争。我让弗斯走了,心里很难过,幸好我得到了席勒。我和席勒的性格尽管不同,志向却是一致的。所以我们结成了亲密的友谊,彼此都觉得没有对方就根本无法过活。"

歌德接着向我谈了席勒的一些轶事,颇能显出席勒的性格特征。

他说,"席勒的性格是光明磊落的,我们可以想象到,他痛恨人们有意或确实向他表示任何空洞的尊敬和陈腐的崇拜。有一次考茨布要在席勒家里替席勒正式举行庆祝,席勒对此非常讨厌,感到恶心,几乎晕倒了。[①] 他讨厌陌生人来访。如果他当时有事不能见,约来客午后四时再来,到了约定的时间,他照样怕自己会感到糟心甚至生病。在这种场合,他总是显得很焦躁甚至粗鲁。我亲眼看见过一位素昧平生的外科大夫没有经过传达就闯进门来拜访他,他那副暴躁的神色使那个可怜的家伙惊慌失措,抱头鼠窜了。

"我也说过,而且这也是大家都知道的,我和席勒的性格很不同,尽管志向一致。这种不同不仅表现在心理方面,也表现在生理方面。对席勒有益的空气对我却像毒气。有一天我去访问他,适逢他外出。他夫人告诉我,他很快就会回来,我就在他的书桌旁边坐下来写点杂记。坐了不久,我感到身体不适,愈来愈厉害,几乎发晕。我不知道怎么会得来这种怪病。最后发现身旁一个抽屉里发出一种怪难闻的气味。我把抽屉打开,发现里面装的全是些烂苹果,不免大吃一惊。我走到窗口,呼吸了一点新鲜空气,才恢复过来。这时席勒夫人进来了,告诉我那只抽屉里经常装着烂苹果,因为席勒觉得烂苹果的气

---

[①] 考茨布这位新起的剧作家对歌德和席勒所宣传的古典主义表示反对,所以他庆祝席勒是虚伪的。

味对他有益,离开它,席勒就简直不能生活,也不能工作。①"

歌德接着说,"明天早晨我带你去看看席勒在耶拿的故居。"

这时上了灯,我们吃了一点晚饭,然后又坐了一会儿,闲谈了一些往事。

我谈起我在少年时代做过一次怪梦,到第二天早晨,这个梦居然成了真事。

我说,"我从前养过三只小红雀,把整个心神都灌注在它们身上,爱它们超过爱任何东西。它们在我房间里自由地飞来飞去,我一进门,它们就飞到我手掌上。有一天中午发生了一件不幸的事故,我走进房间里,有一只小红鸟掠过我头上飞了出去,不知道飞到哪里去了。当天整个下午,我到所有的房顶上去找它,可是终于失望,一直到天黑,小红鸟连影子也见不到。我就带着悲痛上床睡觉了。睡到早晨,我做了一个梦,梦见我还在附近逛来逛去,找那只失去的小红鸟。突然间,我听到它的叫声,看到它在我们住宅的花园后邻家的屋顶上。我召唤它,它鼓翼向我飞来,好像在求食,可是还不肯飞到我手掌上来。看到这种情况,我就飞快地穿过花园跑回到房子里,用盒子装满小米,再跑回去,举起它爱吃的食物给它看,它就飞到我的手掌上来了。于是我满心高兴地把它带回房子里,同它的两个小伙伴放在一起。

"我醒来时天正大亮,我赶快穿起衣服,匆匆忙忙地穿过小花园,飞奔到我梦见小红鸟落脚的那座房子。小红鸟果然在那里!一切经过就和我梦见的完全一样。我召唤它,它转过身来,却不肯马上飞到我手掌上。我赶快跑回家,搬出鸟食,等它飞到我手掌上,然后我就把它同另外两个小红鸟放在一起了。"

歌德说,"你那段少年时代的经历倒是顶奇特的。不过自然界类似这样的事例还很多,尽管我们还没有找到其中的奥妙。我们都在神秘境界中徘徊着,四周都是一种我们不认识的空气,我们不知道它怎样起作用,它和我们的精神怎样联系起来。不过有一点是可以确定的:在某些特殊情况下,我们灵魂的触角可以伸到身体范围之外,使我们能有一种预感,可以预见到最近的未来。"

我说,"我最近也经历过类似的情况。我正在沿埃尔富特公路散步回来,

---

① 文学家和艺术家往往借喝酒、抽烟来振奋精神,烂苹果发过酵,有点酒味,可能起刺激和振奋的作用。

大约再过十分钟就可以到达魏玛的时候,心里忽然有一种预感,仿佛到了剧院的拐角就要碰见一个经年没有见面而且许久不曾想念过的人。想到我会碰见她,我心里有些不安。没想到,到了剧院的拐角,我果然碰见了她,正是在十分钟以前我在想象中看见她的那个地方,这使我大为惊讶。"

歌德回答说,"那也是一件怪事,而且并非偶然。刚才已说过,我们都在神秘而奇异的境界中摸索。此外,单是默然相遇,一个灵魂就可以对另一个灵魂发生影响,我可以举出很多事例。我自己就有过这样的经历。有一次我和一个熟人一道散步,我心里在沉思某一事物时,他马上就向我谈起那个事物。我还认识一个人,他能一声不响,单凭他的意力操纵,使正在谈得很欢的一群人突然鸦雀无声。他甚至还能在这一群人中间制造一种困难气氛,使他们感到不安。我们身上都有某种电力和磁力,像磁石一样,在接触到同气质或不同气质的对象时,就发出一种吸引力或抗拒力。如果一位年轻姑娘无意中碰巧和一个存心要谋害她的男子呆在同一间黑屋里,尽管她不知道他也在那里,她心里也可能很不安地感觉到他就在那里,栗栗危惧起来,力图逃脱这间黑屋,跑回家去。"

我插嘴说,"我知道有一部歌剧,其中有一场就表演一对远别很久的情人无意中同呆在一间黑屋里,彼此本来不知道对方也在那里,可是没有多久,磁力就发挥作用,把这两人吸引到一起,那位年轻姑娘很快就倒在那年轻男子怀抱中去了。"

歌德接着说,"在钟情的男女中间,这种磁石特别强烈,就连距离很远,也会发生作用。我在少年时代,像这样的事例经历过很多。有时我孤零零一个人在散步,渴望我所爱的那位姑娘来给我做伴,一心一意地想念着她,直到她果然来到我身边,对我说,'我在房子里闷得慌,忍不住走到这里来了。'

"我还记得从前我住在耶拿这里头几年中的一段经历。我到这里不久又爱上一个女子。那时我远游回来已经有好几天,因为每夜都被宫廷事务拖住,抽不出时间去看我爱的那位女子。我和她相爱已引起人们注意,所以白天我不敢去看她,怕惹起更多的流言蜚语。等到第四天或第五天晚上,我再也忍不住了,就走上到她家的那条路,不知不觉地走到了她家门口。我轻步登上楼梯,正准备进她房子里,却听见里面人声嘈杂,显然她不是单独一个人在家。我就悄悄地下了楼,很快又回到黑暗的街头,当时街上还没有点灯。我心里既烦躁又苦痛,在这个镇市里四面八方地乱冲乱闯,差不多有一个钟头,又闯回到她家门口,一直在想念着她。最后我终于准备回到我的孤独的房子里去,又穿过她家门前,望见她房里灯已熄灭,就自言自语地说,她也许出门了,但是在这黑夜里她到哪里去呢?我在哪里能碰见她呢?我又逛了好几条街,碰见了许多人,往往碰见的人模样和身材很像她,但是近看又不是她。我当时已深信强烈的交感力,单凭强烈的眷恋就可以把她吸引到我身边来。我还相信我周围有无形可见的较高的精灵,于是我向他们祷告,请求把她的脚步引向我,或是把我的脚步引向她。这时我又自己骂自己说,'可是你真傻呀!你不想再尝试一次,回到她那里去,却在央求什么征兆和奇迹!'

"这时我已走到大街尽头的空地,到了席勒从前住过的那所小房子,心里忽然想要朝宫殿方向转回去,然后转到右边的小道。我朝这个方向还没有走上一百步,就看见一个女子向我走来,体形完全像我梦寐以求的那个人。偶尔有窗口射出微弱的灯光,照得街道还有点亮。当晚我已多次因体形类似受了骗,所以不敢冒昧地向她打招呼。我们两人走得很靠近,胳膊碰到了胳膊。我站住不动,巡视着周围;她也采取这种姿势。她开口道,'是你?'我认出她的口音,就说,'终于见到啦!'欢喜得流泪。我们的手紧握住了。我说,'哈,我的愿望到底没有落空,我万分焦急地四处找你,我心里想,一定会把你找到。现在我可快活啦!多谢老天爷,我的预感成了现实啦!'她说,'你这人真坏,为什么不来?今天我听说你回来已经三天了,今天我哭了一个下午,以为你把我忘掉了。刚才,一个钟头以前,我突然又非常想你,说不出来多么焦躁。有两位女友来看我,老呆着不走。她们一走,我马上抓起帽子和大衣,有一股力量迫使我非出门在黑夜里走走不可,要走到哪里,我也没有个打算。你经常盘踞在我心坎里,我感觉到你一定会来看我。'她说的是真心话。我们紧握着手,紧紧地拥抱着,让对方了解到别离并不曾使我们的爱情冷下来。我陪她走到门口,走进她家里。楼梯黑暗,她走在前面,捉住我的手拉着我跟她走。我说不出地欢喜,不仅因为我终于再见到她,而且也因为我的信心和我对冥冥中无形影响的预感都没有落空。"

歌德的心情显得顶舒畅。我就是再听他继续谈几个钟头也是乐意的,可是他逐渐感到疲倦了,我们就到套间,不久就上床睡觉了。①

**1827年10月18日**(歌德和黑格尔谈辩证法)

黑格尔来到魏玛。歌德对黑格尔这个人很尊敬,尽管对黑格尔哲学所产生的某些效果不太满意。今晚他举行茶会招待黑格尔,准备今晚离开魏玛的泽尔特也在座。

关于哈曼②谈得很多,黑格尔是主要发言人。他对这位才智非凡的哲学家发表了一些深刻的见解,要不是他对哈曼进行过最仔细、最认真的研究,就不会有那样深刻的见解。

后来话题转到辩证法的本质。黑格尔说,"归根到底,辩证法不过是每个人所固有的矛盾精神经过规律化和系统化而发展出来的。这种辩证才能在辨别真伪时起着巨大的作用。"

歌德插嘴说,"但愿这种伶巧的辩证技艺没有经常被人误用来把真说成伪,把伪说成真!"

黑格尔说,"你说的那种情况当然也会发生,但也只限于精神病患者。"

歌德说,"幸好对自然科学的研究使我没有患精神病!因为在研究自然时,我们所要探求的是无限的、永恒的真理,一个人如果在观察和处理题材时不抱着老实认真的态度,他就会被真理抛弃掉。我还深信,辩证法的许多毛病可以从研究自然中得到有效的治疗。"

大家谈得正欢,泽尔特站了起来,一声不响就离开了。我们明白泽尔特对于要和歌德告别感到很难过,所以采用这种办法来避免告别时的悲伤。③

---

① 这篇记得很生动的谈话,表明歌德对西方一向流行的占梦、异地交感、"天眼通"、无形神力之类迷信仍感到津津有味,尽管他的科学训练养成了他基本上倾向唯物主义的世界观。他和席勒的个性差异和亲密友谊也是西方文艺界传诵的佳话。歌德在少年时代有不少的恋爱经历,从这篇谈话所叙述的那件事例也可以见见一斑。这里谈到的女子据就是著名的夏洛蒂·封·施泰因夫人(1742—1827),参看一九三〇年《万人丛书》中英译本所载的英国评论家哈夫洛克·霭理斯的序文。施泰因夫人有一点文名。歌德给她的书信集在一八四八到一八五一年发表过。
② 哈曼(1730—1788),德国启蒙运动中的哲学家。
③ 这篇短兵相接的谈话生动地说明了歌德和黑格尔在哲学观点上的基本对立。歌德从自然科学出发,倾向唯物主义,坚持实际观察和实验,所以反对黑格尔的从"理念"出发的辩证法,认为它不免颠倒真伪。不过从歌德在自然科学方面强调有机观和综合法来看,以及从他在美学方面强调艺术与自然、特殊与一般、以及客观世界与主观世界的对立统一来看,他的思想中也有很明显的辩证因素,他所反对的不过是黑格尔宣扬的那种辩证法而已。

# 1828 年

**1828 年 3 月 11 日**(论天才和创造力的关系;天才多半表现于青年时代)

…………

今天饭后我在歌德面前显得不很自在,不很活泼,使他感到不耐烦。他不禁带着讽刺的神气向我微笑,还开玩笑说,"你成了第二个项狄,有名的特利斯川的父亲①啦。他有半生的光阴都因为房门吱吱嘎嘎地响而感到烦恼,却下不定决心在门轴上抹上几滴油,来消除这种每天都碰到的干扰。

"不过我们一般人都是这样。一个人精神的阴郁和爽朗就形成了他的命运! 我们总是每天都需要护神牵着走,每件事都要他催促和指导。只要这位精灵丢开我们,我们就不知所措,只有在黑暗中摸索了。

"在这方面拿破仑真了不起! 他一向爽朗,一向英明果断,每时每刻都精神饱满,只要他认为有利和必要的事,他说干就干。他一生就像一个迈大步的半神,从战役走向战役,从胜利走向胜利。可以说,他的心情永远是爽朗的。因此,像他那样光辉灿烂的经历是前无古人的,也许还会后无来者。

"对呀,好朋友,拿破仑是我们无法摹仿的人物啊。"

…………

歌德关于拿破仑的一番话引起我深思默想,于是我设法就这个题目谈下去。我说,"我想拿破仑特别是在少年时代精力正在上升的时期,才不断地处在那样爽朗的心情中,所以我们看到当时仿佛有神在保佑他,他一直在走好运。他晚年的情况却正相反,爽朗精神仿佛已抛弃了他,他的好运气和他的护星也就离开他了。"

---

① 《特利斯川·项狄》是英国作家斯泰恩(1713—1768)写的一部著名的长篇小说。主角的父亲是个典型的脾气坏而心地善良的古怪人。

歌德回答说，"你想那有什么办法！就拿我自己来说吧，我也再写不出我的那些恋歌和《维特》了。我们看到，创造一切非凡事物的那种神圣的爽朗精神总是同青年时代和创造力联系在一起的。拿破仑的情况就是如此，他就是从来没有见过的最富于创造力的人。

"对了，好朋友，一个人不一定要写诗歌、戏剧才显出富于创造力。此外还有一种事业方面的创造力，在许多事例中意义还更为重要。医生想医好病，也得有创造力，如果没有，他只能碰运气，偶尔医好病，一般地说，他只是一个江湖医生。"

我插嘴说，"看来你在这里是把一般人所谓'天才'（Genie）叫做创造力。"

歌德回答说，"天才和创造力很接近。因为天才到底是什么呢？它不过是成就见得上帝和大自然的伟大事业的那种创造力，因此天才这种创造力是产生结果的，长久起作用的。莫扎特的全部乐曲就属于这一类，其中蕴藏着一种生育力，一代接着一代地发挥作用，取之不尽，用之不竭。

"其他大作曲家和大艺术家也是如此。斐底阿斯和拉斐尔在后代起了多大影响，还有丢勒①和霍尔拜因②。最初发明古代德国建筑形式比例、为后来斯特拉斯堡大教堂和科隆大教堂③准备条件的那位无名建筑师也是一位天才，因为他的思想到今天还作为长久起作用的创造力而保持它的影响。路德就是一位意义很重大的天才，他在过去不少的岁月里发生过影响。他在未来什么时候会不再发挥创造力，我们还无法估量。莱辛不肯接受天才这个大头衔，但是他的持久影响就证明他是天才。另一方面，我们在文学领域里也有些要人在世时曾被捧为伟大天才，身后却没有发生什么影响，他们比自己和旁人所估计的要渺小。因为我已经说过，没有发生长远影响的创造力就不是天才。此外，天才与所操的是哪一行一业无关，各行各业的天才都是一样的。不管是像奥肯④和韩波尔特那样显示天才于科学，像弗里德里希、彼得大帝和拿破仑那样显示天才于军事和政治，还是像贝朗瑞那样写诗歌，实质都是一样，关键在于有一种思想、一种发明或所成就的事业是活的而且还要活下去。

---

① 丢勒(1471—1528)，文艺复兴时代日耳曼民族最大的画家和版画家。
② 霍尔拜因(1497—1549)，长期在英国工作的德国名画家。
③ 两座著名的德国哥特式建筑。歌德早年在斯特拉斯堡大学就学，受哥特式建筑影响很深，写过一篇有名的文章歌颂斯特拉斯堡大教堂。
④ 奥肯(1779—1851)，当时耶拿一位自然科学家，他和歌德一样是进化论的先驱，参看《反杜林论》三版序言，《马克思恩格斯选集》第三卷，第52页。

"我还应补充一句,看一个人是否富于创造力,不能只凭他的作品或事业的数量。在文学领域里,有些诗人被认为富于创造力,因为诗集一卷接着一卷地出版。但是依我的看法,这种人应该被看作最无创造力的,因为他们写出来的诗既无生命,又无持久性。反之,哥尔德斯密斯写的诗很少,在数量上不值得一提,但我还是要说他是最富于创造力的,正是因为他的少量诗有内在的生命,而且还会持久。"

谈话停了一会,歌德在房子里踱来踱去,我很想他就这个重要题目再谈下去,因此设法引他再谈,就问他,"这种天才的创造力是单靠一个重要人物的精神,还是也要靠身体呢?"

歌德回答说,"身体对创造力至少有极大的影响。过去有过一个时期,在德国人们常把天才想象为一个矮小瘦弱的驼子。但是我宁愿看到一个身体健壮的天才。

"人们常说拿破仑是个花岗石做的人,这也是主要就他的身体来说的。有什么艰难困苦拿破仑没有经历过!从火焰似的叙利亚沙漠到莫斯科的大雪纷飞的战场,他经历过无数次的行军、血战和夜间露营!哪样的困倦饥寒他没有忍受过!觉睡得极少,饭也吃得极少,可是头脑仍经常显得高度活跃。在雾月十八日的整天紧张活动①之后,到了半夜,虽然他整天没有进什么饮食,却毫不考虑自己的体力,还有足够的精力在深更半夜里写出那份著名的告法兰西人民书。如果想一想拿破仑所成就和所忍受的一切,就可以想象到,在他四十岁的时候,身上已没有哪一点还是健全的了。可是甚至到了那样的年龄,他还是作为一个完好的英雄挺立着。

"不过你刚才说得对,他的鼎盛时期是在少年时期。一个出身寒微的人,处在群雄角逐的时代,能够在二十七岁就成为一国三千万人民的崇拜对象,这确实不简单啊。呢,好朋友,要成就大事业,就要趁青年时代。拿破仑不是惟一的例子。……历史上有成百上千的能干人在青年时期就已在内阁里或战场上立了大功,博得了巨大的声誉。"

歌德兴致勃勃地继续说,"假如我是个君主,我决不把凭出身和资历逐级上升、而现已到了老年、踏着习惯的步伐蹒跚爬行的人摆在高位上,因为这种人成就不了什么大事业。我要的是青年人,但是必须有本领,头脑清醒,精力

---

① 法国共和八年雾月十八日即一七九九年十一月九日,是拿破仑发动政变、实行军事独裁的日子。

饱满,还要意志善良,性格高尚。这样,统治国家和领导人民前进,就会成为一件乐事!但是哪里去找愿意这样做、这样用得其才的君主呢?

"我对现在的普鲁士王太子①抱有很大的希望。据我所知道和听到的,他是个杰出的人物。既是杰出的人物,他就必须选用德才兼备的人。因为不管怎么说,毕竟还是物以类聚,只有本身具有伟大才能的君主,才能识别和重视他的臣民中具有伟大才能的人。'替才能开路!'这是拿破仑的名言。拿破仑自己确实别具识人的慧眼,他所选用的人都是用得其才,所以在他毕生全部伟大事业中都得到妥当的人替他服务,这是其他君主难以办到的。"

…………

我觉得值得注意的是:歌德自己在这样高龄仍任要职,却这样明确地重视青年,主张国家最高职位应由年轻而不幼稚的人来担任。我不禁提到一些身居高位的德国人,他们虽届高龄,可是在掌管各种重要事务的时候,却并不缺乏精力和年轻人的活跃精神。

歌德回答说,"他们这种人是些不平凡的天才,他们在经历一种第二届青春期,至于旁人则只有一届青春。

"…………

"我生平有过一段时期,每天要提供两印刷页的稿件,这是我很容易办到的。我写《兄妹俩》花三天,写《克拉维哥》花一星期,这你是知道的。现在我好像办不到了。我也还不应抱怨自己年老,已缺乏创造力了,不过年轻时期在任何条件下每天都办得到的事,现在只有在时作时息而条件又有利的情况下才办得到了。十年或十二年以前,在解放战争后那些快乐的日子里,我全副精神都贯注在《西东胡床集》那些诗上,有足够的创造力每天写出两三首来,不管在露天、在马车上还是在小旅店里都是一样。现在我写《浮士德》第二部,只有上午才能工作,也就是睡了一夜好觉,精神抖擞起来了,还要没有生活琐事来败兴才行。这样究竟做出了多少工作呢?在最好的情况下能写出一页手稿,一般只写出几行,创造兴致不佳时写得更少。"

我就问,"一般说来,有没有一种引起创作兴致的办法,或是创作兴致不够佳时有没有办法提高它?"

歌德回答说,"这是一个引起好奇心的问题,可想到的道理和可说的话

---

① 指威廉亲王,即后来的普鲁士国王和德国皇帝威廉一世。

很多。

"每种最高级的创造、每种重要的发明、每种产生后果的伟大思想,都不是人力所能达到的,都是超越一切尘世力量之上的。人应该把它看作来自上界、出乎望外的礼物,看作纯是上帝的婴儿,而且应该抱着欢欣感激的心情去接受它,尊重它。它接近精灵或护神,能任意操纵人,使人不自觉地听它指使,而同时却自以为在凭自己的动机行事。在这种情况下,人应该经常被看作世界主宰的一种工具,看作配得上接受神力的一种容器。我这样说,因为我考虑到一种思想往往能改变整个世纪的面貌,而某些个别人物往往凭他们创造的成果给他们那个时代打下烙印,使后世人永记不忘,继续发生有益的影响。

"不过此外还有另一种创造力,是服从尘世影响、人可以更多地凭自己的力量来控制的,尽管就是在这里,人也还是有理由要感谢上帝。属于这一类创造力的有按计划来执行的一切工作、其结果已经历历在目的思想线索的一切中间环节、以及构成艺术作品中可以眼见的形体的那一切东西。①

"例如莎士比亚最初想到要写《哈姆雷特》时,全剧精神是作为一种突如其来的印象呈现到他心眼前的,他以高昂的心情巡视全剧的情境、人物和结局,这个整体对他纯粹是来自上界的一种礼物,他对此没有直接的影响,尽管他见到这个整体的可能性总要以具有他那种心灵为前提。至于一些个别场面和人物对话却完全可以凭他自己的力量去操纵,他可以时时刻刻写,天天写,写上几个星期,只要他高兴。我们从他的全部作品看,的确可以看出他始终显出同样的创造力,在他的全部剧本里我们指不出某一片段来说,'他在这里走了调子,写时没有使尽全力。'我们读他的作品时所得到的印象是,他这个人无论在精神方面还是在身体方面都很健康刚强。

"不过假如一个戏剧体诗人身体没有这样强健,经常生病虚弱,每天写作各幕各景所需要的创造力往往接不上来,一停就是好几天,在这种时候他如果求助于酒来提高他的已亏损的创造力,弥补它的缺陷,这种办法也许有时生效,但是,凡是用这种办法勉强写出的部分,总会使人发现很大的毛病。

"⋯⋯⋯⋯

"⋯⋯创造力在休息和睡眠中和在活动中都可以起作用。水有助于创造力,空气尤其如此。空旷田野中的新鲜空气对人最适宜。在那里,仿佛上帝把

---

① 指事业、科学哲学和文艺三方面的天才。

灵气直接嘘给人,人由此受到神力的影响。拜伦每天花大部分时间在露天里过活,时而在海滨骑马遨游,时而坐帆船和用橹划的船,时而在海里洗澡,用游泳来锻炼身体。他是从来少见的一个最富于创造力的人物。"①

..........

**1828年3月12日**(近代文化病根在城市;年轻一代受摧残;理论和实践脱节)

..........

歌德说,"我们这老一辈子欧洲人的心地多少都有点恶劣,我们的情况太矫揉造作、太复杂了,我们的营养和生活方式是违反自然规律的,我们的社交生活也缺乏真正的友爱和良好的祝愿。每个人都彬彬有礼,但没有人有勇气做个温厚而真诚的人,所以一个按照自然的思想和情感行事的老实人就处在很不利的地位。人们往往宁愿生在南海群岛上做所谓野蛮人,尽情享受纯粹的人的生活,不掺一点假。

"如果在忧郁的心情中深入地想一想我们这个时代的痛苦,就会感到我们愈来愈接近世界末日了。罪恶一代接着一代地逐渐积累起来了!我们为我们的祖先的罪孽受惩罚还不够,还要加上我们自己的罪孽去贻祸后代。"

我回答说,"我往往也有这种心情。不过这时我只要碰到一队德意志骑兵走过,看到这些年轻人的飒爽英姿,我就感到宽慰,对自己说,人类的远景毕竟还不太坏啊。"

歌德说,"我们的农村人民确实保持着健全的力量,还有希望长久保持下去,不仅向我们提供英勇的骑兵,而且保证我们不会完全腐朽和衰亡。应该把他们看作一种宝库,没落的人类将从那里面获得恢复力量和新生的源泉。但是一走到我们的大城市,你就会看到情况大不相同。你且到'跛鬼第二'或生意兴隆的医生那边打一个转,他会悄悄地对你谈些故事,使你对其中的种种苦

---

① 这篇谈话从歌颂拿破仑说起,着重地讨论了天才这个西方文艺界的老问题。歌德基本上没有摆脱唯心主义的先验论观点,认为天才是天生的,是一种非人力所能控制的神力。但他一般强调学习甚于强调天才,在这里也提出了几个新论点:一、天才必须有民族文化的基础;二、天才是一种创造力,表现于政治和军事、科学和哲学、艺术和文学各方面;三、衡量天才的标准是有所创造,而所创造的须对人类发生有益的影响而且有持久性;四、天才必须有刚强爽朗的精神和健壮的身体,因此它最易表现于青年时代。从最后一点出发,歌德主张国家重用青年,但这些青年必须具备他所列举的几项条件;他又认为,有些人老而益壮,是在经历"第二届青春期"。

痛和罪恶感到震惊和恐怖,这些都是搅乱人性,贻害社会的。

"…………

"就拿我们心爱的魏玛来说,我只消朝窗外看一看,就可以看出我们的情况怎样。最近地上有雪,我的邻家的小孩们在街头滑小雪橇,警察马上来了,我看到那些可怜的小家伙赶快纷纷跑开了。现在春天的太阳使他们在家里关不住,都想和小朋友们到门前游戏,我看见他们总是很拘谨,仿佛感到不安全,生怕警察又来光顾。没有哪个孩子敢抽一下鞭子,唱个歌儿,或是大喊一声,生怕警察一听到就来禁止。在我们这里总是要把可爱的青年人训练得过早地驯良起来,把一切自然、一切独创性、一切野蛮劲都驱散掉,结果只剩下一派庸俗市民气味。

"你知道,我几乎没有一天不碰见生人来访。看到他们的面貌,特别是来自德国东北部的青年学者们那副面貌,我要是说我感到非常高兴,那我就是撒谎。近视眼,面色苍白,胸膛瘦削,年轻而没有青年人的朝气,他们多数人给我看到的面相就是这样。等到和他们谈起话来,我马上注意到,凡是我们感到可喜的东西对他们都像是空的、微不足道的,他们完全沉浸在理念里,只有玄学思考中最玄奥的问题才能引起他们的兴趣,他们对健康意识和感性事物的喜悦连影子也没有。他们把青年人的情感和青年人的爱好全都排斥掉,使它们一去不复返了,一个人在二十岁就已显得不年轻,到了四十岁怎么能显得年轻呢?"

歌德叹了一口气,默然无语。

我想到上一个世纪歌德还年轻时那种好时光,色任海姆的夏日微风就浮上心头,于是念了他的两句诗给他听:

> 我们这些青年人,
> 午后坐在凉风里。①

歌德叹息说,"那真是好辰光啊!不过我们不要再想它吧,免得现在这种阴雾弥漫的愁惨的日子更使人难过。"

我就说,"要来第二个救世主,才能替我们消除掉现时代这种古板正经、这种苦恼和沉重压力哩。"

---

① 一首题为《狐狸死了,皮还有用》的小诗的头两句。

歌德说，"第二个救世主要是来了，也会第二度被钉上十字架处死。我们还不需要那样大的人物，如果我们能按照英国人的模子来改造一下德国人，少一点哲学，多一点行动的力量，少一点理论，多一点实践，我们就可以得到一些拯救，用不着等到第二个基督出现了。人民通过学校和家庭教育可以从下面做出很多事来，统治者和他的臣僚们从上面也可以做出很多事来。

"举例来说，我不赞成要求未来的政治家们学习那么多的理论知识，许多青年人在这种学习中身心两方面都受到摧残，未老先衰。等到他们投身实际工作时，他们固然有一大堆哲学和学术方面的知识，可是在所操的那种窄狭行业中完全用不上，因为作为无用的废物忘得一干二净了。另一方面，他们需要的东西又没有学到手，也缺乏实际生活所必需的脑力和体力。

"…………

"所有这些人情况都很糟。那些学者和官僚有三分之一都捆在书桌上，身体糟蹋了，愁眉苦脸。上面的人应该采取措施，免得未来的世世代代人都再像这样毁掉。"

歌德接着微笑说，"让我们希望和期待一百年后我们德国人会是另一个样子，看那时我们是否不再有学者和哲学家而只有人。"①

**1828年10月17日**（翻译语言；古典的和浪漫的）

歌德近来很爱阅读《地球》，常拿这个刊物做谈话资料。库让②和他那个学派的工作在他看来特别重要。

他说，"这批人在努力开辟沟通法国和德国的渠道，他们铸造了一种完全适合于交流两国思想的语言③。"

他对《地球》特别感兴趣，也因为它经常评论法国文学界的最新作品，而且热情地为浪漫派的自由或摆脱无用规律进行辩护。

---

① 在这篇谈话中，歌德已看到西方文明在开始没落，并且把原因归到城市与乡村的差别以及理论和实践的脱节。他把德国未来的希望寄托在乡村中身心健全的青年人，他还没有来得及见到城市产业工人的有组织的力量。他的教育理想着重实践和身心两方面的健全，反对当时德国空谈哲理的风气。
② 库让(1792—1867)，法国自由主义派和折衷主义派哲学家，早年接近《地球》杂志的文艺立场，与歌德有些私交，在法国开创了研究德国古典哲学的风气。
③ 用甲国语言介绍乙国思想，往往不能完全按照甲国语言习惯，而须迁就乙国思想和语言的习惯，仿佛要形成一种新语言。这说明翻译对一国语文的发展有一定的影响。

他今天说,"过去时代那一整套陈旧规律有什么用处?为什么在古典的和浪漫的这个问题①上大叫大嚷!关键在于一部作品应该通体完美,如果做到了这一点,它也就会是古典的。"

**1828 年 10 月 20 日**(艺术家凭伟大人格去胜过自然)

…………

歌德说,"……已经发现许多杰作,证明希腊艺术家们就连在刻画动物时也不仅妙肖自然,而且超越了自然。英国人在世界上是最擅长相马的,现在也不得不承认有两个古代马头雕像在形状上比现在地球上任何一种马都更完美。这两个马头雕刻是希腊鼎盛时代传下来的。在惊赞这种作品时,我们不要认为这些艺术家是按照比现在更完美的自然马雕刻成的,事实是,随着时代和艺术的进展,艺术家们自己的人格已陶冶得很伟大,他们是凭着自己的伟大人格去对待自然的。"

…………

歌德又说,"……关键在于是什么样的人,才能做出什么样的作品。但丁在我们看来是伟大的,但是他以前有几个世纪的文化教养。罗特希尔德家族②是富豪,但是他们的家资不只是由一代人积累起来的。这种事情比人们所想到的要更深刻些。我们的守旧派艺术家们不懂得这个道理,他们凭着人格的软弱和艺术上的无能去摹仿自然,自以为做出了成绩。其实他们比自然还低下。谁要想做出伟大的作品,他就必须提高自己的文化教养,才可以像希腊人一样,把猥琐的实际自然提高到他自己的精神的高度,把自然现象中由于内在弱点或外力阻碍而仅有某种趋向的东西③实现出来。"

**1828 年 10 月 23 日**(德国应统一,但文化中心要多元化,不应限于国都)

…………

接着我们谈到德国的统一以及在什么意义上统一才是可能的和可取的。歌德说,"我倒不怕德国不能统一,我们的很好的公路和将建筑的铁路对

---

① 这是当时争论激烈的问题,特别在德国。歌德对当时德国浪漫派是不同情的,反陈旧规律是针对法国新古典主义说的。
② 罗特希尔德(Rothschild)家族是十八、十九世纪欧洲最大的犹太富豪。
③ 露点苗头而未发展完满的东西。

此都会起作用。但是首先德国应统一而彼此友爱,永远应统一以抵御外敌。它应统一,使得德国货币的价值在全国都一律,使得我的旅行箱在全境三十六邦都通行无阻,用不着打开检查,而一张魏玛公民的通行证就像外国人的通行证一样,在德国境内邻邦边界上不被关吏认为不适用。德国境内各邦之间不应再说什么内地和外地。此外,德国在度量衡、买卖和贸易以及许多其他不用提的细节方面也都应统一。

"不过,我们如果设想德国的统一只在于这样一个大国有个惟一的都城,既有利于发展个别人物的伟大才能,又有利于为人民大众谋幸福,那我们就想错了。

"有人曾很恰当地把一国比作一个活人的身体,这样,一国的都城也就可以比作心脏,维持生命和健康的血液从心脏里流到全身远近各个器官去,但是如果某个器官离心脏很远,接受到的血液就渐渐微弱起来。有一个聪明的法国人——我想是杜邦①——绘制过一幅法国文化情况图,用色调的明暗程度去表示法国各地区文化程度的高低。某些地区,特别是远离都城的南方各省,就用纯黑色来表示普遍的蒙昧状态。但是美丽的法兰西如果不只有一个大中心点,而有十个中心点在输送光和生命,它的情况会怎样呢?

"德国假如不是通过一种光辉的民族文化平均地流灌到全国各地,它如何能伟大呢?但是这种民族文化不是从各邦政府所在地出发而且由各邦政府支持和培育的吗?试设想自从几百年以来,我们在德国只有维也纳②和柏林两个都城,甚或只有一个,我倒想知道,在这种情况下德国文化会像什么样,以及与文化携手并进的普及全国的繁荣富足又会像什么样!

"德国现在有二十余所大学分布在全国,还有一百余所公家图书馆也分布在全国。此外还有数量很大的艺术品收藏和自然界动、植、矿物标本的收藏,因为各邦君主都在留心把这类美好事物搜来摆在自己身边。中等学校和技艺专科学校多得不可胜数,几乎没有哪个德国乡村没有一所学校。在这一点上,法国的情况怎么样!

"再看德国有多少剧院,全国已有七十多座了。剧院作为支持和促进高级民族文化教养的力量,是决不应忽视的。

---

① 杜邦(1784—1873),法国经济学家和工程师。
② 维也纳现在是奥地利首都,有个长时期,德、奥还没有分为两国。

"还要想一想德累斯顿、慕尼黑、斯图加特、卡泽尔、不伦瑞克、汉诺威之类城市,想一想这些城市里有多么大量的生活必需品,它们对附近各地起了什么作用,然后再想一想,它们假如不是许久以来就是各邦君主坐镇的处所,能有这种情况吗?

"法兰克福、不来梅、汉堡和卢卑克都是伟大光辉的城市,它们对德国繁荣所起的作用是无法估计的。但是它们要是丧失了各自的主权,作为直辖区城市而并入一个大德国,它们还能像过去一样吗?我有理由对这一点表示怀疑。"①

**1828 年 12 月 16 日**(歌德与席勒合作的情况;歌德的文化教养来源)

今天我单独和歌德在书房里吃饭;我们谈了各种文学问题。歌德说,"德国人摆脱不掉庸俗市民习气。他们现在就某些诗既印在席勒的诗集里又印在我的诗集里这个问题争论不休。在他们看来,把哪些作品归席勒、哪些作品归我分清楚仿佛是件大事,仿佛这种划分有什么益处,仿佛客观存在的事实还不够。

"像席勒和我这样两个朋友,多年结合在一起,兴趣相同,朝夕晤谈,互相切磋,互相影响,两人如同一人,所以关于某些个别思想,很难说其中哪些是他的,哪些是我的。有许多诗句是咱俩在一起合作的,有时意思是我想出的,而诗是他写的,有时情况正相反,有时他作头一句,我作第二句,这里怎么能有你我之分呢?一个人如果把解决这种疑问当做大事,他准是在庸俗市民习气中还陷得很深。"

我说,"类似的情况在文学界也不少见,例如人们怀疑这个或那个名人是否有独创性,要追查他的教养来源。"

歌德说,"那太可笑了,那就无异于追问一个身体强健的人吃的是什么牛、什么羊、什么猪,才有他那样的体力。我们固然生下来就有些能力,但是我们的发展要归功于广大世界千丝万缕的影响,从这些影响中,我们吸收我们能吸收的和对我们有用的那一部分。我有许多东西要归功于古希腊人和法国人,莎士比亚、斯泰恩和哥尔斯密给我的好处更是说不尽的。但是这番话并没

---

① 德国在威廉一世称帝以前还是些封建割据的小邦,情况很落后,统一德国成为当时德国人民的普遍希望。德国启蒙运动先驱们大半从唯心史观出发,希望通过文化统一来达到政治统一。歌德基本上还是如此,不过他提出文化中心不宜过度集中而应分布到全国各地,这一点是值得注意的。

有说完我的教养来源,这是说不完的,也没有必要。关键在于要有一颗爱真理的心灵,随时随地碰见真理,就把它吸收进来。

"还有一点,这个世界现在太老了。几千年以来,那么多的重要人物已生活过,思考过,现在可找到和可说出的新东西已不多了。就连我关于颜色的学说也不完全是新的。柏拉图、达·芬奇,还有许多其他卓越人物都已在一些个别方面先我有所发现,有所论述,我只不过又有所发现,有所论述而已。我努力在这个思想混乱的世界里再开辟一条达到真理的门路。这就是我的功绩。

"我们对于真理必须经常反复地说,因为错误也有人在反复地宣传,并且不是有个别的人而是有大批的人宣传。在报刊上、辞典里,在中学里、大学里,错误到处流行,站在错误一边的是明确的多数。

"人们还往往把真理和错误混在一起去教人,而坚持的却是错误。例如,几天前我还在一部英国百科全书里读到关于蓝色起因的学说。先提到达·芬奇的正确观点,然后就偷偷摸摸地转到牛顿的错误观点,而且还加上一句评语说,牛顿的观点是应该遵从的,因为它已被普遍接受了。"

…………

# 1829 年

**1829 年 2 月 4 日**(常识比哲学可靠;奥斯塔特的画;阅读的剧本与上演的剧本)

歌德说,"我在继续读舒巴特①,他确实是个有意思的人,如果把他的话翻译成我们一般人的语言,他有很多话是顶好的。他这部书的要义是:在哲学之外还有一种健康人的常识观点,科学和艺术如果完全离开哲学,单靠自由运用人的自然力量,就会作出更好的成绩。这些话对我们都是有益的。我自己对哲学一向敬而远之,健康人的常识观点就是我的观点,所以舒巴特肯定了我毕生所说的和所行的。

"他有一点却是我不能完全赞同的,那就是他在某些问题上所知道的比所说出来的更好,这样他就不是抱着老实态度进行工作。像黑格尔一样,他硬要把基督教扯进哲学里,实际上这二者却互不相干。基督教本身有一种独立的威力,堕落的受苦受难的人们往往借此来提高精神。我们既然承认基督教能起这种作用,它就已提高到哲学之上,就不能从哲学得到什么支持。另一方面,哲学也不必乞灵于基督教,以便证明某些学说,例如永生不朽说②。人应当相信灵魂不朽,他有相信这一点的权利,这是符合他的本性的,他可以信任宗教的许诺。但是哲学家如果想根据一种传说来证明灵魂不朽,这种证明就很软弱,没有多大价值。对于我来说,灵魂不朽的信念是由行动这个概念中生出来的。因为我如果孜孜不倦地工作直到老死,在今生这种存在不再能支持我的精神时,大自然就有义务给我另一种形式的存在。"

…………

---

① 舒巴特(1796—1861)发表过评论歌德以及有关文学和艺术的著作。这里提到的是他的《泛论哲学,并特论黑格尔的哲学科学全书》(1829 年,柏林)。
② 即灵魂不朽说。

歌德叫人取来一部装满素描和版画的画册。他默默地看了几幅之后,就让我看根据奥斯塔特①原画刻制的一幅很美的版画。他说,"这里你可以看到一个贤夫贤妻的场面。"我看到这幅版画很欢喜。画的是一间农民住房的内部,厨房、客厅和卧房都是这一间。夫妻面对面坐着,妻在纺纱,夫在络纱,两人脚边躺着一个婴儿。房里面摆着一张床,地上到处摆着一些最粗陋、最必需的日用家具,门直通露天空地。这幅画充分表现出局促情况下的婚姻生活的幸福。从这对夫妻对面相觑的面容上,可以看出心满意足、安适和恩爱的意味。

我说,"这幅画愈看愈使人欢喜,它有一种独特的魔力。"

歌德说,"那是一种感性魔力,是任何艺术所不可缺少的,而在这类题材中则全靠它才引人入胜。另一方面,在表现较高的意趣时,艺术家走到理想方面,就很难同时显出应有的感性魔力,因而不免枯燥乏味。在这方面,青年人和老年人就有宜与不宜之分,因此艺术家选择题材时应省度自己的年纪。我写《伊菲革涅亚》和《塔索》那两部剧本获得了成功,就因为当时我还够年轻,还可以把我的感性气质渗透到理想性的题材里去,使它有生气。现在我年老了,理想性题材对我已不合适,我宁愿选择本身已具有感性因素的题材。……"

…………

歌德接着说,"……一部写在纸上的剧本算不得什么回事。诗人必须了解他用来进行工作的手段,必须把剧中人物写得完全适应要扮演他们的演员。……为舞台上演而写作是一种特殊的工作,如果对舞台没有彻底了解,最好还是不写。每个人都认为一种有趣的情节搬上舞台后也还一样有趣,可是没有这么回事!读起来很好乃至思考起来也很好的东西,一旦搬上舞台,效果就很不一样,写在书上使我们着迷的东西,搬上舞台可能就枯燥无味。读过我的《赫尔曼与窦绿台》的人认为它可以上演。特普费尔②就尝试过,但是效果如何呢?特别是演得不太高明时,谁能说它在各方面都是一部好剧本呢?一个人为舞台上演写剧本,既要懂行,又要有才能。这两点都是难能罕见的,如果不结合在一起,就很难收到好效果。③"

---

① 奥斯塔特(1610—1685),荷兰名画家。
② 特普费尔(1792—1871),德国剧作家,曾把歌德这部牧歌体诗改写成剧本,上演过多次。
③ 在这篇谈话里,歌德从常识观点出发,驳斥当时流行的抽象哲学,反对把基督教扯到哲学里。但他并不彻底,还舍不得抛弃灵魂不朽说,尽管他对灵魂不朽作了一种新的解释。接着他较着重地讨论了艺术中理性因素与感性因素的关系和适当配合,以及供阅读的剧本与上演的剧本的区别。

**1829年2月12日**(歌德的建筑学知识;艺术忌软弱)

…………

我们接着谈到歌德自己的建筑知识。我提到,歌德在意大利一定获得很多这方面的知识。

歌德说,"意大利使我懂得什么才是严肃和伟大,但是没有教会我什么熟练的技巧。魏玛宫堡的建筑给我的教益比什么都多。我不得不参加这项工程,有时还得亲自绘制柱顶盘的蓝图。我比专业人员有一点长处,我在意境方面比他们强。"

接着我们谈到泽尔特。歌德说,"我接到他的一封信,他埋怨他的《救世主》乐曲在演唱中被他的一个女徒弟弄糟了。她在一个唱段里显得太软弱、太感伤。软弱是我们这个时代的特征,我有一个假想,在德国,软弱是力图摆脱法国影响的结果。画家们、自然科学家们、雕刻家们、音乐家们、诗人们,很少有例外,都显得软弱,就连广大观众也不见得较好。"

…………

**1829年2月13日**(自然永远正确,错误都是人犯的;知解力和理性的区别)

和歌德单独吃了晚饭。他说,"在写完《漫游时代》之后,我要回头研究植物学,和梭瑞继续进行翻译①。我只怕这项工作牵涉很广,终于要成为一种脱不了身的精神负担。有许多大秘密还没有揭开,对有些其他秘奥我现在只有一种预感。"……

接着他谈到一些自然科学家进行研究,首先是为着要证实自己原有的看法。他说,"布赫②新近出版了一部著作,书名本身就包含一种假说,他要讨论的是到处散布着的花岗岩石,这种岩石是怎样来或是从何而来的,我们全不知道。可是布赫先生心里先有一个假说,认为这些岩石是由地心某种力量迸散出来而分布于地面的,他的书名《迸散出花岗岩石》就已点明了这种假说。这就使迸散这个结论下得太快,把天真的读者们扔到错误的罗网里,而他们还不自知。

"一个人要认清这一切,首先要到了相当的年纪才行,其次是要有足够的钱为经验付出代价。我为我的每一个警句就要花去一袋钱。我花去了五十万

---

① 歌德原已着手写《植物变形学》,现在由梭瑞译成法文,歌德亲自指导翻译工作。
② 布赫(1774—1853),德国地质学家。看下文,他似是火成岩论者。

私财,才换得现在我所有的这一点知识。我花去的不只是我父亲的全部财产,还有我的薪俸以及五十多年的大量稿费版税收入。此外和我关系很亲密的公侯贵人们为我所参加的一些大事业也花去了一百五十万,他们的措施及其成功和失败之中都有我的一份。

"要想成为一个通人,单是有点才能还不够,更重要的是身居高位,有机会去观摩当代一些国手赛棋,而角逐的输赢也牵涉到他自己。

"如果我没有在自然科学方面的辛勤努力,我就不会学会认识人的本来面目。在自然科学以外的任何一个领域里,一个人都不能像在自然科学里那样仔细观察和思维,那样洞察感觉和知解力的错误以及人物性格的弱点和优点。一切都是多少具有弹性、摇摆不定的,一切都是可以这样或那样处理的,但是自然从来不开玩笑,她总是严肃的、认真的,她总是正确的;而缺点和错误总是属于人的。自然对无能的人是鄙视的;她对有能力的、真实的、纯粹的人才屈服,才泄露她的秘密。

"知解力高攀不上自然,人只有把自己提到最高理性的高度,才可以接触到一切物理的和伦理的本原现象所自出的神。神既藏在这种本原现象背后,又借这种本原现象而显现出来。①

"但是神只在活的事物而不在死的事物中起作用,只存在于发展和变革的事物中,不存在于已成的、凝固的事物中。所以倾向神的理性只管在变化发展中的活的事物,而知解力只管它所利用的、已成的、凝固的事物。

"所以矿物学是为实际生活运用知解力的科学,它的对象是一种死的不再生展的事物,不再有综合的可能了。气象学的对象却是一种活的事物,我们每天都看见它在活动和生展,它是以综合为前提的,只不过参加协作的因素极复杂,人还够不上进行这种综合,不免要在观察和研究中白费一些精力。我们在启航驶向综合这个想象的岛屿,也许这块陆地终于是发现不到的。我并不为此感到奇怪,因为我知道从植物和颜色这类简单事物达到某种综合是多么困难的事。"②

---

① 歌德把宇宙间最高的原理或"绝对理念"叫做"神",这是根据康德而和黑格尔一致的。本原现象就是最高原理的具体显现,例如各种科学和哲学所研究的对象。参看第338—339页。

② 植物变形和颜色是歌德毕生研究的两个科目。当时矿物学和气象学都还很幼稚,歌德的话在很大程度上已过时了。他要着重说的是他心爱的综合法,反对用机械的分析法去研究活的事物。分析法凭知解力,综合法却要凭理性。

**1829年2月17日**(哲学派别和发展时期;德国哲学还要做的两件大事)

……

我们的话题转到印度哲学。

歌德说,"如果英国人所提供的资料可靠,印度哲学也并不稀奇,它无宁是重演了我们大家都经历过的几个时期。我们还是孩子时都是感官主义者;到了讲恋爱时成了理想主义者,在所爱的对象身上发现了本来没有的特点;等到爱情发生动摇,疑心对方不忠实,于是我们又变成怀疑论者了,连自己也不知其所以然。到了暮年,一切都无足轻重,我们就听其自然,终于变成清静无为主义者了,就像印度哲学那样。

"在我们德国哲学里,要做的大事还有两件。康德已经写了《纯理性批判》,这是一项极大的成就,但是还没有把一个圆圈画成,还有缺陷。现在还待写的是一部更有重要意义的感觉和人类知解力的批判。如果这项工作做得好,德国哲学就差不多了。"

歌德接着说,"黑格尔在《柏林年鉴》上发表了一篇对哈曼①的批判。这几天我在反复地阅读这篇论文,对它很赞赏。作为批判者,黑格尔的判断向来是很好的。"②……

**1829年3月23日**(建筑是僵化的音乐;歌德和席勒的互助和分歧)

歌德今天说,"我在手稿中查出一篇文稿,里面说到建筑是一种僵化的音

---

① 哈曼,见第360页注②。
② 这篇谈话须和上篇论知解力和理性的谈话合在一起看,话虽简短,却涉及哲学的未来命运这一重大问题,亦即科学之外是否还需要一门独立的哲学?已往西方哲学家们为哲学的存在辩护,大半是说哲学和科学毕竟不同:科学只研究个别领域里的特殊对象,哲学却要研究统摄全宇宙的原则方法或概念;科学用的是知解力,哲学用的却是比知解力更高的理性。德国古典哲学在康德和黑格尔手里都是以绝对概念和永恒理性为其主要支柱的。这里需要说明的是,西方哲学的"理性"和毛泽东所说的"理性认识"是两回事。理性认识是以感性认识为基础的,是根据感性经验所得出的对自然和社会规律的认识,而西方唯心哲学的"理性"则是先验的,甚至是超验的,即超然独立于感性经验之外。从马克思主义观点看,绝对是无限相对的总和,而先验和超验的理性根本不存在。独立于感性认识之外的理性既站不住,则独立于以感性认识为基础的科学之外的哲学就势必垮台了。还须存在的只有关于思惟本身规律的形式逻辑和辩证逻辑,其他一切都归到关于自然和历史的实证科学中去了。恩格斯在《反杜林论》的《概论》里把这个道理说得最透辟。歌德还没有摆脱康德的《纯理性批判》的影响。但是作为一个杰出的自然科学家,他已看出德国哲学的最大漏洞在于蔑视感觉和知解力,而感觉和知解力正是恩格斯所说的"实证科学"的工具。在这一点上,歌德也受到前两世纪英国经验主义哲学和法国启蒙运动的影响,这两派代表们一直在探索的正是感觉和知解力的批判。

乐①。这话确实有点道理。建筑所引起的心情很接近音乐的效果。

"高楼大厦是盖给王公富豪们住的。住在里面的人们觉得安逸满足,再也不要求什么别的了。我的性格使我对此有反感。像我在卡尔斯巴德②的那座漂亮房子,我一住进去就懒散起来,不活动了。一所小房子,像我们现在住的这套简陋的房间,有一点杂乱而又整齐,有一点吉卜赛流浪户的气派,恰好适合我的脾胃。它使我在精神上充分自由,能凭自力创造。"

我们谈到席勒的书信、他和歌德在一起过的生活以及两人每天在工作中互相促进的情况。我说,"就连对《浮士德》,席勒好像也很感兴趣。看到他怎样敦促你,怎样受他自己的思想驱遣,想由他自己来替《浮士德》作续篇,倒顶有意思。我由此看出他的性格有点急躁。"

歌德说,"你说得对。他和一切太爱从观念出发的人一样,从来不肯安静,从来没有个完,从他那些有关《威廉·麦斯特》的书信,你就可以看出他时而主张这样改,时而又主张那样改。我总要费些周折,才能坚持自己的立场,不要使他的作品或我的作品受到这种影响。"

我说,"我今天上午在读席勒的《印第安人的丧歌》,写得顶好,我很喜欢。"

歌德说,"你看,席勒是个多么伟大的艺术家,他也会掌握客观方面,只要这客观方面是作为掌故或传说而摆在他眼前的。那篇《印第安人的丧歌》确实是他的诗中最好的一篇,我只盼望他写上十来篇这样的诗。可是他最亲近的朋友们对这篇诗却进行挑剔,认为没有充分表现出他的理想性,这一点你该想象不到吧?是呀,我的好小伙子,一个人总难免受到朋友的挑剔呀!韩波尔特挑剔过我的窦绿台③,因为她在受到士兵袭击时居然拿起武器来和他们搏斗。她在当时那种情境中这样做是正确的。如果没有这一点特色,这位非凡的少女的性格就会遭到破坏,降低到一个平凡人的水平。你在将来的生活中会愈来愈看得清楚,很少有人能坚持把立足点摆在必然的道理上;一般人都只能赞赏和创作出符合自己要求的东西,刚才提到的还是第一流人物,至于大众的意见如何,就可想而知了。你由此可以想象到,我们这种人永远是孤立的。

"假如我没有造型艺术和自然科学的基础,我面对这个恶劣时代及其每

---

① 僵化的音乐,原文是 erstarrte Musik,后来美学家们常援引这句话。改作"冻结的音乐"似较好。
② 现名卡罗维发利,属捷克斯洛伐克。
③ 《赫尔曼与窦绿台》中的女主角。

天都发生的影响,就很难立定脚跟,不屈服于这些影响。幸好造型艺术和自然科学的基础保护了我,我也可以从这方面帮助席勒。"

**1829 年 4 月 2 日**(战士才有能力掌握最高政权;"古典的"与"浪漫的"之区别;评贝朗瑞入狱)

今天吃晚饭时歌德对我说,"我向你泄露一个政治秘密,这迟早总会公布的。卡波·第斯特里亚①掌握希腊国家大权不会很久了,因为他缺少居这样高位所不可缺少的一种品质:他不是一个战士。从来没有先例能证明一个普通内阁阁员有能力去组织一个革命政权,控制军队和军事领袖们。手里握住刀,统率一支大军,一个人才能发号施令,制定法律,有把握使人们服从他。没有这样的条件,掌大权就会危险。拿破仑如果不是个战士,就不会升到最高权力;卡波·第斯特里亚不会久居高位,他很快要变成第二号人物了。我事先告诉你,你将来会亲眼看到。这是事物的自然道理,非如此不可。"

接着歌德畅谈法国人……后来转到法国诗人和"古典的"与"浪漫的"这两个词的意义。

歌德说,"我想到一个新的说法,用来表明这二者的关系还不算不恰当。我把'古典的'叫做'健康的',把'浪漫的'叫做'病态的'。这样看,《尼伯龙根之歌》就和荷马史诗一样是古典的,因为这两部诗都是健康的、有生命力的。最近一些作品之所以是浪漫的,并不是因为新,而是因为病态、软弱;古代作品之所以是古典的,也并不是因为古老,而是因为强壮、新鲜、愉快、健康。如果我们按照这些品质来区分古典的和浪漫的,就会知所适从了。"

话题转到对贝朗瑞的监禁②。歌德说,"他是罪有应得。他近来的诗确实违反纪律和秩序,他反对国王、国家政权和公民治安感。他早年的诗却不是这样,都是愉快的、无害的,完全能使一群人欢喜热闹起来。这就是对短歌所能作的最好的赞扬了。"

…………

---

① 卡波·第斯特里亚(1776—1831),希腊共和国总统。他执政专横,遭到暗杀。
② 一八二八年,贝朗瑞因诗集触犯禁忌,受到九个月的监禁,还罚了巨款。

**1829年4月3日**(爱尔兰解放运动;天主教僧侣的阴谋诡计)

…………

话题从耶稣会教士们及其财富转到天主教徒和爱尔兰解放运动。库德雷①说,"可以看到,解放将会得到批准,但是英国国会将会加上许多条文,使解放不致对英国有危险。"

歌德说,"对于天主教徒们,一切预防措施都没有用处。罗马教廷有些我们梦想不到的利益计较,也有些我们毫无概念的暗地使用的手段。假使我是英国国会议员,我也不会防止这种解放运动;但是我要请求把这一条记录在案:倘若有一个重要的爱尔兰新教徒头一次因为天主教徒投票反对他而断送了头颅,就请人们回想一下我这番话。"

…………

话题又回到天主教徒们以及他们的巨大影响和暗地里的阴谋活动。人们提到汉诺地方有一位青年作家,在他主编的刊物上发表文章讥笑天主教念珠祈祷仪式。僧侣们通过他们的影响,把他们管辖的各教区内所有这一期刊物都买去了。歌德说,"我的《少年维特》出版不久,米兰就出版了意大利文译本,但是没过多少时候,这一版的译本连一本也看不到了。当地大主教吩咐僧侣们在各地区把整版译本都买去了。我并不生气,反而对这班狡猾的老爷们的做法感到高兴。他们马上看出《少年维特》对天主教徒们是一部坏书。我得佩服他们马上采取了有效措施,偷偷摸摸地把它销毁掉。"

**1829年4月6日**(日耳曼民族个人自由思想的利弊)

…………

歌德谈起基佐,他说,"我还在读他的讲义②,还是写得顶好。……

"基佐谈到过去时代各民族对高卢族③的影响时,我对他关于日耳曼民族所说的一番话特别注意。他说,'日耳曼人给我们带来了个人自由的思想,这种思想尤其是日耳曼民族所特有的。'这话不是说得很好吗?他不是完全说对了吗?个人自由的思想不是直到今天还在我们中间起作用吗?宗教改革的

---

① 库德雷(1775—1845),魏玛建筑工程总监,歌德的好友。
② 基佐(1787—1874),一八四八年法国革命失败后的法国内阁大臣,著名的历史家。"讲义"指他的《近代史讲义》,下面引文见该书第一卷第七讲(结尾部分)。
③ 高卢族是法兰西民族的祖先。

思想根源在此,瓦尔特堡大学生们的造反阴谋也是如此,好事和坏事都受了这种思想的影响。我们文学界的杂乱情况也与此有关,诗人们都渴望显出独创性,每人都相信有必要另辟蹊径,乃至我们的学者们分散孤立,人各一说,各执己见,都是出于同一个来源。法国人和英国人却不然,他们彼此聚会的机会多得多,可以互相观摩切磋。他们在仪表和服装方面都显出一致性。他们怕标新立异,怕惹人注目或讥笑。德国人却各按自己的心意行事,只求满足自己,不管旁人如何。基佐看得很正确,个人自由的思想产生了很多很好的东西,却也产生了很多很荒谬的东西。"①

**1829 年 4 月 7 日**(拿破仑摆布世界像弹钢琴;他对《少年维特》的重视)
…………

歌德说,"……我在读《拿破仑征埃及记》,这是天天随从他的布里安②写的。……可以看出,拿破仑之所以进行这次远征,是因为这段时期他在法国没有什么能使自己成为统治者的事可干。他起初还拿不定主意,曾到大西洋法国海港检阅军舰,看看可不可以去征英格兰。他看出这不行,于是决定去征埃及。"

我说,"我感到惊赞的是拿破仑当时那样年轻,却能那样轻易地、稳当地在世界大事中扮演要角,仿佛他早有多年实践经验似的。"

歌德说,"亲爱的孩子,那是伟大能人的天生资禀。拿破仑摆布世界,就像胡梅尔③摆布他的钢琴一样。这两人的成就都使我们惊奇,我们不懂其中奥妙,可是事实摆在眼前,确实如此。拿破仑尤其伟大,因为他在任何时候都是一样。无论在战役前还是在战役中,也无论是战胜还是战败,他都一样坚定地站着,对于他要做的事既能看得很清楚,又能当机立断。在任何时候他都胸有成竹,应付裕如,就像洪默尔那样,无论演奏的是慢板还是快板,是低调还是高调。凡是真正的才能都显出这种伶巧,无论在和平时期的艺术中还是在军

---

① 歌德在这篇谈话里看出了个人主义是近代西方资产阶级的一个本质性的特征。不过他把英、法两国人和德国人对立起来,似有问题。一则英、德人同属日耳曼民族,与属于拉丁族的法国人的差别似较突出;二则个人主义的发展与资本主义的发展分不开,既进入资本主义即不可能无个人主义,只是发展的迟早稍有不同而已。

② 布里安,法国传记作家,写过从拿破仑执政到复辟时期的《回忆录》十卷,一八二八至一八三〇年出版。

③ 胡梅尔,德国音乐家,莫扎特的徒弟,魏玛宫廷乐队指挥。

事艺术中,无论是面对钢琴还是站在大炮后面。"

..........

歌德接着很高兴地说,"可是你得向我致敬。拿破仑在行军时携带的书籍中有什么书?有我的《少年维特》!"

我说,"从他在埃尔富特那次接见中可以看出,他对《少年维特》是仔细研究过的。"

歌德说,"他就像刑事法官研究证据那样仔细研究过。他和我谈到《少年维特》时也显出这种认真精神。布里安在他的著作里把拿破仑带到埃及的书开列了一个目录,其中就有《少年维特》。这个目录有一点值得注意,所带的书用不同的标签分了类。例如在政治类里有《旧约》、《新约》和《古兰经》,由此可知拿破仑是怎样看待宗教的。"

**1829 年 4 月 10 日**(劳冉的画达到外在世界与内心世界的统一;歌德学画的经验)

"在等着上汤,我趁此让你饱一下眼福。"说了这句友好的话,歌德就把一本克劳德·劳冉①的风景画摆在我面前。

我是初次看到这位大画师的作品。印象不同寻常,每翻阅一页,我愈看愈惊赞。两边分布着大片阴影,显得雄强有力,强烈的日光从背后射到空中,在水里现出返影,也产生出一种明确有力的印象。我觉得这是在这位大画师作品中经常出现的艺术规矩。我也高兴地看到每幅画都构成一个独立小天地,其中没有一件东西不符合或不烘托出主导的情调。不管画的是一个海港,停着一些船,水边渔人在活跃地工作,耸立着一些漂亮的房屋;或是一片寂静的荒山丘,山羊在吃草,小溪上横着小桥,几窝矮树丛夹着一棵枝叶扶疏的大树,一个牧羊人躺在树荫里吹笛;或是一片沼泽地中一些静止的小池塘,在酷热的夏天给人一种清凉感;随便在哪一幅里,你总可以看到全局和谐一致,没有哪一点不和全局相称,没有哪一件是勉强拼凑来的东西。

歌德对我说,"这一次你从这些画里看到了一个完全的人,他想到的和感觉到的都美,他胸中有一个在外界不易看到的世界。这些画都具有最高度的真实,但是没有一点实在的痕迹。克劳德·劳冉最熟悉现实世界,直到其中的

---

① 劳冉,见第 342 页注②。

最微小的细节,他用这些作为媒介,来表现他的优美的心灵世界。这正是真正的理想性,它会把现实媒介运用来产生一种幻觉,仿佛像是真的东西,像是实在的或实有其事。"①

··········

歌德接着说,"在过去一切时代里,人们说了又说,人应该努力认识自己②。这是一个奇怪的要求,从来没有人做得到,将来也不会有人做得到。人的全部意识和努力都是针对外在世界即周围世界的,他应该做的就是认识这个世界中可以为他服务的那部分,来达到他的目的。只有在他感到欢喜或苦痛的时候,人才认识到自己;人也只有通过欢喜和苦痛,才学会什么应追求和什么应避免。除此以外,人是一个蒙昧物,不知道自己从哪里来,向哪里去,他对世界知道得很少,对自己知道得更少。我就不认识我自己,但愿上帝不让我认识自己!我想说的只有一点,当我四十岁在意大利时我才有足够的聪明,认识到自己没有造型艺术方面的才能,原先我在这方面的志向是错误的。如果我画点什么,我就缺乏足够的动力去掌握物体形象。我有点害怕,怕对象对我施加过分强烈的压力,比较柔和有节制的东西才合我的口胃。如果我画一幅风景画,我总是从较暗淡的远景画起,画到中部,对前景总不敢把它画得有足够的魄力,所以我的画产生不出应有的效果。此外,我不经过练习就没有进步,如果没有画完就搁下来,再画时总是要重新从头画起。可是我在这方面也不是毫无才能,特别是就风景画来说。哈克尔特③经常对我说,'假如你愿跟我在一起住上一年半,你会作出使你自己和旁人都喜欢的画哩。'"

我很感兴趣地听了这番话,就问,"一个人怎样才能知道自己在造型艺术方面有真正的才能呢?"

歌德回答说,"真正的才能对形象、关系和颜色要有天生的敏感,不要多少指导,很快就会处理得妥帖。对物体形状要特别敏感,还要有一种动力或自然倾向,能通过光照把物体形状画得仿佛伸手可摸那样活灵活现,纵使在练习

---

① 这几句话概括了理想主义艺术信条:既要忠实于客观自然,也要表达出艺术家的灵魂世界,表里要融成一片。
② "认识你自己"是古希腊一句格言,西方资产阶级思想家一向认为这句格言体现了人类的最高智慧。
③ 哈克尔特(1737—1807),德国风景画家,歌德的朋友。

间歇期间,画艺仍在下意识里进展和增长。这样一种才能是不难认识出的,认识得最准确的是画师。"①

…………

**1829年4月12日**(错误的志向对艺术有弊也有利)

…………

歌德继续说,"最糟糕的是人们在生活中经常受到错误志向的阻碍而不自知,直到摆脱了那些阻碍时才明白过来。"

我问,"怎样才能知道一个志向是错误的呢?"

歌德回答说,"错误的志向不能创作出什么,纵使有所创作,作品也没有价值。察觉旁人的错误志向并不难,难在察觉自己的错误志向,这需要很大的神智清醒。就连察觉了也往往无济于事。人们还是在踌躇、犹疑,决定不下来,就像一个人总舍不得抛弃一个心爱的姑娘,尽管已有很多迹象证明她不忠贞。我这样说,是因为我想到自己需要经过许多年才察觉我原先要从事造型艺术的志向是错误的,而且以后又经过许多年,才决定放弃造型艺术。"

我说,"你要搞造型艺术的志向给你带来了很大的益处,很难说它是错误的。"

歌德说,"我获得了见识,所以我可以安心了。这就是从错误志向中所能得到的益处。对音乐没有适当才能的人要搞音乐,固然不会成为音乐大师,但是他可以由此学会识别和珍视音乐大师所作的乐调。尽管我费过大力,我没有能成为艺术家;可是我既然尝试过每门艺术,我也学会了懂得每一个色调,会区别好坏。这就是个不小的收获,所以错误的志向也不是毫无益处……。"②

**1829年9月1日**(灵魂不朽的意义;英国人在贩卖黑奴问题上言行不一致)

我告诉歌德说,有一个路过魏玛的人听到过黑格尔论证神的存在的演讲。

---

① 歌德早年喜作画,四十岁到意大利游历后,看到一些造型艺术的杰作,认识到自己在这方面很难有成就,就毅然放弃了。在这次谈话里,他现身说法,劝人不要单凭爱好艺术的倾向,就幻想自己可以成为卓越的艺术家。歌德的出发点仍然是天才论,但他这番话是艺术家的甘苦之谈,有值得借鉴的地方。

② 这段谈话应该联系前一篇谈话看,说明艺术鉴赏也要有点创作实践的基础,所以"错误的志向"还是有益处。

歌德和我一致认为这种演讲已不合时宜了。

歌德说,"怀疑的时代已过去了,现在很少有人怀疑自己的存在或神的存在。关于神的本质、灵魂不朽、我们灵魂的存在和灵魂与肉体的关系这类长久不得解决的问题,哲学家们不能再有什么新东西给我们讲了。最近一位法国哲学家很有把握似地开宗明义就讲:'人所共知,人是由肉体和灵魂两部分构成的。我们先讲肉体,接着再讲灵魂。'费希特稍微前进了一步,比较聪明地从这个难题中脱了身。他说,'我们将讨论作为肉体的人和作为灵魂的人。'他懂得很清楚,那样一个紧密结合的整体是不能分开的。康德划定了人类智力所能达到的界限,把这个不可解决的问题①丢开不管,这无疑是最有益的办法。人们在这种问题上费过多少哲学思维,但是达到什么结果呢?我并不怀疑我们的永生,因为自然不能没有生命力②,但是我们并不是同样不朽,要在将来表现出伟大的生命力,就应〔在今世〕也是一种伟大的生命力。③

"德国人在劳心焦思以求解决哲学问题时,英国人却本着他们的实践方面的理解力在讥笑我们,自己则先把这个世界拿到手再说。每个人都知道英国人反对奴隶买卖的宣言。他们向我们说教,说他们反对奴隶买卖是根据人道主义原则,可是现在人们已发现他们真正的动机是追求一种现实目标④。英国人采取某种行动时不会没有某种现实目标,这是众所周知的,我们事前最好懂得这一点。英国人自己在他们的非洲西岸广大领地里就在利用黑奴。如果把黑奴运到别处去卖,他们自己的利益就会受到损害。他们在美洲也建立了一些大面积的黑人区殖民地,都很有生产价值,每年从黑人方面捞得大量利益,他们用这些黑人供应北美的需要。他们既这样进行这种利润很大的买卖,从别处贩运黑人进来就会违反他们的商业利益,所以他们是从实际利益出发来宣扬非洲黑奴买卖不人道的。就连在维也纳会议上英国使节还振振有辞地宣扬这一套,可是葡萄牙使节够聪明,丝毫不动声色地回答说,他不知道大家

---

① 指灵魂和肉体的关系。
② 原文用的是个希腊词 Entelechie,有人译为"灵魂",也有人只译音,实际上就是生物所具有的精神特质。故译为生命力。
③ 灵魂不朽在西方哲学中是经常辩论的问题,特别在基督教流行以后;法国启蒙运动时期无神论才开始抬头。德国古典哲学虽受了无神论的影响,但一般不敢公开反对基督教义,比较进步的也只采用偷梁换柱的办法。黑格尔用客观理念代替神,歌德则用事业、思想或文艺的深远影响代替灵魂不朽。歌德既肯定肉体和灵魂是个不可分割的整体,那么,肉体死后,灵魂也就应消亡。可是歌德没有敢下这个明显的正确结论。
④ 或:物质利益。

来开会究竟为什么,是来对世界进行一般的法律裁判呢,还是决定采取哪些道德原则?他很明白英国的目的,他也有自己的目的,他懂得怎样来辩护,怎样达到自己的目的。"①

**1829年12月6日**(《浮士德》下卷第二幕第一景)

今天饭后,歌德向我朗诵了《浮士德》〔下卷〕第二幕第一景,给我的印象很深刻,在我的内心里产生了高度的幸福感。我们又回到浮士德的书斋,梅菲斯特发现室中一切陈设还和从前他离开这里时一样。② 他从挂钩上取下浮士德的旧工作服,成千的蛾子和虫子飞出来,按照梅菲斯特指定的地方藏了起来,于是这间房子看来就很明亮了。他穿上那件工作服,想趁浮士德瘫痪在帘幕后面时再扮演一次书斋主人的角色。他拉了一下门铃,铃子在这座凄凉的古寺院里发出可怕的声响,门开了,墙壁也震荡起来。仆人跑进来,看见梅菲斯特坐在浮士德的座位上,他不认得梅菲斯特,却对他表示尊敬。在答问中,他报告了瓦格纳③的消息,说瓦格纳现在成了名人,正在盼望着老师回来,据说瓦格纳此刻正在实验室忙着制造一个人造人。仆人退出,学士④就进来了。他还是多年前我们见过的、被穿着浮士德工作服的梅菲斯特开玩笑的那位羞怯的青年学生。这些年来他已长成壮年人,很自负不凡,连梅菲斯特也拿他没有办法,只好把座位逐渐往前移,转向乐队池。

歌德把这一景朗诵到末尾,我看到其中还显出青年人的创造力,通体融贯

---

① 英国是继西班牙和葡萄牙之后的老牌殖民帝国,初期都靠剥削黑奴和贩卖黑奴过日子。他们说得冠冕堂皇,做得却阴险卑鄙,在歌德时代已如此。这是一个不能忘记的历史教训。歌德对这一点看得很清楚,足见他还是关心当时的国际政治的。他拿德国和英国对比,觉得德国人搞抽象哲学,让英国人"把这个世界拿到手",是失算,仿佛劝德国人放弃哲学,也来捞一把。这番谈话是耐人寻味的。

② 《浮士德》上卷一七七三年开始写作,一八〇八年出版;下卷一直在歌德思想中酝酿,到他死前几年才继续写作,写到一八三二年临死前完成,死后才出版。上卷写浮士德贪图世间快乐,出卖灵魂给恶魔,借恶魔之助诱奸了一位乡间少女,又遗弃了她,她愤而自杀,浮士德也变得悲观失望。下卷写数十年之后浮士德又落到那个恶魔的掌握中,后来他和古希腊美人海伦后结婚,据说是象征浪漫艺术与古典艺术的统一,生下一个儿子,据说是象征英国诗人拜伦。浮士德和海伦后的关系也终于破裂,于是他到海边去把海滩开垦成为良田。他做了这件好事,感到宽慰。地狱试图劫夺他的灵魂,但天使们拯救了他,护卫他上了天。《浮士德》是歌德的最大一部作品,虽是根据基督教的犯罪和赎罪的观念,却也表达了一个深刻的意义:书生困守在书斋幻想,贪图满足肉欲,灵魂就遭到毁灭;一旦跳出书斋转到实践行动,开拓新天地,为人类造福,灵魂就获得挽救。

③ 瓦格纳原是浮士德的助手,典型的学究。

④ 指瓦格纳。

紧凑,不胜欣羡。歌德说,"这里的构思很早,五十年来我一直在心里想着这部作品。材料积累得很多,现在的困难工作在于剪裁。这第二卷的意匠经营已很久了,像我已经说过的。我把它留到现在,对世间事物认识得比过去清楚,才提笔把它写下来,结果也许会好些。我在这一点上就像一个人在年轻时积蓄了许多银币和铜币,年岁愈大,这些钱币的价值也愈提高,到最后,他青年时代的财产在他面前块块都变成纯金了。"

我们谈到瓦格纳学士的性格,我问,"他是不是代表讲理念的那一派的某个哲学家呢?"歌德说,"不是,他所体现的是某些青年人所特有的那种高傲自大,在我们德国解放战争后头几年里就有些突出的例子。实际上每个人在青年时代都认为自从有了他,世界才开始,一切都是专为他而存在的。在东方确实有过这样一个人,他每天早晨都把他的手下人召集到自己身旁,在他吩咐太阳出来以前,不许他们去工作。不过他还是够机警的,不到太阳快要自动地升起那一刻,他决不下叫太阳出来的命令。"

关于《浮士德》及其写作和有关问题,我们还谈了很多。歌德歇了一会儿,沉浸在默默回忆中,然后接着说,"人到老年,对世间事物的想法就和青年时代不同。我不禁想起,有些精灵①在戏弄人类,间或把几个特殊人物摆在人间,他们有足够的引诱力使每个人都想追攀他们,却又太高大,没有人能追攀得上。例如摆出一个拉斐尔,无论在构思方面还是在实践方面,他都是十全十美的画家,他的个别的杰出追随者虽然离他很近,却始终没有人能达到那个水平。再如莫扎特在音乐方面是个高不可攀的人物,莎士比亚在诗方面也是如此。我知道你对这番话会提反对的意见,不过我所指的只是自然本性,只是伟大的自然资禀。再如拿破仑也是个高不可攀的人物。俄国人懂得自制,没有去君士坦丁堡②,因此也很伟大;拿破仑可以媲美,他也克制了自己,没有去罗马。"

这个大题目可以引起很多联想。我心里想到精灵们摆出歌德来,也有类似的意图,因为他也是能引诱每个人都想去追攀而又太高大、没有人能追攀得上的人物。

---

① 参看第412—414页。
② 君士坦丁堡即今伊斯坦布尔,过去长期是土耳其国都,为控制黑海和地中海交通的战略要地。俄国从彼得大帝以后,历代沙皇一直想侵占它,曾酿成俄土战争。第一次世界大战中,俄国与英、法签订密约,让君士坦丁堡一带割归俄国。十月革命后列宁才宣布废除该密约。

# １８３０年

**1830 年 1 月 3 日**（《浮士德》上卷的法译本；回忆伏尔泰的影响）

歌德拿一八三〇年的英文《纪念年历》给我看,其中有些很美的插画,还有拜伦的几封非常有意思的书信。饭后我阅读了这些书信,歌德自己拿起新出版的杰拉①的《浮士德》法译本翻着看,偶尔还随意读一点。

歌德说,"我脑子里浮起了一些奇怪的感想。这部诗已用五十年前由伏尔泰统治的那种法文译出供人阅读了。你无法了解我对这一点的感想,因为你对伏尔泰及其同时的伟大人物在我青年时代产生过多大影响以及他们那批人统治整个文明世界的情况,都毫无概念。我在自传里也没有说清楚这批法国人对我青年时代的影响,以及我费过大力使自己不受这种影响的束缚,以便立定脚跟,正确地对待自然。"……

杰拉的法译本尽管大部分用散文,歌德却称赞他译得成功。他说,"我对《浮士德》德文本已看得不耐烦了,这部法译本却使全剧更显得新鲜隽永。"

他接着说,"不过《浮士德》这部诗有些不同寻常,要想单凭知解力去了解它,那是徒劳的。第一部是从个人的某种昏暗状态中产生的。不过这种昏暗状态对人也有些魔力,人还是想用心去了解它,不辞困倦,正如对待一切不可解决的问题那样。"

**1830 年 1 月 27 日**（自然科学家须有想象力）

…………

歌德又回到马蒂乌斯②的话题上,称赞他有想象力。他说,"一个伟大的

---

① 杰拉(1808—1850),法国一位青年诗人。
② 马蒂乌斯(1794—1868),德国自然科学家。他有一个重要的假说,说植物生长是按螺旋上升而不是按直线上升。歌德的《植物变形学》多少受到马蒂乌斯的影响,尽管这位科学家比歌德年轻得多。

自然科学家根本不可能没有想象力这种高尚资禀。我指的不是脱离客观存在而想入非非的那种想象力，而是站在地球的现实土壤上、根据真实的已知事物的尺度、来衡量未知的设想的事物的那种想象力。这样才可以证实这种设想是否可能，是否不违反已知规律。这种想象力的先决条件就是要有开阔的冷静的头脑，把活的世界及其规律都巡视遍，而且能够运用它们。"

…………

**1830年1月31日**（歌德的手稿、书法和素描）

陪魏玛大公爵的公子访问歌德，歌德在书房里接见了我们。

我们谈到歌德著作的各种版本。我很惊讶地听到，这些版本的大部分歌德自己并没有收藏，就连附有他亲笔素描插图的《罗马狂欢节》第一版也没有。他说在拍卖行里出过六个银元去买它，可是没有买到手。

随后他把《葛兹·封·伯利欣根》的初稿拿给我们看，这还是五十年前他受他妹妹怂恿，在几个星期之内就写成的那个原样子。那时他的书法韶秀而挥洒自如，已完全显出他后来一直到现在的德文书法的风格。手稿写得很清楚，往往整页不见修改痕迹，令人猜想这也许是誊清本而不是原迹。

歌德告诉我们，他的早期著作，包括《维特》在内，都是亲笔写出的，但是手稿已遗失了。到了后来他却把想好的作品口述出来叫旁人写下，只有一些短诗和匆匆加注的提纲才是亲笔写的。他往往无意给新作品留下一个誊清本，听任最有价值的作品由机缘去摆布，经常把惟一的稿本送到斯图加特印刷所。

我们看过《葛兹》的手稿之后，歌德又把《意大利游记》的手稿拿给我们看。从这些逐日记下观察和感想的手稿中，仍可看出早年《葛兹》手稿里的那种优美的书法风格。一切都显得果决刚健，不加修改，可以看出，就连随时加注的细节也总是先在作者心中想得很清楚的。没有什么要改进的，除掉稿纸。稿纸是他游到什么地方就在那地方购买的，样式和颜色都不一致。

在《意大利游记》手稿末尾，我发现歌德亲笔画的一张黑白素描。画的是一位意大利律师，穿着律师制服，手持发言稿，站在法庭上发言。这是人所能想象到的绝妙的人物形象。他那身服装特别突出，令人猜想他选了这套衣，仿佛是准备去参加化装舞会。可是一切都是现实生活的忠实描绘。他把食指放在大拇指的顶端，其余三指都是伸直的。这位身材魁梧的演说家很安稳地站在那里,这点手指的小动作配上他戴的那副庞大的假发,倒也十分相称。

**同日**(谈弥尔顿的《参孙》)

在歌德家吃饭。我们谈到弥尔顿①。歌德说,"不久以前,我读过他的《参孙》。这部悲剧在精神上比任何近代诗人的作品都更能显出希腊古典风格。他是很伟大的。他自己的失明是一个便利条件,使他能把参孙的情况描绘得很真实②。弥尔顿真正是个诗人,我们对他应该表示最高的崇敬。"

**1830年2月3日**(回忆童年的莫扎特)

在歌德家吃晚饭。我们谈起莫扎特。歌德说,"莫扎特还是六岁的小孩时我见过他。他在巡回演奏。我自己当时大约是十四岁。他那副鬈发佩剑的小大人的模样我还记得很清楚。"……

**同日**(歌德讥诮边沁老年时还变成过激派,说他自己属改良派)

因为提到杜蒙,话题就转到他和边沁的关系③,歌德发表了如下的意见:"像杜蒙那样一个讲理性、重实际的温和人,居然成了边沁那个疯子的门徒和忠诚的宣扬者,我觉得这倒是一个有趣的问题。"

我回答说,"在一定程度上边沁应该被看作一个具有双重性格的人物。我把作为天才的边沁和作为热情人的边沁区别开来。作为天才,他创立了杜蒙加以宣扬和发挥的那些原则;作为热情人,他过分倾心于功利,竟越出了自己学说的界限,所以在政治上和宗教上都变成了过激派。"

歌德说,"不过这对我又是一个新问题:一个长寿的白发老人怎么会变成过激派呢?"

我设法解决这个矛盾说,"边沁既深信他的学说和立法观点高明,又明知不彻底变革现行制度就不可能在英国实行自己的主张,于是愈被激情冲昏了

---

① 弥尔顿是十七世纪英国革命时代最伟大的诗人。《力士参孙》是他写民族斗争中一个被囚禁的大力士摧毁一座大宫殿和敌人同归于尽的一部悲剧,反映出诗人自己的革命情绪。
② 参孙被刺瞎双目。
③ 边沁(1748—1832),英国哲学家和法学家,是功利主义哲学的开山祖,对英国三权分立制度影响很大。他的忠实门徒在英国有穆勒父子,在瑞士有杜蒙(1759—1829)。边沁的一些著作在英国发表之前就由杜蒙译成法文在大陆上流传,边沁后来在英国出版的文集有不少是由法译本转译成英文的。杜蒙是歌德的密友梭瑞的舅父,和歌德也相识。

头脑。还有一点,他和外在世界接触太少,看不出暴力推翻的办法的危险。"

接着我又说,"杜蒙却不然,他的清晰理智胜过热情,从来不赞成边沁的过激言论,所以不致犯同样错误。此外,杜蒙自己的祖国,日内瓦,由于当时的政治形势,可以把它看成一个新兴的国家,杜蒙要在那里实施边沁的原则,条件比较便利,所以一切都十分顺利,成效卓著就证明了边沁学说的价值。"

歌德回答说,"杜蒙确实是个温和的自由派,一切讲理性的人都应该是温和的自由派,我自己就是一个温和的自由派。在我的漫长的一生中,我都按照这个精神行事。

"真正的自由派要用所能掌握的手段,尽其所能努力去做好事。但是他要小心避免用火和剑去消灭不可避免的罪恶和缺点,而只采取谨慎的步骤,尽力逐渐排除彰明较著的缺点,但不用暴力措施,免得同时把同样多的优点也消灭掉。在这个本来不是十全十美的世界里,我们只能满足于还好的东西,等到有了有利的时机和条件,再去争取更好的东西。"[①]

**1830 年 3 月 14 日**(谈创作经验;文学革命的利弊;就贝朗瑞谈政治诗,并为自己在普法战争中不写政治诗辩护)

今晚在歌德家。他让我看前几天达维[②]寄来的现已排列好的那一箱珍品。前几天我就已看到歌德忙着开箱取出这些珍品,其中有当代法国主要诗人的像徽,都已摆在桌上顺序排列着。这回他又谈到达维在构思和创作实践两方面都很伟大的非凡才能。他还让我看到法国浪漫派一些最优秀的作家通过达维赠给他的最近作品,其中有圣伯夫、巴朗西、雨果、巴尔扎克、德·维尼、幼尔·雅宁[③]等人的作品。

歌德说,"达维这批礼物够使我度过一些快乐的日子。这整个星期我都在忙着读这些青年诗人的作品。他们给我的新鲜印象使我获得了一种新生

---

① 这篇谈话充分暴露了歌德的性格和政治立场。他颂扬"温和的自由派"(其实就是改良派)杜蒙,贬低当时号称"过激分子"而实际上仍只是较激进的资产阶级自由派的"疯子"边沁。他明确地站在逐步改良的立场,痛恨暴力革命。他欢迎初期法国资产阶级革命而痛恨后期的雅各宾专政,是和这种态度一致的。这就证实了他那种受到恩格斯批判的德国庸俗市民的性格。
② 达维(1787—1866),又译大卫,当时法国著名的雕塑家,拥护现实主义,访问过魏玛,替歌德作过半身雕像。通过达维,法国一些诗人和作家同歌德有了来往。
③ 圣伯夫(1804—1869),当时法国最大的文学批评家,他在《地球》杂志上陆续发表的《星期一谈话》,影响很大。巴朗西(Ballanche),《社会的死后还魂》的作者。幼尔·雅宁,一个平庸的批评家和小说家。

命。我准备替这些很可爱的像徽和书籍各编一套目录,在我的艺术品收藏室和图书室里各辟一个专栏。"

可以看出,歌德受到这些法国青年诗人的尊敬,感到非常高兴。

接着他取出爱米尔·德向的《研究论文》①看了一段。他称赞《柯林斯的新娘》②的法译很忠实,很成功。他还说,"我手边还有这篇诗的意大利文译本,不但译出原诗的意思,还用了原诗的韵律。"

《柯林斯的新娘》引起歌德谈到他的其他民歌体诗说,"这些诗在很大的程度上要归功于席勒,是他怂恿我写的,因为他当时主编《时神》,经常要组织新稿。这些诗原来在我头脑里已酝酿多年了。它们占住了我的心灵,像一些悦人的形象或一种美梦,飘忽来往。我任凭想象围绕它们徜徉游戏,给我一种乐趣。我不愿下定决心,让这些多年眷恋的光辉形象体现于不相称的贫乏文字,因为我舍不得和这样的形象告别。等到把它们写成白纸黑字,我就不免感到某种怅惘,好像和一位挚友永别了。"

他接着说,"在其他时候我写诗的情况却完全不同。事先毫无印象或预感,诗意突如其来,我感到一种压力,仿佛非马上把它写出来不可,这种压力就像一种本能的梦境的冲动。在这种梦行症的状态中,我往往面前斜放着一张稿纸而没有注意到,等我注意到时,上面已写满了字,没有空白可以再写什么了。我从前有许多像这样满纸纵横乱涂的诗稿,可惜都已逐渐丢失了,现在无法拿出来证明作诗有这样沉思冥想③的过程。"

话题又回到法国文学和最近一些颇为重要的作家的超浪漫主义④倾向。歌德认为这种正在萌芽的文学革命对文学本身是很有利的,而对掀起这种革命的个别作家们却是不利的。他说,"任何一种革命都不免要走极端。一场政治革命在开始时一般只希望消除一切弊端,但是没有等到人们察觉到,人们就已陷入流血恐怖中了。就拿目前法国这场文学革命来说,起先要求的也不过是较自由的形式。可是它并不停留于此,它还要把传统的内容跟传统的形式一起抛弃掉。现在人们已开始宣扬凡是写高尚情操和煊赫事迹的作品都令

---

① 爱米尔·德向(1791—1876)曾和雨果共同创办《法国诗神》杂志,著有《法国和外国研究论文集》,译过歌德和席勒的一些短诗。
② 《柯林斯的新娘》是歌德的一篇民歌体诗。
③ "沉思冥想"原文是 Vertiefung,照字面可译"深化",相当于心理学所说的"下意识酝酿"。
④ "超"原文是 ultra,超浪漫主义即极端或过分的浪漫主义。

人厌倦,于是试图描写形形色色的奸盗邪淫。他们抛弃了希腊神话中那种美好内容,而写起魔鬼、巫婆和吸血鬼来,要古代高大英雄们让位给一些魔术家和囚犯,说这才够味,这才产生好效果!但是等到观众尝惯了这种浓烈作料的味道,就嫌这还不够味,永远要求更加强烈的味道,没有止境了。一个有才能的青年作家想收到效果,博得公众承认,而又不够伟大,不能走自己的道路,就只得迎合当时流行的文艺趣味,而且还要努力在描写恐怖情节方面胜过前人。在这种追求表面效果的竞赛中,一切深入研究、一切循序渐进的才能发展和内心修养,都抛到九霄云外去了。对一个有才能的作家来说,这是最大的祸害,尽管对一般文学来说,它会从这种暂时倾向中获得益处。"

我问,"这种毁坏个别有才能的作家的企图怎么能有利于一般文学呢?"

歌德说,"我所指出的那些极端情况和赘疣会逐渐消失掉,最后却有一个很大的优点保存下来,那就是,在获得较自由的形式之外,还会获得比从前丰富多彩的内容,人们不会再把这广阔世界中任何题材以及多方面的生活看作不能入诗而加以排斥。我把目前这个文学时代比作一场发高烧的病症,本身虽不好,不值得希求,但它会导致增进健康的好结果。目前构成诗作全部内容的那些疯癫材料,到将来只会作为一种便于利用的因素而纳入内容里。还不仅此,目前暂时抛开的真正纯洁高尚的东西,到将来还会被观众更热烈地追求。"①

我插嘴说,"我觉得很奇怪,就连您所喜爱的法国诗人梅里美在他的《弦琴集》②里也用了令人恐怖的题材,走上超浪漫主义的道路。"

歌德回答说,"梅里美处理这类题材的方式却和他的同辈诗人所用的完全不同。你提到的那些诗里固然用了不少可怕的题材,例如坟场、深夜里的巷道、鬼魂和吸血鬼之类,不过这类可怕的题材并不触及诗人的内心生活,他毋宁是用一种远距离的客观立场和讽刺态度来处理它们的。他是以艺术家的身份进行工作的。他觉得偶尔试一试这种玩艺儿也很有趣。我已说过,他完全抛开了私人的内心生活,甚至也抛开了法国人的身份,使人们在初读《弦琴集》时竟以为那些诗歌真是伊利里地方的民歌。他不费大力,故弄玄虚,就获

---

① 这番话表明了歌德对当时西方那种文化革命的态度,也显出他的思想中的辩证因素。
② 梅里美的诗集《弦琴集》又名《伊利里诗歌选集》,出版于一八二七年,作者伪称这是一个叫伊·玛格拉诺维奇的人所搜集的伊利里民歌。伊利里在巴尔干半岛,靠近南斯拉夫。歌德在下文中所说的客观态度,指不流露作者自己的思想情感。

得了成功。"

歌德接着说,"梅里美确实是个人物!一般说来,对题材作客观处理,需要比人们所想象到的更大的魄力和才能。拜伦就是一个例子。他尽管个性很强,有时却有把自己完全抛开的魄力;例如在他的一些剧本里,特别是在《玛利诺·法列罗》①里。人们读这部剧本,毫不觉得它是拜伦甚至是一个英国人写的,仿佛置身于威尼斯和情节发生的时代。剧中人物完全按照各自的性格和所处情境,说出自己的话,丝毫不流露诗人的主观思想情感。作诗的正确方法本来就应该如此,但是这番话对于做得太过分的法国青年浪漫派作家们却不适用。我所读到的他们的作品,无论是诗、小说,还是戏剧,都带着作者个人的色彩,使我忘记不了作者是巴黎人,是法国人。就连在处理外国题材时,他们还是使读者感到自己置身于巴黎和法国,完全困在目前局面下的一切愿望、希求、冲突和酝酿里。"

我试探地问了一句:"贝朗瑞②是不是也只表达出伟大的法国首都的局面和他自己的内心生活?"

歌德回答说,"在这方面贝朗瑞也是个人物,他的描绘和他的内心生活都是有价值的。在他身上可以看出一个重要性格的内容意蕴。他是一个资禀顶好的人,坚定地依靠自己,全靠自己发展自己,自己和自己总是谐和的。他从来不问'什么才合时宜?什么才产生效果?怎样才会讨人喜欢?别人在干什么?'之类问题,然后相机行事。他总是按照本性独行其是,不操心去揣摩群众期待什么,或这派那派期待什么。在某些危机时期,他固然也倾听人民的心情、愿望和需要,不过这样做只是坚定了他依靠自己的信心,因为他的内心活动和人民的内心活动总是一致的。他从来不说违心的话。

"我一般不爱好所谓政治诗,这是你知道的。不过贝朗瑞的政治诗我却很欣赏。他那里没有什么空中楼阁,没有纯粹出自虚构或想象的旨趣,他从来不无的放矢,他的主题总是十分明确而且有重要意义的。他对拿破仑的爱戴推尊以及对其丰功伟绩的追念,对当时受压迫的法国人民来说是一种安慰。此外,他还痛恨僧侣统治,怕耶稣会那派教徒重新得势,有把法国推回到黑暗时代的危险。我们对这类主题不能不感到衷心同情。而且他每次的处理方式

---
① 《玛利诺·法列罗》一剧写十四世纪威尼斯行政长官阴谋推翻宪法,失败后被判处死刑的故事。
② 参看一八二七年一月四日和二十九日以及同年五月四日关于贝朗瑞的多次谈话。

多么高明老练！看他是怎样先在心里把题材想妥帖，然后才把它表达出来！一切都已酝酿成熟了，等到写作，哪一步不表现出高妙的才华、讽刺和讥笑，而又一往情深、天真雅致啊！他的诗歌每年都要给几百万人带来欢乐。就连对工人阶级来说，他的诗歌也是唱起来非常顺口的，而同时又超出寻常的水平。这就使人民大众经常接触到这种爽朗欢畅的精神，自己耳濡目染，在思想方面也势必比以前更美好、更高尚了。这还不够吗？对一个诗人，还能有比这更好的颂扬吗？"

我回答说，"贝朗瑞是个卓越的诗人，这是毫无疑问的。我多年来一直爱好他的诗，这也是您知道的。不过如果要问我比较喜爱他的哪一类诗，我就应回答说，我喜爱他的情诗胜过喜爱他的政治诗，因为我对他的政治诗所涉及的和暗指的事情总是不大清楚。"

歌德说，"那是你的情况，那些政治诗并不是为你写的。你该问问法国人，他们会告诉你那些政治诗究竟好在哪里。一般说来，在最好的情况下，政治诗应该看作一国人民的喉舌，而在多数情况下，它只是某一党派的喉舌。如果写得好，那一国人民或那个党派就会热情地接受它们。此外，政治诗只应看作当时某种社会情况的产物，这种社会情况随时消逝，政治诗在题材方面的价值也就随之消逝。至于贝朗瑞，他却占了一种便宜。巴黎就是法国。他的伟大祖国的一切重要的旨趣都集中在首都，都在首都获得生命和反响。他的大部分政治诗不应只看作某一党派的喉舌，他所反对的那些东西大半都有普遍的全国性意义，所以他这位诗人是作为发出民族声音的喉舌而被倾听的。在我们德国这里，这一点却办不到。我们没有一个都城，甚至没有一块国土，可以让我们明确地说：这就是德国！如果我在维也纳问这是哪一国，回答是：这是奥地利！如果在柏林提这个问题，回答是：这是普鲁士！仅仅十六年前，我们正想摆脱法国人，当时到处都是德国。当时如果有一位政治诗人，他就会起普遍的影响。可是当时并不需要他的影响。普遍的穷困和普遍的耻辱感，像精灵鬼怪一样把全国都抓在手掌中。诗人所能点燃的精神烈火到处都在自发地燃烧。不过我也不否认阿恩特、克尔纳尔和里克尔特当时发生过一点影响。[①]"

---

[①] 阿恩特（1769—1860）、克尔纳尔（1791—1813）、里克尔特（1788—1886）三位德国诗人在英、俄和普鲁士等国联盟反击拿破仑时都写过鼓动民族解放的政治诗。

我无心中向歌德说,"人们都责怪您,说您当时没有拿起武器,至少是没有以诗人的身份去参加斗争。"

歌德回答说,"我的好朋友,我们不谈这一点吧!这个世界很荒谬,它不知道自己需要的是什么,也不知道在哪些事上应让人自便,不必过问。我心里没有仇恨,怎么能拿起武器?我当时已不是青年,心里怎么能燃起仇恨?如果我在二十岁时碰上那次事件①,我决不居人后,可是当时我已年过六十啦。

"此外,我们为祖国服务也不能都采用同一方式,每个人应该按照资禀,各尽所能。我辛苦了半个世纪,也够累了。我敢说,自然分配给我的那份工作②,我都夜以继日地在干,从来不肯休息或懈怠,总是努力做研究,尽可能多做而且做好。如果每个人都可以对自己这样说,一切事情也就会很好了。"

我用安慰的口吻回答说,"听到那种责怪,您根本不必生气,而且应该引以为荣。旁人责怪您,也不过表明对您重视,看到您为祖国文化所做的事比任何人都多,于是就希望什么事最后都要归您做了。"

歌德回答说,"我不愿把自己想到的话说出来。那些责怪我的话里所含的恶意,比你所能想象到的要多。我觉得这是使人们多年来迫害我和中伤我的那种旧仇恨的新形式。我知道得很清楚,我是许多人的眼中钉,他们很想把我拔掉。他们无法剥夺我的才能,于是就想把我的人格抹黑,时而说我骄傲,时而说我自私,时而说我妒忌有才能的青年作家,时而说我不信基督教,现在又说我不爱祖国和同胞。你认识我已多年了,总该认识到这些话有多大价值。不过如果你想了解我这方面所受的痛苦,请读一读我的《讽刺诗集》③,你就会从我的回击中看出人们时常在设法使我伤心。

"一个德国作家就是一个德国殉道者啊!就是这样,我的好朋友,你不会发现情况不是这样。我也不能替自己埋怨,旁的作家们的遭遇也并不比我好,有些人还比我更糟。在英国和法国,情况也和我们德国一样。莫里哀什么冤屈没有受过,卢梭和伏尔泰什么冤屈没有受过!拜伦叫流言蜚语中伤,被赶出英国,要不是早死使他摆脱了庸俗市侩们及其仇恨,他还会逃到天涯海角去哩。

"如果只有心地窄狭的群众才迫害高尚的人物,那还算好!可是事实不

---

① 指拿破仑攻克柏林,占领德国后,德国各地自发的解放斗争。
② 诗歌。
③ 这部讽刺短诗是歌德对他的批评者的回击。

然,有才能的文人往往互相倾轧。例如普拉顿和海涅就互相毁谤,互相设法把对方弄成可恨的坏人,①而实际上,这个广阔的世界有足够的地方让自己生活也让旁人生活,大家大可和平相处,而且每个人在自己才能范围里都有一个够使他感到麻烦的敌人②。

"仿佛我的任务就是坐在书房里写战歌!如果住在营房里终夜听到敌哨阵地的战马嘶鸣,写战歌倒还凑合。不过这并不是我的生活和任务,这是克尔纳尔的生活和任务。他有完全适合写战歌的条件。至于我,生性并不好战,也没有战斗的情感,战歌就会成为和我这副面孔不相称的假面具。

"我写诗向来不弄虚作假。凡是我没有经历过的东西,没有迫使我非写诗不可的东西,我从来就不用写诗来表达它。我也只在恋爱中才写情诗。本来没有仇恨,怎么能写表达仇恨的诗歌呢?还可以向你说句知心话,我并不仇恨法国人,尽管在德国摆脱了法国人统治时,我向上帝表示过衷心的感谢。对我来说,只有文明和野蛮之分才重要,法国人在世界上是最有文化教养的,我自己的文化教养大半要归功于法国人,对这样一个民族我怎么恨得起来呢?"

歌德接着说,"一般说来,民族仇恨有些奇怪。你会发现在文化水平最低的地方,民族仇恨最强烈。但是也有一种文化水平,其中民族仇恨会消失,人民在某种程度上站在超民族的地位,把邻国人民的哀乐看成自己的哀乐。这种文化水平正适合我的性格。我在六十岁之前,就早已坚定地站在这种文化水平上面了。"③

**1830 年 3 月 17 日**(再次反对边沁过激,主张改良;对英国主教骂《维特》不道德的反击;现实生活比书本的教育影响更大)

晚上在歌德家呆了两个钟头。我奉大公爵夫人之命,把博恩豪泽的一部

---

① 普拉顿,见第 271 页正文和注②。他和海涅都是当时比较年轻的诗人。普拉顿发表过《浪漫派的俄狄浦斯》一文讥诮海涅,海涅也出版《旅行记》一书进行反击。
② 意谓每个诗人都有够大的困难要克服。
③ 继一八二四年二月四日的谈话之后,这篇谈话是理解歌德的世界观、政治观点和文艺观点的最重要的材料。他从自己的创作经验谈起,说明文艺创作有长期苦心经营和诗思一旦突然出现两种情况。接着他就以最近法国文艺动态为例,说明文学革命对一般文学发展有促进作用,尽管对个别作家不免起不利影响。然后他又从贝朗瑞的政治诗和情诗孰优孰劣问题谈到政治诗有两种,一种是作为全民族的喉舌,一种是作为某一党派的喉舌,他肯定前者,贬低后者。在德国人民起来反对拿破仑的占领和统治时,歌德没有用诗歌为民族解放斗争服务,遭到人们责怪。他在这里为自己辩护,提出所谓超民族的文化水平。这种文化水平将来是要到来的,在当时历史情况下却只能是幻想。歌德的基本立场还是"为文艺而文艺"。

悲剧①带还给他。我把我认为的这部剧本的优点也告诉了他。歌德回答说,"我每逢看到一部有独创性的、显出才能的作品,总感到高兴。"接着他用双手捧着这部剧本,斜着眼看了一下,说,"不过每逢看到一位剧作家把剧本写得太长,而且要照样上演,我总以为不妥。这个缺点就打消了我的乐趣的一半。你只看看这部剧本竟有这样厚!"

我回答说,"席勒在这一点上也不见得就好得多,可是他还是一个伟大的剧作家呀。"

歌德说,"席勒的确有这个缺点,特别是他的早期剧本。当时他正年轻力壮,写起来总是没完没了,他心里要说的话太多,超出了他的控制力。后来他察觉到这个缺点,尽力通过学习和钻研来克服它,可是没有完全成功。对题材加以适当的控制,不被它缠住,把全副精力集中到绝对必要的东西上去,这套功夫比一般人所想象的要难些,要有很大的诗才才办得到。"

这时仆人把里默尔②引进来了。我准备告辞,因为我知道今晚歌德要和里默尔在一起工作。歌德叫我留下,我欣然听命,因此听到了歌德的一次纵情畅谈,其中充满着讽刺和梅菲斯特式的幽默。

歌德开头说,"索莫林③就这样死啦,还不到区区七十五岁哩。多么傻,就没有勇气多活几年!在这一点上,我佩服我的朋友边沁那个过激派疯子。他保养得好,比我还大几个星期哩。"

我插嘴说,"还可以补充一点,边沁还有一点可以和您媲美,他现在做工作还和青年人一样起劲。"

歌德说,"那倒是,可是我和边沁处在一条链子上的相反的两极端:他要把房子推翻,我宁愿把它撑起。在他那样高龄还要当过激派,真是疯狂透顶。"

我反驳说,"我认为有两种过激主义,应该区分开。一种过激主义为着建设未来,首先要扫清场地,把一切都推翻打烂;另一种过激主义却满足于指出现行制度的缺点和错误,希望不用暴力就可以获得所想望的好处。假如您生在英国,您不会反对这第二种过激主义。"

歌德于是摆出他的梅菲斯特式的面孔和声调问我,"你拿我当什么人?

---

① 博恩豪泽(1799—1856),当时一位不知名的瑞士剧作家,提到的剧本叫《艺术精华》,内容不详。
② 见第283页注②。
③ 索莫林(1755—1830),魏玛的医生,歌德的朋友。

我在英国就会利用那些弊端过活,你以为我会去搜查和揭露那些弊端吗?假如我生在英国,我会成为拥有巨资的公爵,或者还更好一点,成为领三万镑年俸的主教。"

我说,"那倒顶美。不过您抽到的如果不是头彩,而是一张空白票,怎么办?空白票是数不尽的。"

歌德回答说,"我的老好人呀,不是每个人都生下来就有资格中头彩。你认为我那样傻,只能抽到空白票吗?我会拥护三十九条,特别是那第九条①,我对它会特别重视,特别虔诚地遵守,从各方面随时随地宣扬这三十九条。我会扮演伪君子,无论是在诗里还是在散文里,都尽力去撒谎欺骗,免得使三万镑年俸脱了手。我一旦爬上这样的高位,就会不顾一切,把它保持住。我特别要想尽方法,使蒙昧无知产生的黑暗变得更加黑暗。哼,我会哄骗头脑简单的群众,训练可爱的青少年学生,使他们察觉不到我是靠最丑恶的欺骗爬上高位的,纵使察觉到,也不敢说出来。"

我说,"就您来说,我们想到您是凭才能而得到崇高地位,这至少是可以欣慰的。但是在英国,正是最昏庸无能的人才享受到最高的尘世荣华富贵。他们不是凭自己的才能,而是凭恩宠,碰运气,特别是凭家庭出身。"

歌德说,"一个人获得尘世荣华富贵,无论是凭自己的才能,还是凭继承权,事实上都是一样。享有这种权利的头一代人一般都还是有才能的人,有足够的本领去利用旁人的愚昧和弱点来使自己占便宜。这个世界里充满着头脑糊涂的人和疯人,用不着到疯人院去找。这令我想起一件事:已故的大公爵,知道我讨厌疯人院,有一次想把我突然带到疯人院里去看一看。但是我及时地察觉到他的意图,就告诉他说,'我没有感到有必要去看关起来的疯人,在世间自由行走的疯人我已经看够了。'我说,'我宁愿跟殿下下地狱,也不愿进疯人院。'

"哼!要是我能用我自己的方式来处理一下那三十九条,让头脑单纯的群众大吃一惊,我会感到多么开心哟!"

我说,"纵使您不当主教,还是可以开这个玩笑。"

歌德回答说,"不然,那我要一声不响。要我欺骗,就要给我很高的报酬,

---

① 三十九条是英国国会通过的关于英国教会的法规。第九条是关于原始罪孽(人类自从亚当和夏娃偷食了禁果就犯了原始罪孽),它对僧侣特别重要,因为僧侣据说是帮助人赎罪、拯救灵魂的上帝代表。歌德不信原始罪孽。

如果没有希望当拿三万镑年俸的主教,要我去欺骗,我就不干。"

……………

歌德接着用同样毒辣的讽刺口吻重新谈到英国高级僧侣的高薪俸,还追述了他和英国德比郡主教勃里斯托勋爵①的一次遭遇。

他说,"勃里斯托勋爵路过耶拿,想和我结识,邀我在一天晚上去见他。他这人有时爱耍点粗野,但是你如果用同样的粗野回敬他,他就驯良起来了。在谈话中他就《少年维特》向我说起教来,想刺痛我的良心,说我不该让人走向自杀。他骂《维特》是一部极不道德的该受天谴的书。我高声对他说,'住嘴!你对我的可怜的《维特》竟说出这样的话来。那么我问你,世间有些大人物用大笔一挥就把十万人送到战场,其中就有八万人断送了性命,要他们互相怂恿杀人放火和劫掠。你对这种大人物该怎么说呢?在看到这些残暴行为之后,你却感谢上帝,唱起《颂圣诗》来。你还用地狱惩罚的恐怖来说教,把你的教区里孱弱可怜的人们折磨到精神失常,终于关进疯人院去过一辈子愁惨生活!还不仅此,你还用你们的违反理性的传统教义,在你的基督教听众灵魂里播下怀疑种子来毒害他们,迫使这些摇摆不定的灵魂堕入迷途,除了死以外找不到出路!对于这一切,你对自己该怎么说,你该受什么惩罚呢?现在你却把一个作家拖来盘问,想对一部被某些心地褊狭的人曲解了的作品横加斥责,而这部作品至多也不过使这个世界甩脱十来个毫无用处的蠢人,他们没有更好的事可做,只好自己吹熄生命的残焰。② 我自以为这是替人类立了一个大功,值得你感谢。现在你竟想把这点战功说成是罪行,而你们这批王公僧侣老爷却容许自己犯那样严重的罪行!'

"这场反攻对那位主教产生了顶好的效果。他变得像绵羊一样驯良,从此在谈话中就对我彬彬有礼,声调也和蔼起来了。当晚我和他处得很好。勃里斯托勋爵尽管粗野,毕竟是个通达世故人情的人,知道在什么场合说什么话。等到告别时,他送我走了几步路,又让他的修道院院长继续送我。走到大街上,这位院长大声向我说,'啊!歌德先生,您说得多妙,叫勋爵多高兴啊!您懂得叫他欢喜的妙诀。要是您说得稍微委婉一点,软弱一点,您回家时就不会对这次访问这样满意了。'"

---

① 歌德和勃里斯托勋爵(1730—1803)在耶拿会见,是在一七九七年。歌德对这次奇遇很得意,在书信和日记里都叙述过。
② 《少年维特》出版后,欧洲有一些青年摹仿维特,自杀成风。歌德针对这种情况为自己辩护。

我接着说,"为了《维特》那部作品,您可真惹了不少麻烦。您和勃里斯托的会见令我想起您和拿破仑关于《维特》的谈话。当时塔列朗也在场,是不是?①"

歌德说,"他也在场。不过对于拿破仑,我没有什么可埋怨的。他对我极友好,他谈论《维特》这个题目的方式,也是人们可以期待于他这位具有伟大精神的人物的。"

话题由《维特》转到一般小说和剧本及其对听众道德影响的好坏。歌德说,"如果一部书比生活本身所产生的道德影响更坏,这种情况就一定很糟,生活本身里每天出现的极丑恶的场面太多了,要是看不见,也可以听见,就连对于儿童,人们也毋须过分担心一部书或剧本对儿童的影响。我已说过,日常生活比一部最有影响的书所起的教育作用更大。"

我说,"不过当着儿童的面说话还是要当心些,不要使他们听到他们不该听的话。"

歌德回答说,"你提的办法倒很好,我也是那么办。不过我毕竟认为这种警戒是无用的。儿童的嗅觉和狗的嗅觉一样灵敏,什么东西都闻得出来,特别是坏东西……。"②

**1830 年 3 月 21 日**("古典的"和"浪漫的":这个区别的起源和意义)
…………

接着我们谈到身体的疾病状态以及身体与心灵的相互影响。

歌德说,"心灵可以起支持身体的作用,这是不易置信的。我经常患胃病,但是心灵的意志和上半身的精力却把我支持住了。不能让心灵屈服于身体!我在温度高时比在温度低时的工作效果好。知道了这一点,我每逢温度低时,就尽力使劲,来抵消低温度的坏影响。我发现这办法行得通。

"不过诗艺方面有些东西却不能勉强,我们须等待好时机来做单凭心灵的意志所不能做到的事。例如我目前在写《瓦尔普吉斯之夜》,写得比较慢,因为我想使全幕显出应有的魄力和美妙风味。我已写得不少了,希望在你出国③之

---

① 参看第 381—382 页。塔列朗是拿破仑时代的外交家,在他的《回忆录》里约略提到过一八〇八年拿破仑和歌德在埃尔富特的会晤。
② 这篇谈话显出歌德的幽默。他对英国教会的讽刺是尖锐的。最后,他提出一种观点,即:书本的影响不能比实际生活的影响更坏。
③ 当时爱克曼将陪歌德的长子去意大利旅行,后来这位长子患病死在途中。

前写完。

"我把这一幕中关键性的东西和一些个别对象区别开来,使它具有普遍意义,这样就使读者虽有用作比喻的对象而不了解它究竟何所指。我力图使一切在古典意义上具有鲜明的轮廓,丝毫没有符合浪漫派创作方法的那种暧昧模糊的东西。

"古典诗和浪漫诗的概念现已传遍全世界,引起许多争执和分歧。这个概念起源于席勒和我两人。我主张诗应采取从客观世界出发的原则,认为只有这种创作方法才可取。但是席勒却用完全主观的方法去写作,认为只有他那种创作方法才是正确的。为了针对我来为他自己辩护,席勒写了一篇论文,题为《论素朴的诗和感伤的诗》①。他想向我证明:我违反了自己的意志,实在是浪漫的,说我的《伊菲革涅亚》由于情感占优势,并不是古典的或符合古代精神的,如某些人所相信的那样。史雷格尔弟兄抓住这个看法把它加以发挥,因此它就在世界传遍了,目前人人都在谈古典主义和浪漫主义,这是五十年前没有人想得到的区别。"②……

**1830年8月2日**(歌德对法国七月革命很冷淡,而更关心一次科学辩论:科学上分析法与综合法的对立)

已掀起的七月革命③的消息今天传到魏玛,人们都为之轰动。午后我去看歌德,一进门他就大声问我,"你对这次伟大事件是怎么想的?火山终于爆发啦,一切都在燃烧,从此再不会有关着门谈判的情况啦!"

我回答说,"这是个可怕的事件!不过尽人皆知的情况既是那样糟,而法国政府又那样腐败,除了王室终于被赶掉以外,我们还能指望什么呢?"

歌德说,"我的好朋友,你和我说的像是牛头不对马嘴呀,我说的不是那伙人而是完全另一回事。我说的是,乔弗列与顾维页之间对科学极为重要的

---

① 这是席勒的一篇重要的美学论文,从人与自然的关系讨论古典诗(即素朴诗)与浪漫诗(即感伤诗)的分别。席勒认为古典时代人与自然一体,共处相安,这就是诗的素朴状态;近代人已与自然脱节,却又想"回到自然",眷恋人类童年的素朴状态,而这又是不可能的,所以心情是感伤的,这就是浪漫诗的特征。
② 这篇谈话指出古典主义与浪漫主义的区别。歌德所理解的古典主义实际上就是现实主义。高尔基以前,西方文学史家一般把古典主义和浪漫主义当作文艺的主要流派。实际上这类标签的用处有它的限度。
③ 法王查理十世于一八三〇年七月颁布敕令,进一步限制人民自由,剥夺资产阶级选举权,引起巴黎工人和群众武装起义,于同月二十九日攻占王宫,波旁王朝被推翻,史称七月革命。

争论在法国科学院已公开化啦。"①

歌德的话是我完全没有预料到的,我不知说什么好,踌躇了几秒钟。

歌德说,"这件事是极重要的。我听到七月十九日会议②的消息时心情多么激动,是你无法想到的。我们现在发现,乔弗列·圣希莱尔长久以来就是我们的一位有力的同盟者。我可以看出法国科学界对这次会议多么关心,因为尽管有这次可怕的政治骚动,七月十九日会议还是座无虚席。但是最重要的一点还是,乔弗列介绍给法国的那种研究自然的综合法今后再也不会被抛弃掉了。经过科学院这次自由讨论,这件事就已向广大群众公开,不再可能只是提交秘密委员会,关起门来把它作弄掉或扼杀掉了。今后在法国自然科学研究中,精神会驾驭物质了。我们由此可以窥测出神工鬼斧创造这个世界的一些规律了!如果用分析法,我们就只研究物质的一些个别组成部分,而感觉不到有一种精神气息在规定每一组成部分的发展方向,凭一种内在规律去限制或制裁每一种〔对既定方向的〕背离,如果不是这样,那还有什么和自然打交道的基础呢?!

"五十年来我一直在努力解决这个大问题。起初我是孤立无援的,后来才得到一些支持,现在终于看到志同道合的人们在这方面走到我前面去了,所以感到欣喜。……现在乔弗列·圣希莱尔肯定地站在我这一边,和他合作的还有一些学生和追随者。这对我有难以置信的价值。我有理由欢庆我毕生献身的、主要由我创始的事业最后得到普遍的胜利。"③

---

① 顾维页(1769—1832)和乔弗列·圣希莱尔(1772—1840)两人都是法国著名的解剖学家,而且前者是后者提拔起来的科学院同事。他们争论的具体问题不详。从歌德的谈话看,顾维页用的是分析法,乔弗列用的是综合法,歌德本人一向主张用综合法,所以欢呼乔弗列的胜利。

② 指法国科学院会议。

③ 这篇谈话有两点值得注意。第一点是,歌德对法国七月革命似无动于衷,不像爱克曼那样激动,却庆幸法国科学院把一个有争论的科学问题公开化。他显然把学术看得重于政治。实际上,他对于七月革命的冷漠,恰恰表现出他对雅各宾专政以后法国革命运动的厌恨。他把参加那次革命的叫做"那伙人",这又一次表现了"政治上的侏儒"的一面。另一点是,歌德在科学上反对分析法而宣扬综合法。这是十八、十九世纪西方科学界乃至一般思想界的一个重大分歧,也可以说是一个重大转变,后来一般人把这个转变称为机械观到有机观的转变。机械观把事物整体分析为一些个别的、独立的因素,而不注意整体中各部分互相依存的关系。有机观则重视事物的有机性和完整性,以及各部分互相依存和相反相成的内在规律。前者属于形而上学,后者属于朴素的辩证法。歌德强调综合法和事物的内在关系和内在规律,他的思想有些辩证因素,所以他反对机械论的代表牛顿。不过他似乎受到康德的目的论的影响,认为事物的内在关系仿佛是上帝为着某种目的而预先安排的。可是后来在一八三一年二月二十日谈话里,歌德又明确主张在自然科学领域里排除目的论,可见他在这个问题上仍在犹疑不定。较后的看法是正确的。

**1830年10月20日**(歌德同圣西门相反,主张社会集体幸福应该以个人幸福为前提)

…………

歌德问我对圣西门一派人的意见如何。我回答说,"他们学说的要点像是主张个人应为社会整体的幸福而工作,并且认为社会整体的幸福是个人幸福的不可缺少的条件。"

歌德说,"我却认为每个人应该先从他自己开始,先获得他自己的幸福,这就会导致社会整体的幸福。我看圣西门派的学说是不实际的、行不通的。因为它违反了自然①,也违反了一切经验和数千年来的整个历史进程。如果每个人只作为个人而尽他的职责,在他本人那一行业里表现得既正直而又能干胜任,社会整体的幸福当然就随之而来了。作为一个作家,我在自己的这一行业里从来不追问群众需要什么,不追问我怎样写作才对社会整体有利。我一向先努力增进自己的见识和能力,提高自己的人格,然后把我认为是善的和真的东西表达出来。我当然不否认,这样工作会在广大人群中发生作用,产生有益的影响,不过我不把这看作目的,它是必然的结果,本来一切自然力量的运用都会产生结果。作为作家,我如果把广大人群的愿望当作我的目的,尽量满足他们的愿望,那么,我就得像已故的剧作家考茨布那样,向他们讲故事,开玩笑,让他们取乐了。"

我说,"您这番话是无可反驳的。不过,有我作为个人的幸福,也有我作为公民和广大社会中一成员的幸福,这二者究竟不同。如果不把达到全民族的最大幸福定为原则,凭什么基础来制定法律呢?"

歌德说,"如果你要说的就是这一点,我当然没有什么可反对的。不过在这种情况下,也只有极少数优选人物才能应用你那条原则。那只是为君主和立法者们开的方剂。不过就连对于他们来说,我也认为法律的用意毋宁是减少弊病的总和,而不是增加幸福的总和。"

我反驳说,"这两件事大致上毕竟是一回事。举例来说,道路坏,我看就是一个大弊病。如果当权的人把全国通到穷乡僻壤的道路都修得平坦整洁,他就不仅消除了一个大弊病,而且同时也给人民带来了一项大幸福。再如司

---

① 人性。

法程序的拖沓也是一个大弊病,如果掌权的人制定出一套司法程序,公布之后又加口头宣传,保证一切案件得到迅速处理,他就不仅消除了一个大弊病,而且也带来一项大幸福。"

歌德打断我的话说,"按你唱的这个调门,我可以唱出另一些歌来。不过我们最好把还没有指出的一些弊病留下,让人类还有机会去施展他们的能力吧。我的基本教义暂时归结为这几句话:做父亲的要照管好他的家,做手艺的要照管好他的顾客,僧侣们要照管好人们互相友爱,警察们不要扰乱我们的安乐。"①

---

① 圣西门(1760—1825),法国贵族,参加过北美独立战争,《日内瓦书简》和《新基督教》的作者,近代三大空想社会主义者之一。恩格斯在《反杜林论》里对他的学说作过极精当的简介和评价。

歌德不喜欢爱克曼对圣西门派的景仰,提出了他的个人好社会就好,立法只应减少社会弊端的片面论断。他还认为诗人不应考虑社会需要和社会效果,这表现了他对群众的藐视。在政治上歌德和圣西门都是反对暴力革命的改良主义者,不过歌德比圣西门落后得很远。圣西门向往社会主义,尽管是空想社会主义;而歌德却向往开明君主,在这里仍是为资产阶级个人主义说教。

# 1831 年

**1831 年 1 月 17 日**(评《红与黑》)

…………

我们谈到《红与黑》,歌德认为这是司汤达的最好作品。

他补充说,"不过我不能否认他的一些女角色浪漫气息太重。尽管如此,她们显示出作者的周密观察和对心理方面的深刻见解,所以我们对作者在细节方面偶有不近情理之处是可以宽恕的。"

**1831 年 2 月 13 日**(《浮士德》下卷写作过程;文艺须显出伟大人格和魄力,近代文艺通病在纤弱)

在歌德家吃晚饭。他告诉我他正在写《浮士德》下卷第四幕,开始很顺利,像他原来所希望的那样。他说,"关于写什么题材,我早就想好了,这是你知道的,只是关于怎样写,我总是不大满意。今天想到了一些好主意,所以很高兴。现在我要设法把第三幕《海伦后》和先已写好的第五幕之间的整片空隙填补起来,先写下详细计划,以便今后从容不迫地而且有把握地写下去。对哪些部分兴致比较好,就先写。这第四幕的性质有些特殊,它像一个独立的小世界,和其余部分不相关。它和全剧只借着对前因后果略挂上一点钩而联系在一起。①"

我说,"这样办,第四幕和其他部分在性格上还是融贯一致的。幕中各景也都自成一个独立的小世界,尽管彼此有呼应,而又互不相关。对于诗人来说,他所要表达的是一个丰富多彩的世界。他运用一位有名的英雄人物的故

---

① 《浮士德》下卷在结构上是个大胆的尝试,写作程序也很特别。歌德先只拟好纲要,先写第一幕、第二幕和第五幕,第三幕是用久已写好的《海伦后》这篇独立的诗插进来充数的,第四幕最后写成。

事时只把它作为一根线索,在这上面他爱串上什么就串上什么。这也正是《奥德赛》和《吉尔·布拉斯》①都采用过的办法。"

歌德说,"你说得完全正确。这种作品只有一个要点:各别部分都应鲜明而有重要意义,而整体则是不可以寻常尺度去测量的,像一个没有解决的问题,永远耐人钻研和寻思。"②

............

饭后我们在一起翻看最近一些画家的作品、特别是风景画的镌刻复制品,高兴地看到其中没有什么毛病。歌德说,"许多世纪以来画家们在世界上已作出许多好作品,它们发生了影响,又产生了一些好作品,这是不足为奇的。"

我说,"不幸的是错误的教条太多,使有才能的青年人无所适从。"

歌德说,"你这话确有实证,我们见过整代的人被错误的教条损害了,毁掉了,我们自己也受过害。③ 此外,在我们的时代,错误的言论很容易通过印刷品而广泛流传。一个文艺批评家经过一些年的阅历会在思想上有所改进,能把后来较正确的信念传播给群众,但是他从前的错误教条同时也还在发生影响,像毒草在蔓延,把好草的地位侵占了。我感到的惟一安慰是,真正伟大的作家是不会误入歧途,遭到毁坏的。"

我们继续研究这些复制的画。歌德说,"这倒是些真正的好画。你面临的确实是些颇有才能的画家,他们学习到不少东西,获得了一定程度的艺术鉴赏力和艺术技巧,只是所有这些画似乎都缺乏了什么,缺乏的就是男子汉的魄力,请注意'男子汉'④这个词,并加上着重符号。这些画缺乏打动人的力量。这种力量在过去一些世纪里到处都表现出来,现在却看不到了。这种情况并

---

① 荷马的《奥德赛》写希腊东征将领之一俄底修斯回国迷航在海上十年和最后还乡的各种奇遇。《吉尔·布拉斯》是十八世纪法国小说家勒萨日的著名讽刺小说,写一个西班牙流浪汉的种种奇遇。
② 这段谈话对于理解《浮士德》下卷的结构颇有帮助。它是以人为纲而不是以事为纲。同一人物的不同遭遇虽彼此独立,却仍可以显出他的性格。这种写法在传记体小说中是常用的。至于戏剧,则一般多用以事为纲的写法,顺着一个情节的前因后果的线索写下去,较易紧凑。作为戏剧,《浮士德》下卷用以人为纲的写法,读起来略嫌松散,所以说它是个大胆的尝试。它便于阅读,上演就有困难。
③ 似指十七世纪法国新古典主义理论家布瓦洛的《诗艺》里的一些教条;到了十八世纪,英国的蒲伯和德国的高特舍特都受到它的不良影响。后来的浪漫运动的反抗对象就是这一派的陈腐教条。歌德对这种反抗贡献也颇大。
④ 原文是 Das Männliche,英译作 manly,法译作 virite,都有"男子汉的强健气魄"的意思。文艺要强健不要软弱,这是歌德多次谈到的一个基本信条。用过去中国文论家的术语来说,歌德是推尊"阳刚"而贬低"阴柔"的。这是上升的资产阶级精神状态的反映。

不限于绘画,其他各种艺术也有同病。我们这一代人的通病是软弱,原因很难说,不知道是由于遗传还是由于贫乏的教育和营养。"

我说,"由此可以看出伟大人格在艺术里多么重要,在过去一些世纪里,伟大人格是常见的。记得我们在威尼斯时站在惕辛和维罗涅斯的作品前,立刻就感到这些画师的雄健精神,无论是在最初题材构思方面,还是在最后创作实践方面。他们的雄伟力量渗透到全幅画的每一部分。在欣赏时艺术家人格的这种雄伟力量开扩了我们的心胸,把我们提升到从来没有过的高度。您所说的那种男子汉的魄力,在吕邦斯的风景画里特别可以感觉到。① 尽管他画的只是些树木、土壤、水、岩石和云彩,这些形状都显示出他的雄伟力量。所以我们所看到的虽只是熟识的自然景物,它们却渗透了艺术家的雄伟力量,而且是按照艺术家的观点再现出来的。"

歌德说,"在艺术和诗里,人格确实就是一切。但是最近文艺批评家和理论家由于自己本来就虚弱,却不承认这一点,他们认为在文艺作品里,伟大人格不过是微不足道的多余的因素。

"当然,一个人必须自己是个人物,才会感觉到一种伟大人格而且尊敬它。凡是不肯承认欧里庇得斯崇高的人,不是自己够不上认识这种崇高的可怜虫,就是无耻的冒充内行的骗子,想在庸人眼里抬高自己的身价,而实际上也居然显得比他原有的身价高些。"②

**1831 年 2 月 14 日**(天才的体质基础;天才最早出现于音乐)

陪歌德吃晚饭。他刚读过拉普将军的《回忆录》③,因此我们就谈起拿破仑来,谈到他母亲生下一大家强健的儿女,她对此会有什么样的心情。她生下第二个儿子拿破仑时才十八岁,她丈夫才二十三岁,所以拿破仑出世时正当父母都身强力壮,这对他的体格很有好处。在生拿破仑之后,他母亲又生了三个儿子,天资都很高,在世务方面很能干,都精力充沛,而且都有一定的诗才。生

---

① 惕辛(1490—1576,通译提香)和维罗涅斯(1528—1588)都是威尼斯派名画家。吕邦斯也在威尼斯工作很久,关于他的风景画,参看一八二七年四月一日的谈话。爱克曼陪歌德的长子游意大利时见过这些大师的画。
② 在这篇谈话中,歌德强调在文艺里伟大人格的重要性,而伟大人格主要表现于雄强的魄力。他还概叹当时人是一代软弱的人,指的主要是消极浪漫派作家和理论家。
③ 拉普(1771—1821)是拿破仑的副官,参加过很多战役,立过战功。他的《回忆录》出版于一八二三年。

下四个儿子之后,她又生了三个女儿,杰罗姆最小,在兄弟姊妹之中,天资似乎也是最差的。

歌德说,"才能当然不是天生的,不过要有一种适当的身体基础,一个人是头胎生的还是晚胎生的,是父母年轻力壮时生的还是父母衰弱时生的,并不一样。"

我说,"值得注意的是,各种才能之中,音乐才能在很幼小的年龄就露头角。例如莫扎特在五岁,贝多芬在八岁,胡梅尔在九岁,就以音乐演奏和作曲博得亲邻们惊赞了。"

歌德说,"音乐才能很可以出现最早,因为音乐完全是天生的,表达内心情感的,用不着从外界吸收多少营养或从生活中吸取多少经验。不过像莫扎特那样一种现象实在永远是个无法解释的奇迹。是不是老天爷到处找机会创造奇迹,有时也凭依个别的非凡的凡人,使我们看到徒感惊奇,而不知道这是从何而来的呢?"①

**1831 年 2 月 17 日**(作者在不同的发展阶段看事物的角度不同,须如实反映;《浮士德》下卷的进度和程序以及与上卷的基本区别)

陪歌德吃晚饭。我把我在上午刚编辑过的他写的《一八〇七年在卡尔斯巴德居住日记》带给他。我们谈到其中逐日作为感想记下来的一些美妙的段落。歌德笑着说,"人们总以为人到老才会聪明,实际上人愈老就愈不易像过去一样聪明。一个人在生命过程中会变成一个另样的人,但是很难说他会变成一个较高明的人。在某些问题上,他在二十岁时的看法可能就已和在六十岁时的看法一样正确。

"当然,我们对这个世界,从平原上去看是一个样子,从海岬的高处去看另是一个样子,从原始山峰的冰川上去看样子又不同。从一个立足点比从另一个立足点所看到的一片地界可能广阔些,不过如此而已,但是不能说,从这个立足点上看到的就比从另一个立足点上看到的更正确些。由此可见,如果一个作家要在他生平各个阶段上都留下纪念坊,主要的条件是他要有天生的基础和善良意愿,在每个阶段所见所感都既真实而又清楚,然后就专心致志地

---

① 这篇简短的谈话涉及一些理论上的重要问题,例如什么是天才?音乐是否只涉及生理,只表现情感而不表现思想?歌德自己似乎也还在摸索中,所以前后不免自相矛盾。

按照心中想过的样子把它老老实实地说出来。这样,他的作品只要正确地反映当时那个阶段,就会永远是正确的,尽管他后来可能有所发展和改变。"

我对这番高见表示完全赞成。歌德接着说,"我最近碰到一张旧纸,拿起来看了一下,就自言自语地说,'呃,这上面写的不算坏,我自己也只能这样想,这样写呀!'可是仔细一看,才看出这正是我自己作品中一个片段。因为我老是拼命写下去,就把已写出的东西忘记了,不久自己的作品就显得生疏了。"

我问到《浮士德》近来进度如何。

歌德回答说,"它不会再让我放下手了,我每天都在想着怎样写下去。我已经把第二部的手稿装订成册,让它作为一个可捉摸的整体摆在眼前。还待写的第四幕所应占的地位,我用空白稿纸夹在本子里去标明。已写成的部分当然会促使我去完成那个尚待完成的部分。这种物质的东西①比人们通常所猜想的更为重要。我们应该用各种办法促进精神活动。"

他叫人把装订好的《浮士德》稿本拿来。我看到他已写了那么多,很惊讶,面前摆着厚厚的一大本哩。

我说,"我来魏玛已六年②。这些手稿都是在这六年中写的。您有那么多的事务,能在这部作品上花的功夫实在很少。由此可见,日积月累,积少就可以成多。"

歌德说,"人愈老,愈深信你这句话中的真理,而年轻人却以为一切都可以在一天之内完成。如果运气好,我的健康情况如常,我希望到明年春天,第四幕就可以写得差不多了。你知道,这第四幕我早就想好了,但是在写作过程中,这剩下来的部分扩展得很多,以致原来的计划中只有纲要现在还可利用。我得重新构思,使新插进的段落可以和其他部分融贯一致。"

我说,"《浮士德》下卷所展现的世界远比上卷丰富多彩。"

歌德说,"我也是这样想。上卷几乎完全是主观的,全从一个焦躁的热情人生发出来的,这个人的半蒙昧状态也许会令人喜爱。至于下卷,却几乎完全没有主观的东西,所显现的是一种较高、较广阔、较明朗肃穆的世界。谁要是没有四面探索过,没有一些人生经验,他对下卷就无法理解。"

---

① 指装订成册的手稿。
② 爱克曼一八二三年到魏玛,目前是一八三一年,应为八年。

我说,"读下卷须用一些思考,有时也需要一些学问。我很高兴,我读过谢林关于卡比里的小册子①,才懂得您为什么在《古典的瓦尔普吉斯之夜》那一景中的有名段落里援用它。"

歌德笑着说,"我经常发现,有点知识还是有用的。"②

**1831年2月20日**(歌德主张在自然科学领域里排除目的论)

…………

接着歌德对我讲到一位青年自然科学家写的一部书,赞赏他写得很清楚,但对他的目的论倾向要加以审查。

他说,"人有一种想法是很自然的,就是把自己看成造物的目的,把其他一切事物都联系到人来看,看成只是为人服务和由人利用的。人把植物界和动物界都据为己有,把人以外的一切物作为自己的适当的营养品。他为这些好处感谢他的上帝对他慈父般的爱护。他从牛取奶,从蜂取蜜,从羊取毛。他既然认为一切物都有供人利用的目的,于是就认为一切物都是为他而创造出来的。他甚至想不到就连一棵小草也不是为他而设的。尽管他现在还没有认识到这种小草对他的功用,他却仍然相信将来有朝一日终会发现它的功用。

"人对一般怎样想,他对特殊也就怎样想,所以不禁把他的习惯看法从生活中移用到科学里去,也对有机物的个别部分追问它的目的和功用。

"这种办法暂时也许行得通,暂时可以用在科学领域里,但是不久就会发现一些现象,从这种窄狭观点很难把它们解释得通;如果不站在一种较高的立场上,不久就会陷入明显的矛盾。

"这些目的论者说,牛有角,是用来保护自己的。但是我要问,羊为什么没有角?就是有,为什么形状蜷曲,长在耳边,使得它对羊毫无用处呢?

"我的看法却不同,我认为牛用角来保护自己,是因为它本来有角。

"一件事物具有什么目的的问题,即为何(Warum)的问题,是完全不科学的,提出如何(Wie)的问题就可以深入一点。因为我要追问牛是如何长起角时,

---

① 谢林(1775—1854),继费希特和黑格尔之后德国有代表性的唯心主义哲学家。他在古代神话方面也下过功夫,写过一部《希腊莎摩特勒斯岛上的一些神》,其中提到卡比里神的秘密宗教仪式。歌德在《浮士德》下卷里引用过它。歌德和谢林本相识。

② 歌德写《浮士德》下卷花了七年,临死前才完成。单是最后写成的第四幕就花了一年。他对写作过程的叙述以及对上下卷区别的评价,对研究《浮士德》的人们是很有用的,一般作家也可以从中看出周密思考的重要性。

411

就不得不研究牛的全身构造,这样同时也会懂得狮子何以不长角而且不能长角。

"再如人的头盖骨还有两个未填满的空洞。如果追问为何有这两个空洞,这问题就无法解决;但是如果追问这两个空洞是如何形成的,这就会使我们懂得,这两个空洞是动物的头盖骨空洞的遗迹,在较低级动物的头盖骨上,这两个空洞还要大些,在人头上也还没有填满,尽管人是最高级的动物。

"功用论者①仿佛认为,他们所崇拜的那一位如果不曾使牛生角来保护自己,他们就会失去他们的上帝了。但是我希望还可以崇拜我的上帝,这个上帝在创造这华严世界时显出那样伟大,在创造出千千万万种植物之后,还创造出一种包罗一切植物〔属性〕的植物;在创造出千千万万种动物之后,还创造出一种包罗一切动物〔属性〕的动物,这就是人。

"让人们仍旧崇拜给牛造草料、给人造饮食、任他们尽情享受的那一位吧。至于我呢,我所崇拜的那一位放进世界里的生产力只要在生活中用上百万分之一,就足以使世界上芸芸众生蕃衍繁殖,无论是战争和瘟疫,还是水和火,都不能把这一切杀尽灭绝。这就是我的上帝!"②

**1831 年 3 月 2 日**(Daemon〔精灵〕的意义)

今晚在歌德家吃晚饭,不久话题又回到精灵。他提出以下看法来把这个词的意义说得更明确些。③

---

① 功用论实际上就是目的论。
② 这是理解歌德的世界观和思想方法的一篇极重要的谈话。原始宗教一般都认定世界万物是由一神或多神创造的,神对所造物各定有一种目的或功用。目的可以是为物自身的,也可以是为人的。这就叫做目的论。西方从亚里士多德到康德,很多哲学家都相信这种目的论。目的论的基础是有神论。歌德是泛神论者,泛神论认为大自然本身就是神,神不是在世界之外遥控世界的。所以他是一个不彻底的无神论者。

歌德在科学方法上主张排除目的论,不追究事物为什么目的发生,只追究事物以什么方式发生,侧重事物的内外因和内在规律,这自然否定了创世说或"天意安排"说,对辩证思想的发展是很重要的。他所说的综合法也就指此。

在达尔文之前,歌德的科学思想中已有进化论的萌芽,他对人的头盖骨中两个空洞的解释就是明证;话不多,在科学史上却极为重要。恩格斯肯定歌德对进化论的贡献,见《马克思恩格斯选集》第四卷,第 225 页。
③ 歌德在《谈话录》里和较早的《诗与真》里多次谈到精灵,这个问题可以说明他没有彻底抛弃"天才论",因选译这篇和下篇谈话为例。古希腊人除制造多种大神之外,还制造过一些小神小鬼,叫做 Daemon。这个词在现代西文中通常指恶神恶鬼。歌德不承认《浮士德》里的恶魔是"精灵",他显然只取这个词的积极意义,指施展好影响的小神。他举拿破仑为"天才"的例,也举他为"精灵"的例,可见精灵与天才有关。歌德既认为精灵不是知解力和理性所能解释,而又屡次加以解释,这就自相矛盾了。

他说,"精灵是知解力和理性都无法解释的。我的本性中并没有精灵,但是要受制于精灵。"

我说,"拿破仑像是一个具有精灵的人物。"

歌德说,"对,他完全是具有最高度精灵的人物,没有旁人能比得上他。我们已故的大公爵也是个精灵人物。他有无限的活动力,活动从不止息,他的公国对他实在太小了,最伟大的东西在他眼里也太渺小。古希腊人曾把这种精灵看作半神。"

我问,"一般发生的事件里是否也显出精灵呢?"

歌德回答,"显得特别突出,尤其是在一切不是知解力和理性所能解释的事件里。在整个有形的和无形的自然界,精灵有多种多样的显现方式。许多自然物通体是精灵,也有些只有一部分是精灵。"

我问,"《浮士德》里的恶魔有没有精灵的特征?"

歌德说,"那个恶魔太消极了,不能具有精灵,精灵只显现于完全积极的行动中。"

接着他又说,"在艺术家之中,音乐家的精灵较多,画家的精灵较少。帕格尼尼[1]显出了高度精灵,所以产生顶大的效果。"

⋯⋯⋯⋯

**1831年3月8日**(再谈"精灵")

今天陪歌德吃晚饭。他首先告诉我,他正在读司各特的《艾凡赫》[2]。他说,"司各特是个才能很大的作家,目前还没有人比得上他,难怪他在读者群众中发生了非常大的影响。他触动我想了很多,我发现他那种艺术是崭新的,其中有它自己的规律。"

我们谈到歌德的自传[3]第四卷,我们无意中又碰到精灵问题。

歌德说,"精灵在诗里到处都显现,特别是在无意识状态中,这时一切知解力和理性都失去了作用,因此它超越一切概念而起作用。

"音乐里显出最高度的精灵,高到非知解力所可追攀,它所产生的影响可以压倒一切而且无法解释。所以宗教仪式离不开音乐,音乐是使人惊奇的首

---

[1] 帕格尼尼(1784—1840),意大利音乐家,擅长小提琴。
[2] 旧译《撒克逊劫后英雄略》。
[3] 即《诗与真》,爱克曼正在帮他编辑第四卷。

要手段。①

"精灵常在一些重要人物身上起作用,特别是身居高位的人,例如弗里德里希大帝和彼得大帝之类。"

…………

"精灵在拜伦身上大概是高度活跃的,所以他对广大群众有很大的吸引力,特别是能使妇女们一见倾倒。"

我探问他,"这种强大的力量,即我们所说的精灵,是否可以纳入我们所了解的'神'的概念里去呢?"

歌德说,"亲爱的孩子,你懂得什么是神呢?凭我们的窄狭概念,对最高存在能说出什么呢?如果像土耳其人那样,我用一百个名字来称呼他,还远远不够,比起他的无限属性来,还是没有说出什么啊!"②

**1831 年 3 月 21 日**(法国青年政治运动;法国文学发展与伏尔泰的影响)

我们谈到政治问题、还在发展的巴黎骚动以及青年要参与国家大事的幻想。

我说,"前几年英国大学生也向当局请愿,要求有机会能在对天主教这样重大问题作出决策时起作用。可是人们只报以讥笑,就不再理睬了。"

歌德说,"拿破仑的榜样,特别使那批在他统治时期成长起来的法国青年养成了唯我主义。他们不会安定下来,除非等到他们中间又出现一个伟大的专制君主,使他们自己所想望做到的那种人做到登峰造极的地步。不幸的是,像拿破仑那样的人是不会很快出世的。我有点担心,大概还要牺牲几十万人,然后世界才有太平的希望。

"在若干年之内还谈不上文学的作用。人们现在丝毫不能有所作为,只有悄悄地为较平静的未来预备一些好作品。"③

…………

我们谈到德文 Geist④ 和法文 ésprit⑤ 在意义上的区别。

---

① "精灵"既不是知解力和理性所能解释而是下意识活动,那就是心理学家所说的"本能"。说"音乐里显出最高度的精灵",就无异于说音乐的作用只是生理上本能的作用。这是"纯音乐论"的一种理论根据,其根本错误在于否定了艺术家的意识形态作用。
② 歌德不敢公开抛弃神,只以"我不知道神是什么"了之,这就更把"神"神秘化起来了。
③ 由此可见歌德不赞成青年政治运动,而且认为革命不利于文艺创作。
④ 精神。
⑤ 心智;聪颖。

歌德说,"法文 ésprit 近似德文的 Witz①。法国人大概要用 esprit 和 âme②两个词来表达德文 Geist 这一个词,Geist 包括'创造性'的意思,法文 ésprit 却没有这个意思。"

我说,"不过伏尔泰仍具有我们所说的 Geist。ésprit 既然不够,法国人用什么词呢?"

歌德说,"用在伏尔泰那样高明人身上时,法国人就用 génie③ 这个词。"

我说,"我现在正读狄德罗的一部著作,他的非凡才能使我惊异。多么渊博的知识!多么有力的语言!我们所看到的是个生动活泼的广阔世界,其中一环扣着一环,心智和性格都在不断地运用,使二者都必然显得灵活而又坚强。我看前一个世纪法国人在文学领域里出了些我认为非凡的人物,我只窥测一下就不得不感到惊奇。"

歌德说,"那是长达百年之久的演变的结果。这种演变从路易十四时代就开始蒸蒸日上,现在才达到繁荣期。但是激发狄德罗、达兰贝尔和博马舍④等人的心智的是伏尔泰,因为要追赶到能勉强和伏尔泰比肩,就须具有很多条件,还须孜孜不辍地努力才行。"……

**1831 年 3 月 27 日**(剧本在顶点前须有介绍情节的预备阶段)

…………

我告诉歌德,我已开始陪公子⑤读《明娜·封·巴尔赫姆》⑥,我觉得这部剧本很好。我说,"人们说莱辛是个头脑冷静的人,不过我从这部剧本看到,作者是个爽朗新颖而活泼的人,具有人们所想望的热烈心肠、深挚情感、可爱的自然本色以及广阔的世界文化教养。"

歌德说,"这部剧本最初出现在那个黑暗时期,对我们那一代青年人产生过多大影响,你也许想象得到。它真是一颗光芒四射的流星,使我们看到还有

---

① 巧智。
② 灵魂;心灵。
③ génie 这个词一般译作"天才",起初原有"天生"和"神赐"之类宗教迷信色彩,在近代英、德、法各国语言中大半已失去迷信色彩,只泛指"卓越才能"和"特性"。
④ 达兰贝尔(1717—1783)是百科全书派(即启蒙派)的领袖之一。博马舍是狄德罗的市民剧理论的信徒,其代表作为《费加罗的婚姻》。
⑤ 爱克曼当时兼任魏玛宫廷的教师。
⑥ 莱辛的代表作之一,见第 315 页正文和注①。

一种远比当时平庸文学所能想象的更高的境界。这部剧本的头两幕真是情节介绍的模范,人们已从此学得很多东西,它是永远值得学习的。

"现在没有哪个作家还理会什么情节介绍。过去一般人期待到第三幕才发生的那种效果①现在在第一幕就要产生了。他们不懂得作诗正如航海,先须推船下海,在海里航行一定路程之后,才扬满帆前驶。"……

**1831年5月2日**(歌德反对文艺为党派服务,赞扬贝朗瑞的"独立"品格)

歌德告诉我,他最近快要把《浮士德》下卷第五幕中尚待补写的部分写完了,我听到很高兴。

他说,"补写的这几场的意思在我心中已酝酿三十多年之久了,因为意义很重要,我对它们一直没有失掉兴趣;但是写起来又很难,所以我一直怕动笔。近来通过各种办法,我又动起笔来了,如果运气好,我接着就要把第四幕写完。"

接着歌德提到某个有名的作家②说,"他这位有才能的作家利用党派仇恨作为同盟力量,假如不靠党派仇恨,他就不会起什么作用。在文学里我们常看到这样的例子,仇恨代替了才能,平凡的才能因为成了党派的喉舌,也就显得很重要。在实际生活里,情况也是这样,我们看到大批人没有足够的独立品格,就投靠到某一党派,因此自己腰杆就硬些,而且出了风头。

"贝朗瑞可不是这样。他这位有才能的作家凭自己的本领就够了,所以他从来不替哪个党派服务。他从自己内心生活就感到充分的满足,不需要世人给他什么或是让世人从他那里取走什么。"③

**1831年5月15日**(歌德立遗嘱,指定爱克曼编辑遗著)

陪歌德在他的书房里吃晚饭,就一些问题进行愉快的谈论之后,他终于把话题移到私事上。他站起来,从书桌上取了一张已写好的字据。

他说,"像我这样年过八十的人,几乎没有再活下去的权利了,每天都要

---

① 西方剧本中情节发展的顶点一般在第三幕,所以第三幕对观众所产生的效果也是顶点。参看第314页注②。
② 据法译注,大概指路德维希·别尔内。按,别尔内在当时是反对政府、鼓吹革命的进步作家,七月革命后移居法国,写了著名的《巴黎来信》。
③ 贝朗瑞在当时是明显的左派,同情法国革命。歌德对别尔内和贝朗瑞进行了歪曲,因为他自己愈来愈成了政治上的右派。

准备长辞人世,安排好家务。我已告诉过你,我在遗嘱里指定你编辑我的遗著。今天上午我预备了一张合同,一张小字据。现在请你和我一起来签字。"说完他就把字据摆在我面前。我看到其中把已完成和未完成的著作都开列出来,预备在他死后出版,还载明了具体安排和条件。我们双方就签了字。

这套材料是我早已随时编辑过的,我估计大约有十五卷。我们商谈了一些尚未完全决定的细节。

歌德说,"有一种情况可能发生,出版商可能不愿超过规定的页数,那么,材料中有些部分就得删去。在这种情况下,你可以把《颜色学》中争论部分删去。我所特有的主张都在此书理论部分,历史部分却带有争论的性质,因为牛顿的颜色说的主要错误都是在这部分讨论的,有关的争论差不多就够了。我决不是要放弃对牛顿律的尖锐解剖,这在当时是必要的,而且在将来也还会有价值。不过我生性不爱争论,对争论没有多大兴趣。"

我们谈得比较详细的第二个问题,是附在《威廉·麦斯特的漫游时代》第二卷和第三卷末尾的《箴言和感想》如何处理。……

我们商定,我应把凡是谈艺术的语录集成一卷,作为讨论艺术问题部分;凡是涉及自然界的语录集成一卷,作为讨论一般自然科学部分;至于谈伦理问题和文学问题的感想,则另集成一卷。

**1831 年 5 月 25 日**(歌德对席勒的《华伦斯坦》的协助)

我们谈到《华伦斯坦》中《阵营》[①]那一幕。我过去常听说歌德参加过这部剧本的写作,特别是托钵僧的布道词是他的手笔。今天吃饭时,我就向歌德提出这个问题。

歌德回答说,"那基本上是席勒自己的作品。不过当时我们生活在一起,关系很亲密,席勒不仅把那部剧本的计划告诉过我,和我讨论过,而且在写作过程中把每天新写的部分都告诉了我,听取而且利用了我的意见,所以也可以说我对这部剧本出了一点力。他写到托钵僧的布道词之前,我曾把圣克拉拉修道院的亚伯拉罕的布道词集[②]送给他,他发挥了很大的才智,马上利用这部布道词集把托钵僧的布道词写出来了。

---

① 参看第 314 页注③。
② 这位 Abraham a Sankta Clara 是十七世纪奥古斯丁派的僧侣,他的布道词集在天主教僧侣中有些影响。

"至于说某些诗句是我写的,我已记不清楚,只记得两句:

> 被另一军官刺死的那位军官
> 曾遗留给我那对有好兆头的骰子。

因为我想把农民获得那对骰子的来由交代清楚,所以亲手在原稿上添了这两句。席勒没有想到这一点,就大胆地让农民获得那对骰子而不追问来由。我已说过,席勒对剧中情节的来龙去脉素来不大仔细考虑,也许就是因为这个缘故,他的剧本上演,效果反而更好。"

**1831年6月6日**(《浮士德》下卷脱稿;歌德说明借助宗教观念的理由)

歌德今天把原来缺着而现已补写的《浮士德》第五幕的开头部分拿给我看。我读到菲勒蒙和包喀斯的茅庐失火,浮士德黑夜站在宫殿走廊里闻到微风吹来的烟火味那一段,就说,"菲勒蒙和包喀斯这两个人名把我带到弗里基亚海岸,令我想起古希腊那两位老夫妇的有名的传说。不过本剧第一幕的场面是近代的,是基督教世界中的风景。"①

歌德说,"我的菲勒蒙和包喀斯同那两位古代的老夫妇及其传说都毫不相干。我借用了他们的名字,用意不过借此提高剧中人物性格。剧中两位老夫妇及其相互关系和古代传说中的有些类似,所以宜于用同样的名字。"

接着我们谈到,浮士德到了老年,还没有丧失他得自遗传的那部分性格,即贪得无厌,尽管他已拥有全世界的财富和他自己建造的王国,但他看到有两棵菩提树、一座钟和一间茅屋还不属于他自己,他就感到不舒服。他像以色列国王亚哈那样,认为除非拿伯的葡萄园也归他所有,他就仿佛一无所有。②

歌德又说,"按我的本意,浮士德在第五幕中出现时应该是整整一百岁了,我还拿不定是否应在某个地方点明一下比较好些。"

接着我们又谈到全剧的收尾部分,歌德叫我注意以下几行:

---

① 菲勒蒙和包喀斯是希腊传说中住在小亚细亚海岸的一对老夫妇。天神和交通神乔装凡人,游到他们的小茅庐时,他们盛情招待了这两位神。天神就把这小茅庐变成一座大庙,叫他们老夫妇当司祭。天神还答应他们同时死去的要求,使他们变成两棵交枝树。中国也有类似的传说。《浮士德》下卷第五幕一开场就写了这对传说中的老夫妇。

② 亚哈大约是公元前十世纪的以色列国王,很贪婪,因为贪图侵占拿伯的葡萄园,就把拿伯杀了。详见《旧约·列王纪上》第二十一章。从这段谈话看,浮士德贪求无厌,正表现出近代资产阶级的阶级本质。

> 精神界这个生灵
> 已从孽海中超生。
> 谁肯不倦地奋斗，
> 我们就使他得救。
> 上界的爱也向他照临，
> 翩翩飞舞的仙童
> 结队对他热烈欢迎。①

歌德说，"浮士德得救的秘诀就在这几行诗里。浮士德身上有一种活力，使他日益高尚化和纯洁化，到临死，他就获得了上界永恒之爱的拯救。这完全符合我们的宗教观念，因为根据这种宗教观念，我们单靠自己的努力还不能沐神福，还要加上神的恩宠才行。

"此外，你会承认，得救的灵魂升天这个结局是很难处理的。碰上这种超自然的事情，我头脑里连一点儿影子都没有；除非借助于基督教一些轮廓鲜明的图景和意象，来使我的诗意获得适当的、结实的具体形式，我就不免容易陷到一片迷茫里去了。"②

在此后数周中，歌德把所缺的第四幕也写完了。到八月，《浮士德》下卷的全部手稿就装订成册，算是完工了。长久奋斗的目标终于达到，歌德感到非常快活。他说，"我这一生的今后岁月可以看作一种无偿的赠品，我是否还工作或做什么工作，事实上都无关宏旨了。"

**1831 年 6 月 20 日**（论传统的语言不足以表达新生事物和新的思想认识）

今天午后在歌德家呆了半个钟头，他还在吃饭。我们谈到一些自然科学的问题，特别谈到语言的不完善和不完备造成了错误和谬误观点的广泛流传，后来要克服这些错误和谬误观点就不大容易。

歌德说，"问题本来很简单。一切语言都起于切近的人类需要、人类工作活动以及一般人类思想情感。如果高明人一旦窥见自然界活动和力量的秘

---

① 这段诗是在浮士德死后天使们抬着他的尸体上天时唱的。见原作第 11934 行以下数行。
② 从希腊时代起，西方文艺家一直在利用现成的民族神话。歌德对基督教本来是阳奉阴违的，在《浮士德》上下卷里都用基督教的犯罪、赎罪、神恩、灵魂升天之类神话作基础，其用意有二，一是沿袭文艺利用神话的旧传统，一是投合绝大多数都信基督教的读者群众。不过他的《浮士德》下卷的基本思想，是人须在为人民造福的实际行动中才获得拯救，这和基督教的忏悔和祈祷神恩的迷信是不同的。

密,用传统的语言来表达这种远离寻常人事的对象就不够了。他要有一种精神的语言才足以表达出他所特有的那种知觉。但是现在还找不到这种语言,所以他不得不用人们常用的表达手段来表达他所窥测到的那种不寻常的自然关系,这对他总是不完全称心如意的,他只得对他的对象'削足就履',甚至歪曲或损毁了它。"

我说,"这话由您说出来,当然有道理;因为您观察事物一向很周密,而且您深恨陈词滥调,您对事物的真知灼见,一向总是能找到最恰当的表达方式。不过我总认为在这方面我们德国人一般还是可以满意的。我们的语言非常丰富、完美,而且可以向前发展,所以我们尽管偶尔也不得不使用陈词滥调,总还可以做到距恰当的表达方式相差不远。法国人在这方面就不如我们这样便利。他们往往利用技艺方面的陈词滥调来表达一种新观察到的、较高深的自然关系,结果不免偏于形骸和庸俗,不能表达出那较高深的见解。"

歌德说,"从我新近知道的顾维页和乔弗列·圣希莱尔两人之间的争论中,我可以看出你这番话多么正确。乔弗列的确是个人物,他对自然界精神的统治和活动确实有一种高明见解,但是他不得不用传统的表达手段,他的法文往往使他束手无策。这不仅是对秘奥的精神对象,就连对完全可以眼见的有形的对象也是如此。他要是想表达一种有机物的个别部分,除掉表达物质形体的词汇之外,他就想不出恰当的词,例如他要想表达各种骨骼作为形成胳臂这种有机整体的同质部分,只得用表达木板、石块构造房子时所用的那一类语言。"

歌德接着又说,"法国人用 Komposition① 来表达自然界的产品,也不恰当。我用一些零件来构成一部机器,对这样一种活动及其结果,我当然可以用 Komposition 这个词。但是如果我想到的是一个活的东西,它有一种共同的灵魂②贯串到各个部分,是一种有机整体,那么我就不能用 Komposition 这个词了。"

我说,"我认为对于真正的艺术和诗艺的产品,用 Komposition 这个词也不恰当,而且降低了这种产品的价值。"

歌德说,"这是我们从法文移植过来的一个很坏的字,我们应该尽快废掉

---

① 原义是"把不同部分摆在一起,来构成一个整体"。作家作文、音乐家作曲、画家作画之类文艺创作活动往往都用这个词。参看第 251 页。

② 生命。

不用。怎么能说莫扎特 compose① 他的乐曲《唐·璜》呢？哼，构成！仿佛这部乐曲像一块糕点饼干，用鸡蛋、面粉和糖掺和起来一搅就成了！它是一件精神创作，其中部分和整体都是从同一个精神熔炉中熔铸出来的，是由一种生命气息吹嘘过的。所以它的作者并不是在拼凑三合板，不是只凭偶然的幻想，而是由他的精灵去控制，听它的命令行事。"②

**1831 年 6 月 27 日**（反对雨果在小说中写丑恶和恐怖）

我们谈到雨果。歌德说，"他有很好的才能，但是完全陷入当时邪恶的浪漫派倾向，因而除美的事物之外，他还描绘了一些最丑恶不堪的事物。我最近读了他的《巴黎圣母院》，真要有很大的耐心才忍受得住我在阅读中所感到的恐怖。没有什么书能比这部小说更可恶了！即使对人的本性和人物性格的忠实描绘可能使人感到一点乐趣，那也不足以弥补读者所受的苦痛。何况这部书是完全违反自然本性，毫不真实的！他写的所谓剧中角色都不是有血有肉的活人，而是一些由他任意摆布的木偶。他让这些木偶作出种种丑脸怪相，来达到所指望的效果。这个时代不仅产生这样的坏书，让它出版，而且人们还觉得它不坏，读得津津有味，这究竟是一个什么样的时代啊！"③

**1831 年 12 月 1 日**（评雨果的多产和粗制滥造）

接着我们谈到雨果，认为他过度多产，对他的才能起了损害作用。

---

① 构成。
② 这篇简短的谈话涉及两个意义重大的问题：

第一，从语言学的角度来看，它显示出语言和思想以及现实生活的紧密联系。生活不断发展，思想和语言亦必随之发展。过去的语言有变成陈词滥调的可能，不足以反映新生事物，包括新的思想见解。这就有了不断变革、不断更新的必要性。这里也涉及语言和思想的关系，语言必须和思想一致，即所谓"意内而言外"，但从发展过程看，思想认识却先于语言，正如客观存在先于思想认识。思想认识和客观存在不一致，或语言和思想认识不一致，便是促成事物不断前进的矛盾。哲学、文艺乃至一切生产实践的共同难题就在克服这种矛盾。

其次，从思想方法的角度来看，这篇谈话涉及十八、十九世纪西方科学界和哲学界由机械观转到有机观过程中的重大争论。近代西方科学和哲学大部分是从机械观出发的，特别是在化学、物理这些科学里。这种机械观把事物整体只看成是一些零星部分的拼凑，尽力去分析各个孤立部分。其结果是"只见树木，不见森林"，只见死的，不见活的。在启蒙运动中，机械观引起有机观的强烈反抗。有机观从生物学开始，强调事物的整体和其中各个部分互相依存的有机联系。所以这场争论实质上还是形而上学与辩证法之争的继续。歌德把它叫做"分析法"和"综合法"之争（参看第 403 页注③），他是拥护综合法的，用 Komposition（构成）这个词来说明他的理由。
③ 歌德反对写丑恶和生活的阴暗面，亦即反对揭露性文艺，这就是从根本上反对批判现实主义。

歌德说，"他那样大胆，在一年之内居然写出两部悲剧和一部小说，这怎么能不愈写愈坏，糟踏了他那很好的才能呢！而且他像是为挣得大批钱而工作。我并不责怪他想发财和贪图眼前的名声，不过他如果指望将来长享盛名，就得少写些，多做些工作才行。"

歌德接着就分析《玛利安·德洛姆》①，让我明白所用的题材只够写一幕真正好的悲剧性的台词，但是作者出于某种次要的考虑，竟错误地把它拉成冗长的五幕。歌德说，"在这种情况下，我们只能看出一个优点，就是作者对描绘细节很擅长，这当然还是一种不应小看的成就。"②

---

① 《玛利安·德洛姆》，雨果在一八三一年出版的一部颇享盛名的剧本，上文提到的《巴黎圣母院》也是同年写的。歌德没有来得及看到雨果的《悲惨世界》和《九三年》。
② 歌德对雨果屡次表示不满，可能是由于雨果在当时所代表的算是进步的民主倾向不合歌德的口味。至于雨果在描绘细节上花了过多的功夫，行文不够简练，这确实是他的毛病。

# 1832 年

**1832 年 2 月 17 日**(歌德以米拉波和他自己为例,说明伟大人物的卓越成就都不是靠天才而是靠群众)

我把一座在英国雕刻的杜蒙半身像送给歌德看,他像是很感兴趣。

我们接着就谈论杜蒙①,特别谈到他的《米拉波回忆录》②。在这部书里,杜蒙揭露了米拉波设法采用种种方便法门并且煽动和利用一些有才能的人来达到他自己的目的。歌德说,"我还没有见过一部比这本回忆录更富于教益的书。我们从这部书中可以洞察到当时最幽秘的角落,感到米拉波这个奇迹其实也很自然,而这并不降低他的伟大。不过最近法国报刊上有一些评论家却对这个看法持异议,他们认为杜蒙有意要给他们的米拉波抹黑,因为他揭穿了米拉波的超人的活动才能,而且让当时其他人物也分享到向来由米拉波独占的那份功勋。

"法国人把米拉波看成他们自己的赫剌克勒斯。他们本来很对,但是忘记了就连一座巨像也要由许多部分构成。古代赫剌克勒斯也是个集体性人物,既代表他自己的功绩,也代表许多人的功绩。

"事实上我们全都是些集体性人物,不管我们愿意把自己摆在什么地位。严格地说,可以看成我们自己所特有的东西是微乎其微的,就像我们个人是微乎其微的一样。我们全都要从前辈和同辈学习到一些东西。就连最大的天才,如果想单凭他所特有的内在自我去对付一切,他也决不会有多大成就。可是有许多本来很高明的人却不懂这个道理。他们醉心于独创性这种空想,在昏暗中摸索,虚度了半生光阴。我认识过一些艺术家,都自夸没有依傍什么名

---

① 杜蒙,见第 390 页注③。
② 杜蒙写的《米拉波回忆录》本年才出版,歌德是通过梭瑞借来手稿阅读的。米拉波(1749—1791)在法国大革命初期以自由派贵族身份,被第三等级选为代表参加三级会议,是制宪议会中的积极活动家,但暗中和宫廷勾结,是个两面派人物。杜蒙当时在巴黎,成了米拉波的亲信,所以对米拉波的阴谋诡计知道得很清楚。

师,一切都要归功于自己的天才。这班人真蠢!好像世间竟有这种可能似的!好像他们不是在每走一步时都由世界推动着他们,而且尽管他们愚蠢,还是把他们造就成了这样或那样的人物!对,我敢说,这样的艺术家如果巡视这间房子的墙壁,浏览一下我在墙壁上挂的那些大画家的素描,只要他真有一点天才,他离开这间房子时就必然已成了另一个人,一个较高明的人了。

"一般说来,我们身上有什么真正的好东西呢?无非是一种要把外界资源吸收进来、为自己的高尚目的服务的能力和志愿!我可以谈谈自己,尽量谦虚地把自己的体会说出来。在我的漫长的一生中我确实做了很多工作,获得了我可以自豪的成就。但是说句老实话,我有什么真正要归功于我自己的呢?我只不过有一种能力和志愿,去看去听,去区分和选择,用自己的心智灌注生命于所见所闻,然后以适当的技巧把它再现出来,如此而已。我不应把我的作品全归功于自己的智慧,还应归功于我以外向我提供素材的成千成万的事情和人物。我所接触的人之中有蠢人也有聪明人,有胸怀开朗的人也有心地狭隘的人,有儿童,有青年,也有成年人,他们都把他们的情感和思想、生活方式和工作方式以及所积累的经验告诉了我。我要做的事,不过是伸手去收割旁人替我播种的庄稼而已。

"如果追问某人的某种成就是得力于自己还是得力于旁人,他是全凭自己工作还是利用旁人工作,这实在是个愚蠢的问题。关键在于要有坚强的意志、卓越的能力以及坚持要达到目的的恒心,此外都是细节。所以米拉波尽量利用外在世界的各种力量,是完全做得对的。他具有识别才能的才能,有才能的人被他那种雄强性格的魔力吸引住,愿意听从他的指挥和受他领导。所以他有一大批既有卓越才能又有势力的人围绕在他的身边,为他的热情所鼓舞,被他动员起来为他的高尚目的服务。他懂得怎样和旁人合作,怎样利用旁人去替他工作;这就是他的天才,这就是他的独创性,这也就是他的伟大处。"①

---

① 歌德临死前一个月的这篇谈话提出一个极重要的论点:伟大人物的伟大成就不应归功于他个人的所谓"天才",而应归功于当时社会动态和他接触到的前辈和同辈的教益,他只不过是伸手去收割旁人替他播种的庄稼。在这个意义上,每个人都是个"集体性人物",都代表当时社会中的群众和文化教养。这个观点在两点上很重要:

第一,歌德在"天才"问题上向来是有矛盾的。他有时似乎很相信天才,特别是他多次认真地谈论过"精灵"。但他有时又似乎怀疑天才,把学习和工作实践看得比自然资禀更重要,这篇谈话便是明证。他是摸索了很久到临死时才把问题弄清楚的。

其次,歌德一向轻视群众,这篇谈话却把个人看成"集体性人物",不能是脱离社会、脱离群众的人,这在认识上也大大前进了一步。不过他在政治上持保守立场,因而同人民群众相结合的问题在他就不可能得到彻底解决。

**1832 年 3 月 11 日**（歌德对《圣经》和基督教会的批判）

今晚在歌德家呆了个把钟头，就各种问题谈得很畅快。我近来买到一部英文版《圣经》，里面找不到"经外书"，我感到遗憾。"经外书"没有收入，据说是伪书，并非来自上帝。我想看到而看不到的有托比阿斯（Tobias）这个过着极高尚的虔诚生活的模范人物、《所罗门的箴言》和《西拉克之子耶稣的箴言》，这些书都有其他各经很少能比得上的高度宗教伦理意义。我向歌德表明了我的遗憾，认为不应该从狭隘观点出发，把《旧约》中某些书看作直接来自上帝，其他同样好的书则不是上帝的；仿佛以为任何高尚伟大的东西竟然有可能不来自上帝，或不是上帝影响的果实。①

歌德回答说，"我完全赞成你的意见，不过理解《圣经》的问题有两种不同的观点。一种是原始宗教的观点，也就是来自上帝的完全符合自然和理性的观点。只要得到上帝恩宠的生灵还存在，这种观点就永远存在，永远有效。但是这种观点太高尚尊贵，只有少数优选者才会有，不易普遍流行。此外还有教会的一种比较平易近人的观点；它是脆弱的，可以变更而且在永远变更中存在，只要世间还有脆弱的人们。未经污染的上帝启示的光辉太纯洁太强烈，对这些可怜的脆弱人是不适合而且不能忍受的。于是教会就作为中间和事佬插足进来，把这种纯洁的光辉冲淡一些，弄暗一些，使一切人都获得帮助，使不少人获得利益。通过基督教会作为基督继承人能解除人类罪孽这种信仰，基督教会获得了巨大权力。基督教僧侣的主要目的就是要维持这种权力，来巩固基督教会的结构。

"所以基督教会很少追问《圣经》中这部经或那部经是否大有助于启发人类心灵，是否含有关于高尚伦理和尊严人性方面的教义，而是更多地着眼于摩西五经②中突出人类犯罪的故事③以及要有赎罪者④来临的必要性；接着在'先知书'中要突出所期待的赎罪者终于会来临的多次预兆；最后在几部'福音书'中就只把耶稣降临人世、在十字架上钉死看成是为人类赎罪。⑤ 你看，

---

① 犹太教的《旧约》各书包括在《圣经》里，天主教和新教不一致，而同属新教的英、德也不一致。
② 《圣经》中头五篇即《创世记》《出埃及记》《利未记》《民数记》《申命记》，统称"摩西五经"。
③ "人类犯罪"或"人类罪孽"指《创世记》中所记的"原始罪孽"，据说人类世世代代要为它受苦，直到基督牺牲自己为人类赎罪之后，再临人世作最后审判为止。
④ 赎罪者就是耶稣基督，亦称"救世主"。
⑤ 《旧约》是犹太的民族史，犹太教的"圣书"；《新约》才是基督教的历史和教义，与《旧约》本不相干。基督教会把《旧约》也收在《圣经》里，因为第一，它认为有了《旧约》中的犯罪，才有《新约》中的赎罪；其次，它捏造了《旧约》中一些预报耶稣来临的征兆。这一切神话都是要抬高教会的身价。

425

抱着这样的目的,从这种角度看问题,无论是高尚的托比阿斯,还是所罗门和西拉克的箴言,都不很重要了。

"此外,关于《圣经》中各书孰真孰伪的问题提得很奇怪。什么是真经,无非是真正好、符合自然和理性、而在今天还能促进人类最高度发展的!什么是伪经,无非是荒谬空洞愚蠢、不能产生结果、至少不能产生好结果的!如果单凭留传下来的书是否有某些真理这样一个标准,来断定《圣经》中某一部经的真伪,我们就有很多理由怀疑某些'福音'是否是真经。因为《马可福音》和《路加福音》都不是根据亲身经验,而是许久以后根据口头传说写出来的,最后一部'福音'即青年约翰的'福音'也只是到他垂暮之年才写出来的①。尽管如此,我还认为四'福音书'完全是真经,因为其中反映了基督的人格伟大,世上过去从来没有见过那样神圣的品质。如果你问我,按我的本性,是否对基督表示虔敬,我就回答说,当然,我对他无限虔敬!在他面前我鞠躬俯首,把他看作最高道德的神圣体现。如果你问我,按我的本性,对太阳是否表示崇敬,我也回答说,当然,我对太阳无限崇敬!因为太阳也是最高存在的体现,是我们这些凡人所能认识到的最强大的威力。我崇拜太阳的光和神圣的生育力。靠太阳我们才能生活,才能活动,才能存在;不但我们,植物和动物也都是如此。但是如果你问我,我对着使徒彼得和保罗的手指骨②是否也要鞠躬,我就回答说,请饶了我吧,让那些迷信玩艺儿去见鬼吧!

"使徒说过,'切莫熄灭精神!'③

"教会规章中有许多是荒谬的。但是教会要想统治,就要有一批目光短浅的群众向它鞠躬,甘心受它统治。拥有巨资的高级僧侣最害怕的莫过于让下层大众受到启蒙,他们长久禁止人民大众亲自阅读《圣经》;能禁止多久,就禁止多久。④ 可怜的教众面对拥有巨资的大主教们会怎样想,如果他们从'福音书'中看到基督那样穷困,他和他的门徒们都是步行,态度极谦卑,而高级僧侣们却乘六匹马的轿车,招摇过市,神气十足?"

---

① 四部"福音"之中只有《马太福音》不在怀疑之列。约翰在使徒中最年轻,他的"福音"是到晚年根据回忆写成的。
② 彼得和保罗是基督的两大传教的使徒,据近代学者研究,《新约》大半是保罗伪造的。天主教会用所谓"圣迹"惑众聚财,如同佛庙中的"舍利"和"佛牙"。
③ "使徒"指保罗。引文见《新约·帖撒罗尼迦前书》第五章第十九段。过去"官话"本《圣经》译作"不要销灭圣灵的感动",查英、法译文均作"切莫熄灭精神",似较正确。因为歌德引此文,意在斥责基督教会的愚民政策。
④ 天主教会一向只重僧侣布道宣讲,反对教众亲自阅读《圣经》;《圣经》只有希腊文和拉丁文的译本,也只有僧侣才能阅读。到了马丁·路德反抗天主教而创新教,《圣经》才开始译成近代各民族语言。

歌德接着说,"我们还没有认识到路德和一般宗教改革给我们带来的一切好处。我们从捆得紧紧的精神枷锁中解放出来,由于日益进展的文化教养,我们已能够探本求原,从基督教原来的纯洁形式去理解基督教了,我们又有勇气把脚跟牢牢地站在上帝的大地上,感觉到自己拥有上帝赋予的人的性格了。无论精神文化教养怎样不断向前迈进,自然科学在广度和深度上怎样不断进展,人类心灵怎样尽量扩张,它也不会超越'福音书'中所闪耀的那种基督教的崇高和道德修养!

"我们新教徒向高尚的目标进展,天主教徒也会很快地跟上我们。他们一旦受到现时代日益扩展的伟大启蒙运动的影响,势必要跟上来,不管他们愿不愿,直到有朝一日天主教和新教终于合而为一。

"不幸的新教派系纷争将会停止,父与子以及兄弟和姊妹之间的仇恨和敌对也将会随之停止。因为等到人们一旦按其本来真相去理解并且实行基督的纯洁教义和博爱,他们就会认识到自己伟大而自由,不再特别重视这一派或那一派的宗教仪式的浮文末节了。那时我们都会从一种只讲文字信条的基督教逐渐转到一种重情感思想和行动的基督教了。"

话题转到基督以前生活在中国、印度、波斯和希腊的一些伟大人物,提到神力在他们身上起作用,也正如在旧约时代某些伟大犹太人物身上起作用一样。于是又转到在我们生活其中的今日世界里,神力对伟大人物所起的作用如何。

歌德说,"听到一般人的言论,我们几乎会相信:从远古以来,上帝早已退位,寂然无声了,人们现在仿佛都要立在自己的脚跟上,要考虑自己在上帝寂然无声的情况下如何生活下去了。在宗教和道德的领域里,也许还承认神的某种作用;但是在科学和艺术的领域里,人们都相信这里完全是尘世间事,一切都只是人力的果实。

"让每个人都凭人的意志和力量,去创造比得上用莫扎特、拉斐尔和莎士比亚来题名的那种作品吧!我知道得很清楚,这三位高明人物并不是世间所仅有的。就拿艺术领域来说,还有无数卓越人物作出了可以和这三人媲美的作品。但是他们如果和这三人一样伟大,他们也就和这三人一样超越寻常人的自然资禀,一样具有上帝的特赐。

"归根到底,这事情本来是怎样,又应该是怎样的呢?——上帝自从人所共知的、凭空虚构的六天创世工作之后,并不曾退隐去休息,而是一直和开始一样在继续起作用。用一些单纯元素来建造这个笨重的世界,让它年复一年地在阳光里运转,这对上帝也许并没有多大意思,如果他不是按预定计划还要在这种物质基础上替精神世界建造一个苗圃的话。所以上帝现在仍继续不断地在一些较高明的人物身上起作用,以便引导较落后的人跟上来。"

歌德说完就默默无语了。我把这番教导铭刻在心中。①

---

① 歌德死于一八三二年三月二十二日,享年八十三岁。这是他临死前十天的谈话,是他对基督教、特别对基督教会的批判。这种批判现在看来是羞羞答答、很不彻底的,而在当时历史情况下却具有进步意义。基督教在西方流行近二千年,它起源于奴隶社会,后来渗透到封建社会和资本主义社会的各个领域里,引起了一些重大历史事变,可以说,不懂得基督教和基督教会的产生和演变,就很难了解西方文化各个方面乃至整个历史。马克思主义创始人在他们的终生不懈的革命理论建设中,曾费过很大的力量对宗教、特别对基督教进行深刻批判,树立了这方面的批判的准绳,有待我们深入学习和发扬。

基督教本来是奴隶的宗教,起初是反对犹太旧教和罗马帝国政权的一种奴隶革命运动。它在历史上有功也有过,但过大于功。功在于它配合奴隶起义颠覆了罗马帝国奴隶主政权及其所代表的旧文化,在欧洲民族大迁徙时期(所谓"黑暗时期")形成了政治上的统一力量,开化了新兴民族(所谓"蛮族")。资产阶级上台时它提供了自由、平等、博爱这些反封建的思想武器,具体地体现在法国资产阶级革命的《人权宣言》里。但是它的功掩盖不了它的过。它的政治机构是基督教会。在封建时代,天主教会对人民是最大、最残酷的剥削者和压迫者,是当时反动统治的帮凶。像一切宗教一样,基督教也是"人民的鸦片"(见《马克思恩格斯选集》第一卷,第2页),它麻痹人民的革命斗志,所以一切反动统治都利用它来推行愚民政策。近代帝国主义在进行文化侵略和殖民统治时,总是利用基督教陪着炮舰打先锋。马克思主义者是最彻底的无神论者,所以决不宣扬宗教,但也不因此就不研究宗教。研究它就是为着更彻底地批判它,抛弃它。

歌德这篇谈话对这种研究和批判可能有些帮助。歌德是近代西方资产阶级文化高峰中一个卓越的代表人物,从他这篇自白中可以看出,当时知识分子怎样仍须在基督教问题上绞脑汁,他们的矛盾何在,以及基督教在近代走向瓦解的情况。

歌德和席勒都是继承文艺复兴的余绪,竭力宣扬回到希腊古典文化,也就是回到与基督教对立的异教文化。歌德实际上是个"异教徒"。当时自然科学日趋繁荣,启蒙运动使唯物主义和无神论日占上风;另一方面,卡尔文和马丁·路德所掀起的宗教改革对罗马教廷和天主教给了沉重的打击。于是流行一千几百年之久的基督教开始瓦解。路德的新教是妥协的、改良主义的(参看恩格斯的《德国农民战争》第二部分,《马克思恩格斯全集》第七卷)。作为一个德国公民,歌德是站在路德一边的。但这不等于说他就是一个新教徒;他只是在表面上敷衍妥协,实际上是不信基督教的。爱克曼和歌德相处九年之久,对他的日常活动和言论都记载得很详细,可是在这九年之中不曾记载过他进礼拜堂做礼拜。他的文学作品中违反基督教义的很多。所以他的《少年维特》遭到旧教和新教两面夹攻,意大利天主教僧侣用收买全部意大利文译本的诡计来防止其流行,英国新教的一位主教又当他的面骂它是"一部极不道德的该受天谴的书"(本书第404页)。

但是歌德如果完全抛弃基督教,也不会写出他的许多杰作,特别是他的最大的代表作《浮士德》上下卷。灵魂和恶魔、犯罪和赎罪之类迷信都是从基督教来的。歌德自己也承认浮士德"获得了上界永恒之爱的拯救。这完全符合我们的宗教观念"(第423页)。但是他又解释说,灵魂升天不易处理,借助于基督教的神话和形象,才较易避免抽象。可见基督教在他手里成为一种材料和方便法门,正如希腊文艺借助于希腊神话一样。这种神话是家喻户晓的,一般听众较易接受的。

这篇谈话除公开怀疑《旧约》和《新约》的真伪并揭露基督教僧侣的愚民政策之外,特别值得注意的是,歌德心目中的"上帝"并不是基督教的上帝,而是最高道德准则的体现,理性和自然的化身。从启蒙运动以后,把上帝加以理性化是西方思想界的一般倾向,莱布尼兹、康德和黑格尔等人都是如此。歌德作为一个多方面都有独创的自然科学家,于"理性"之外又加上"自然",作为上帝的本质。这就应从根本上否定基督教所宣扬的"超自然"的上帝。但是歌德并没有认识到除自然的必然性之外,"理性"并不存在。他和近代一般西方哲学家所理解的"理性"都是先验的、先天的、神所赋予的,只有自然的必然性或规律才是客观存在的,凭实践经验来认识的。"自然"外加超自然的"理性"这个基本矛盾,说明了歌德以及许多西方近代哲学家何以没有完全摆脱有神论、人性论、唯心论、天才论和人道主义之类宗教迷信的遗迹。马克思主义以前的资产阶级思想家们哪怕是最进步的,也终于是妥协的、改良主义的、不能真正解决矛盾的,歌德就是个典型的例证。

**几天以后**①(歌德谈近代以政治代替了希腊人的命运观;他竭力反对诗人过问政治)

我们谈到希腊人的悲剧命运观。

歌德说,"这类观点已陈旧过时,不符合我们今天的思想方式,和我们的宗教观念也是互相矛盾的。近代诗人如果把这种旧观念用在剧本里,那就显得装腔作势了。那就像古罗马人的宽袍那样久已不时髦的服装,不能吻称我们的身材了。

"我们现在最好赞成拿破仑的话:'政治就是命运',但是不应赞同最近某些文人所说的政治就是诗,认为政治是诗人的恰当题材。英国诗人汤姆逊②用一年四季为题写过一篇好诗,但是他写的《自由》却是一篇坏诗,这并不是因为诗人没有诗才,而是因为这个题目没有诗意。

"一个诗人如果想要搞政治活动,他就必须加入一个政党;一旦加入政党,他就失其为诗人了,就必须同他的自由精神和公正见解告别,把褊狭和盲目仇恨这顶帽子拉下来蒙住耳朵了。

"作为一个人和一个公民,诗人会爱他的祖国;但他在其中发挥诗的才能和效用的祖国,却是不限于某个特殊地区或国度的那种善、高尚和美。无论在哪里遇到这种品质,他都要把它们先掌握住,然后描绘出来。他像一只凌空巡视全境的老鹰,见野兔就抓,不管野兔奔跑的地方是普鲁士还是萨克森。

"还有一点,什么叫做爱国,什么才是爱国行动呢?一个诗人只要能毕生和有害的偏见进行斗争,排斥狭隘观点,启发人民的心智,使他们有纯洁的鉴赏力和高尚的思想情感,此外他还能做出什么更好的事吗?还有比这更好的爱国行动吗?向一位诗人提出这样白费力的不恰当的要求,正像要求一个军团的统帅为着真正爱国,就要放弃他的专门职责,去卷入政治纠纷。一个统帅的祖国就是他所统率的那个军团。他只要管直接与他那个军团有关的政治,此外一切都不管,专心致志地去领导他那个军团,训练士兵养成良好的秩序和纪律,以便在祖国处于危险时成为英勇的战士,那么,他就是一个卓越的爱国者了。

---

① 未译的前一篇标明"三月早期",这篇标明"几天以后",在这篇后面,爱克曼就记下歌德的死和他去瞻仰遗容的哀痛。
② 汤姆逊(1700—1748),英国早期浪漫派诗人,《四季》和《自由》都是他的较著名的作品。

"我把一切马虎敷衍的作风,特别是政治方面的,当作罪孽来痛恨,因为政治方面的马虎敷衍会造成千百万人的灾难。

"你知道我从来不大关心旁人写了什么关于我的话,不过有些话毕竟传到我耳里来,使我清楚地认识到,尽管我辛辛苦苦地工作了一生,某些人还是把我的全部劳动成果看得一文不值,就因为我不屑和政党纠缠在一起。如果我要讨好这批人,我就得参加一个雅各宾俱乐部,宣传屠杀和流血。且不谈这个讨厌的问题吧,免得在对无理性的东西作斗争中我自己也变成无理性的。"

歌德以同样的口气指责旁人大加赞赏的乌兰德①的政治倾向。他说,"请你注意看,作为政治家的乌兰德终会把作为诗人的乌兰德吞噬掉。当议会议员,整天在争吵和激动中过活,这对诗人的温柔性格是不相宜的。他的歌声将会停止,而这是很可惜的。施瓦本那个地区有足够的受过良好教育、心肠好、又能干又会说话的人去当议员,但是那里高明的诗人只有乌兰德一个。"②

---

① 乌兰德(1787—1862),比歌德后起的德国重要诗人,曾以自由派的身份参加符滕堡的邦议会。他是德国施瓦本地区人,是施瓦本派诗人的领袖。
② 这是歌德生前最后一篇谈话,像前两篇谈话一样,所谈的都是歌德毕生关心、至死不忘的大问题。这篇的主旨是要把文艺和政治割裂开来,宣扬在西方资产阶级中流行的"为文艺而文艺"的错误观点。他之所以坚持这种错误观点,毕竟还是要为资产阶级政治服务。在政治上他本来是保守的、妥协的、反对暴力革命的,所以他和资产阶级当权者一样,生怕文艺变成宣传革命的武器。况且他大半生都在忙魏玛小朝廷的政治,从他的谈话和许多作品看,他对当时欧洲政治动态也十分关心。可见他的话不但错误,而且是虚伪的。他所钦佩的同时代诗人,在法国是贝朗瑞,在英国是拜伦,在意大利是曼佐尼。这几位诗人都有明显的进步政治倾向。难道在这几位诗人身上,政治家身份都已"吞噬"了诗人品质吗?从这篇谈话也可以看出,当时德国文艺界的政治斗争已相当激烈了。歌德因政治上保守而为当时进步人士所冷落甚至抨击,他到临死前还耿耿于怀。这也体现了伟大诗人和德国庸俗市民这两重性格的矛盾。

# 爱克曼的自我介绍

爱克曼(J. P. Eckermann, 1792—1854)发表《歌德谈话录》时,曾在卷首附了长篇自我介绍,现在撮译大意如下：

爱克曼出生在德国吕讷堡和汉堡之间的荒原上一个贫农家庭。家里只有一间小茅棚、一块小菜园和一头奶牛。父亲是个背着箩筐、奔走城乡做点小买卖的货郎,母亲做些针线活,他自己幼时帮着拾粪、拾柴和看牛,偶尔也跟着父亲当货郎。家庭就靠此为生,极贫苦,他当然受不到正式教育,到了十四岁还不会看书写字。一天,他看见父亲的烟叶荷包的商标上画着一匹马,很感兴趣。旁人在灯下谈天,他却试着用铅笔临摹下一张马的素描,临得很像,自己很高兴,亲邻都大为赞赏。从此他就借来一本画册,有空就临摹。他临摹的素描传来传去,传到当地一位要人手里。这位要人看他很有才能,就资助他上学,学了一点德文、拉丁文和音乐。但是他同时还要在当地法院里做些抄写和记录的工作来糊口。

到了一八一三年,德国各地民间纷纷组织反对法军占领的志愿军,爱克曼也报名参加,随军在家乡附近打游击。后来又随军跨过莱茵河,转到荷兰。这对他影响很大。用他自己的话来说,"看到一些伟大的荷兰画,一个新世界在我眼前展开了。我整天在教堂①和画馆里度过一些日子。这是我生平第一次看到的画。"他又开始临摹。一八一四年志愿军解散,他舍不得丢开画艺,就在寒冬腊月步行一百几十里路到汉堡去,求教于当地一位小有名气的画家兰贝格②。兰贝格教他从素描的基本功学起。由于贫病交加,到了第二年暑天,他不得不放弃画艺,在军服部门谋得一个小差事来糊口。他还同兰贝格门下

---

① 西方许多名画都与基督教有关,陈列在教堂里。
② 见第270页正文和注①。

一位同学往来很密。这位同学介绍他读了温克尔曼论古代艺术的著作以及当代一些文学作品,其中有克洛普斯托克、席勒和歌德。他特别爱读歌德的短诗。他说,"我好像才觉醒过来,……好像我前此连自己也没有认识到的最深刻的灵魂在这些诗歌里反映出来了。"从此他沉浸在诗艺里,读了歌德谈到的莎士比亚和古希腊悲剧诗人的主要作品,自己也尝试写了一些诗。他感到有学文化的必要,于是又回到过去半工半读的生活,在一八二一年进格廷根大学学法律,把法律看作一种"饭碗学科"。但他对法律毫不感兴趣,听课时偷着写剧本。离开大学后,他写了一部诗论,题为《论诗,特别引歌德为证》。他把这本稿子和一些诗寄给歌德,想要这位已享盛名的诗人替他写信介绍给出版商。他接着于一八二三年夏到魏玛去拜访歌德。

爱克曼的自我介绍到此为止。到了魏玛,歌德留他住下。从一八二三年六月到一八三二年三月这九年里,除了陪歌德的长子到意大利作短期旅游以外,他经常到歌德家去请教。每逢听到值得注意的歌德谈话,他就记录下来,后来才根据笔记编辑成书。第一部和第二部于一八三六年出版于莱比锡。由于大受读者欢迎,他又根据自己的和歌德好友瑞士人梭瑞的笔记,编了第三部作为补编。

爱克曼在魏玛的生活还是半工半读。他从歌德那里学到不少的东西,也给歌德做了不少的编辑工作,并且有时还提了有益的意见。从他的提问和反驳看,他这位参加过解放斗争的青年,在思想上比歌德进步。他还抽空给旅游魏玛的英国青年教德文,自己也从他们那里学会了英文。由于歌德的介绍,他当上了魏玛大公爵的家庭教师和大公爵夫人的图书馆员。歌德死前曾立遗嘱请爱克曼编辑他的遗著。爱克曼在德国和在世界闻名,全靠《歌德谈话录》这一部书;他的诗和诗论虽已出版,却没有引人注意。

# 第一、二两部[①]的作者原序(摘译)

这一辑歌德谈话录大半起源于我所固有的一种自然冲动,要把我觉得有价值和值得注意的生活经历记录下来,使它成为自己的东西。

自从我初次和这位非凡人物会见,以后又和他在一起生活过几年,我一直都想从他那里得到教益,所以乐意把他的谈话内容掌握住,记下来,以备将来终生受用。

可是想到歌德的谈话多么丰富多彩,在和他相处的九年之中我感到多么幸福,而我所记录下来的却只是一鳞半爪,就自觉仿佛一个小孩,伸着两个巴掌去接使人神怡气爽的春雨,雨水却多半从手指缝中漏掉了。

…………

我认为这些谈话不仅就生活、艺术和科学作了大量阐明,而且这种根据实际生活的直接素描,特别有助于使人们从阅读歌德的许多作品中所形成的歌德其人的形象更为完备。

不过我也远不认为这些谈话已描绘出歌德的全部内心生活。这位非凡人物及其精神可以比作一个多棱形的金刚石,每转一个方向就现出一种不同的色彩。歌德在不同的情境对不同的人所显现的形象也是不同的,所以就我这方面来说,我只能谦逊地说,这里所显现的是我的歌德。

这句话不仅适用于歌德怎样把自己显现给我看的方式,而且也适用于我怎样了解他和再现他的方式。这里呈现出来的是个经过反映的形象,一个人的形象通过另一个人反映出来,总不免要丢掉某些特征,掺进某些外来因素。

---

[①] 一八二三年六月至一八二七年底为第一部,一八二八年至一八三二年三月歌德去世时为第二部,两部合成一卷出版。

替歌德造像的有劳赫、施蒂勒和达维①。他们的作品都极真实,但也多少都显出作者本人的个性。体形既然如此,变化多端、不易捉摸的精神形象就更是如此了。不过,不管我个人在这一点上表现如何,我希望凡是凭精神力量能了解歌德、或是与歌德有直接来往,而且有能力在这方面作出判断的人,都不会看不出我在力求做到尽量忠实。

..........

---

① 劳赫(1777—1857),德国雕塑家,名作有弗里德里希大帝、布柳肖、歌德、席勒诸人的雕像。歌德的像是全身坐像,在法兰克福的歌德纪念坊。施蒂勒(1781—1858),德国画家,替歌德画过像。达维,见第391页注②。歌德的雕像和画像很多,不止这里所提的三种。

# 第三部[1]的作者原序(摘译)

我终于看到我的《歌德谈话录》第三部编完了,心里感到战胜巨大困难后的快慰。

我的任务是很艰巨的。好像行船还没有遇到顺风,今天风还在吹,但是要遇到过去年代那样的顺风,还得耐心等待好几个星期甚至好几个月。当初我写头两部时,我幸好是顺风扬帆,因为刚谈过的话还在耳里响着,和那位伟大人物的亲切交往也使我受到鼓舞,所以我感到仿佛是振翼飞到目的地似的。

但是歌德音沉响绝已经多年,过去和他亲切晤谈的乐趣也如过眼云烟了。今天要想受到必要的鼓舞,只有当有便在内心中沉思默想时,才会使过去的经历仍然带着新鲜色彩活跃在目前。这时歌德的伟大思想和伟大性格特征才复现在面前,好像一个山峰,虽然在远处,但在白天的阳光照耀下,轮廓仍是鲜明的。

这时来自欢欣的鼓舞就复活了,思想过程和语言表情的细节历历在目,就像我昨天才经历过似的。活的歌德又显现在目前,他所特有的无与伦比的可爱的声音又在我耳里震响了。我又在晚间在他的明亮的书房里看到他,穿着佩上勋章的黑色服装,杂在座客之中谈笑风生。在其他的风和景明的日子里,我陪他乘马车出游,他穿着棕色上衣,戴着蓝布帽,把浅灰大衣铺在膝盖上。他的面孔晒成棕色,显得健康,蔼如清风。他的隽妙语言的声音流播原野,比车轮滚滚声还更洪亮。有时我又回想起他坐在书斋的书桌旁,在烛光下看到他穿着白法兰绒外衣,过了一天好日子,心

---

[1] 即"补编"部分。

情显得和蔼。我们谈着一些伟大的和美好的事物。他向我展示出他性格中最高贵的品质,他的精神点燃了我的精神。两人心心相印,他伸手到桌子这边来给我握。我就举起放在身旁的满满一杯酒向他祝福,默然无语,只是我的眼光透过酒杯盯住他的眼睛。

这样我就完全回到他还在世时那种生活,他的话音也和过去一样在我耳里震响起来了。

…………

# 译后记

## 关于本书的性质

爱克曼的《歌德谈话录》流行很广,它记录了歌德晚年有关文艺、美学、哲学、自然科学、政治、宗教以及一般文化的言论和活动,在图书目录里通常列入传记类,也有时列入文学类。爱读这部书的人不只有文艺史家和文艺批评家、自然科学家、哲学家和文化史家,还有关心一般文化的普通读者。一般爱好者多半把它作为传记来看。歌德这个人是值得注意和研究的。他是近代资产阶级文化高峰时期的一个典型代表,在西方发生过深广的影响,《谈话录》对他这个人作了细致亲切而大体忠实的描绘。读了这部书,对于恩格斯屡次评论过的"伟大的诗人"和德国"庸俗市民"的两面性格可以有较具体的认识。对于文艺、自然科学和哲学的专门学者来说,《谈话录》是研究歌德的重要的第一手资料,特别是在文艺方面,它记录了歌德晚年的最成熟的思想和实践经验。《谈话录》时期正是歌德最大的剧作《浮士德》第二部的完成时期,歌德自己多次谈过他关于这部剧本苦心经营的情况,对于理解这部剧本本身乃至一般文艺创作问题都是富于启发性的。

## 歌德时代的德国文化背景

在歌德时代,德国作为统一的国家还不存在,存在的只是一些封建割据的小邦,工商业还未发达,政治和经济都很落后。拿破仑战争中德国被占领,诸小邦各自独立、互相倾轧的局面才受到冲击,为将来的统一开辟了道路。但是拿破仑失败后,一八一五年维也纳分赃会议,把德国三十几个小邦组织成为松散的"德意志联邦",归奥地利帝国控制,在政治上是一次倒退。后来德国各小邦以普鲁士为中心形成一个自主的统一的国家是在十九世纪六十年代,当时歌德逝世已三十多年了。歌德时代的德国是个多灾多难的地方。恩格斯为英国刊物《北极星报》撰写的《德国状况》一文中曾作过简明扼要的论述。在描述政治经济落后之后,恩格斯还说到当时德国文学的繁荣:

> 只有在我国的文学中才能看出美好的未来。这个时代在政治和社会方面是可耻的,但是在德国文学方面却是伟大的。一七五〇年左右,德国所有的伟大思想家——诗人歌德和席勒、哲学家康德和费希特都诞生了;过了不到二十年,最近的一个伟大的德国形而上学家①黑格尔诞生了。这个时代的每一部杰作都渗透了反抗当时德国社会的叛逆的精神。歌德写了《葛兹·封·伯利欣根》,他在这本书里通过戏剧的形式向一个叛逆者表示哀悼和敬意。席勒写了《强盗》一书,他在这本书中歌颂一个向全社会公开宣战的豪侠的青年。但是,这些都是他们青年时代的作品。他们年纪一大,便丧失了一切希望。……②

在另一篇描述当时德国状况的文章里,恩格斯又说:

> 这个最屈辱的对外依赖时期,正是文学和哲学领域最辉煌的时期,是以贝多芬为代表的音乐最兴盛的时期。③

这种情况正是马克思在《〈政治经济学批判〉导言》里所提到的文艺发展和社会物质基础的不平衡,马克思举了古希腊为例。④ 歌德时代的德国是一个近代的例子。

怎样解释这种不平衡呢?这是马克思主义文艺理论中一个长久争论的重大问题。社会经济基础决定上层建筑,其中包括文艺和哲学之类意识形态,这是历史唯物主义的基本原则。上述发展不平衡是否就要推翻这个基本原则呢?决不能推翻。歌德的例子最便于说明这个问题。恩格斯在上引《德国状况》中那段文字的末尾,提到歌德和席勒到晚年都丧失了早年的叛逆精神。在《诗歌和散文中的德国社会主义》一文第二部分《卡尔·格律恩的〈从人的

---

① 形而上学一词在这里是指研究经验以外的问题的哲学。——原编者注
② 《马克思恩格斯全集》第二卷,第634页。
③ 《马克思恩格斯论文艺》德文本第二卷,第219页。
④ 见《马克思恩格斯选集》第二卷,第112—114页。

观点论歌德〉》中,恩格斯对歌德的两面性作了最精辟的批判:

> 在他心中经常进行着天才诗人和法兰克福市议员的谨慎的儿子、可敬的魏玛的枢密顾问之间的斗争;前者厌恶周围环境的鄙俗气,而后者却不得不对这种鄙俗气妥协,迁就。因此,歌德有时非常伟大,有时极为渺小;有时是叛逆的、爱嘲笑的、鄙视世界的天才,有时则是谨小慎微、事事知足、胸襟狭隘的庸人。①……他的气质、他的精力、他的全部精神意向都把他推向实际生活,而他所接触的实际生活却是很可怜的。……我们并不像白尔尼和门采尔那样责备歌德不是自由主义者,我们是嫌他有时居然是个庸人②;我们并不是责备他没有热心争取德国的自由,而是嫌他由于对当代一切伟大的历史浪潮所产生的庸人③的恐惧心理而牺牲了自己有时从心底出现的较正确的美感;我们并不是责备他做过宫臣,而是嫌他在拿破仑清扫德国这个庞大的奥吉亚斯的牛圈的时候,竟能郑重其事地替德意志的一个微不足道的小宫廷做些毫无意义的事情和寻找 menus Plaisirs④。……⑤

接着恩格斯举歌德的一些名著为例,驳斥了格律恩赞扬歌德代表"真正的人"的说法。"真正的人"指的是"人道主义者",实即德国小市民思想意识的体现者。恩格斯在写此文之前曾于一八四七年一月十五日写信给马克思说:

> ……格律恩把歌德的一切庸俗市民习气看作人道的而加以赞扬,他把作为法兰克福市民和官吏的歌德称为"真正的人",而把歌德的全部巨大天才方面都忽略了或玷污了。结果这部书就以最明显的方式证明了人=德国小市民。⑥

由此可见,歌德的两面性格中德国"庸俗市民"的一面,正反映出当时封

---

① "庸人",德文原文是 Philister。这个词原是古代犹太教徒对异教人的鄙称。在德文中最早是大学生对没有文化的市民的鄙称,后来指一般文化低、见解窄狭、惟利是图的庸俗市民。所以这个词标志一定阶层人物的一定性格。过去在中译中有时是"市侩",嫌稍重;有时是"庸人",嫌太泛;应改为"庸俗市民"。
②③ 这两个"庸人",德文原文是 Bürgerlicher,与上文 Philister 较近,但贬义较轻,应直译为"市民",表明阶级地位。"市民"在欧洲是资产阶级的胚胎。
④ 这一句中译与原文小有出入,原意是:"竟能认真卖力,替一个德国小朝廷在最微不足道的场合寻找一些无聊的欢乐。"
⑤ 《马克思恩格斯全集》第四卷,第256—257页。
⑥ 《马克思恩格斯论文艺》德文本第二卷,第238页。

建割据的德国各小邦的社会经济基础和歌德作为小朝廷臣僚的政治地位,所以才足以证明意识形态反映经济基础这个马克思主义的基本原则。

德国庸俗市民何以竟能成为伟大诗人呢?对这个问题单从社会经济基础本身的范围来看还不够,还要从意识形态的影响来看。考察意识形态与社会经济基础的关系,也决不应只着眼于同一社会中某个孤立的地区,还要着眼到这一地区与其他互相往来和互相依存的各个地区的总的局势,在世界市场已形成的资本主义时代尤其如此。《共产党宣言》里有一段话,是研究文化史的人必须牢记在心的:

> ……过去那种地方的和民族的自给自足和闭关自守状态,被各民族的各方面的互相往来和各方面的互相依赖所代替了。物质的生产是如此,精神的生产也是如此。各民族的精神产品成了公共的财产。民族的片面性和局限性日益成为不可能,于是由许多种民族的和地方的文学形成了一种世界的文学。①

因此,歌德所反映的社会经济基础,决不应单从德国乃至其中一个小邦来看,还应从与德国有密切来往的欧洲各国整体来看。歌德时代是近代欧洲大变革、大动荡的时代。歌德亲眼看到一七八九年开始的法国资产阶级革命的全部过程。对这次资产阶级反封建的大搏斗,歌德像当时许多著名的资产阶级知识分子代表一样,先是热情欢迎,到了雅各宾专政时代,就产生了恩格斯所说的对"当代一切伟大的历史浪潮"的庸俗市民的"恐惧心理",阶级本性决定了他们厌恶暴力革命。但是法国革命这样一场大变革毕竟使歌德不由自主地受到了深刻影响。这场大变革在欧洲经济基础方面促进了生产方式的改革,具体地说,即产业革命;而在文艺乃至一般文化上所产生的总的影响则是浪漫运动,歌德本人就是德国浪漫运动的主要推动者。从早期标志"狂飙突进"的《葛兹·冯·伯利欣根》,中经《威廉·麦斯特》,到临死前才完成的《浮士德》第二部,无一不贯串着浪漫运动的基本精神。恩格斯所说的歌德的叛逆性和对环境鄙俗气的厌恶这个进步的一面,不能不归功于法国革命。②

接着法国革命便是震动全欧的拿破仑战争。拿破仑占领了德国,德国受

---

① 《马克思恩格斯选集》第一卷,第 255 页。"文学"一词,原文是 Literatur,这里取广义,指"文献",包括科学、哲学和历史,也包括文学和艺术。
② 参看一八二四年二月四日的歌德谈话。

到外国的统治和掠夺。当时一般德国人出于爱国热诚,掀起了爱克曼也参加过的一八一三至一八一五年的"光荣的解放战争"。歌德不但没有写过反对法国侵略者的诗歌,而且始终把拿破仑当作一个伟大英雄来崇拜,在埃尔富特和魏玛两次受到拿破仑的接见。他经常津津乐道拿破仑在远征埃及时携带的书籍之中有他的《少年维特》,并以此为荣。当时德国人对歌德这种态度极为不满,连爱克曼也有微词。歌德在《谈话录》里进行过多次自辩,说他身受法国文化的熏陶,对法国人恨不起来。我们对歌德的这种态度应该如何评价呢?恩格斯在《德国状况》里对拿破仑也有所肯定,因为拿破仑"在德国是革命的代表,是革命原理的传播者,是旧的封建社会的摧毁人",他"摧毁了神圣罗马帝国,并以并小邦为大邦的办法减少了德国的小邦的数目",还"把他的法典带到被他征服的国家里"。① 恩格斯是就对历史发展的效果来看本来具有侵略性的拿破仑战争,肯定它对推动欧洲革命的功绩的。歌德当然不可能站在恩格斯的高度来看历史发展。他崇拜拿破仑,毋宁说是像当时法国大诗人贝朗瑞一样②,希望有一个强有力的铁腕人物来澄清当时混乱的政治局面。所以他特别推崇拿破仑活力旺盛,当机立断,一个行动接着一个行动,从不停止或休息。

法国革命和拿破仑战争的巨大骚动在歌德身上孕育了崇尚实践和行动的种子,造成了由《浮士德》第一部到第二部的转变,即由"太初有言"到"太初有为"③的转变,由苦思冥索、向恶魔出卖灵魂的学究到开垦海滨荒滩为人类谋幸福的领导者的转变④。这种从造福人类的实践活动中得到灵魂解放的思想,在当时社会情况下还是值得称道的。

其次,歌德作为伟大诗人的发展和形成也显然得力于对文化遗产的批判继承。在一般资产阶级文化史家以及修正主义文化史家之中,流行过意识形态在历史上有独立发展线索即"纯思想"线索的说法。考茨基是个显著的代表。⑤ 这种说法当然是违反历史唯物主义基本原则的。不过只用社会经济基础来说明意识形态的发展而讳言文化遗产的作用,也并不符合马克思主义。

---

① 《马克思恩格斯全集》第二卷,第636页。
② 参看一八三〇年三月十四日谈话中关于贝朗瑞的部分。
③ 参看《浮士德》第一部原文第1224—1237行。
④ 参看《浮士德》第二部最后一幕。
⑤ 参看《马克思恩格斯论文艺》法文本一九五四年版序言第124—129页。

441

恩格斯在给梅林的信里说得很明白：

> 与此有关的还有思想家们的一个荒谬观念,这就是:因为我们否认在历史上起作用的各种思想领域有独立的历史发展,所以我们也否认它们①对历史有任何影响。这是由于把原因和结果刻板地、非辩证地看做永恒对立的两极,完全忽略了相互作用。……②

马克思主义者并不否认意识形态的制造须利用过去已有的"思想材料"。马克思主义创始人在《德意志意识形态》、《社会主义从空想到科学的发展》和《费尔巴哈和德国古典哲学的终结》一系列经典著作中,都仔细追溯各种思想的历史渊源和发展线索,尽管在这些事例中他们都强调:"归根到底是经济的原因造成的"③。毛泽东在一系列关于文化的指示中都强调"古为今用,洋为中用";"我们必须继承一切优秀的文学艺术遗产","决不能割断历史","尊重历史的辩证发展",这也给我们研究文艺史的人指出了正确的马克思主义的观点。

从这个观点来看歌德作为伟大诗人的形成和发展,我们就必须充分估计到各时代、各民族文化遗产对歌德的影响。在文化思想方面,歌德是文艺复兴的继承者和启蒙运动的直接参加者。作为文艺复兴的继承者,他特别推崇希腊古典以及表现出文艺复兴时代精神的莎士比亚。作为启蒙运动的直接参加者,他和他的前辈莱辛和赫尔德尔一样,受到英国和法国一些启蒙运动领袖的深刻影响。从英国经验主义哲学那里,歌德接受了重视感性经验的基本原则。法国百科全书派(即法国启蒙运动的领袖们)中有不少的科学家是倾向唯物主义和无神论的。在他们影响之下,歌德以一个诗人而毕生致力于自然科学,这就使他的世界观颇接近唯物主义和无神论,文艺观侧重现实主义,这一点我们在下文还要谈到。在文艺观点方面,他特别推尊百科全书派领袖狄德罗,亲自译出狄德罗的《画论》、《谈演剧》和《拉摩的侄儿》。在德国启蒙运动的前辈中,歌德特别推尊莱辛和赫尔德尔,这两人帮助他展开视野,使他接触到德国乃至东方的民间文学,尤其是继狄德罗之后莱辛所提倡的市民剧。由于歌德对古代希腊悲剧和莎士比亚有深湛的研究,知道真正的古典主义是怎么回

---

① 指"各种思想"。
② 《马克思恩格斯选集》第四卷,第502页。
③ 《马克思恩格斯选集》第四卷,第502页。重点为引用者所加。

事,他对十七世纪法国的所谓古典主义(亦称"新古典主义"或"假古典主义")不大重视,对十八世纪它的德国追随者高特舍特派更是鄙视,骂他们是"学究派",因为他们虽挂着"古典主义"的招牌,而实际上内容浅薄,矫揉造作,是与真正的古典主义背道而驰的。不过法国古典主义三大剧作家之中,喜剧家莫里哀却是歌德十分佩服,毕生钻研不休的,这是因为莫里哀是从现实出发的,他的作品颇有些市民剧色彩。歌德特别推尊希腊古典、莎士比亚和莫里哀,其用意就是针对学究派的新古典主义,提出一个补偏救弊的方剂。

歌德尊崇希腊,"厚古"是事实,却不因此就"薄今"。而且他明确地反对复辟倒退,他鄙视学究派的新古典主义,就是一个明证。从《谈话录》可以看出,歌德对当时欧洲文艺动态是经常密切注视的。一部值得注意的刚出版的新书他往往立即阅读,有时还没有出版他就托人借得原稿来阅读,例如杜蒙的《回忆录》和英国功利主义开山祖边沁的著作就是这样到达他手里的。他不仅多次高度评价和他同年辈的席勒、法国诗人贝朗瑞、英国诗人拜伦和小说家司各特以及意大利诗人曼佐尼,而且还注意到年辈较晚的法国作家梅里美、司汤达、巴尔扎克和雨果,以及德国青年诗人海涅和普拉顿之间的论争。这里还没有谈到他同样关心的哲学、科学、建筑、绘画、音乐等方面;也没有谈到他对印度、波斯和中国这些东方国家文艺的向往。例如他的《西东胡床集》就曾受到波斯诗人哈菲兹的启发。

总之,歌德的文化教养来源是极广泛的。他不只是个魏玛市民,也不只是个德国人,他主要是资产阶级上升时期的一个欧洲人。他之所以成为伟大诗人,也正因为他从多方面反映出资产阶级上升时期的欧洲文化。

## 歌德《谈话录》中一些基本的主题思想

恩格斯所指出的伟大诗人和德国庸俗市民的矛盾是歌德性格中的基本矛盾,这一矛盾反映在《谈话录》中一些多次出现的基本主题思想上面。现在撮要介绍如下:

**世界观和思想方法**

歌德深受英国经验派哲学和法国百科全书派的思想影响,除文艺之外,他还毕生孜孜不辍地钻研各种自然科学,从生物学到物理学、地质学、天文学和气象学。在达尔文之前,他根据头盖骨空隙的研究,提出了生物由低级演变到高级的进化论。所以他的世界观基本上是唯物主义的。但是他也受到当时德国古典哲学的唯心主义的影响。他很推尊康德的《纯理性批判》,承认有先验的和超验的纯理性,单凭感性经验的知解力不能窥透自然界的秘奥。但是他又认为康德之后,德国哲学还有一件大事要做,这就是"感觉和人类知解力的批判",其实这正是英、法启蒙运动中洛克、休谟、霍尔巴赫之类唯物主义倾向较明显的学者们所已做了的事,他们都是反对超验理性的。一方面肯定超验理性,另一方面又强调要研究根据感性经验的知解力,歌德始终没有解决这个基本矛盾。从他坚持文艺要从具体客观现实出发,反对从理念或抽象观念出发来看,他的唯物主义倾向的比重显然较大。

歌德关心思想方法,首先从自然科学出发。他反对当时流行的以牛顿为代表的"分析法",即把整体看成是由其中各部分因素拼凑成的机械观,而提出他所说的"综合法"来代替,综合法就是根据"有机观",不去孤立地分析个别因素,而要考察全体中各个因素互相依存的关系。这实际上就是辩证法。根据这种辩证法,他见出文艺与自然(即客观现实)的对立统一的关系,反对将Komposition(构成)这个词用在文艺创作上。提起辩证法,不免要想到黑格尔。歌德和黑格尔有些私人来往,在魏玛接待过他。歌德赞扬黑格尔作为批判者的判断,却反对他从理念出发的辩证法和应用这种辩证法的悲剧理论。(参看一八二七年十月十八日歌德和黑格尔的谈话)

歌德对宗教的看法是和他的世界观分不开的。我们在一八三二年三月十一日谈话的总注里已详细说明他并不相信超自然而主宰自然的神,他仇视基督教会特别是天主教会,他的泛神论(即自然中到处有神,没有在自然之外的神)正如黑格尔把最高理念看成神一样,实际上是一种羞羞答答的不彻底的无神论。我们这种看法可能会引起异议:歌德最大的诗剧《浮士德》第一部和第二部的主题,不正是基督教中灵魂、天堂、地狱、天使、恶魔、犯罪、赎罪之类迷信观念吗?歌德曾在一八三一年六月六日的谈话里对这一问题进行辩护,说他运用基督教神话的具体形象,只是作为一种避免抽象的方便法门。希腊文艺,像马克思所指出的,植根于希腊神话。此后西方文艺运用神话和传说有过长久的传统,因为神话和传说有深广的民族基础,是人民所喜见乐闻的。中国诗"用典",也包括神话和传说。从屈原、李白到毛泽东,都是运用神话和传说的辉煌的范例。文艺要用想象或形象思维,不能根据某个诗人或艺术家运用过神话,就断定他是个有神论者。就歌德来说,科学的训练使他明确地主张在科学领域里排除目的论(即神造一切事物时都有一个预先安排的目的),这也是他反对有神论的一个证据。但这并不等于说歌德就已是一个彻底的无神论者。

### 天才论

歌德并不是一个彻底的无神论者,这特别表现在他对天才问题摇摆不定的态度上。"天才"在西方浪漫运动中是个普遍流行的信念。康德肯定了天才,他说,"在一切艺术之中占首位的是诗,诗的根源完全在于天才,"又说,"天才是一种天生的心理功能,通过它,自然替艺术制定法律。"①歌德在《谈话录》里也多次肯定了天才,特别在一八二八年三月十一日谈话里。他把天才看作超自然的天生的才能,举拿破仑和一些著名的诗人和艺术家为例来论证这个观点说:

> 每种最高级的创造、每种重要的发明、每种产生后果的伟大思想,都不是人力所能达到的,都是超越一切尘世力量之上的。人应该把它看作来自上界、出乎望外的礼物,看作纯是上帝的婴儿……它接近精灵或护神,能任意操纵人,使人不自觉地听它指使,而同时却自以为在凭自己的动机行事。……

这是天才论的全部要义,可以证明歌德没有割掉有神论的尾巴。

不过歌德对于天才也有许多自相矛盾的说法,例如说发挥天才要有健康身体的基础和令人心旷神怡的环境气氛,甚至不完全排除酒的刺激力。他教导青年,一般不强调天才而强调勤学苦练。特别值得注意的是他在一八三二年二月十七日临死前不久的一次谈话,他举法国革命中著名的政治家米拉波和他自己为例,说明凭个人的天才不能成就大事业,要成就大事业,必须靠集体,靠虚心向群众学习。他说:

> 事实上我们全都是些集体性人物,不管我们愿意把自己摆在什么地位。严格地说,可以看成我们自己所特有的东西是微乎其微的,就像我们个人是微乎其微的一样。我们全都要从前辈和同辈学习到一些东西。就

---

① 分别见康德《判断力批判》第五十三节、四十六节。

连最大的天才,如果想单凭他所特有的内在自我去对付一切,他也决不会有多大成就。……说句老实话,我有什么真正要归功于我自己的呢?……我不应把我的作品全归功于自己的智慧,还应归功于我以外向我提供素材的成千成万的事情和人物。我所接触的人之中有蠢人也有聪明人,有胸怀开朗的人也有心地狭隘的人,有儿童、有青年,也有成年人,他们都把他们的情感和思想、生活方式和工作方式以及所积累的经验告诉了我。我要做的事,不过是伸手去收割旁人替我播种的庄稼而已。

歌德在这段话里对天才论作了当时所能作出的最中肯的批判,他多少认识到一个人"所特有的内在自我"(才能和内心生活)是不足凭的,认识到个人智慧的最后根源是群众智慧而不是天或神。在这个意义上他说每个人都是"集体性人物",也就是社会生活的产物。这实际上不但否定了天才论,也否定了有神论。

"天才"这个词在德文中是 Genie(英文 genius),在起源时指人、地方或职业的护神,确实带有宗教迷信性质。不过语言在发展中往往逐渐失去了某些词汇的原始的、带有宗教迷信性质的意义,而只表达近代流行的意义,例证甚多,Genie 便是其中之一,它在近代流行的意义上已不是"天赋"或"神赐"的才能,而只是"卓越的才能"。歌德有时用原始意义(例如在一八二八年三月十一日谈话里),到后来却侧重流行的意义(例如在一八三二年二月十七日谈话里)。由此也可见这个词的演变痕迹。

**文 艺 观**

一般人对歌德《谈话录》最感兴趣的是其中关于文艺创作实践和理论的部分。译者过去在《西方美学史》下卷第十三章专论歌德的部分曾试图根据歌德的几种文艺论著,作出比较概括的总结;这里为帮助读者理解《谈话录》起见,只举出几个要点。

歌德的文艺观中最基本的一条就是:文艺须从客观现实出发。爱克曼初到魏玛第一年(一八二三年),歌德就根据这个基本原则向他进行了多次恳切的忠告,劝他不要学席勒那样从抽象理念出发,而要先抓住亲身经历的具体个别的客观现实事物的特征。特别是在一八二三年九月十八日的谈话里,他说:

世界是那样广阔丰富,生活是那样丰富多彩,你不会缺乏做诗的动因。但是写出来的必须全是应景即兴的诗,也就是说,现实生活必须既提供诗的机缘,又提供诗的材料。一个特殊具体的情境通过诗人的处理,就变成带有普遍性和诗意的东西。我的全部诗都是应景即兴的诗,来自现实生活,从现实生活中获得坚实的基础。我一向瞧不起空中楼阁的诗。

不要说现实生活没有诗意。诗人的本领,正在于他有足够的智慧,能从惯见的平凡事物中见出引人入胜的一个侧面。必须由现实生活提供做诗的动机,这就是要表现的要点,也就是诗的真正核心;但是据此来熔铸成一个优美的、生气灌注的整体,这却是诗人的事了。

趁便说一句,德文的"诗人"(Dichter)指一般文学创作者,不限于诗歌作者。这段引文除强调文艺应从客观现实出发这个基本原则之外,还提出了两个要点:

首先是特殊与一般的辩证统一。一个特殊具体事物经过诗人的处理就带有普遍性,普遍性就是事物的特征或本质。歌德经常强调"特征"这个概念。他在编辑他和席勒的通信集时曾写出一段感想:"诗人究竟为一般而找特殊,还是在特殊中显出一般,这中间有一个很大的分别。"①他还指出这就是席勒和他自己的分别所在,席勒从"一般"出发,创作出来的是寓意诗,其中"特殊"只是用来作为"一般"的一种例证;而他自己的诗则是从"特殊"入手,在"特殊"中显出"一般",他认为这种程序才"符合诗的本质"。一八二五年六月十一日他对爱克曼也说,"诗人应该抓住特殊,如果其中有些健康的因素,他就会从这特殊中表现出一般。"这"一般"就是普遍性,也就是"特征"或本质。在"特殊中表现出一般"这个原则后来经过黑格尔发挥,在马克思、恩格斯著作里,就发展成为"典型"的基本理论。马克思写信给拉萨尔说:"这样,你就得更加莎士比亚化,而我认为,你的最大缺点就是席勒式地把个人变成时代精神的单纯的传声筒。"②这里强调的也正是歌德所指出的分别。

其次是文艺与自然的辩证统一。歌德认为诗人的任务是根据自然"来熔铸成一个优美的、生气灌注的整体"(即艺术作品),所以文艺对自然不应无所剪裁和熔铸,流于自然主义。歌德在一八二七年四月十八日谈话里说得最透辟。他根据对吕邦斯一幅貌似违反自然的风景画的分析,得出如下的结论:

艺术家对于自然有着双重关系:他既是自然的主宰,又是自然的奴

---

① 重点是引用者所加。
② 《马克思恩格斯选集》第四卷,第340页。

隶。他是自然的奴隶,因为他必须用人世间的材料来进行工作,才能使人理解;同时他又是自然的主宰,因为他使这种人世间的材料服从他的较高的意旨,并且为这较高的意旨服务。

这里有两点值得注意。首先是经过诗人对自然材料加工而"熔铸成一个优美的、生气灌注的整体",这是生糙的自然原来所没有的,所以歌德有时把艺术作品称为"第二自然"。其次,更重要的是诗人须有"较高的意旨,并且为这较高的意旨服务",这就戳穿了"为文艺而文艺"的荒谬观点。我们说文艺应为政治服务,歌德反对这一点,他所说的"较高的意旨"当然只能指诗人的理想,即他要从特殊中显出的一般、世界观和人生观。他还说,"艺术应该是自然事物的道德的表现,"要求艺术所处理的自然"在道德上使人喜爱"。因此,他经常强调诗人和艺术家应具有伟大的、健全的人格和魄力,认为近代文艺的通病在软弱,其根源在于作家缺乏伟大的人格(一八三一年二月十三日谈话)。由此可见,艺术不但要反映客观现实,而且要反映作者的主观世界或内心生活,这二者还必须融会统一起来,成为"优美的、生气灌注的整体"。歌德在上引一八二七年四月十八日的一段谈话之后又说:

> 艺术要通过一种完整体向世界说话。但这种完整体不是他在自然中所能找到的,而是他自己的心智的果实。

这种"心智"正是作者内心生活的一个组成部分。他具有这种心智,才关心到"较高的意旨",才能使艺术成为"自然事物的道德的表现"。歌德所说的"道德的"(Sittlich)指人与人的伦理关系,实际上还是"政治"范围里的事,但他所了解的"政治"是狭义的,即官僚政客们所干的勾当,因此他鄙视"政治"而重视"道德",这是西方资产阶级知识分子中相当普遍的倾向。根据他的道德观点,他要求美与善的统一,主张文艺所表现的应该限于健全的、光明的、对人类有益的东西,反对写消极的、软弱的、阴暗的方面,他反对雨果,就因为雨果爱写社会中的丑恶现象。这就抹煞了揭露性文艺推动变革的积极作用,对于资产阶级社会来说,就是歪曲现实,粉饰太平。不过他侧重健全、刚强、能鼓舞人心、振奋精神的文艺这个基本主张却是值得赞扬的。

### 古典主义、浪漫主义和现实主义

这三种文艺创作方法的关系和区别是近三百年来经常争论的问题。作为历史上的流派,这三者是顺序出现的,而后一种总是对前一种的反抗和变革。作为创作方法的实质,三者既有分别而又互相关联,单纯地、生硬地采用其中任何一种都不免有流弊,所以给文艺作品贴上一个简单的标签总是不妥的。歌德和席勒是首先提出古典主义与浪漫主义这两种创作方法的区别的。歌德在一八三〇年三月二十一日谈话里说过下面一段很重要的话:

> 古典诗和浪漫诗的概念现已传遍全世界,引起许多争执和分歧。这个概念起源于席勒和我两人。我主张诗应采取从客观世界出发的原则,认为只有这种创作方法才可取。但是席勒却用完全主观的方法去写作,认为只有他那种创作方法才是正确的。为了针对我来为他自己辩护,席勒写了一篇论文,题为《论素朴的诗和感伤的诗》。他想向我证明:我违反了自己的意志,实在是浪漫的,说我的《伊菲革涅亚》由于情感占优势,并不是古典的或符合古代精神的,如某些人所相信的那样。史雷格尔弟兄抓住这个看法把它加以发挥,因此它就在世界传遍了,目前人人都在谈古典主义和浪漫主义,这是五十年前没有人想得到的区别。①

这段引文主要只提出古典主义和浪漫主义的一个基本分别,即前者从客观世界出发,后者从主观世界出发,席勒把前者称为"素朴的",后者称为"感伤的"。在这段引文之前,歌德还指出古典主义着重"鲜明的轮廓",而浪漫主义则不免"暧昧模糊"。在一八二九年四月二日的谈话里,歌德又指出一些分别:

> ……我把"古典的"叫做"健康的",把"浪漫的"叫做"病态的"。这样看,《尼伯龙根之歌》就和荷马史诗一样是古典的,因为这两部诗都是健康的、有生命力的。最近一些作品之所以是浪漫的,并不是因为新,而是因为病态、软弱;古代作品之所以是古典的,也并不是因为古老,而是因为强壮、新鲜、愉快、健康。如果我们按照这些品质来区分古典的和浪漫的,就会知所适从了。

这里所说的"健康的"和"病态的",其实就是我们现在所说的"积极的"和"消极的"的分别,这种分别在任何文艺流派中都是存在的。值得注意的是,歌德

---

① 耶拿派浪漫派文艺理论家和文学史家史雷格尔弟兄先把这个区别在德国传开来,后传到英、法、北欧和俄国。拿这种标签来标志文艺时代和流派,遂成为一时风气。

在这里专就实质来谈古典和浪漫的分别,指出这与时代的古今无关。

如论时代古今,西方文艺流派的演变确实是从古典主义转到浪漫主义,又转到现实主义。在歌德时代,"现实主义"这个名称才初露头角。实际上,歌德所推尊的从客观现实出发的古典主义就是现实主义。归根到底,文艺上基本区分只有从客观现实出发和从作者主观内心生活出发这两种。歌德认为这种区分与时代无关,这是不正确的。文艺只能反映一定时代的社会生活。浪漫运动在西方是资产阶级在上升时期强烈要求个性自由、以自我为中心驰骋热情幻想的产物,它有鲜明的时代性和阶级性。歌德把自己摆在古典主义一边;席勒则说他不是古典的而是浪漫的,这个论断是正确的。例如他反对文艺从主观世界出发,而他的一些主要作品,从《葛兹》、《威廉·麦斯特》到《浮士德》,差不多全是利用书中人物来写精神方面的自传,所以基本上还是从主观世界出发的。再如他反对"病态的"和"软弱的"而推尊"健康的"和"有生命力的",这是考虑到文艺的教育作用,在认识上他是正确的;可是在实践上并没有做到,他的《少年维特》就是"软弱"、"感伤"和"病态"的典型代表。在当时诗人中,歌德特别赞赏拜伦,可以说是同病相怜。西方资产阶级在上升时期就已开始暴露弱点和病态。在多数诗人心中悲观失望很突出,颓废主义已在萌芽。浪漫主义在德国初出现,很快就转变为消极的、病态的。耶拿派诗人和理论家便是明证。我们还应记起颓废派祖师爷霍夫曼就是歌德的同时人。上文已提到的史雷格尔还公开宣扬滑稽玩世,把一切看成儿戏。歌德对这种消极的浪漫主义是深恶痛嫉的,所以他提出健康的、从客观世界出发的古典艺术作为一种补偏救弊的方剂,用心是可嘉的,尽管他自己没有完全做到。文艺必须从客观世界出发,也必须渗透着作者的思想情感,这就是现实主义(歌德所说的"古典主义")和浪漫主义应该结合起来。歌德在《浮士德》第二部让浮士德(代表浪漫主义)和海伦后(代表古典主义)结了婚,就暗示着这种结合。

## 关于选、译、注

关于选:《谈话录》全书有四十万字左右,这里选译的不到全书的一半。选的标准是内容比较健康,易为我国一般读者所理解,足资参考和借鉴。原书有许多关于应酬、游览和个人恋爱之类家常琐事,也有些涉及连译者自己也不甚了然的专门知识,例如关于颜色、植物变形、地质、气象之类自然科学方面的争论以及一般人不常读的歌德自己作品和旁人作品的评论。凡此种种,都只略选少数样品,其余就只得割爱了。译者个人的知识和见解在选择中也起了作用,所以涉及哲学、美学、文艺创作实践和文艺理论乃至当时欧洲一般文化动态的就选得比较多些。译者把这项翻译工作当作自己的一种学习和研究。这部书原属传记类,所选的部分应有助于了解歌德其人的精神面貌。歌德的活动是多方面的,思想上也有很多矛盾。选择中译者力求忠实,在歌德脸上不贴金也不抹黑,尽量还他伟大诗人和德国庸俗市民的本来面目。

关于译:这部书是译者译完黑格尔的全部《美学》之后开始译的。所以接受这项任务,也有一部分是因为黑格尔在《美学》里经常提到歌德的文艺创作实践和理论,由此译者认识到歌德对近代美学和文艺思潮所起的重要作用。从译黑格尔转到译歌德,对于译者来说,是从九霄云雾中转到脚踏实地,呼吸着尘世间的新鲜空气,是一种乐趣和精神上的大解脱。歌德在思想上和语言表达上都是亲切具体、平易近人的,所以译他比译黑格尔远为容易。这不是说,译者在工作中没有遇到困难。困难首先在于歌德学识渊博,思想上有多方面的联系,译者经常感到知识有限,不能完全掌握。语言倒不像黑格尔的那样抽象,但因为是当时实际谈话的记录,虽然经过爱克曼的润色,有些地方用的还是口语,译者在这方面对德文的掌握更差。译者依据的德文本有两种,一种是一九一八年汉斯·克洛博(Hans T. Kroeber)编辑的,一种是弗朗茨·达伯尔(Franz Deibel)编辑的。前者附有插图,正编和补编分成两册,后者合成一册,附有详细引得,阅读较为方便;翻译时主要是根据后者。此书在西方各国大半都有译本,有时还不止一种。译者遇到语言上的困难时,参考了约翰·奥克生福德(John Oxenford)一八五〇年的英译本和姜·秀兹维伊(Jean Chuzevill)的法译本。这两种译本都流畅易读而有时不尽忠实于原文。译者所悬的目标只有两条,一是忠实于原文,二是流畅易读。实际做到的当然和理想还有些差距。

关于注:原文版没有注,英、法文版只偶有简注,书尾附有详略不同的专名和专题的引得。本译本是选译,不便译引得,所以为着一般读者的方便,在必要时加了一些注释。注释有时只限于解释正文,也有时就歌德的某些意见或倾向提出译者个人的看法,错误在所不免,敬求读者指正。

这部选译本的部分译文和译后记请北京大学西语系几位搞文学史和德文的同事校阅过,校改时吸取了他们所提的宝贵意见,趁此表示谢意。

# "中国翻译家译丛"书目

(以作者出生年先后排序)

## 第 一 辑

| 书 名 | 作 者 |
|---|---|
| 罗念生译《古希腊戏剧》 | [古希腊]埃斯库罗斯 等 |
| 朱光潜译《柏拉图文艺对话集》《歌德谈话录》 | [古希腊]柏拉图 [德国]爱克曼 |
| 纳训译《一千零一夜》 | |
| 丰子恺译《源氏物语》 | [日本]紫式部 |
| 田德望译《神曲》 | [意大利]但丁 |
| 杨绛译《堂吉诃德》 | [西班牙]塞万提斯 |
| 朱生豪译《莎士比亚戏剧》 | [英国]莎士比亚 |
| 罗大冈译《波斯人信札》 | [法国]孟德斯鸠 |
| 查良铮译《唐璜》 | [英国]拜伦 |
| 冯至译《德国,一个冬天的童话》 | [德国]海涅 等 |
| 傅雷译《幻灭》 | [法国]巴尔扎克 |
| 叶君健译《安徒生童话》 | [丹麦]安徒生 |
| 杨必译《名利场》 | [英国]萨克雷 |
| 耿济之译《卡拉马佐夫兄弟》 | [俄国]陀思妥耶夫斯基 |
| 潘家洵译《易卜生戏剧》 | [挪威]易卜生 |
| 张友松译《汤姆·索亚历险记》《哈克贝利·费恩历险记》 | [美国]马克·吐温 |
| 汝龙译《契诃夫短篇小说》 | [俄国]契诃夫 |
| 冰心译《吉檀迦利》《先知》 | [印度]泰戈尔 [黎巴嫩]纪伯伦 |
| 王永年译《欧·亨利短篇小说》 | [美国]欧·亨利 |
| 梅益译《钢铁是怎样炼成的》 | [苏联]尼·奥斯特洛夫斯基 |

## 第 二 辑

| 书 名 | 作 者 |
|---|---|
| 钱春绮译《尼贝龙根之歌》 | |
| 方重译《坎特伯雷故事》 | [英国]乔叟 |
| 鲍文蔚译《巨人传》 | [法国]拉伯雷 |
| 绿原译《浮士德》 | [德国]歌德 |
| 郑永慧译《九三年》 | [法国]雨果 |
| 满涛译《狄康卡近乡夜话》 | [俄国]果戈理 |
| 巴金译《父与子》《处女地》 | [俄国]屠格涅夫 |
| 李健吾译《包法利夫人》 | [法国]福楼拜 |
| 张谷若译《德伯家的苔丝》 | [英国]哈代 |
| 金人译《静静的顿河》 | [苏联]肖洛霍夫 |

## 第 三 辑

| 书 名 | 作 者 |
|---|---|
| 季羡林译《五卷书》 | |
| 金克木译天竺诗文 | [印度]迦梨陀娑 等 |
| 魏荒弩译《伊戈尔远征记》《涅克拉索夫诗选》 | [俄国]佚名 涅克拉索夫 |
| 孙用译《卡勒瓦拉》 | |
| 朱维之译《失乐园》 | [英国]约翰·弥尔顿 |
| 赵少侯译《莫里哀戏剧》《莫泊桑短篇小说》 | [法国]莫里哀 莫泊桑 |
| 钱稻孙译《曾根崎鸳鸯殉情》《日本致富宝鉴》 | [日本]近松门左卫门 井原西鹤 |
| 王佐良译《爱情与自由》 | [英国]彭斯 等 |
| 盛澄华译《一生》《伪币制造者》 | [法国]莫泊桑 纪德 |
| 曹靖华译《城与年》 | [苏联]费定 |